编辑委员会

主　任：李友梅

副主任：张文宏

编委会成员：忻　平　　董丽敏　　张海东
　　　　　　刘玉照　　朱　承　　聂永有
　　　　　　殷　凤　　袁　浩　　张勇安

本书由上海大学"十二五"内涵建设项目
"都市社会发展与智慧城市建设"资助

都市社会发展系列

从制造到服务
——上海"四个中心"建设与"上海服务"

聂永有 陈秋玲 殷 凤 等 著

FROM MANUFACTURING HUB TO SERVICE CENTRE

社会科学文献出版社
SOCIAL SCIENCES ACADEMIC PRESS (CHINA)

前言 Preface

从世界发展历程来看,"经济结构服务化"是产业发展的必然趋势。开放格局下,随着经济全球化和国际分工的深化,国际产业链全球延伸和再配置进程加速,不断影响着全球体系下各个国家和地区的产业结构形态,"服务化"成为价值链增值和结构转型升级的重要路径。

然而,就整体而言,中国目前仍处于工业化中期阶段,制造业自主创新不足,附加值低下,资源环境约束日益显现;服务经济尚处于较低的发展水平,产业链升级进程缓慢,在全球价值链上处于低端环节,国际竞争力较弱。伴随着全球金融危机的影响从虚拟经济蔓延至实体经济,全球价值链分工体系与经济结构将呈现深度重构。欧美经济阴霾不散,外部需求萎缩,贸易保护主义抬头,生产成本上升,使得中国经济面临严峻挑战。宏观经济增长动力失衡引发的一系列结构性矛盾,已成为中国经济结构转型与可持续发展的巨大障碍。在一个经济系统内,结构失衡往往是多层次的,且相互联系,当某一结构出现失衡并不断加剧时,势必会传导、诱发或放大其他经济结构的失衡。当结构性失衡与扭曲积累到一定程度时,就可能成为中等收入国家向发达国家迈进的巨大障碍,导致经济运行发生振荡,产业升级与可持续发展陷入停滞,落入"中等收入陷阱"。可见,中国经济转型的积累效应使产业发展到了关键拐点,而经济结构失衡是制约中国经济可持续发展的根源,系统性结构调整与转型已是当务之急。

党的十七大根据经济发展新阶段面临的新形势和新任务提出了加快转变经济发展方式的战略任务。"十二五"规划建议提出,要"坚持把经济结构战略性调整作为加快转变经济发展方式的主攻方向","经济结构战略性调整取得重大进展"。在国内外环境发生重大变化的背景下,中国应如何加快转变经济发展方式,实现经济结构转型和重构,促进经济增长实现"三个转变"?

工业革命以来,世界及各国经济增长的动力系统不断变化,经历了工业化、城镇化、信息化、服务化推动,正在转向低碳化推动的序列发展;每一次"化"的运动都带来了革命性经济增长,都需要技术准备、制度和政策准备与更新,以及完善、有效的机制。每一次"化"的运动都深刻影响到工业、农业和服务业,成为技术创新的总靶向,成为要素价值再定位、再配置的关键力量。同时,会影响到国家、个人、组织,影响到生产生活和人们的行为方式。当前,服务化已经具备成为中国经济增长新动力系统的条件。

从现实情况来看,中国发展不平衡、多层次植入式发展和有条件的先发展,形成各种"化"的共存和"混搭",非常复杂。中国工业化尚未完成,城镇化水平刚刚超过50%,信息化水平不高,服务化和低碳化刚刚起步。从动态的角度看,国际分工体系通过产业链的区段分工将我国的产业高度较长时期地压制在一个比较低端的环节,还因"路径依赖"效应对我国产业结构产生持续的影响,甚至产生妨碍结构升级的"锁定效应"。缺乏服务化的深度支持,信息化深入困难重重。中国经济增长严重依赖高能源消耗,特别是进口能源,能源供给体系大而脆弱。中国能源消费世界排名第2,碳排放世界第1,原油进口量世界第2,环境污染的损失占GDP的7%~20%。中国"十二五"节能减排的目标是单位GDP能耗降低16%,碳排放降低17%。低碳化在国内国际压力下必须超常规发展。因此,中国当前面临的低碳化与服务化,将是替代工业化、城镇化和信息化而推动未来50年中国经济持续增长的核心"化"动力。

看到现代服务业的高增长性与先进性,特别是西方发达国家以虚拟经济为支撑的服务业的显著收益,不少观点倾向于认为,GDP中服务业的比重是衡量产业体系现代化与经济发达与否的关键。于是,各地纷纷出台战略举措,鼓励发展服务业,将提高服务业比重作为政府规划的重要目标之一。2008年的金融危机使虚拟经济成为众矢之的,2010年的欧债危机暴露了实体经济"空心化"问题。欧美国家提出"重振制造业""推进再工业化""实现金融业向制造业的重新平衡"等举措,其非但意图占据和保持在制造业高端环节的优势地位，还要与新兴经济体抢占中端产品市场。温家宝总理在天津考察时强调，要把更大的力量放在发展实体经济上。2011年底召开的中央经济工作会议提出，"牢牢把握发展实体经济这一坚实基础"。欧美国家重归实体经济，制造业被推向竞争前台，那么，服务经济又该走向何处？

我们认为，就中国目前的实际情况来看，经济结构转型、发展方式转变、构建现代产业体系的核心是服务化，是通过产业融合与创新走新型工业化道路，而非主导产业形态在短期内向服务业的整体转型。至少在一段时期内，服务业在GDP中的比重不应成为衡量产业体系现代性和结构升级的绝对标准。发展实体经济要解决一个认识问题，就是实体经济并不等同于制造业。我们所说的实体经济是包括服务业的。中国在现阶段强调发展实体经济，就是要在去杠杆的前提下，让更多的创业者和企业家专注于实业，以他们的勤劳和智慧，以及相应的金融支持，创造财富、吸纳就业、贡献社会。本次金融危机暴露了西方国家虚拟经济膨胀下的服务经济的内在缺陷，但我们不能把服务经济与虚拟经济等同起来，或将其作为实体经济的对立面，"服务化"依然是价值链增值和结构转型升级的重要路径。

首先，制造业是国民经济的物质基础，是国家财富的保障和经济实力乃至综合国力的体现。发达国家的现代化历程是从工业化起步，历经制造业的高速发展后逐步向服务经济转型，尽管制造业的比重日益下降，但其绝对值、科技含量及对国民经济的重要性并未降低。其次，工业化是不可逾越的发展阶段，而中国的工业化进程并未结束，中国制造业位于全球产业链的中低端，资源消耗大，附加价值低，缺乏核心技术优势，整体竞争力不强，同时还面临成本优势不断弱化、国际竞争日益加剧的严峻形势。低能级、缺乏创新的制造业不足以支撑真正意义上的服务经济。中国亟须以服务化加速制造业升级，实现制造业由粗放型增长向集约型增长的转变，提升制造业的能级与竞争力。再次，当前世界分工格局在一定程度上固化了发达国家和发展中国家在全球产业链上的位置，中国要实现产业链上的跃升，从"中国加工""中国制造"跨越到"中国智造""中国创造""中国服务"，同发达国家在服务领域竞争，绝非朝夕之事。另外，无论从一国内部，还是从全球一体化的角度来看，产业链可以延伸、拓展和重组，但不能断裂。也就是说，产业链必须完整，制造业必然要占据一定的比重，它是一国经济安全与利益的重要保障。实体经济的发展水平和质量是遏制虚拟经济膨胀及其不利影响的基础，虚拟经济必须以实体经济作为支撑，否则经济将处于动态不稳定中，其抗风险性将大为降低。

因而，在未来相当长一段时间内，实体经济仍然是我国经济发展的核心动力。当前以服务化为核心的中国现代产业体系并不是以服务业取代制造业，而是服务业要面向实体经济、面向制造业，通过制造业与服务业的融合与互动，服务要素对制造环节的嵌入、渗透与提升，实现"生产型制造"向"服务型制造"的转变，通过推进服务化，实现产业链上的跃升、价值增值以及增长质量的提高。

那么，"中国服务"应如何接棒"中国制造"？

目前，中国产业链的融合程度较低，专业化分工程度还不够高，大量中间需求尚未从产业链中脱离出来，服务的外部需求不足，制造业具有产业内循环的特征，对服务业的依存程度较低，支撑和拉动作用有限。这一方面抑制了服务业的发展，另一方面也影响了制造业的价值实现和竞争力的提升。之所以如此，主要是因为产业间尚未形成一种协调发展的机制。由于观念、体制、机制尚未转变，不少制造业企业仍停留在自我服务的层面，外包生产者服务环节的意愿不强，对服务业的中间需求不足；制造业产业链条较短，产业间的前向和后向关联度较低，对生产者服务业的需求层次和需求总量不高；具有优势的产业集群尚未成熟，区域产业配套能力不强，抑制了生产者服务业的产业链整合和溢出功能的有效发挥和拓展。制造业的服务投入率低，其发展因缺乏金融保险业、信息业等部门的有效配合，而使发展空间受到限制；在生产过程以外因缺乏商务服务业的配套支持，而影响循环的实现及效率的提升；因缺乏综合技术、科学研究、教育培训等部门的相应发展，而创新不足、动力匮乏。事实上，这也正是目前"中国制造"走入困境的症结。

从另外一个角度来看，制造业对服务业的需求不足，也有服务业自身的原因。中国生产者服务业发展滞后，服务链条短，能级低，服务主体不健全，专业化、社会化程度低，服务成本高，同质化现象严重，缺乏核心服务能力，服务品种、服务业态和服务质量难以满足现实需求，难以为制造业提供高端、高效、质优、价廉的产前与产后服务。这导致制造业企业或者自我服务（这与内部服务活动外部化的总体趋势相左，不利于企业核心竞争力的提升），或者借助外部服务提供商，致使"中国制造"停留在全球产业价值链的中低端，高端环节和高额利润则被发达国家的跨国公司掌控和攫取。服务的低水平、低效率，服务支撑体系的薄弱，已经成为制造业发展的瓶颈。

  一方面，中国服务业的发展必须依托于工业化的深入，制造业的发展一方面可为服务业提供"硬件"与技术支持、运行平台和诸多服务赖以存在的介质；另一方面，可以增加对服务业的中间需求。且随着制造业的不断发展，对服务业的需求层次和总量会不断提高，这有助于增加服务产品，提高服务质量，扩大服务内涵和手段，带动服务业及整体经济的进一步发展。此外，工业化突破传统的发展模式与限制，提升其产业竞争力，又需依赖服务业尤其是生产者服务业的兴起与发展。制造业与服务业，二者相互支撑，在融合互动中使资源配置更加合理，产业结构日趋高度化。因此，构建均衡、协调、可持续的现代产业体系，其关键在于推进创新驱动下的产业融合，通过服务化进程加快产业链向高端延伸，提高产业的整体竞争力，推动我国由经济大国向经济强国转变。

  从上海来看，20世纪90年代以来，上海产业结构实现了较大调整，以构建"四个中心"为契机，城市服务功能不断加强。根据外部经济环境、资源条件、城市定位以及在中国经济中应发挥的作用，上海应以发展服务型经济为主，成为物流、信息流、资金流和人才流的中心，全面增强城市综合服务能力。2006年，胡锦涛总书记在参加全国"两会"上海代表团讨论时提出，上海要率先转变经济增长方式，率先提高自主创新能力，率先推进改革开放，率先构建社会主义和谐社会，大力推进国际经济、金融、贸易、航运中心的建设。2009年4月14日，《国务院关于推进上海加快发展现代服务业和先进制造业建设国际金融中心和国际航运中心的意见》印发，这是国家第一次具体提出推进上海国际金融中心和国际航运中心建设的发展目标、主要任务和政策措施，第一次将此上升至全局性的国家战略。《上海市国民经济和社会发展第十二个五年规划建议》提出："根据国家对上海的战略定位和要求，到2020年上海要基本建成与我国经济实力和国际地位相适应、具有全球资源配置能力的国际经济、金融、贸易、航运中心，基本建成经济繁荣、社会和谐、环境优美的社会主义现代化国际大都市，为建设具有较强国际竞争力的长三角世界级城市群作出贡献。"在"十二五"及未来一段时期，上海已将加快形成服务经济为主的产业结构作为十分重要的战略目标，且适时地提出推进服务化、构建新型产业体系等战略举措，先行先试，示范带动，聚焦结构转型和创新发展，加快产业结构升级。

国际金融中心是世界经济和国际金融发展到一定程度的必然产物，并早在中世纪就已在人类的经济生活中发挥重要作用，且不断发挥它的影响力；国际金融中心的发展离不开国际贸易中心的支撑；国际航运中心总是与国际经济、贸易中心密切相关，世界典型国际航运中心均是以面向海洋、航运业发达的国际大都市作为依托。在围绕金融中心的城市漂移中，我们清晰地看到，航运、贸易中心与金融中心的发展高度重叠，三个中心经常如影随形、共同发展，有了三个中心的支撑，同时也就成就了经济中心的地位。在四个中心形成的同时，我们能清晰地看到，该中心的高端服务业也非常繁荣，而高端服务业的发展反过来又强化了四个中心的地位。可见，"四个中心"之间存在相互依存、共同发展的关系，必须协同推进"四个中心"建设，注重经济、金融、航运与贸易中心之间的有机融合。

近年来，随着北京、深圳等地高新技术产业与现代服务业的迅速崛起，以及与周边地区结构趋同的加剧，上海产业结构的优势已不复存在，其所面临的发展瓶颈也日益凸显，经济发展方式亟待转变。同时，在全球化和区域化进程日益加快的今天，上海还面临着来自世界其他国家和地区的严峻挑战。从产业结构和城市功能演进的一般规律来看，上海目前正处在经济转型的关键时期。对服务消费的需求快速上升，一、二产业升级对生产性服务提出了更高的需求，这会对服务业发展产生巨大的拉动作用。然而，这种拉动作用却因为服务有效供给不足而受到严重制约。由于服务的规模、种类和质量不能适应需求结构变动中物质产品需求比重下降、服务产品需求比重上升，以及专业化程度提高、中间服务需求比重上升的需要，服务供给既难以满足现有的服务需求，也制约了潜在服务需求的生长和转化。在市场需求约束日益强化的情况下，需求与供给结构的调整已成为决定经济增长速度和质量的关键。

"十二五"期间，是上海加快推进"四个率先"、加快建设"四个中心"和社会主义现代化国际大都市的关键时期。目前，"四个中心"框架虽已基本形成，经济中心城市的集聚辐射功能亦明显提升，但在新的发展阶段，"四个中心"建设面临的是持续、深入推进的攻坚阶段。应该说，上海既有良好的发展基础，包括智力资源比较丰富、商务环境比较规范、城市开放度较高以及世博后续效应释放等因素，为前期上海建设"四个中心"提供了坚实基础，并借此取得了广泛的进展。但同时又必须清醒地看到，如同我国行政体制改革已经进入深水区一样，上海"四个中心"建设中尚待解决的，无不是深层次和根本性的体制瓶颈及改革问题。上海要想转型，要想在推进"四个中心"建设过程中"先行先试"，就必须要创造有利于转型的制度条件，还需来自国家层面的进一步支持和突破。一个良好的制度与体制环境是上海实现更高质量、更高效率发展的基础和保证。然而，当前上海服务业发展所面临的体制制度性障碍仍然很大，若不加以破除，服务业的增长空间和潜力会受到极大抑制，这已成为制定和完善服务经济发展政策亟待研究和解决的问题。

本书分析了世界产业结构演变的特征和数量关系，以及服务经济形成与发展的特点、规律与趋势，总结了国际大都市服务业发展的经验和启示。在深入分析上海服务业发展现状与问题的基础上，对上海构建金融航运中心、国际贸易中心的条件、差距与路径进行了研究，探讨上海"四个中心"建设的支撑条件，包括人才结构和人力资源保障、制度困局及重构等。论证了政府职能转变的根本性价值与战略意义，以服务型政府为导向，分析上海构建"服务型政府"面临的主要困境，探讨政府职能转变的具体内容，以及新的职能格局的主要内容与特征。力图通过理论、战略问题和思路性对策研究，为推动上海四个中心建设和高端服务业发展，打造"上海服务"品牌，提供前瞻性、科学性、建设性的理论指导、分析框架、战略思路和政策建议。

殷 凤
2013 年 3 月

目录 Contents

第一章 上海"四个中心"建设与经济结构服务化转型
　　　——背景与意义 / 001
　一　产业结构演变的历史趋势 / 002
　二　大都市三次产业发展的特点和趋势 / 005
　三　大都市服务经济的发展模式和路径 / 011
　四　上海经济结构的服务化转型 / 041

第二章 上海"四个中心"建设与经济结构服务化转型
　　　——现状与问题 / 051
　一　基于投入–产出表的上海服务业结构分析 / 051
　二　上海生活性服务发展的水平及结构状况
　　　——基于投入–产出表的国际比较分析 / 074

第三章 上海金融航运中心建设与内涵式发展 / 094
　一　问题的提出 / 094
　二　内涵式发展与"双心建设"的互动关系 / 095
　三　国际经验比较："双心建设"与内涵式发展的
　　　互动关系 / 098
　四　上海"双心建设"的进展与差距 / 101
　五　上海推进"双心建设"的政策建议 / 105

第四章　基于发达货物贸易下的上海国际贸易中心建设研究 / 113
　　一　国际贸易中心内涵与演化阶段 / 113
　　二　上海货物贸易中心发展现状研究 / 115
　　三　上海服务贸易中心建设研究 / 143
　　四　上海建设国际贸易中心过程中货物贸易中心与
　　　　服务贸易中心协同效应研究 / 153
　　五　上海建设国际贸易中心与新加坡、香港的异质性及差距 / 159

第五章　上海社区服务体系建设 / 172
　　一　上海社区服务体系的发展阶段及现状特点 / 172
　　二　上海社区服务体系的三大失衡及症结分析 / 190
　　三　上海社区服务体系转型发展的总体思路 / 202
　　四　上海社区服务体系建设的对策措施 / 206

第六章　上海"四个中心"建设的职业结构和人力资源保障 / 213
　　一　纽约、伦敦、东京和上海的就业结构及其变化 / 213
　　二　上海与纽约、伦敦、东京就业结构的比较分析 / 226
　　三　纽约、伦敦和东京的人才战略 / 232
　　四　上海与纽约、伦敦和东京在人才战略方面的比较分析 / 245

第七章　上海"四个中心"建设的制度支撑 / 256
　　一　上海"四个中心"建设制度支撑的理论溯源 / 256
　　二　上海"四个中心"建设的制度支撑的体系梳理 / 263
　　三　上海"四个中心"建设制度支撑的现实困局 / 275

第八章　"四个中心"建设背景下上海地方政府的
　　　　职能转变与政策供给 / 283
　　一　"四个中心"背景下"服务型政府"的构建 / 283
　　二　"四个中心"背景下政府政策供给研究 / 293
　　三　浦东模式：先试先行的改革高地 / 317

附表　各经济体数据 / 338

第一章 上海"四个中心"建设与经济结构服务化转型

——背景与意义

在现代经济中,服务业特别是现代服务业已成为衡量一个城市现代化程度的重要标志,也是拉动经济增长的重要力量。服务业门类多、覆盖面大、关联度高,对于经济增长具有很强的支撑和带动作用。当前,构建以"服务经济"为主的产业结构,已成为世界经济发展的重要趋势。以美国为代表的发达国家,服务业产值已占国内生产总值的60%~70%,个别国家已接近80%。在世界GDP总量中,服务业产值已超过60%;从服务业就业比重看,发达国家已高达70%左右,中等收入国家在50%~60%;服务贸易占贸易总额的1/4,服务消费占所有消费的1/2左右。可以说,世界经济已经步入了"服务经济"(the service economy)时代。在"服务经济"社会里,服务业扮演着极为重要的角色,诸如文化教育、科学技术、交通运输、通信、广播、信息、银行、保险、不动产、贸易、旅游等行业构成了国际社会经济活动中错综复杂、相互依存和相互竞争的网络。

在这样的产业结构背景下,服务业内部结构也发生了巨大的变化。一些现代服务行业如金融服务、物流服务、信息服务、专业服务与中介服务等迅速发展起来。现代服务业是人力资本要素密集、信息要素密集和技术要素密集的产业,它的兴起和发展与信息技术及知识经济的发展密不可分,它既是服务业本身内部结构变化的反映,也是经济结构(包括产业结构、需求结构等)变化的结果,归根到底是专业化分工与经济增长的结果。现代服务业在整个国民经济发展中具有核心地位。其核心作用在于:促进社会分工发展,提高整体经济效益。当前,现代服务业已经成为提升一个国家或地区国际竞争力最关键的因素。

我国已把现代服务业作为经济发展的一项战略性、宏观性、政策性的举措。加快发展现代服务业,提高第三产业在国民经济中的比重,对于推进我国城市的产业结构优化升级具有重要意义。当前,根据城市特点发展现代服务业,已经成为城市经济发展的新动力。

进入 21 世纪,上海新一轮发展的目标是加快国际性大都市建设,努力建成国际经济、金融、贸易和航运中心城市。而按照国际上的一般标准,国际化城市必须具有较强的经济实力,人均 GDP 一般在 2 万美元以上,服务业增加值占 GDP 的 70% 以上,是世界某一区域的国际经济贸易中心、金融中心、物流枢纽和信息服务中心,具有很强的区域性国际影响力和聚合辐射力。上海距离国际化大都市还有相当大的距离,远未达到区域经济、金融、信息服务中心和物流枢纽的标准。从国际经验来看,一座城市的国际竞争力和国际化水平,主要取决于经济结构中的服务业,尤其是现代服务业的比重。上海要全面推进城市现代化发展,提高国际竞争力,同样离不开大力发展服务业、增强城市综合服务功能,这就使现代服务业在上海经济发展中确立了毋庸置疑的战略地位。温家宝总理在长三角地区协调发展座谈会上的讲话提出,要着力发展服务业,特别是现代服务业;要把加快发展服务业作为新的经济增长点和结构调整的战略要点;要不断提高服务业的比重和水平,特别要发展金融保险、物流配送、信息资讯等生产性的服务业。胡锦涛总书记在沪视察时指出,发达的服务业是现代中心城市的特征,上海要加快发展现代服务业。前市委书记俞正声提出,面对新的国际国内经济形势,转变经济发展方式迫在眉睫,现代服务业发展的快慢和方式决定着上海的未来。上海必须加快发展服务业特别是现代服务业,率先形成服务经济为主的产业结构,在金融业、航运业、信息服务业、生产性服务业发展等方面取得突破。

一 产业结构演变的历史趋势

世界经济发展史表明,产业结构升级的过程,是产业结构重心从第一产业向第二产业,继而向第三产业转移的过程。从各次产业来看,也存在内在的结构调整和优化升级的问题。

（一）三次产业结构有序变动

19世纪90年代以来，发达国家第一产业的就业人口和产值比重都处于持续下降的过程，第二产业的产值比重都在经过长期的增长后开始下降。以美国和日本为例，日本第二产业的就业比重在经过一定时期的增长之后才开始下降，而美国第二产业的就业比重从相对稳定转为逐渐下降，这种差异反映了两国经济发展阶段的不同。在第三产业方面，美国的就业和产值比重都经历了高速增长；日本的就业比重是持续上升的，但产值比重是在经历早期的小幅下降后，直至20世纪80年代才开始快速提高。

（二）工业内部结构趋向集约化和高加工化

在整个工业化时期，第二产业都处于决定性的地位，并且其内部也表现出稳定的变化趋势：一是重工业化趋势，即工业结构由以轻工业为主逐步向以重工业为主转变；二是深加工化趋势，即深加工工业比重不断提高，由以原材料工业为主逐步转向以深加工工业和组装工业为主，反映了工业增长对能源、原材料依赖程度逐步下降、越来越多地依赖于资本和技术投入的趋势；三是技术集约化趋势，一方面所有制造业部门都不断地采用先进的技术、工艺，从而在整体上提高科技含量和技术集约度，另一方面以技术密集为特征的新兴产业，特别是高新技术产业不断出现与发展，在制造业中所占的比重不断上升。

（三）制造业地位呈"倒U形"演变趋势

制造业地位演变表现出"倒U形"的特征，虽然其相对地位有所下降，但制造业产出总量仍不断上升。例如，英国制造业增加值在1948~2002年总体表现出稳定上升的态势，但比重却呈现先上升后下降的"倒U形"变化特征。其中，1948~1974年，制造业产出比重和在经济中的地位呈现稳中略有上升的趋势，而1974年之后则趋于下降。美国制造业收入占国民收入比重在1929~2002年也经历了类似的"倒U形"变化过程。1932~1943年的11年间，年均增长超过1.5个百分比，在经过长时间的增长后，该比重于1943年达到历史最高水平（33.9%）；随后，受一段时期波动的影响，制造业收入比重长期增长趋势结束，并逐渐降至 2002 年的 13.7%。

（四）向"服务型经济"转型

自 20 世纪 80 年代开始，全球产业结构呈现出"工业型经济"向"服务型经济"转型的总趋势。现在所说的"服务经济"，是对应农业经济、工业经济而言的。尽管关于新的经济形态的提法很多，如知识经济、信息经济、数字化经济、网络经济等，但从主导产业及其产出的角度，唯有服务经济，是可以与农业经济、工业经济并列的。目前，理论界对服务经济的概念还有一些争议，但是，作为经济形态演进的必然产物，服务经济的存在已经是不争的事实，我们对它的认识将在研究深化和实践发展中不断完善。

在以服务经济为主的产业结构中，服务产出、服务业就业、服务贸易、服务消费、服务业投资等经济活动，成为具有主导或重要意义的组成部分。以服务产出和就业为例，到 21 世纪初，世界主要发达国家的服务业增加值占 GDP 的比重，服务业就业占全部就业的比重，大多已超过 70%，个别国家在某一个指标上接近 70%。中等发达国家的这两个指标均在 50%~60%。发展中国家的平均水平为 45%。这可以说明，当今发达国家已经形成以服务经济为主的产业结构，中等发达国家基本形成以服务经济为主的产业结构，发展中国家正在形成以服务经济为主的产业结构。

产业结构意义上的服务经济，是服务经济结构的基础，但不是全部。或者说，产业结构意义上的服务经济是狭义的服务经济。广义的服务经济是经济形态意义上的服务经济，它除了产业和经济的主要活动与服务有关外，还包括与此相适应的基础设施、要素市场和管理体制，以及公共政策和公共服务体系。这里，基础设施主要是指提供信息技术与信息服务的平台；要素市场以服务经济发展的第一要素——人力资本（市场）为主体之一，形成新的市场体系构造；管理体制是指适应于服务业、服务贸易、服务消费和投资的，更加市场化、法制化和国际化的组织架构与治理方式；公共政策和公共服务则为服务经济发展创造低成本、高效率的运作环境。

具体而言，当今世界服务业呈现如下态势：第一，服务业地位迅速上升，作用明显增强，服务业就业份额稳步上升；第二，服务业内涵日益丰富，经营方式不断创新，逐步从劳动密集型向资本和知识密集型转变；第三，服务业经营日益国际化、网络化和一体化；第四，服务业与制造业相互融合的趋势加强，呈现良性互动的发展态势；第五，对外直接投资成为拓展服务地域范围的重要形式。

二 大都市三次产业发展的特点和趋势

服务经济的发展，服务经济结构的形成，与城市化进程息息相关。一个国家或地区经济服务化首先表现为城市的经济服务化，具体表现在：制造业产值及其比重和就业人数都有显著的下降，而服务业产值与就业人数在城市经济中逐渐取得绝对优势。表1-1是若干世界城市的服务业增加值占GDP的比重与服务业从业人员比重，从中可以看出，在这些大城市中，经济服务化的特征已非常明显，服务业在经济中占绝对优势，一些国际大都市服务业增加值占比与就业占比甚至达到80%以上。

大都市[①]不仅是区域性甚至全球性的经济活动中心，同时也是城市化演进到一定阶段的产物。除了城市本身的人口和面积外，大都市还有向外延伸的广泛空间，即经济区域；城市除了拥有跨国公司总部外，还有庞大的企业集团、中介组织和相当的资产、要素存量和内外贸易额；除了城市的一般基础设施外，还有显示其现代化程度的公共设施和生态环境；经济文化和第三产业高度发达，综合服务功能较为完善。随着经济的发展，大都市的特征也在发生变化，其产业结构也发生了有序的变动。

（一）大都市产业发展的阶段性规律

从一、二、三次产业结构演变的进程看，经济发展大致可以划分为三个阶段：第一阶段是农业化阶段，生产活动以单一的农业为主，农业是主导产业，农业劳动力在就业总数中占绝对优势。第二阶段是工业化阶段，其标志是第二产业大规模发展，并成为主导产业，工业化阶段前期，一般是农业和轻纺业起主导作用；在工业化阶段中期，大机器工业体系日趋完善，产业结

---

① 大都市的概念最早出现于美国，20世纪初，美国就定义了大都市的概念，后来不断完善，发展出标准大都市统计区、一级大都市统计区、联合大都市统计区等，1990年后统一定名为都市区。

表1-1 若干大都市服务业增加值占比与就业占比

单位：%

指标	纽约	伦敦	柏林	法兰克福	巴黎大区	约翰内斯堡	墨西哥城	东京	大阪府	首尔	香港	台北	澳门	新加坡
服务业增加值占GDP的比重	87.6 (1997)	86.5 (1987)	79.5 (1999)	83.7 (2002)	84.6 (2003)	74.0 (2000)	69.1 (2004)	85.7 (2005)	82.8 (2003)	73.0 (2005)	87.6 (2004)	82.2 (2001)	91.6 (2004)	66.4 (2004)
服务业从业人员比重	90.4 (2001)	89.8 (2001)	79.8 (1999)	86.7 (2002)	82.8 (2004)	60.7 (2001)	57.8 (2004)	80.8 (2005)	71.2 (2005)	66.4 (1991)	84.8 (2004)	80.3 (2001)	77.3 (2004)	76.1 (2004)

资料来源：周振华、陈向明、黄建富（2004）；朱庆芳、莫家豪、麦法新（1997）；2008年奥运会对北京现代化进程的影响和推动分析课题组（2003）；《2006年中国第三产业统计年鉴》，中国统计出版社，2007；屠启宇、金芳（2007）；大阪府官方网站，http://www.pref.osaka.jp/cn/。

构明显向重化工业倾斜，电力、钢铁、机器制造等产业在经济发展中起主导作用，基础工业和基础设施得到很大完善；工业化后期，以汽车、家电为代表的耐用消费品和以微电子技术、信息技术、航天技术、生物工程、新能源和新材料为代表的新兴产业迅速发展，产业结构趋向高度化。第三阶段是服务化阶段，第三产业经过上升、徘徊、再上升，直至成为国民经济的最大产业。知识融合的信息产业、咨询等现代工商服务业、商业、金融、旅游、科技、教育、医疗、保健、房地产等第三产业将有空前的发展。

纵观国外许多城市自农业社会以来的发展轨迹，又可以将这些城市的产业变化分为三个阶段，即：自然要素主导型阶段、资本要素主导型阶段和知识经济阶段。

1. 自然要素主导型阶段的产业特点

在工业化的初期阶段，城市的自然资源和自然条件（主要是地理位置）在影响城市产业的选择和发展中发挥了重要作用，另外，基础设施也是影响中心区中低技术产品制造业和商业发展的重要因素。因此，城市通常发展原材料加工型制造业，如巴黎和纽约；或主要发展商业，成为商业中心，如伦敦。

2. 资本要素主导型阶段的产业特点

当城市处于工业化的中期和后期时，由于基础设施的不断完善，交通技术的不断进步，区域间资本和技术的流动性不断增强，资本的聚集往往对城市的产业发展产生重要影响，促使城市内部资本密集型产业快速发展，产品的技术含量普遍高于前一阶段。另外，企业数量、贸易量的增加，使得金融、保险、商务服务、科学研究的需求也迅速增加，这些都大大刺激了生产性服务业的发展。

3. 知识经济阶段的产业特点

进入后工业化时期的大都市处于知识经济阶段，其产业主要以金融保险、房地产、社会服务等服务业为主，不过产业结构中仍有部分制造业，主要是一些都市型产业和高技术产业（如信息、新材料、生物等）。例如，目前纽约市内仍旧保持了一定规模的工业，布局以小型制造业企业为主，主要是服装加工、印刷出版和食品生产企业。纽约市内的工业分布呈现两种形式：一种是通过改造废弃小区所形成的"袖珍工业园"，主要集聚着规模有限的小型制造企业；另一种是依托大学的"高科技产业园"，主要负责研发技术等。大型工业企业主要分布在纽约市区周围（与新泽西相接的地区），与纽约联系紧密，并以纽约港作为出海口。

知识经济阶段下的城市要素环境中，自然要素与其他两个阶段并无太大差异，区别主要集中在非自然要素上。在这一阶段，城市内部资本充裕，人力资本丰富，电子技术和信息技术出现并得到快速发展。政府强调政策和制度的完善，许多政府还利用规划引导产业发展，如强调郊区新城的规划，疏散市中心制造业，又如推动城市的国际定位等。城市基础设施进一步完善，市中心区、郊区和周围城市交通通信十分方便，国际交流设施完善。交通、电子信息技术的发展促进了产业链环节的分工。在一次又一次的技术革命推动下，工业化过程完成后，制度、技术、知识资源等要素在大都市产业发展过程中的作用日益突出，逐步成为了产业选择的主导要素。

根据大都市主要产业的演化与发展过程，可以总结出：从自然要素主导型阶段到资本要素主导型阶段，随后进入知识经济阶段这样一个渐次高度化的发展过程，也是产业结构逐渐高级化的过程。自然要素主导型阶段是工业化过程的起点，主要是冶金业、化学工业、纺织、食品等产业；资本要素主导型阶段中钢铁、化工、机械、电子等资金和技术密集的产业，商业、物流等第三产业也得到了快速发展；知识经济阶段下，城市的产业主要集中在金融保险、房地产等生产性服务业和社会服务业，高技术的制造业，如电子通信、航空航天以及新材料、太阳能、海洋产业等新兴产业也是城市产业结构的重要组成部分。总的来讲，城市产业结构的优化和升级主要表现为产业结构的知识集约化和经济服务化。

（二）大都市服务业的基本结构特征及其发展趋势

大都市通常位于区域产业分工格局的顶层，因此各个时期的主导型产业都集中在这些大都市，并且相关的服务配套产业也很发达。服务经济能否成为一座城市的主导力量，必须考虑两个条件：一是服务业产值在国内生长总值中的比重；二是服务业就业在整个社会就业中的比重。1980~2004年，服务业占GDP的比重不断上升，全球服务业增加值占GDP的比重由56%升至68%，高收入国家为72%，中等收入国家为53%，低收入国家为49%。2004年，美国的这一比重为77%，法国为76%，英国为73%，德国、荷兰、澳大利亚、比利时、意大利、丹麦及希腊均超过70%，日本、新加坡、韩国和印度分别为68%、65%、56%和52%。纽约、伦敦、香港等国际大都市则达到80%以上。从服务业就业比重看，高收入国家为68.5%，上中等收入国家为56%，下中等收入国家为47.3%，纽约、巴黎、东京、新加坡和香港等大都市服务业的就业比重均在60%以上，这说明服务业在大都市经济中占据主导地位。服务业作为城市经济体系和城市功能的最基本和很重要的组成部分，对城市经济实力和竞争力、城市功能、城市就业与社会结构、城市土地利用与城市功能分区、城市形象等都有着直接或者间接的影响。事实证明，服务业是城市的"芯片"和内核，是推动城市发展的引擎，服务业特别是生产性服务业越来越成为城市经济乃至区域经济增长的核心动力。

1. 大都市服务业的结构特征

在知识、技术和全球化力量的推动下，大都市服务业的基本结构呈现以下几方面的特征：第一，服务业高度集聚，占据绝对主导地位。这是典型国际大都市的基本特征，不论服务业增加值占GDP的比重，还是服务业就业人口占总人口的比重，都具有绝对优势。第二，服务业的结构完善，辐射功能强大，服务经济实力雄厚。生产性服务业、分配性服务业、消费性服务业和社会性（公共）服务业，都得到充分发展，服务功能体系十分完善，服务业具有强大的经济实力、影响力和辐射力。第三，生产性服务业高度发达，是全球高级生产性服务业的聚集中心。金融、保险、房地产、会计、法律、信息咨询等商务服务的增加值比重占整个服务业的主导地位，为跨国公司总部运营提供了重要保障。第四，信息服务业与信息产业发展迅速，成为大都市经济增长的重要动力。信息服务业是信息技术在服务行业中广泛应用的结果，它大大提高了传统服务业的运行效率，形成了新兴服务行业，进一步强化了典型大都市的控制能力和中心地位。第五，不同层次国际大都市的服务业内部结构存在明显差异。顶级国际大都市的高级生产性服务业和社会公共服务业高度发达，服务业内部结构高度化；而中低层次国际大都市的生产性服务业发展水平较顶级国际大都市要低，传统服务业占较大比重，服务业结构层次相对较低。

2. 大都市服务业结构的发展趋势

近年来，随着世界科技进步和信息技术的飞速发展，经济全球化加剧，国际劳动分工不断深化，全球典型大都市的服务业发展出现了一些新趋势，主要表现在以下几个方面：第一，高级生产性服务业的集聚程度不断加强，在经济结构中的地位越来越重要。主要体现在新兴生产性服务业上，如金融、保险、办公活动和商务服务等行业的最高管理控制服务出现了进一步强化，其在大都市的服务业产值及就业中所占的比重逐步上升。第二，新兴服务行业不断涌现，服务业的多样化趋势更加明显。由于信息技术的广泛应用，服务部门的分工进一步深化，对服务业的日益增强的需求产生了更多新兴服务业，如信息咨询与中介、代理服务业、商务服务、娱乐消费服务、社会服务等。第三，服务业的专业化水平不断提高。受科技进步和信息技术发展的影响，大都市服务业内部分工进一步细化，服务业的专业化水平进一步提高。这些服务业中不仅包括会计、广告、管理顾问、国际法律服务、工程服务、信息生产和服务以及其他商务服务等内容，还包括保证客流、货流在城市内外的安全、便捷地流动而提供的城市交通运输服务和通信信息服务，为贸易发展提供的中介咨询服务和会展服务，为城市居民、旅游者提供的娱乐休闲服务等。第四，知识与技术密集型服务业发展最快，并逐步占据主导地位。电子信息技术和互联网是知识与技术密集型服务业发展的核心推动力量，国际大都市的高层次科技人才充足，创新活动十分活跃，依托完善的服务体系，知识与密集型产业集群快速发展，并逐步占据了大都市服务业的核心地位。第五，大都市服务业体系的国际化日益加深，高等级金融商务活动在全球的影响日益扩大，国际服务贸易占国际贸易的比重不断提高，新兴生产性服务业逐步成为大都市国际贸易的主导行业。

在这种历史潮流的推动下，全球商业、信息、金融、创意服务成为发达国家经济中发展最快、竞争力最强的领域。因此，产业的国际竞争力标准设计正在不断地向现代服务业倾斜。据《世界经济论坛》1998年报告中归纳的产业国际竞争力八大类指标体系中，有六大类设立了现代服务业及其产业结构变迁的指标。从这一系列指标衡量，发达国家遥居榜首。据美国权威经济研究机构会议委员会透露，美国公司的资产正在从传统制造业向服务业转移，1992～2002年的十年间，金融服务业资产增长353%，信息与传播业资产增长312%，教育与卫生保健业增长367%。此外，现代服务业出口额占商品出口总量的比重也成为衡量一国出口竞争力的重要指标。近年来，部分发达国家商业服务出口增长迅速。

三 大都市服务经济的发展模式和路径

(一) 大都市高端服务业的发展模式

从经济功能上看，大都市是一种综合功能的区域，而不是单纯的生产城市或消费城市，需要发挥区域性商务中心的作用，并利用其要素集聚能力和辐射能力维持自身的持续发展。经济单位或区域经济可以通过自给自足维持生存和发展，但大都市这样的经济区域只有与外部发生大规模的资源、信息、产品交换才能生存和发展，同时也带动了与其联系区域的经济发展。因此，保持其经济开放性至关重要。

作为经济区域的大都市，除了产业上表现的经济功能外，还有人口集聚功能，正是人口的不断流动，才使得城市的人口异质性得以保持。人口的密集性奠定了服务业在大都市中的重要地位，人口的异质性则意味着城市经济中的信息交流在频繁接触中呈几何级数增加，对经济中的创新和发明产生了强大的激励，为都市经济的持续增长提供了不竭的源泉。满足巨大人口集聚和人口流动所需的服务业及其水平，既是大都市发展面临的挑战，也是其发展面临的机会。大都市人口集聚带来的就业问题，也给发展过程中产业结构布局和调整带来相应的要求。

大都市的资源特征和经济性质，决定了服务业的重要性。第一，大都市根据经济自身规律呈现的产业空间分布，大致是从大都市中心城区的高端商务服务业、生活服务业，向都市内圈的一般生产服务，再向都市外圈的精密加工制造业、一般加工业层层扩散，从而，服务业是大都市的主导和主体产业，也是都市经济的支撑性产业。第二，大都市是人口集聚和流动非常显著的经济区域，因此会产生城市交通、居住、治安、教育、医疗、日常生活等方面的问题，这些服务业中很多行业属于公共类服务，具有极强的正外部性。按照经济学原理，具有正外部性的物品或服务，自由市场提供的最优数量会低于社会需要的最优数量，需要政府的有形之手适当干预。第三，与人口集聚和流动相关的还有促进就业的问题。根据不同门类服务业就业弹性差别，采取相应的产业政策，维持结构性失业和摩擦性失业的较低水平是可能的。传统服务业门类具有较强的就业吸纳能力，制造业能够吸纳不同层次的就业人群，知识密集型的现代服务业可以吸纳高端的就业人群。因此在发展服务业中需要考虑在现代服务业、传统服务业、制造业等之间的协调安排。第四，大都市经济是高度分工的系统，这种分工系统的网络需要服务业作为黏合剂维持其功能的发挥。生产经营活动方面，无论是加工制造业还是服务业本身，其专业化分工已经不是产品（或服务）分工，而是产品（或服务）内分工，即表现为零部件、加工环节以致工艺过程的分工。这种分工系统离开发达的服务业，其功能便无法维持。

20世纪90年代以来，随着信息技术和相关的互联网技术的发展，大都市的服务业结构有高端化的趋势。一是某些原有的传统服务业经过新技术、新管理理念的改进，或者注入新的服务内容而得到提升，如物流、金融、房地产、商业等。二是伴随信息技术和知识经济发展而兴起了许多新兴服务业，如信息服务、技术服务、研发设计、租赁、商务服务等。三是生产服务业与现代技术广泛结合，如研发设计、销售和技术服务、专业建筑装饰等。这里我们将这些高端服务业提供的服务统称为"商务服务"。

高端服务业提供的商务服务主要具有以下特征：一是知识密集性和人力资本密集性。从服务产出看，现代服务业为客户提供知识的生产、传播和使用等服务；从服务提供手段看，现代服务业的要素偏向是密集使用技能型劳动力，即现代服务业从业人员大都具有良好的教育背景、专业知识基础和技术、管理等核心能力。二是新兴性。即在时间上是现代兴起的或从过去演变而来的。例如，计算机服务业和软件业也是新兴的；以电子商务和第三方集中配送为基础的物流服务业也是传统商业、运输业与网络、供应链等生产和管理技术相结合而衍生出来的，反映了服务业性质的根本转变。三是高增加值性。即现代服务业在生产和传递过程中科技含量高，不仅可以使服务过程产生知识的增值，而且可以产生服务的规模效应和各种服务相互融合的聚集效应，引起服务的大幅增值。四是网络性。即现代服务业是在高度分工基础上经营的，既包括生产环节的分工，也包括空间上的分工，服务活动的连通可以错综复杂，形成不同性质的网络。

高端服务业是在工业化发达的基础上、依托信息技术和现代管理理念发展起来的，以提供技术性、知识性和公共性服务为主。因此，虽然各国产业发展各有特色，但作为目前世界主要大都市的产业主体，其发展模式都遵循了大致相似的路径。

1. 大都市成长为高端服务业基地的路径

大都市均遵循工业化带动城市化的基本成长路径，在成为现代工业基地或者为工业提供运输、集散和服务的基地之后，基于雄厚的工业基础和发达的技术体系，逐渐实现产业结构的转型升级，在服务经济阶段成为高端服务业基地，成为区域乃至全国的技术研发和制度创新的来源地。

同时，不同的大都市依据各自的区位、资源、历史、产业等方面的特点，而形成了各具特色的高端服务业支撑体系和市场环境。例如，"二战"前，纽约凭借其有利的地理条件、腹地条件以及轮班制航运制度的确定，通过促进港口贸易业的发展，而成为了连接欧美贸易市场的桥头堡和美国东北部地区最发达的城市。"二战"后，通过建设公立大学、改善劳动力结构、发展高新技术产业以及生产服务业、复兴传统制造业等战略举措，完成了产业结构的调整，第三产业，尤其是金融、娱乐业成为城市产业结构调整的先导。到20世纪90年代，民族的多样性与文化的包容性发挥了巨大作用，纽约成了全球先进的生产要素集聚地，技术与制度的创新中心，并逐渐由"文化之都"向"世界城市"转变，多元文化成为缔造世界纽约的核心要素。再比如，长期以来，伦敦凭借其世界工业革命先驱的优越历史条件，以及相应的在全球贸易、金融等方面的优势，而成为英国乃至全世界的资源集聚中心。它依托其庞大的国际市场，在全球化过程中通过金融资本的经营，引导生产要素在全球范围内自由流动和优化配置，逐渐实现了从制造之都向金融之都的转型。转型过程中，伦敦集聚了大量高端人才与企业总部，成了世界创意产业的集聚地，刺激了服务业结构的不断调整和升级。再看东京，东京的快速增长开始于20世纪初日本工业革命的推进过程，随着城市化的展开，区域和全国的资本、人口以及企业集团（财阀）的中央管理功能向东京集中，同时相应的各类服务业逐渐发展。"二战"后，凭借全球广阔的大型工业产品市场需求，以及东京城市群的培育，东京的生产性、生活性服务业和公共服务业均逐步高端化，成为亚洲以及世界经济体系的重要经济中心之一。

2. 大都市作为高端服务业基地的辐射能力

大都市的发展均依托具有区域辐射能力的经济区，经济区内部各节点的协调发展是发展初期实现快速增长的引擎；集聚和辐射是其后发展和演进的重要机制，也是保障其持续、稳定、高效发展的基础。正是在这种协调、集聚和辐射的过程中，服务业在规模、结构和层次上不断发展和升级，最终形成以高端服务业为主体的产业结构。例如，纽约大都市区是以曼哈顿岛为中心，逐渐向外扩展，形成纽约城市经济圈。具体分为三个层次：一是核心圈，主要是曼哈顿地区，是大都市圈的核心部分，总面积约58平方公里；二是纽约市区，即围绕曼哈顿所组成的城市化区域，总面积约800平方公里；三是纽约大都市区，是由纽约城市区和周边经济相联系区域构成的范围，总面积约1万平方公里。纽约大都市的圈内中心城市凭借其资本和产业优势，在产业升级和调整过程中始终发挥着先导性的创新作用，发达的服务业为周边制造业发展提供了强大的技术、资本、物流以及其他各种服务支持。通过不同区域的产业协调，既增强了中心城区的实力地位，细致的分工也使得周边区域获得了发展的机遇。波士顿集中了高科技产业、教育、医疗服务、建筑和运输等服务业；费城的地理位置优越，港口发展带动整个交通运输业的扩展，成为纽约大都市圈的交通枢纽。华盛顿作为全美政治中心，不仅在美国经济中具有重要地位，在全球经济中也具有重要影响，各种国际组织的总部、跨国公司总部以及金融机构云集于此。巴尔的摩利用与华盛顿特区接近的优势，在国防工业以及其他相关制造业方面取得了长足的发展。正是通过种种不同区域的产业分工，各城市优势互补，为产业调整和优化提供了有利条件。在细分产业的层次上，纽约大都市圈也形成了合理的分工。例如，在港口发展方面，纽约大都市圈内有纽约港、费城港、巴尔的摩港和波士顿港等，纽约港重点发展集装箱运输；费城港主要从事近海货运；巴尔的摩港则是矿石、煤炭和谷物的转运港；波士顿港以转运地方产品为主，同时兼有渔港性质。这些港口通过有序分工，形成了一个协调合作的港口群。值得注意的是，纽约大都市区的这种产业结构和服务业内部结构，虽有引导型设计的作用，但主要是通过市场的作用实现的，纽约城市规划开始于1929年，由非官方和非营利组织"纽约区域规划协会"编制，后来进行过三次较大的调整，这种引导设计和市场作用的配合，在大都市发展中值得研究和借鉴。

3. 大都市高端服务业的微观基础

大都市的发展基于企业和其他微观单位的竞争能力。大都市的空间仅仅提供了经济活动的舞台，舞台上具有活力的演员才是经济活动的主体，这些演员就是产业各异、规模不同、组织结构千差万别、管理风格各具特色的企业和其他微观组织，它们的竞争、合作和交易构成了大都市经济社会活动的基础。特别是在开放经济条件下，这些企业主要是以跨国公司为主，跨国公司通过垂直一体化的国际分工，将企业的服务性职能定位在大都市的公司总部，而将经营价值链的制造环节或其他环节，综合考虑这些环节的要素密集度，以及不同地区的要素禀赋，在全球范围内配置资本、人才、技术等要素，使得大都市的服务业不仅在与其周边区域的产业协调基础上发展，更是在世界范围的产业协调基础上运转。

特别重要的是，一方面，大都市以跨国公司为基础的服务业发展，并没有形成对中小创新型企业发展的抑制，更多的时候，大量的小型创新企业似乎成为大都市实现资源优化整合的中坚力量，这是非常值得研究的课题；我们猜想，这可能与服务业不同于制造业的产业性质有关，也与知识经济社会的要素特性有关。另一方面，大量规模不同的企业与大量规模不同的非营利单位并存、合作，最典型的就是企业与大学、科研单位的合作，形式多种多样，既有大学自身适应市场将科研成果市场化的情况，也有企业建立自己的实验室进行研发和科研的情况，还有政府组织资助、参与研发和科研服务的情况。这意味着现代服务业的发展是一套复杂的组织系统运行作用的结果，这些组织有的追求利润，有的虽是私营但不以盈利为目的，有的是纯粹的公益组织。这种组织系统中的各类组织，并非简单的互替关系，而是互补关系，就是说公益和非营利性组织并非为应对"市场失灵"而出现，企业也并非为了解决公共部门失灵而产生，它们具有各自的功能，相互之间功能互补。

（二）国际大都市发展高端服务业的经验：以商务服务为例

纽约、伦敦、东京、香港、新加坡等，都拥有雄厚的经济实力，是世界经济、贸易、金融活动的中心，服务业高度发达，对世界经济有相当的影响力，集中了较多的跨国公司和国际金融机构，以及国际经济与政治组织，在某种程度上能够控制和影响全球或区域性的经济活动，具有很高的办事效率。接下来，我们试图通过对这些国际大都市产业结构调整和商务发展规律的研究，获取可为上海发展提供参考和借鉴的某些启示。

20世纪50年代以前，纽约、伦敦、东京、香港、新加坡均依靠其港口优势，发展国际贸易，同时以第二产业中的轻工业为主。直到20世纪40、50年代，第二产业开始繁荣，无论是在就业人数还是在销售额方面，均显示出明显优势。20世纪50年代到70年代中期，这些城市的制造业产值和就业比重持续下降，第三产业中消费性服务业的部分行业经过一定增长之后也开始下降，以金融业为主的生产性服务业开始表现出迅速增长的势头。70年代中期至今，制造业和消费性服务业的产值和就业比重持续下降，生产性服务业的产值和就业比重在服务业中占有绝对优势。

伴随产业结构调整而来的是商务形式的发展。纽约、伦敦、东京、香港、新加坡的服务业在70年代后期迅速发展，制造业寻求走向高端技术、高附加值之路。在对外贸易上，服务贸易发展超过货物贸易，以金融、商务服务为代表的现代服务业得到长足发展，跨国企业纷纷投资，这种便利的金融服务环境，促进了这些大都市的产业结构转型。这里侧重分析这些城市商务发展的特点和在服务贸易上的优势。

1. 纽约

这里的纽约是指"纽约市"，包括所辖的曼哈顿岛、布朗克斯、布鲁克林、昆士区和斯坦腾岛，在地理位置和人口方面与上海有很多相似之处。

（1）制造业的衰落与生产性服务业的兴起。作为国际大都市之一，纽约是美国最大的金融中心、商业文化中心，自17世纪以来，以曼哈顿为代表的纽约州商贸便相当发达，这使得大量的资本集聚于此，后来在工业革命的推动下，制造业的发展更是达到高峰，以食品加工、皮革、印刷等劳动密集型轻工业为主。19世纪中期，纽约的制造业得到稳定的发展，此时的美国也完成了工业化。"二战"结束后，全美国开始了产业结构调整的浪潮，传统的制造业逐渐衰退，尤其是在20世纪70、80年代，这种衰退的程度更为剧烈，纽约亦如此。

由图1-1可以看出，60年之前，制造业产值占纽约GDP的比重明显大于服务业，之后一直下降，直到70、80年代服务业比重开始超过制造业，金融行业的比重远远超过了制造业，逐渐成为纽约经济发展的支柱产业。

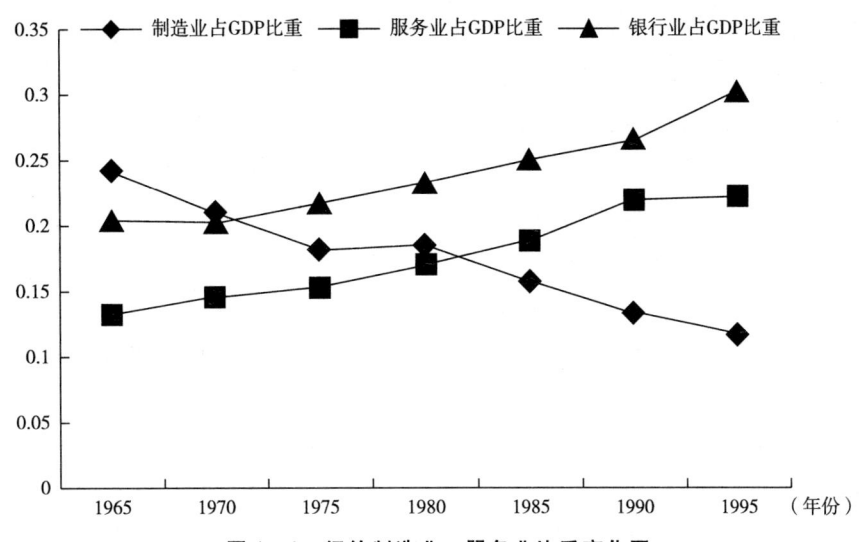

图 1-1 纽约制造业、服务业比重变化图

资料来源：美国经济分析局。

从制造业就业情况来看，如图 1-2 所示，1950 年制造业就业人数为

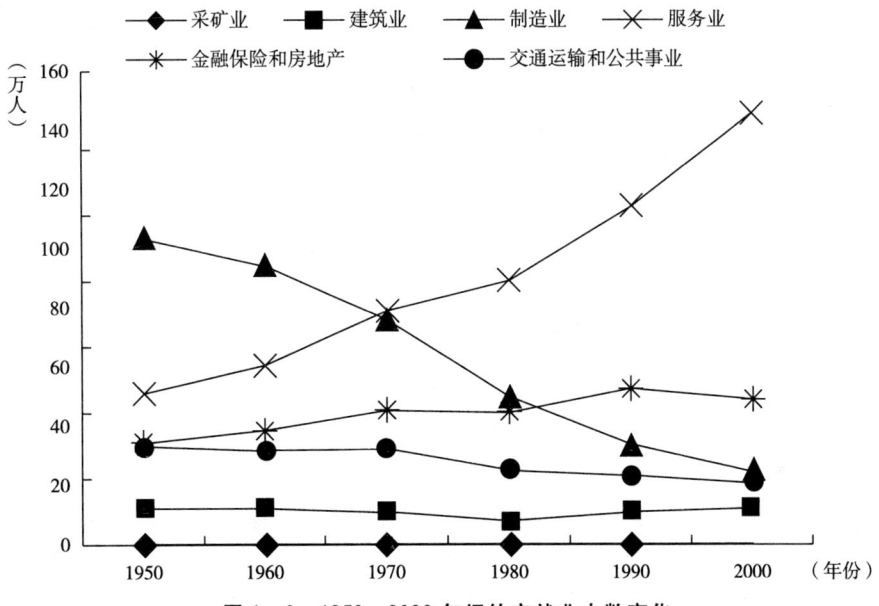

图 1-2 1950~2000 年纽约市就业人数变化

资料来源：美国劳工局。

103.9万人，1960年，制造业就业人数为94.5万人，以后逐年减少，2000年为24.3万人，与1950年相比下降了76.6%。同时，1966～1991年，制衣业雇工减少了64%，纸业、皮革、初级金属制品和食品等行业经历了70%以上的萎缩。据统计，1969～1977年，制造业工作岗位减少了30万个。《财富》杂志所列的美国最大的500家工业公司中，1965年有128家总部驻在纽约，1975年减为90家，1988年仅有48家，这显示了制造业发展前景的黯淡。

与制造业情况相反，20世纪70年代，服务业在纽约的集聚程度和产值迅速增长，尤其是生产性服务业。纽约的生产性服务业有两个突出的特点：一是国际化指向明显，国际化程度高；二是金融服务业的集群发展。首先，服务业就业人数比重持续上升，如图1-2所示，1950～2000年，就业人数每十年的增加量分别为9.9万、17.9万、10.7万、25.6万、30.8万，从1950年的50.8万人增加到2001年的146.5万人。其次，得益于纽约都市圈各城市间功能的集聚与配合，以金融业为代表的生产性服务业得到迅速发展，银行、证券等金融机构和大型跨国企业云集在纽约，相互间频繁的商业联系共同推动了这个行业的壮大。70年代后期，纽约经济发展关键就在于其生产服务业，据美国学者德雷南（M. Drennan）统计，1989年，纽约市总产值中生产服务业产值比重为40.8%，而以制造业为主体的产品生产与运输部门产值比重仅为23%。1997年，纽约市的金融保险业收益高达1488.5亿美元，为整个纽约制造业增加值的10倍以上。70、80年代，作为国际商务中心、金融中心、公司总部中心、信息中心的纽约，集聚了全球市场最先进、最完备的生产服务业，高度的集聚性、便捷性和现代性，保持了它在快速发展的全球经济中的神经中枢地位，并由于生产服务业的推进，经济再度扩张与繁荣。90年代，美国政府推出"信息高速公路"的发展方向，随之以知识密集为特点的信息产业成为美国的支柱产业，主要包括职业电脑服务、资料处理与网络服务、电子信息服务等，在联邦政府和和纽约州政府的大力推进下，知识和技术不断创新与发展，信息产业成为纽约产业结构升级的目标产业。

（2）纽约的商务发展。从纽约的产业结构转型可以看到，服务业尤其是金融保险业在GDP中的比重不断上升，传统的制造业已经远远落后。同时，信息、房地产、租赁和专业技术服务等部门的发展势头也较为强劲，对 GDP 的贡献率很大。在对外贸易方面，美国曾长期是世界上货物、服务贸易出口顺差的国家，自 70 年代以来，货物贸易开始出现逆差，并一直持续，相同的情况也出现在纽约，且在 2006～2008 年出现最大的逆差。与货物贸易相反，纽约的服务贸易却一直顺差，有些年份可以有效地抵消货物贸易的逆差。并且，服务贸易的发展潜力相当大，纽约服务出口的主要对象是英国、日本、加拿大以及欧盟。服务贸易的结构具有阶段性的特征：20 世纪 80 年代，纽约传统服务贸易如运输、旅游、政府服务等在逐渐下降，专利、金融等资本、知识密集型的新兴服务业增长显著。90 年代以来，技术、知识和人力资本密集型的现代服务业发展最为迅速。

如图 1-3 所示，纽约服务贸易的主要部门都在上升，其中其他服务的增加值和上升趋势较为明显，其他服务包括金融保险、专利版权、计算机信息及通信等，运输业、旅游业出口额在 80 年代之后增长速度放缓。

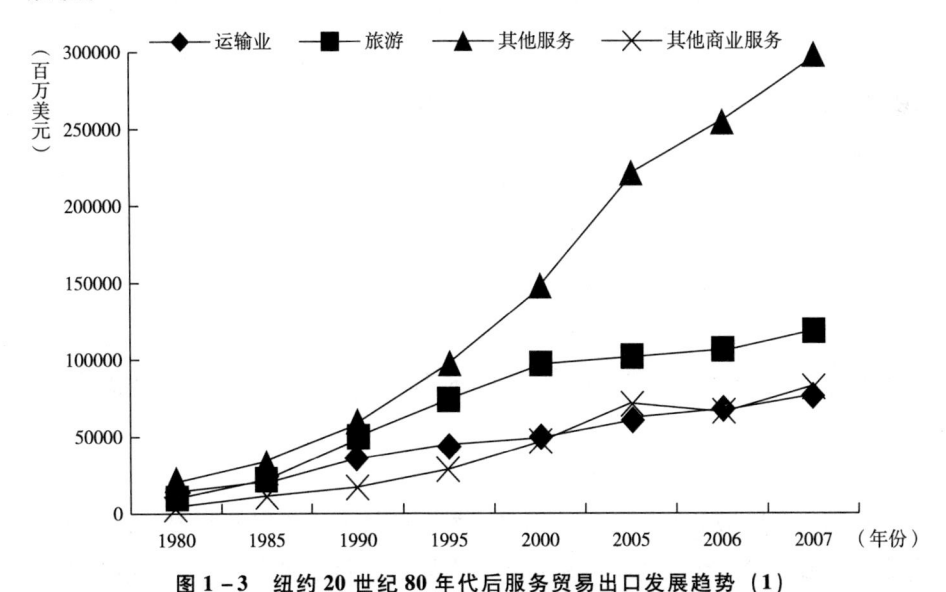

图 1-3　纽约 20 世纪 80 年代后服务贸易出口发展趋势（1）

资料来源：联合国贸易和发展会议。

从图 1-4 可以进一步看出其他服务出口贸易的发展趋势。80 年代以来，商业服务、金融保险和专利版权保持直线上升趋势。同样，服务业进口中，金融保险、其他商业服务等增加较快，运输、旅游增加较慢。

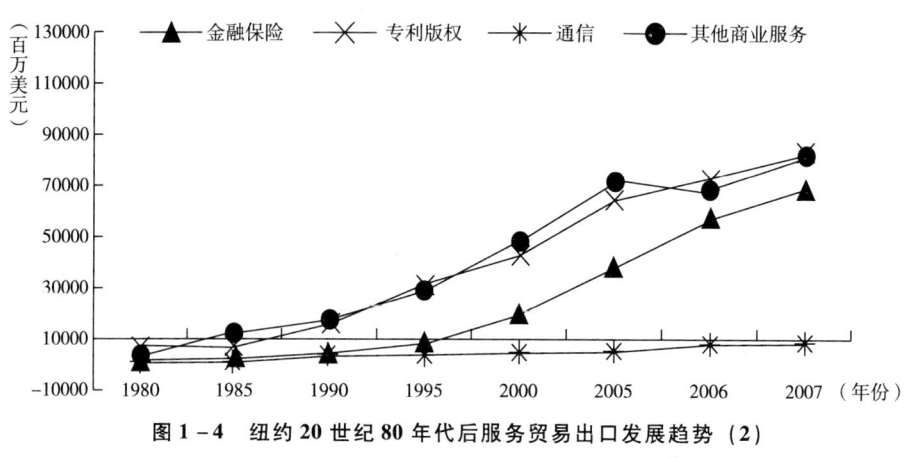

图 1-4　纽约 20 世纪 80 年代后服务贸易出口发展趋势（2）

资料来源：联合国贸易和发展会议。

纽约作为世界金融中心、贸易中心、信息中心、通信中心、媒体中心和时尚中心，在外资流动方面，跨国投资和并购是利用外资的主要方式。1995 年，按销售收入排列的世界最大的 500 家公司中，美国共有 153 家，其中 22 家总部设在纽约，显然这里是世界最大的投资资本来源地。出于促进就业的考虑，州政府出台了一系列吸引外资的优惠政策，如减税、低息贷款等，积极鼓励外来投资，加上纽约自身雄厚的人力资本、技术实力和良好的投资环境，使世界许多金融、证券机构在此驻足。2000 年，纽约州累计外商直接投资额约 520 亿美元，次于加州和得州，居全国 50 个州第三位。国外投资主要来自日本、德国和英国，2002 年，在州内建立的外商独资企业为 8332 家，吸收雇员 46 万人。

2. 伦敦

伦敦是西欧的商业、金融、创意之都，也是全球领先的金融、法律和专业服务中心。伦敦位于英格兰东南部的平原上，跨泰晤士河，距离泰晤士河入海口 88 公里。伦敦行政区划分为伦敦城和 32 个市区，伦敦城外的 12 个市区称为内伦敦，其他 20 个市区称为外伦敦。伦敦城、内伦敦、外伦敦构成大伦敦市即本文所研究的伦敦。其商务中心主要是伦敦城与内伦敦地区。在当代众多的国际经济中心城市中，只有伦敦经历了工业革命以来世界经济发展的四次长波，历经工业化进程的各个阶段。

（1）历史老城的产业结构自然转换进程。伦敦产业结构调整的时间、阶段，与纽约大致相同。作为第一次工业革命起源国的商业中心，伦敦通过工业革命，建立起以劳动密集型和资本密集型为主的轻工业，20世纪20、30年代，发展了一批新兴工业，包括汽车、钢铁、飞机等，并逐渐发展到以重化工业为中心。20世纪50年代后，由于制造业生产成本的上升和技术的落后，大量工厂倒闭或迁出市区，经济一度萧条的伦敦开始了产业结构调整之路。60年代，伦敦的制造业开始衰退，产值和比重持续下降，消费性服务业中部分行业迅速增长。70年代后期至今，由于不断创新的社会文化氛围的推动，金融服务业不断创新，伦敦生产性服务业的产值和比重超过消费性服务业，成为经济增长的新亮点，在稳定伦敦的国际金融中心地位中功不可没。

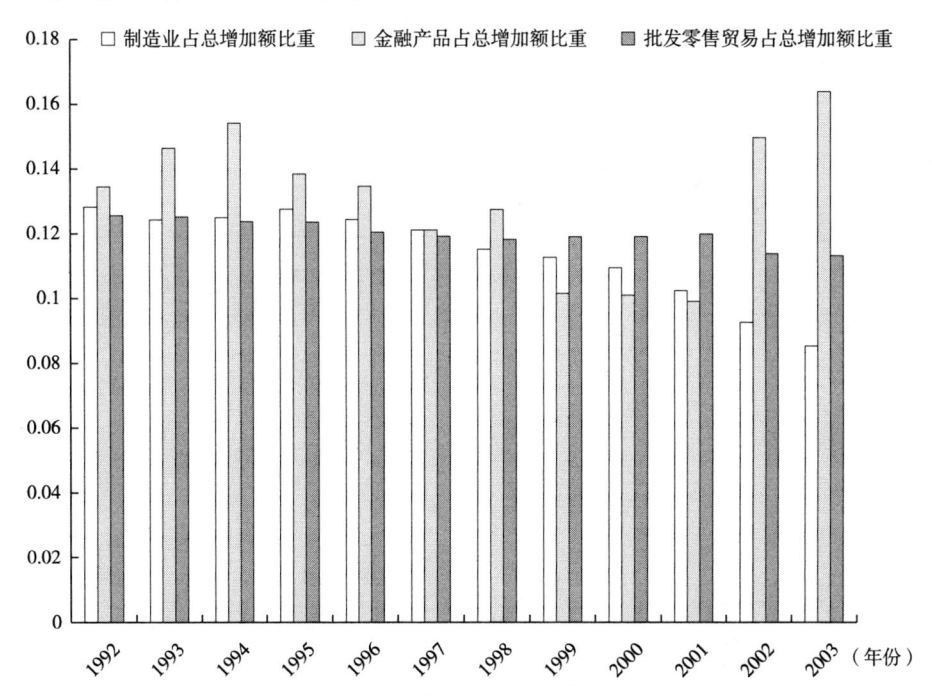

图1-5 伦敦制造业、金融业、批发零售业产值增加额比重

资料来源：英国国家统计局。

与纽约不同的是，伦敦重化工业阶段相对较长，由此带来的社会问题也较为严重，这与伦敦产业调整过程的特点有关，即在产业结构调整过程中，基本上遵循市场调整的原则，政府干预很少。在整个结构转型中，伦敦最大的亮点就是金融服务的集聚效应和国际金融、经济中心地位的维持。作为全球最大的保险中心、最大的欧洲美元市场、全球金融中心，伦敦获得如此多的成就，主要归功于伦敦城市圈的集群效应。伦敦地区周围聚集了许多高新技术产业，这些产业对金融服务的需求相当大，同时继承伦敦之前商业中心的优势，金融业不断创新，金融服务业的功能不断扩展，内部服务发展的动力不断加强。1989年，伦敦市总产值中生产性服务业产值比重为40.8%，如图1-5所示，自90年代开始，制造业占总增加额的比重持续下降，金融业虽有几次起伏但比重一直高于制造业，尤其在2002年以后，金融业所占比重远远高于同期的批发零售和制造业。

（2）伦敦的商务发展。伦敦是目前对英国经济贡献最大的地区，其中，租赁、房地产、商务服务对伦敦产值净增加量贡献最大，如图1-6所示，1995~2007年，房地产、租赁、商务活动的经济增加值上升31.5倍，金融中介次之。

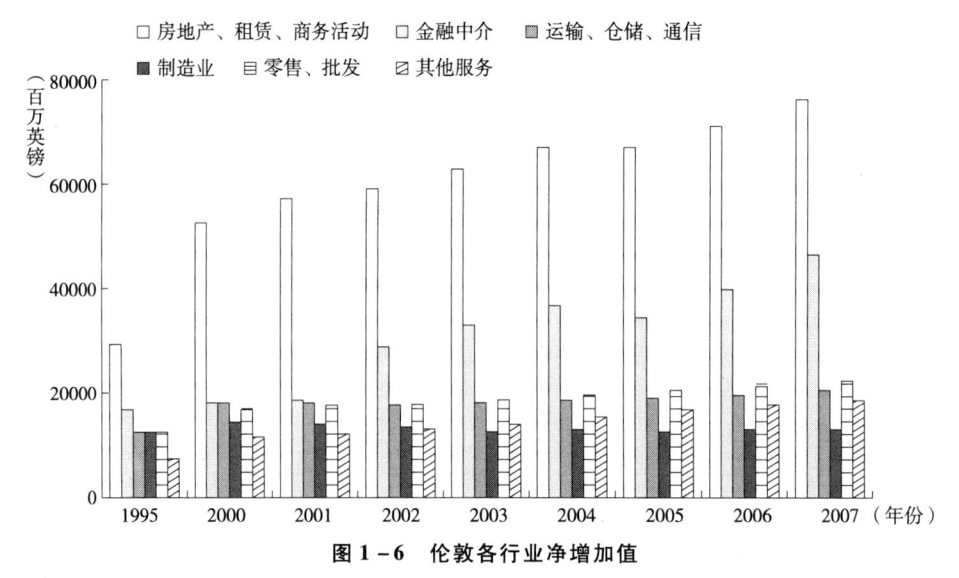

图1-6 伦敦各行业净增加值

资料来源：英国国家统计局。

近年来，伦敦的进出口贸易处于逆差，其主要进出口地区可分为欧盟内部国家及欧盟外的国家，德国和美国是其主要的贸易伙伴。机械器具及零件、矿物燃料、电机和电气产品、车辆及其零附件是伦敦对外出口的前四大类商品。2007年以来，货物贸易的逆差在增大，这是由于发展中国家在机电、轻工业上的比较优势，使伦敦在这些行业中失去了竞争力。但是，作为服务业尤其是金融业相当发达的城市，伦敦在低碳技术、金融服务、新材料和创意产品等方面具备较强的出口优势，如图1－7所示，从1985年左右开始，金融业作为出口的后起之秀，出口额上升迅猛，直逼其他商务贸易（租赁、专业、技术服务）的出口额。传统的运输、旅游贸易近年来增长较为平稳。

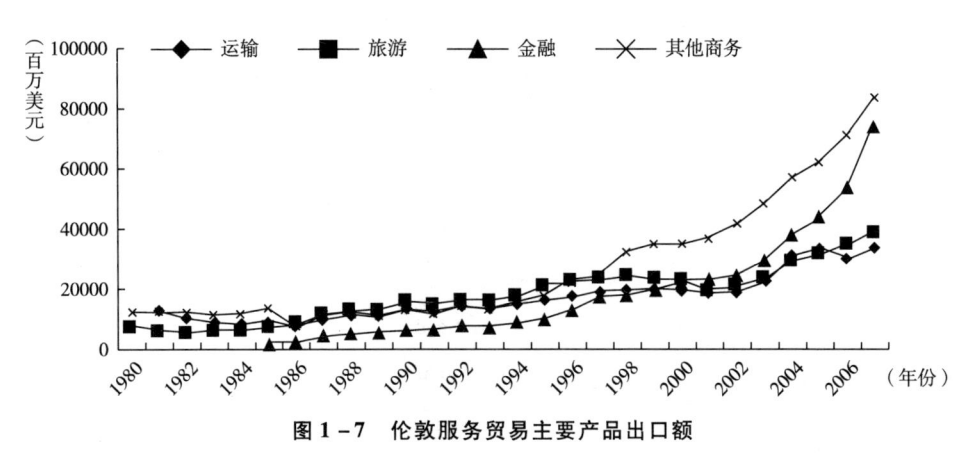

图1－7 伦敦服务贸易主要产品出口额

资料来源：联合国贸易和发展会议。

伦敦是世界领先的国际贸易保险和再保险市场，诸如劳埃德保险社等世界排名前20位的保险和再保险公司均活跃于伦敦，其市场份额约为20%，领先于日本、美国和德国。伦敦金融城是全球第二大金融服务供应商，在贸易和航运服务方面排名第一，其商业银行是航运金融的主要供应商，其中12家商业银行向航运业提供了约18%的全球性贷款。银行还提供多种配套服务。此外，伦敦还是全球领先的国际法律服务中心。

伦敦是欧洲首选的商业城市，2007年第18次被评为最具有方便市场准入机制的城市，相比欧洲的其他国家，英国对外资所有权的限制最少，税收优惠政策、具有亲和力的投资环境，使伦敦成为外商投资的理想之地，2006

年，其外来投资占整个欧洲外国投资的7%以上。同时，作为全球的品牌中心和金融中心，1/3的世界顶级企业在伦敦设立了总部，世界上各大银行和金融机构均在伦敦设有大型营业场所。

3. 东京

在当今的国际大都市中，东京的城市功能最为齐全，被认为是"纽约+华盛顿+硅谷+底特律"型的世界大都市。其产业结构变化大致经历了四个阶段：初级工业化、重化工业化、高加工化和知识技术高度密集化。

（1）工业起步晚，服务业追赶快。19世纪90年代，东京进入工业化的初级阶段，主要由轻工业推动，当时轻工业占整个工业的比重高达70%以上。如图1-8所示，20世纪50至60年代，东京工业得到恢复并进入重化工业的初级阶段，第一产业比重显著下降，第二产业比重稳居第一。70年代末80年代初，东京进入了重化工业为主的工业化中期阶段，第二产业比重达到顶峰。80年代后，东京开始进入后工业化时期，第三产业比重远远超过第二产业。

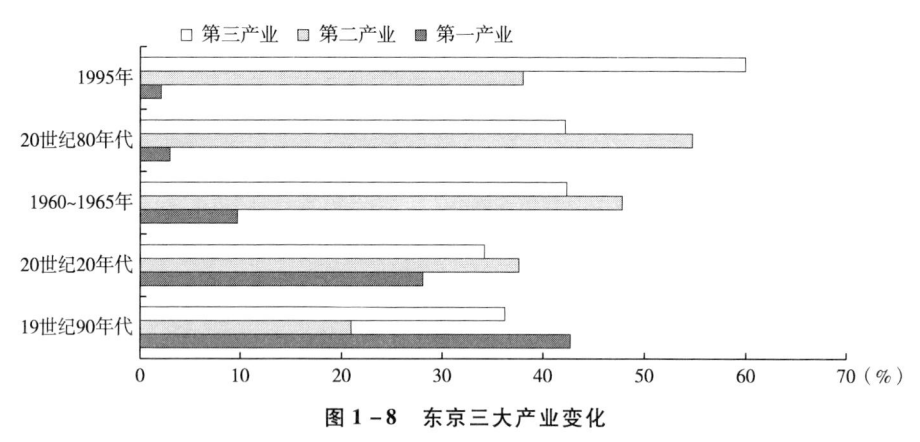

图1-8 东京三大产业变化

资料来源：根据刘长全等（2005）相关数据绘制。

与伦敦和纽约相比，东京的工业起步阶段晚，然而后发优势使其缩短了工业化的阶段，重化工业阶段持续了大约15年，并迅速跨越重化工业的后期阶段，率先进入生产性服务业为主的后工业化阶段。从图1-9所示的就业比重看，第二产业从业人员比重一直下滑，从1965年的40%下降到2000

年的 20%，而第三产业就业人数 2000 年占总就业人数的 72% 左右。根据日本学者村田喜代治的估计，1955 年工业就业人数大约为 76.47 万，1965 年为 140.45 万人，随后便持续下降，1990 年，大致下降到 1955 年的水平，2000 年则只有 55.56 万人，从业人员数量的变化可以看出东京的工业部门在 60、70 年代经历高峰之后就一直在衰落。

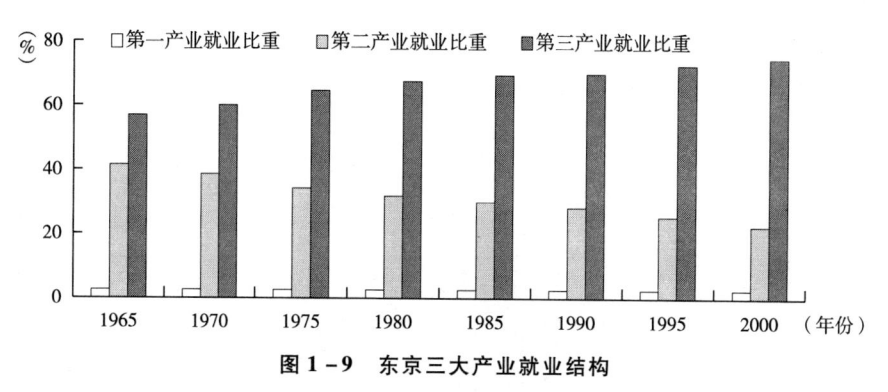

图 1-9 东京三大产业就业结构

资料来源：根据刘长全等（2005）相关数据绘制。

与其他国际中心城市一样，经历了制造业衰落，随之而来的是东京服务业的发达，不同的是在产业结构调整中，政府起了很大的作用。20 世纪 80 年代，根据国内外形势的变化，地方政府在"技术立国"政策的推动下，以新能源、信息、航空航天、新材料、生物工程等知识密集型产业作为主导产业。所以，东京工业比重下降的同时，由于某些部门凭借其产业技术含量较高的集聚效应，工业部门的主导地位并没有变化。1993 年，东京制造业产值仅占日本全国的 6.6%，但却集中了日本 50% 以上的航空发动机、出版、图片制版等行业的产值。批发业和金融保险业是东京服务业的典型代表，与零售业的分散相比，日本的批发业相当集中，在从业人员、销售数额上占有很大的优势。

（2）东京的商务发展。东京的主导产业包括汽车制造、电子设备、造船、钢铁等，其中富士重工、日产化学工业、东京电子等公司均落户在此，东京围绕这些产业进行国内外贸易。20 世纪 80 年代以后，东京进行了产业结构调整，以金融业为代表的服务业迅猛发展，工业地位虽有所下降，但东京仍是日本的工业中心，制造业仍是东京最主要的经济部门，其中，服务业占东京 GDP 份额的 73%，制造业份额为 25.6%。

东京曾奉行日本传统的"贸易立国"即"出口立国"政策，奖出限入，但由于对原料过度的国际依赖，后将政策转为"技术立国"。目前，东京的出口产品不再是轻工业和劳动密集型产品，而是附加值极高又极具竞争力的技术、知识密集型产品。以机械类和运输机械类（电器机械、半导体等的电子产品、航空机类）为主，钢铁、玻璃等次之。图 1-10 显示了 2008 年东京出口额的结构，可以看出，机械制品出口额最大，占出口总额的 37.9%，电机电器设备类制品占出口总额的 22.2%。

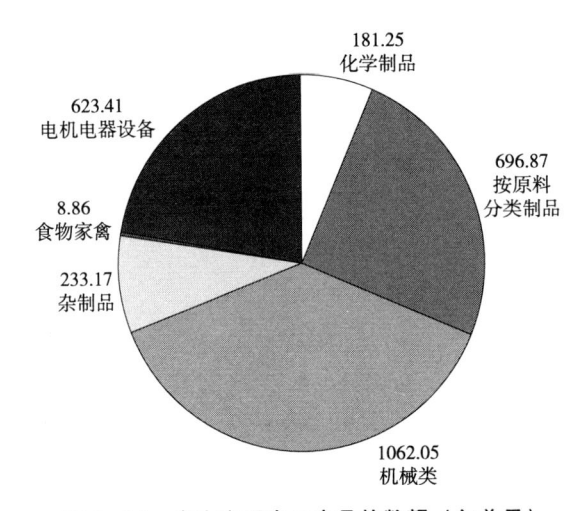

图 1-10 东京主要出口产品的数额（亿美元）

资料来源：《2008 年东京统计年鉴》。

近年来，随着不少企业向海外转移和进行海外投资，东京在贸易结构方面发生了变化，一直进口较少的制成品，进口猛增。如图 1-11 所示，2008 年，东京进口产品数额中，机械类制品的进口达到了 1021.6 亿美元，居进口产品之首，服装制衣等杂制品、化学制品的进口数量也较大。

由商品进出口结构可以看出，"进出口制成品"将成为东京今后的主要贸易结构，近年来，日本与东亚地区的贸易往来有超越欧美之势，东京的制造业也会加快生产线的海外转移，东京将成为日本乃至世界服务贸易比较发达的城市。2000 年来金融、保险、版权服务贸易出口有较大幅度增加，缩小了服务贸易的逆差。

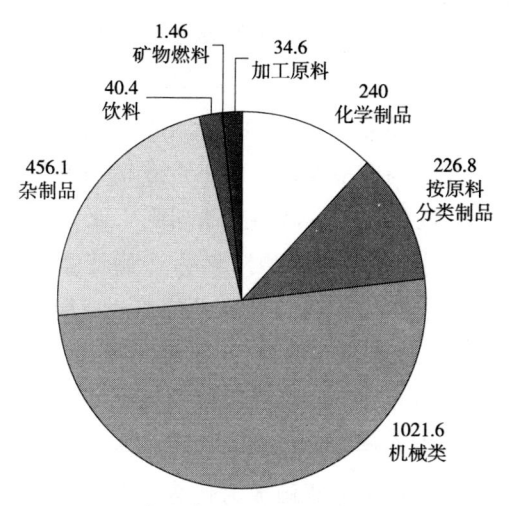

饮料 40.4　杂制品 456.1　矿物燃料 1.46　加工原料 34.6　化学制品 240　按原料分类制品 226.8　机械类 1021.6

图 1-11　东京主要进口产品数额（亿美元）

资料来源：《2008 年东京统计年鉴》。

"二战"以后，东京凭借都市圈的发展潜力和影响力、优越的投资环境，以及政府的大力扶持，吸引了许多跨国公司前来投资设厂，1993 年，全球 500 家最大的工业公司中，日本拥有 135 家，这些公司的总部高度集中于东京，达到 89 家。1995 年，按销售收入排列的世界最大的 500 家公司中，日本共有 141 家，其中 93 家总部设在东京。如表 1-2 所示，到 1999 年，世界 500 强企业在东京设立总部的数目超过了纽约与伦敦。这些均表明作为后起之秀的东京，将依赖其国际贸易、金融、商务中日益重要的地位，确定其世界中心城市的地位。

表 1-2　1984~1999 年世界 500 强企业总部在三大都市的分布

	1984 年	1999 年
东　京	34	63
伦　敦	37	29
纽　约	59	25

4. 香港

香港的面积仅 1029 平方公里，但却凭借其极佳的地理位置以及良好的天然深水港、太平洋地区海空要道、北依中国大陆等优越条件，成为了世界航运中心和经济、贸易、金融的集聚地。对于上海来讲，走在前面的香港有许多值得借鉴的经验。

（1）产业结构调整。香港产业结构的变化与上述三个城市的总体趋向是一致的，只是具体转型时间有些差别。香港产业结构调整大致经历了四个阶段：20世纪50年代~60年代中期转口贸易向轻工业的转变，60年代中期~70年代后期制造业进一步由"出口型"转为"制造型"，80年代产业结构出现多元化的发展趋势，90年代至今制造业绝对规模萎缩和第三产业尤其是金融业的迅猛发展。

香港因其特殊的区位特点和自由开放政策而使20世纪50年代的转口贸易发展迅速。随后，香港开始发展纺织、成衣、玩具等劳动密集型的本地制造业，服装、电机与电气制造业逐渐成为优势产业，使香港经济顺利完成了由"转口型"向"出口加工型"的转变。

60年代中期开始，香港制造业的增长速度放缓，占GDP比重维持在30%左右，就业人数仍在持续上升，支柱产业的优势部门范围有所扩大，主要有服装、电机与电器制造、家具制造、机械制造、纸制品业等，70年代后期，香港制造业结构完成了另一次转型，即由"出口型"转为"制造型"。

80年代开始，制造业的就业人数继续增长，1985年达到85万的峰值（见图1-12）之后开始下降。到90年代初，不论是产值比重还是就业人数都开始下降，优势产业转向技术含量较高的部门，如机械制造业、印刷制造业等，产业结构出现多元化发展的趋势愈加明显，越来越多的就业人员从事批发、零售、餐饮业等服务业，其次是生产性服务业，如金融保险、商务服务等，而传统服务，如交通、仓储从业人员虽有上升但总量不大（见图1-12），这意味着香港产业结构又进入一个转型期。

90年代初开始，香港制造业绝对规模开始萎缩并出现负增长，服务业尤其是金融业迅猛发展。如图1-13所示，1998年制造业对GDP贡献率仅为6%，金融保险业比重为24.6%。同期，转口贸易也大幅上升，其中一半以上来自中国内地。1998年之后，制造业的优势基本消失，服务业在离岸贸易推动下，其出口比重超过制造业，成为优势部门，在与内地经济互动和全球化推动下，香港经济的外贸依存度进一步提高，本地产品出口、转口贸易、离岸贸易的发展，使得与贸易相关的服务业、金融服务业等的出口，远远超过制造业。

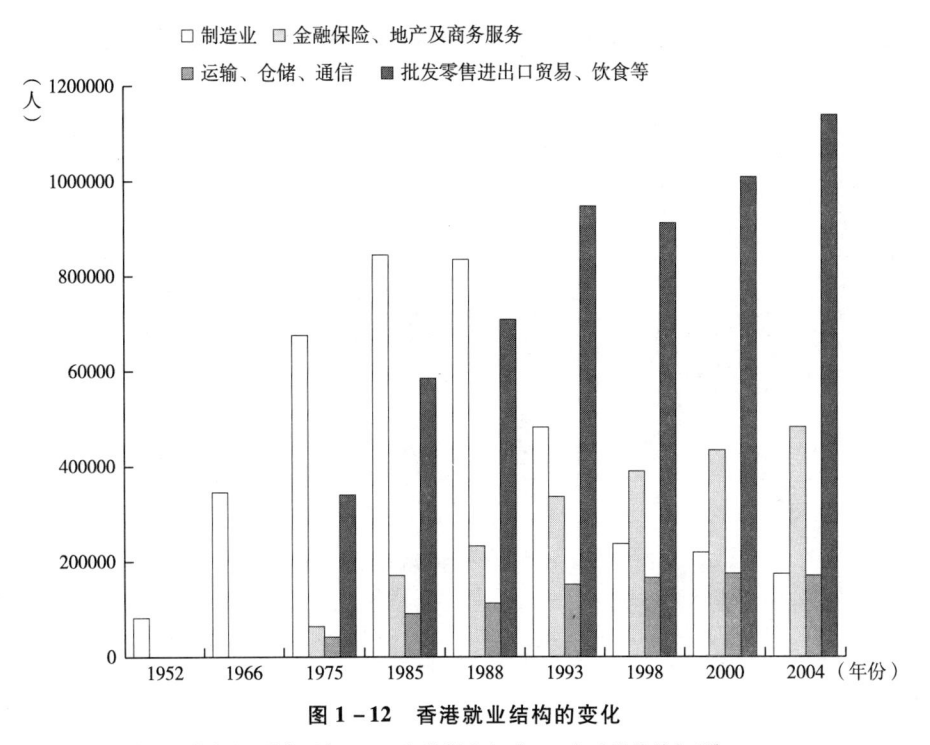

图 1-12 香港就业结构的变化

资料来源：《香港经济年鉴》，2004 年数据来自《2006 年香港统计年鉴》。

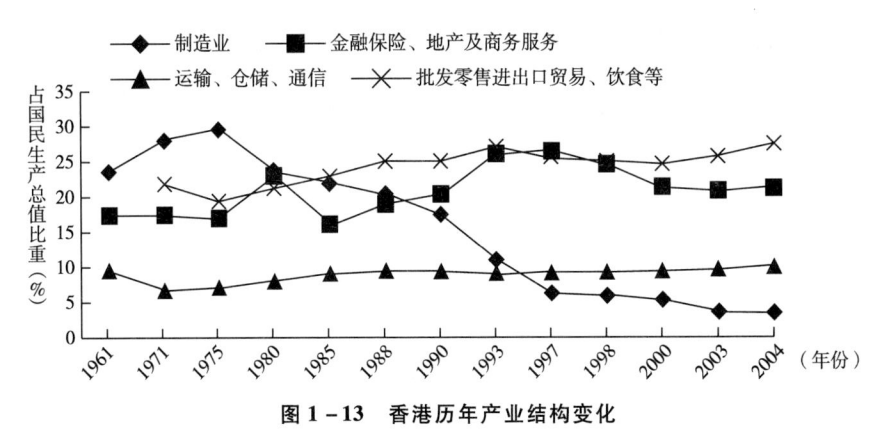

图 1-13 香港历年产业结构变化

资料来源：《香港经济年鉴》，2004 年数据来自《2006 年香港统计年鉴》。

（2）香港商务服务业的发展。如图 1-14 所示，目前，香港经济的四个主要行业是金融服务、旅游、贸易及物流、专业服务及其他工商业支援服务。从 1996~2007 年的增加值来看，贸易及物流一直居首位，其次是金融服务业。进出口贸易是增加值最大的部门，这归功于香港优越的地理位置。

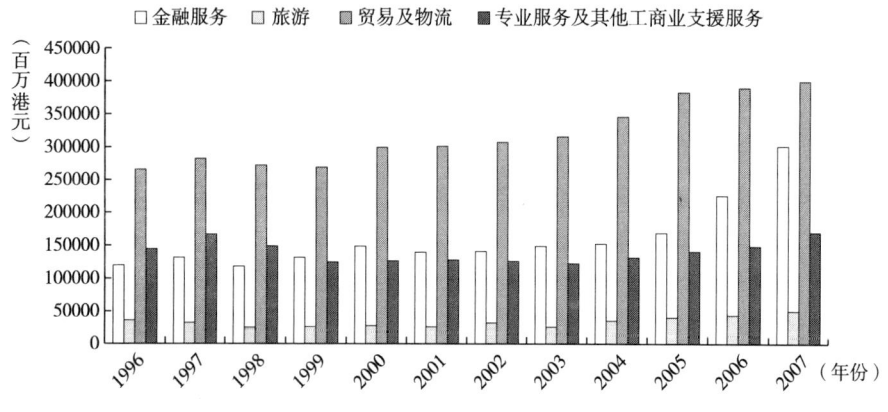

图 1-14 香港四个主要行业的增加值

资料来源：香港政府统计处。

目前，服务贸易已经成为香港的主导产业，由图 1-15 可以看出，1980~2010 年，除部分年份出现小额顺差外，香港的货物贸易基本上均呈现逆差的态势，且有增大趋势。而香港的服务贸易却保持着稳定的顺差态势，并且顺差额呈现增大趋势。

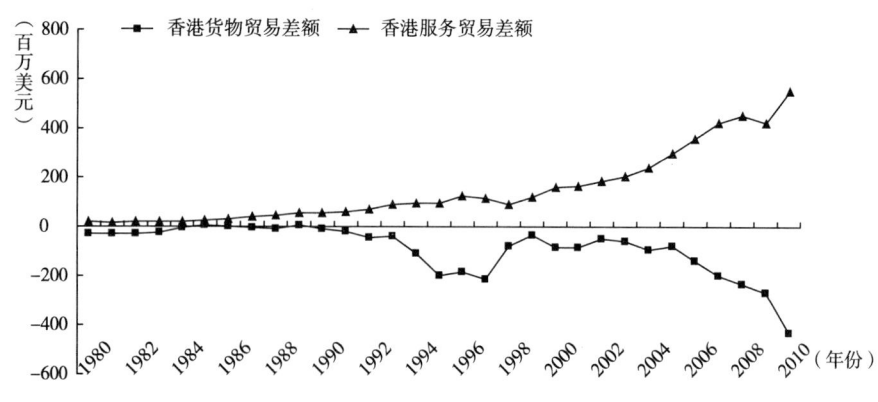

图 1-15 香港服务贸易和货物贸易比较

资料来源：WTO 数据库。

近年来，香港服务贸易发展平稳，出口势头保持持续上升（见图1-16）。2011年，香港服务贸易出口居全球第十一位，香港已形成以旅游、运输、商贸服务及其他贸易相关服务、金融与保险服务、各类专业服务五大类为主导的服务贸易格局，其中商务服务最发达。从图1-17可以看出，运输服务一直在服务贸易中占据重要地位，但运输服务输出占总出口额的比例出现下降趋势。另外，统计数据显示，随着香港国际金融中心地位的确立，近年来香港的金融服务业发展比较迅速，其输出额不断增加。

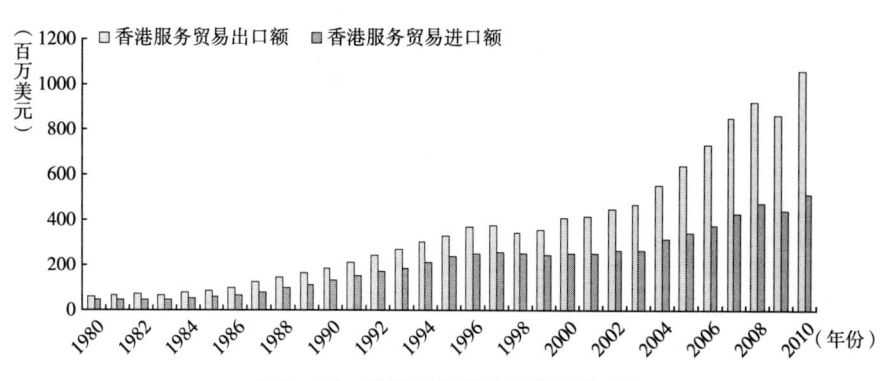

图1-16 香港服务贸易进出口额对比

数据来源：WTO数据库。

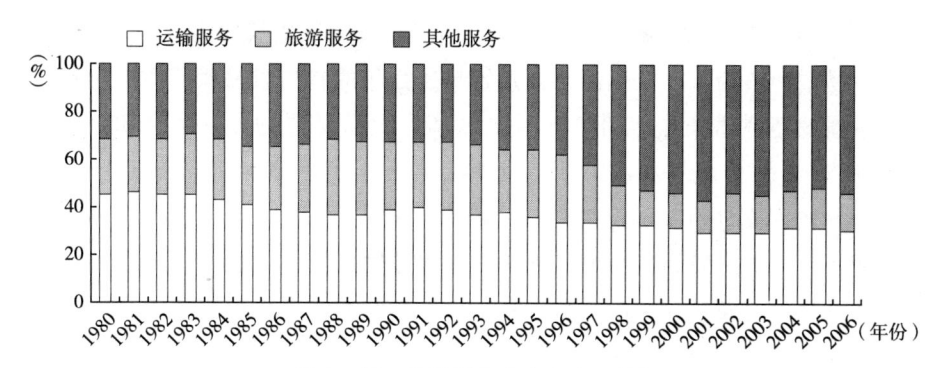

图1-17 香港服务业内部出口结构

资料来源：联合国贸易和发展会议。

近年来，香港的贸易方式也处在转型期，主要是由本地产品出口转向转口贸易、由转口贸易转向离岸贸易。尽管进出口贸易一直是香港经济增长的主要来源，但香港制造业的北移以及中国大陆出口的大部分物品由香港中

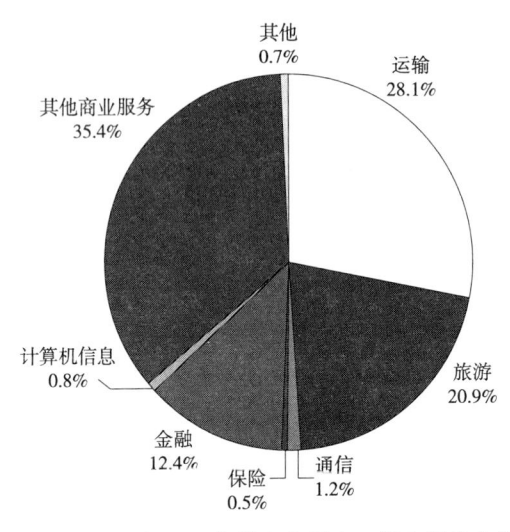

图 1-18　香港 2010 年服务贸易出口额各行业占比

资料来源：WTO 数据库。

转，使得转口贸易增长迅速。2001 年，香港转口贸易额相当于 GDP 的 105%，对经济增长的贡献率迅猛增长。离岸贸易是指香港从事的无须经过本港的对外贸易活动，与转口贸易的主要区别是货物是从货源地直接运往目的地，长期以来香港政府把它作为服务出口进行统计，最近才正式统计为离岸贸易。1997 年，香港离岸贸易总额相当于转口贸易总额的 84%，2000 年，离岸贸易增加值为 1.4 万亿港元，开始超过当年的转口贸易额，离岸贸易成为香港新的经济增长点。2010 年香港从离岸贸易赚取的收入为 2335 亿元，较 2009 年上升了 18.7%。其中，从"商贸服务"赚取的毛利为 2033 亿元；而从"与离岸交易有关的商品服务"赚取的佣金为 301 亿元。就香港的服务输出而言，与离岸贸易有关的服务是纳入服务输出的一个主要服务组别"商贸服务及其他与贸易相关的服务"内的。与离岸贸易有关的服务输出占 2010 年"商贸服务及其他与贸易相关的服务"输出总额的 95.7%，占香港服务输出总额的 28.3%。

据世界投资报告统计，2009 年香港吸引外来直接投资 484 亿美元，排在美国、中国内地和法国之后，位居世界第四，超过了英国、德国等西方经济体。就历年接受外来直接投资的香港企业集团的经济活动来看，从事投资控股、地产及各项相关产业的香港企业吸纳了2001年底总存量的55.2%，批发、零售及进出口贸易也是主要接受外来直接投资的行业，占总额的12.4%。

5. 新加坡

1959年以来，新加坡经济结构发生了根本性的变化，从一个以转口贸易为基础的畸形结构转变为一个以制造工业为中心，商业贸易、金融旅游、国际服务业等全面发展的多元化经济结构。2011年的生产总值高达2598.24美元，较2010年增长了14%，新加坡作为东南亚的金融中心和自由贸易中心，经济保持着高速的增长。

（1）新加坡产业结构的调整。新加坡政府比较重视本地制造业的作用，坚持制造业和服务业并重的政策，拥有比重较大、竞争力很强的制造业。从20世纪70年代起，新加坡就开始发展高附加值的资本、技术密集型工业和高科技产业，进而发展到信息产业等知识密集型经济，以出口消费电子、信息技术产品及药品为主。电子电器、炼油、船舶修造是制造业的三大支柱。新加坡是世界第三大炼油基地和石化产品供应中心。新加坡的制造业基本属于高附加值的先进科技产业，拥有不少具有强劲国际竞争力的尖端科技产品，被称作高新产业制造中心和技术服务中心。20世纪90年代依然是以制造业为主，由制造业拉动着服务业的发展。直到21世纪初，新加坡服务业迅速发展，批发与零售业、商务服务业、交通与通信业、金融服务业的比重大幅增加，已经在国民生产总值中占据了相当的主导地位。现在，新加坡已经成功地完成了从一个制造业为主的国际大都市向以服务业为主的国际大都市的转型，确立了其亚洲金融中心、航运中心、贸易中心的地位。

（2）新加坡政府支持服务业发展的经验和做法。自19世纪60年代起，新加坡开始大力兴建集装箱专用泊位和码头，推进自由港建设，并大力发展班轮航线，国际集装箱管理和调配、空港联运、船舶换装和修造，建设国际船舶燃料供应中心，充分发挥其在金融、网络信息基础设施、高技术和商务服务等方面的优势，完善物流产业链。80年代中期，新加坡经济遭受了严重衰退，新加坡政府提出了重点发展国际金融、国际通信和国际服务贸易的产业战略调整新方向，并采取了一系列措施，促进其服务业的发展，包括以下几方面。

①享受新兴产业的优惠待遇。规定服务业可与制造业同等享受新兴产

的各种优惠待遇，凡固定资产投资在 200 万新元以上的服务业企业，或营业额在 100 万新元以上的咨询服务、技术指导服务等企业，所得税可减半，并规定对服务贸易出口收益只征收 10% 的所得税。②大力吸引外资。在吸引外资进入服务业方面，政府给予了许多优惠政策。例如，给外国跨国公司在新加坡设立区域性营运总厂提供优惠，只征收 10% 的公司所得税，且为期 10 年，并对这类公司的分配股利免征所得税。

新加坡政府通过提供税务优惠，鼓励外国金融机构在新设立机构和提供高成长和高附加值的金融服务包括：a. 对金融运营总部的奖励，即对金融机构向新加坡以外的相关机构或公司提供总部服务所获得的收益，或通过金融运作所获得的收益，按 10% 收税；对部分提供高附加值的服务收益，可按 5% 收税。b. 对金融财务中心的奖励，该政策鼓励跨国公司以新加坡为基地从事金融财务管理活动。对跨国公司向相关的公司提供金融财务服务所取得的收益按 10% 收税；免除跨国公司向外国银行或相关公司支付贷款利息时的预扣税。c. 对在新加坡进行的离岸金融业务的收入免征所得税。

为吸引国际重要的船主将运营基地设在新加坡，将新加坡建设成为国际海运中心，新加坡政府向符合条件的航运公司提供以下优惠：a. 该类航运公司所拥有的船只（无论是否在新加坡注册）运营所得收益均可豁免所得税，免税期为 10 年。b. 该类航运公司从附属公司、子公司等处获得的分红可免税。

新加坡政府向符合条件的贸易商颁发"全球贸易商地位"，拥有此地位的贸易商可享受以下优惠政策：企业所得税率为 5% 或 10%，远低于正常 22% 的公司所得税率。全球贸易商计划是新加坡政府为鼓励国际贸易大公司将新加坡作为贸易基地的一项措施。要求公司必须是在相关领域或相关商品的知名国际贸易商，并使用新加坡作为中枢进行区域或全球离岸贸易业务。

在新加坡从事研发的企业（主要是外商投资企业）可享受以下优惠：其从国外获得的知识产权使用费或利息可免税，免税期为 5 年，但免税的收益至少应有 20% 作为进一步研发的费用，且研发所形成的知识产权应为本地公司拥有和管理。

通过一系列调整措施，新加坡服务业大为发展，国际性、区域性的服务中心迅速增多，外国银行在新的离岸金融业务大为扩展，旅游业也日益兴旺。

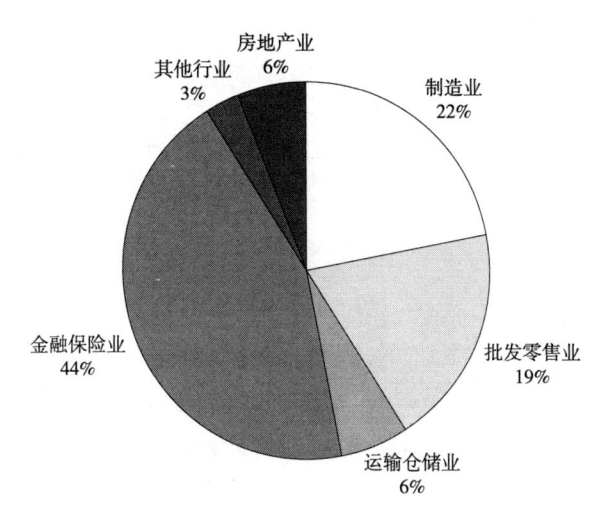

图 1-19　新加坡 2010 年 FDI 产业分布

资料来源：新加坡统计局。

从新加坡 2010 年 FDI 产业分布中可以看出，其吸引的外资已经从制造业转向了服务行业，其中在金融保险业所吸引的资金占比达到了 44%，制造业的占比已经退居第二位，其他的服务业如批发零售业和运输仓储业已经占了相当的比例。总的来看，服务业已经成为新加坡吸引外资最多的产业，说明新加坡目前的服务业已经相比制造业更具有竞争力，能够获得更多的回报。

（3）新加坡对外贸易结构的调整。作为东南亚最大的港口中心，新加坡的集装箱年吞吐量居世界第二，对外贸易一直是其重要的经济推动力，新加坡的贸易依存度多年都保持在 200% 以上。随着新加坡产业结构的调整，其对外贸易的结构也在发生巨大的变化，虽然仍是以货物贸易为主，但服务贸易发展迅速。服务贸易在新加坡 GDP 中的比例在 1/3 左右，服务贸易领域中传统的有交通和旅游服务，90 年代末新蓬勃发展起来的有贸易相关（Trade-related）服务、金融与保险服务、商务服务和技术服务四大领域。新加坡服务业上的转型，也推动了新加坡服务贸易的发展。

图1-20 新加坡服务贸易依存度

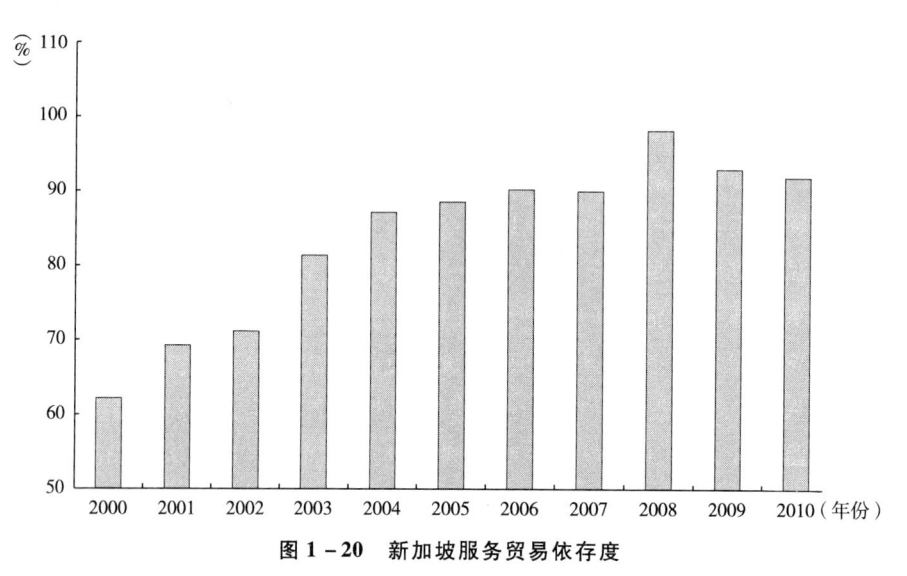

资料来源：新加坡统计局。

由图1-20可以看出，21世纪以来，新加坡的服务贸易依存度有了很大的提升，已经从2000年的62.2%达到了2010年的91.8%，但是这种增长在2005年后趋于平稳，基本维持在了90%左右，而在2008年的全球金融危机之中，新加坡的服务贸易不跌反涨。

新加坡服务贸易与货物贸易比例的变化更好地说明了这个问题，在20世纪90年代，新加坡的服务贸易和货物贸易维持在一个相对稳定的比例水平，随着新加坡服务业的发展，服务贸易与货物贸易的比例有了巨大的增长，从图1-21可以看出，21世纪初，这种比重仍然维持在0.2左右，而到2010年这个比例已经达到了0.3，提高了50%之多。

综上所述，进入21世纪之后，新加坡服务贸易的发展才真正开始腾飞，并以惊人的速度在发展，这种随着产业结构的调整而发生在贸易结构上的变化在慢慢显著，这也进一步说明了新加坡已经从依靠传统的制造业贸易转向了服务业的进出口贸易。

（4）新加坡服务贸易的内部结构。80年代，新加坡的服务贸易总额非常微小，但是总体来看，仍然是以出口为主，说明新加坡一直以来在服务贸易的出口上都保持了一定的优势，是出口导向型的城市。随着全球服务业的

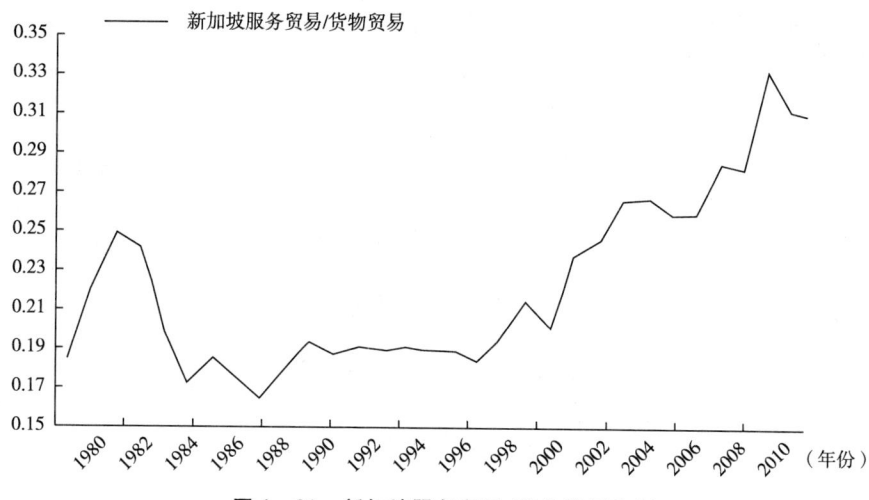

图 1-21 新加坡服务贸易/货物贸易比例

资料来源：WTO 数据库。

发展，新加坡服务贸易也得到了相当大的促进，但是在 2000 年左右，新加坡的服务贸易进口一度占上风，很大程度上是因为新加坡的服务贸易当时处于真正的起步阶段，通过进口先进的服务技术来改善自己的服务产业，通过提高出口的生产能力扭转服务贸易逆差。而之后的几年，新加坡的服务贸易逆差已经明显得到了扭转，并且出口的差额优势越来越明显，2010 年新加坡服务贸易的出口总额已经达到了 1300 亿美元，走在了世界服务贸易的前列（见图 1-22）。

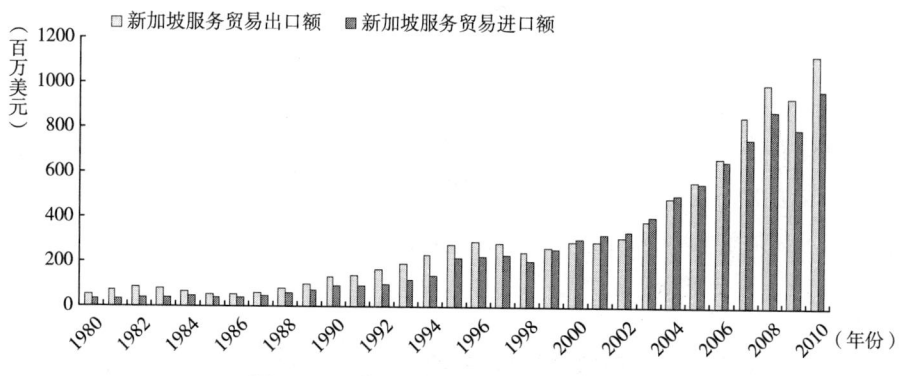

图 1-22 新加坡服务贸易进出口额对比

资料来源：WTO 数据库。

新加坡服务贸易出口具体的产业结构可以从图1-23看出，其他商业服务占据了最大的出口比例，高达39%，其他商业服务包含了各类咨询、法律、教育等服务。就主要的行业而言，运输服务所占比例最大，达到29%，作为东南亚的航运中心和交通枢纽，运输服务的出口仍然对新加坡的服务贸易起着支柱作用。而作为新加坡传统的对外服务贸易出口项目的旅游服务占据第二位，旅游服务中大部分消费者依然来自东南亚，随着中国人均购买力的提高，以及其与日韩关系的发展，旅游服务的提升具有一定的潜力。作为服务价值链中重要的一环，金融和保险一类的金融业类服务也在新加坡的服务贸易出口中占了一定的比例，金融服务出口达到11%，保险的服务出口也达到2%，体现了新加坡作为东南亚金融中心的地位。

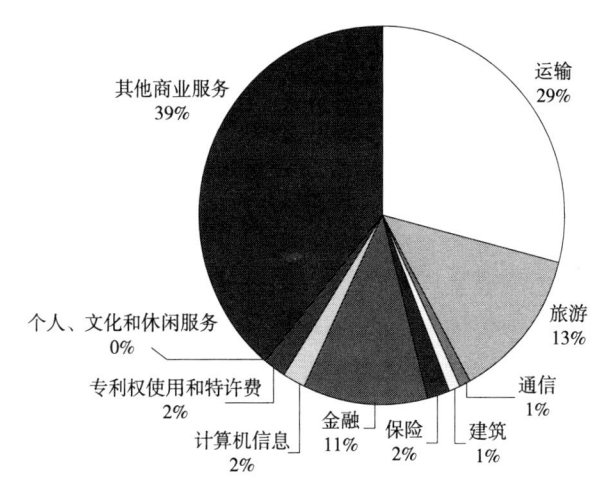

图1-23 新加坡2010年服务贸易出口额各行业占比

资料来源：WTO数据库。

总体而言，服务产业目前已经成为了新加坡的经济支柱产业，而服务贸易在新加坡对外贸易中的作用也越来越凸显。新加坡传统的优势服务产业仍然占据了新加坡服务贸易的大部分，推动着新加坡服务贸易的发展。

(三) 经验借鉴

上海是中国内地经济最发达的城市，政府也将其定位为将来的国际航运中心、国际贸易中心与国际金融中心。通过表1-3中三次产业的比重比较可以得出，上海离国际中心城市的目标还有一段距离。2010年，上海的第三产业比重为57.3%，纽约、伦敦、东京却在20世纪时就已经达到较高比例。

表1-3 四大城市产业结构比较

单位：%

城 市	年 份	第一产业	第二产业	第三产业
纽 约	20世纪20年代	11.2	41.2	47.5
东 京	1960~1965年	9.7	47.9	42.4
香 港	2000年	0.1	14.2	85.8
上 海	2010年	0.70	42.0	57.3

资料来源：各城市统计年鉴。

通过对纽约、伦敦、东京等城市的分析可以看出，在产业结构调整中均是先由工业化转向消费性服务业，再转向生产性服务业为主。从发展过程比较，大致可以说，上海正处于工业化的中后期，需要重视技术引进和自主创新，通过科技率先发展推动增长方式的加速转变，同时实现产业结构的调整。

第一，纽约的产业调整和商务发展，一定程度上归功于其生产性服务业的发展，将生产性服务业与制造业联系在一起，通过信息化带动工业化，提高产品的附加值。目前，以信息技术、生命科学、新材料等技术为代表的高科技产业快速发展，纽约对知识、信息的依赖也在上升。上海要在将来发展为国际大都市，必须重视服务业领域内的研发，尽管目前通信、金融保险、房地产、教育和科学研究占上海服务产业的大部分，但仍需要在信息网络方面加大研发投入，加强科技优势。

第二，上海要成为国际航运中心，需要借鉴伦敦发展的经验。伦敦是英国也是国际的航运中心，航运一直是伦敦的传统支柱部门，虽然在20世纪70年代伦敦的航运量出现衰退，但伦敦航运服务业特别发达，船舶注册、航运交易、海事保险、航运咨询等现代航运服务，使伦敦牢牢占据了国际航运中心的地位。值得注意的是，借助于作为国际金融中心的金融服务优势，伦敦控制了全球船舶融资市场的18%、散货租赁业务的40%、油轮租赁业务的50%，以及船舶保险业务的23%，甚至全球67%的船东保赔协会的保费基本也大都集中在伦敦。

上海在航运交易、金融、口岸通关等方面规模较低，尤其在航运服务业上与伦敦的差距更明显。因此，上海在建设航运中心过程中应继续完善港口的基础设施建设和服务环境等软环境的建设，利用区位优势，推出优惠政策吸引国际船公司到上海落户。

第三，香港是世界上著名的自由港，20世纪以来的贸易转型给香港经济带来了扩张效应，转口贸易和离岸贸易也成为香港经济的增长点。上海是中国内地的港口，对外贸易也构成其经济发展的重要组成部分，而且与香港有很多相似之处，有很多经验可以借鉴。

香港传统贸易在90年代开始下降，近年来转口贸易、离岸贸易对香港经济贡献率逐渐上升，2000年离岸贸易总量超过转口贸易，其重要程度在逐渐显现，香港正在从一个转口贸易中心转为一个多种贸易方式的贸易中心。

当前上海的贸易和投资重心仍是制造业，今后无论发展货物贸易还是服务贸易，都要提升国际竞争力，从低附加值的传统贸易向商贸服务、技术领域拓展，如果上海可以借鉴香港的离岸贸易，使得其服务范围辐射全国，上海作为中国内地最重要开放口岸的地位才能真正得以体现。

第四，这几个中心城市的兴起，尤其是纽约、伦敦、东京的发展离不开与周围城市互补的集群效应，以纽约为中心的美国东海岸城市群、以伦敦为中心的英国城市群、以东京为中心的日本城市群，即使香港也是以大陆珠三角地区为依附。城市群内部现代服务业对城市间发展具有巨大的推动作用，上海可以依托长三角，建设中国的城市群，以上海为中心城市吸引更多外资，带动周边地区产业的发展与调整，同时上海应大力发展金融、专业服务业，提高自身的创新能力，加大对科研教育的投入。

第五，在四个中心城市中，纽约、伦敦、香港不论是产业结构调整，还是商务发展，政府干预都较少，只有东京发展过程中政府发挥了较大作用。政府推出的产业结构调整救助政策成功扶持了高新技术产业的发展，东京在金融方面有得天独厚的优势，也吸引企业迁入东京享受这种金融的便利。

上海与东京在金融的监管、创新和规模方面都有很大的差距，对此上海市政府在尊重市场调节的同时，可以适当采取相关政策手段，如通过颁布具体法律法规、提供优惠条件等措施吸引外商进入，为上海建成国际金融中心创造必要的环境条件。在结构调整时期保持经济的稳定，避免大的波动。在资金投入上有针对性，发达国家和较发达及发展中国家均把科技摆在国家发展的首位，因此，上海市政府也可以加强对高技术产业和教育事业的投资，促进人才流动。

四 上海经济结构的服务化转型

（一）中国服务经济发展中存在的主要问题

从世界发展历程来看，"经济结构服务化"是产业发展的必然趋势。开放格局下，随着经济全球化和国际分工的深化，国际产业链全球延伸和再配置进程加速，不断影响着全球体系下各个国家和地区的产业结构形态，"服务化"成为价值链增值和结构转型升级的重要路径。然而，就整体而言，中国目前仍处于工业化中期阶段，服务经济尚处于较低的发展水平，距离形成服务经济结构还有较长的路要走。我们大致将服务经济发展中存在的问题，归结为这样几个方面。

第一，我国服务业总体上供给不足，结构不合理，服务水平低，竞争力不强，对国民经济发展的贡献率[①]不高，与经济社会加快发展、产业结构调整升级不相适应，与全面建设小康社会和构建社会主义和谐社会的要求不相适应，与经济全球化和全面对外开放的新形势不相适应。这是服务经济发展水平的问题。

第二，在与服务经济发展的有关体制和机制方面，市场机制在服务业和服务贸易的资源配置中，还没有有效发挥基础性作用；事业单位体制改革滞后，大量本应作为营利性市场主体存在的经营性机构存在于社会事业单位之中；政府职能改革不到位，存在审批事项多、多头管理和行政执法不规范等问题。

第三，受传统体制和发展阶段的双重影响，国民经济的专业化水平不高，服务经济发展缺乏来自源头的"活水"。这一方面把本来应该由专业化

---

① 产业贡献率指各产业增加值增量与 GDP 增量之比。

服务企业提供的服务活动长期内部化，致使企业劳动生产率和经济效益的提高受到一定的压抑；另一方面，在很大程度上阻碍了服务业，尤其是生产者服务业的发展。

第四，公共服务供给不足，成为服务经济发展的一个"瓶颈"。公共服务不仅为服务经济发展提供基础性条件，而且将大大降低服务业厂商的生产和交易成本。公共服务供给不足，既有公共资源方面的问题，也有供给方式方面的问题。

2005年10月11日通过的《中共中央关于制定国民经济和社会发展第十一个五年规划的建议》明确提出要"促进服务业加快发展"。服务业已成为我国新一轮发展的重要内容和竞争焦点。同时，市场化改革的深入、城市化进程的加快、居民消费结构升级、服务价格管制的放开以及信息化水平的提高将持续推动服务业增长和结构升级。

针对服务业比重偏低和研发投入不足的问题，《中华人民共和国国民经济和社会发展第十一个五年规划纲要》特别提出了两个重要的量化指标：一是服务业增加值占国内生产总值的比重和就业人员占全社会就业人员的比重分别提高3个和4个百分点；二是研发经费支出占国内生产总值比重增加到2%。

国务院根据"十一五"规划确定的服务业发展总体方向和基本思路，制定了未来一个时期《加快服务业发展的若干意见》（下简称《意见》）。《意见》分别提出了到2010年和2020年，我国服务业发展的主要目标：到2010年，服务业增加值占国内生产总值的比重比2005年提高3个百分点，服务业从业人员占全社会从业人员的比重比2005年提高4个百分点，服务贸易总额达到4000亿美元。有条件的大中城市形成以服务经济为主的产业结构，服务业增加值增长速度超过国内生产总值和第二产业增长速度。到2020年，基本实现经济结构向以服务经济为主的转变，服务业增加值占国内生产总值的比重超过50%，服务业结构显著优化，就业容量显著增加，公共服务均等化程度显著提高，市场竞争力显著增强，总体发展水平基本与全面建设小康社会的要求相适应。从上述目标的表述中不难发现，在中国二元经济结构的背景中，服务经济的发展有一个从大中城市走向城乡共同发展的过程。今后一个时期，在有条件的大中城市形成以服务经济为主的产业结构，成为服务经济发展，乃至国民经济可持续发展的重要任务。"十二五"规划建议进一步提出,要"坚持把经济结构战略性调整作为加快转变经济发展方式的主攻方向","经济结构战略性调整取得重大进展"。

(二) 长三角地区产业结构演变的特点与趋势

较长一段时间,长三角地区的发展定位是"全球制造业中心"。然而,资源匮乏一直是制约长三角发展的瓶颈,随着经济社会的发展,土地、劳动、能源、生态等压力不断增大,商务成本持续提高,长三角地区外延式的增长方式已难以支撑经济的持续发展,依靠要素密集投入的粗放型发展方式亟须转向依靠全要素生产率提高的集约型发展方式。当前,长三角地区的传统产业发展已不具有持续性和竞争力,很多中小企业面临生存困境,20 世纪 90 年代后形成的苏南模式面临产业结构升级的重大挑战,金融体系还远未在长三角地区协调起来,长三角区域的发展对整个长江流域乃至中西部的辐射效应还不是十分明显。在居民收入水平提高且市场竞争加剧的背景下,市场对现代服务业的需求快速增长,长三角地区正面临产业升级和转型的关键期,而发展方式转型只有构建在产业结构优化升级的基础上才能最终实现,促使产业结构从制造业主导演变为服务业主导已成为长三角地区产业结构优化的必然选择。

长期以来,长三角地区都是我国重要的工业基地,第二产业一直占据主导地位,但在资源、环境等因素的倒逼下,长三角地区产业结构向"三二一"调整的步伐不断加快,发展服务业成为共识。近年来,长三角地区服务业的支柱地位已然出现稳步提升的态势。相关数据显示,2011 年长三角地区实现服务业增加值 38144 亿元,增速均值为 12%。服务业增加值占 GDP 比重达到 46.5%,比上年提高 1.2 个百分点。16 个城市中有 11 个城市服务业增加值总量超过 1000 亿元,6 个城市总量超过 2000 亿元,9 个城市增速超过平均水平。

在"十一五"规划中,苏、浙、沪不约而同地将新的产业结构锁定为"三二一",即加大对第三产业——服务业的投入,实现产业结构转型。更可贵的是,三地之间的关系是互补大于竞争:在服务业领域,江苏的发展思路是以向制造业两端延伸和中间分离为突破口,以软件业作为重中之重,拓展生产服务业的发展领域;浙江希望建立"高增值、强辐射、广就业"的服务业体系,着力推进服务业市场化,提升商贸物流、金融保险、旅游会展、文化和房地产等优势服务业；上海则强调在发展生产性服务业、创意产业的同时，在物流、金融和创建科技服务平台上领先一步。专家认为，长三角城市群虽然都在同步发展第三产业，但各自的定位不同，不会出现"产业同构"现象。

2007年12月19日，"长三角现代服务业合作与发展论坛暨首届服务业产品展示会"在上海举行，沪、苏、浙三地共同签署了《长三角现代服务业合作与发展协议》。尽管沪、苏、浙三地均要在发展现代服务业上下大功夫，但他们所签署的《长三角现代服务业合作与发展协议》则本着优势互补、资源整合的原则。三地在发展现代服务业方面，将各有侧重。苏、浙两地将发展服务业的重点定位在直接支撑制造业增长的生产性服务业，而上海则称其将凭借区位优势，强调在发展生产性服务业、创意产业的同时，在物流、金融和创建科技服务平台上领先一步，有助于更好地发挥长三角城市群首位城市的"溢出效应"，更好地服务长三角地区乃至全国。

2008年9月16日，《国务院关于进一步推进长江三角洲地区改革开放和经济社会发展的指导意见》（以下简称《意见》）正式对外公布。《意见》要求长三角地区建立以服务业为主、制造业为辅的全面发展体系。《意见》明确要求，到2012年，产业结构进一步优化，服务业比重明显提高；到2020年，形成以服务业为主的产业结构，三次产业协调发展。《意见》要求，加快发展现代服务业，努力形成以服务业为主的产业结构：优先发展面向生产的服务业，加快以上海国际航运中心和国际金融中心为主的现代服务业的发展。进一步整合港口资源，尽快建成以上海为中心、以江苏和浙江港口为两翼的上海国际航运中心；积极探索金融机构、金融产品和服务方式等多种金融创新，健全多层次金融市场体系，引进和培育高层次金融人才。这意味着，长三角的发展定位已由之前的"全球制造业中心"转为以服务业发展体系为主。《意见》同时明确，上海的龙头作用将继续保持，让它成为具有国际影响力和竞争力的世界城市。

作为上海经济发展的腹地和重要支撑，长三角地区的经济基础、产业与城市集群、市场容量、发展潜力等可以对上海现代服务业的发展起到积极的推动作用。长三角地区是中国制造业最集中、最具竞争力的地区之一。制造业的价值和竞争力提升有赖于服务业提供前期研发、设计，中期管理、融资和后期物流配送、市场销售、售后服务、信息反馈等支持。江、浙两省在制造业方面具有很强的输出能力,中低端服务业基本上也可以实现自给自足,但其高端服务业短缺,需要区外供给。特别是时下,中国沿海地区大批中小民营制造企业陷入困境,亟待产业链条的拉伸和附加价值的提升,这样一种需求显得更为迫切。对于上海而言,由于劳务、土地等要素价格的提高,发展一般性的制造业已经不具有优势,应该逐步将其低端的生产制造环节转移出去,大力发展高端服务业,如总部经济、专家咨询、信息传播、国际物流、服务创新产品、金融管理和服务、高等教育和专家医疗和国际会展等,除满足市内需求外,还将服务于江、浙两省及全国的发展。

上海现代服务业唯有真正融入长三角地区,通过服务半径的延伸,在更广阔的领域中优化资源配置,壮大服务主体,拓展服务功能,发挥国际国内"两个扇面"的作用,才有可能改变服务业"短腿"的局面,切实提升城市综合服务水平。上海现代服务业的发展定位是:凭借要素市场齐全、对外开放程度高、科研院所相对集中等区位优势,强调生产性服务业、创意产业的同时,更在物流、金融和创建科技服务平台上处于领先,并在长三角城市群中发挥辐射和带动作用。

(三) 上海服务经济发展概况

改革开放以后,上海服务业增加值逐年递增,服务业增加值占 GDP 的比重除个别年份外也呈递增趋势。1992 年,上海市委、市政府提出了以"三二一"为序的产业发展战略构想,上海服务业增加值及其占 GDP 的比重迅速上升。1999 年服务业增加值所占比重达到 49.59%,首次超过第二产业,比第二产业高 1.16 个百分点,打破了"二三一"的格局。同时,服务业内部结构也得到不断调整和优化,城市综合服务功能有所增强。代表上海服务业发展方向的金融保险、商贸流通、通信服务、房地产、旅游等行业增势较强,服务网络、辐射地域迅速扩大;生产服务性行业中的研究开发、营销推展、融资筹划等服务性部门及其业务增长迅猛;信息咨询业、中介、现代物流等新兴服务业经过大力培育和扶植,呈现良好的发展势头。上海经济在加速结构高度化的过程中,高层次服务型经济特征日趋显现,进一步增强了中心城市综合服务功能。这标志着上海经济发展已经进入了工业化后期的新阶段(见表 1-4)。

表1-4 主要年份上海市生产总值（按三次产业分）

单位：亿元

指　　标	2001年	2009年	2010年
上海市生产总值	5210.12	15046.45	17165.98
第一产业	78.00	113.82	114.15
第二产业	2403.18	6001.78	7218.32
工业	2166.74	5408.75	6536.21
建筑业	236.44	593.03	682.11
第三产业	2728.94	8930.85	9833.51
交通运输、仓储和邮政业	345.99	635.01	834.40
信息传输、计算机服务和软件业	176.72	601.73	675.98
批发和零售业	555.06	2183.85	2594.34
住宿和餐饮业	104.30	238.36	266.45
金融业	529.26	1804.28	1950.96
房地产业	328.59	1237.56	1002.50
租赁和商务服务业	136.97	641.97	776.13
科学研究、技术服务和地质勘查业	114.91	364.90	391.28
水利、环境和公共设施管理业	32.59	45.06	50.19
居民服务和其他服务业	46.16	156.83	179.98
教育	136.53	378.18	400.36
卫生、社会保障和社会福利业	72.27	227.47	250.41
文化、体育和娱乐	43.96	87.49	93.98
公共管理和社会组织	105.63	328.16	366.55

资料来源：上海统计局2010年、2011年《上海统计年鉴》。

目前及今后一个时期，上海经济和全球、全国经济一样，将处于一个深度调整的时期。由此会引发一系列变化和问题。其一，全球金融危机及其引发的实体经济衰退，将使世界经济环境发生深刻变化；其二，中国正在转变经济发展方式，世界经济环境的变化，更加深了这一转变的迫切性；其三，这些年的实践表明，发展服务经济是上海调整、优化产业结构，完善、提升城市功能的内生要求。在全球、全国经济调整的大背景下，如何实现这一要求，又给我们提出了新的难题。因此，如果没有发展服务经济的新的战略思考和创新举措,上海服务经济的发展将继续滞后,这势必影响上海这一轮调整的成果,以及为未来经济社会发展可能创造的条件。面对新的国际国内经济形势,机遇与挑战并存,转变经济发展方式迫在眉睫。构建以服务经济为主的产业结构,既是适应世界经济发展趋势的需要,也是上海进一步转变城市功能、提升城市竞争力的内在要求。

然而,目前上海在服务经济发展方面,还存在诸多问题。

第一,服务能级不高。上海服务业规模尚小且服务能级较低:在总体发展水平上,上海服务业增加值占 GDP 的比重与其他国际大都市相比还有相当大的差距;从服务业内部各行业来看,其规模也难以与其他国际大都市相比;再从上海服务业内部结构来看,传统行业仍占较大比重,而代表服务业发展潮流的现代服务业、生产性服务业等仍处于发育阶段,规模较小,服务功能薄弱。因此,上海服务业能级较低,服务空间有限,尚未进入以知识型、生产型等高级服务业为主导的发展时期。

第二,各服务功能发展不平衡。一般而言,国际大都市都具有很强的综合服务功能,能够满足不同主体多方面、多层次的需求。20 世纪 90 年代以来,上海一些服务功能得到迅速增强,而另一些服务功能则发展缓慢,如社会服务业、教育文卫、科学研究和综合技术服务业等,各服务功能间难以整合,造成服务供给不足、层次偏低。特别值得注意的是,上海生产性服务业发展比较滞后、规模小、专业化程度低,生产性服务业与制造业的融合化程度不高,第二产业的服务投入率很低,对上海以外地区的服务功能更是有限,这严重制约了城市综合服务功能的发挥。

由于上海生产性服务业发展水平还比较低,服务业与其他产业之间的联系相对松散,没有形成产业融合互动的良好运行模式,致使服务业发展缺少其他产业的支持,缺少外在的需求和市场。而若其推动力量仅局限在本产业内部和有限的几个相邻产业,它将很快地达到市场饱和状态,使得发展趋于停滞。一、二产业所使用的中间投入中,传统服务占主导地位,而传统服务与其他产业的联系由于比较间接,导致产业间的相互中间投入在数量和价值上都不高,从而难以形成对服务业层次提升的推动力。另外,现代服务业涉及的是金融、信息、技术等现代经济的核心领域,它们对资源配置和协调具有重要作用。但是,充分发展这些功能的前提是现代服务业和其他产业保持比较紧密的联系。上海经济中现代服务业较弱的产业联系必然影响这种功能的充分发挥，从而难以有力地推动增长方式转变和产业结构调整，这反过来也对现代服务业起到了抑制作用。

第三，功能集聚能力不足。跨入人均 GDP 5000 美元后的国际大都市，其生产性服务业快速增长，功能性服务业的分工和专业服务水平不断提高，从而形成了功能布局集群化的特征。尤其是 20 世纪 90 年代以来，世界上的主要城市都出现了金融业和某些生产性服务业向中央商务区集中的趋势。然而，从外国金融机构、跨国公司总部、研发中心等的数量来看，上海与纽约、伦敦、东京、香港、新加坡相比还有相当大的差距。生产性服务业的功能性布局水平也有待进一步提高。由于功能集聚能力的不足，上海为企业国际化经营所提供的综合服务水平至今仍难以有质的提高，而这反过来又影响了功能主体在上海的集聚。

第四，辐射功能发挥得不够。辐射功能反映的是一个城市对各类要素的扩散能力，是城市综合服务功能的重要体现。按照经济发展规律与国际惯例，经济中心城市的主要功能是带动周边地区乃至整个国民经济的增长。根据这样的要求，上海的经济结构应当是高度开放的，并且具有极强的辐射效应，这意味着上海的经济结构不仅应当具有"高位势能"，而且还应对周边乃至全国的经济具有组织、整合、服务、影响和示范的能力。然而由于种种原因，上海这一功能的发挥还很不够，一些要素乃至一些产业仍停留在自我循环、自我服务的阶段，尤其是生产性服务业发展滞后，造成对外服务功能薄弱、服务半径小、辐射区域狭窄。

第五，资源综合配置能力较差。近年来，上海的证券、期货、产权、技术产权、人才、航运、钻石、黄金等市场立足上海、服务全国、辐射海外，在优化资源配置方面起到了重要作用。但是由于某些要素、产权市场历史尚短，发育不足，结构层次不合理，市场功能主体缺位，未能充分发挥市场对要素资源基础性配置的作用，致使资源很难通过"市场的手"实现合理配置，而政府的介入和管制又往往导致低效和扭曲。

第六，制度性障碍依然较大。一方面，目前服务业行业分割和部门垄断仍很严重，竞争不充分，社会化、市场化程度低，经营机制僵化，抑制了服务业的发展活力，导致一些行业在层层保护之下，服务供给能力和水平长期得不到提高。行业分割和部门垄断的存在，恶化了市场运行环境，不利于上海服务业整体效率的提高，制约了上海服务业与服务贸易的健康发展和整体竞争力的提升。另外，国家对金融、电信、航空、文化传媒等领域，在市场准入、价格制定、业务经营范围等方面仍然实行较为严格的管制。特别是在建设金融中心方面，国内的金融决策机构和主要商业银行总部都不在上海，金融市场的广度和深度仍受到严格管制，对国际金融中心的功能限制较多，目前的金融服务功能远远不能满足对内对外经济技术交流日益扩大所产生的多样化市场需求。此外，对内开放的扇面尚未完全打开，制度性障碍依然明显，限制了某些层面的合作交流。地方保护主义的广泛存在大大增加了交易成本，阻碍了专业化分工程度的提高，不利于各地区间形成合理的梯度。

第七，中高端服务业专业人才匮乏。国际经验表明，人力资本是服务贸易发展的第一要素。可以说，人力资本的文化程度、技术水平和创新能力是服务贸易竞争力的核心。然而遗憾的是，中国虽然具备大量初级人才资源，但即使是在上海，中高端服务业专业人才也非常缺乏，特别是具有国际视野、市场经验、交流能力，能够适应服务业"走出去"的专业人才更是极度匮乏。我们的一项研究表明，上海中高端人才供需差距明显，尤其是金融业、信息传输、计算机服务和软件业、租赁和商务服务业以及卫生事业等重点服务行业，这与国家战略的要求、与上海"四个中心"建设的要求相比，还存在较大的差距。

第八，品牌建设滞后。服务业规模小、竞争力低下，服务业知名品牌严重匮乏。尤其在会计、审计、咨询、计算机服务、广告、公关、金融、保险和电信等专业服务业领域缺少本土知名品牌。造成这种现象的原因，一方面是因为服务业中有不少行业过去是国有垄断企业，品牌意识不强，民营企业则由于起步晚、规模小，创品牌有心无力；另一方面因为缺乏市场的评价体系和监管方法，所以服务业品牌的建设既缺乏内在的动力，也缺乏外部的良好环境。

参考文献

贝尔，D.，1973，高铦等译，《后工业社会的来临》，商务印书馆。

陈宪，2004，《分工、互动与融合：制造业与服务业关系演进的实证研究》，《中国软科学》第 11 期。

陈宪、程大中，2003，《服务贸易的发展：上海的经验》，《上海经济研究》第 10 期。

陈宪，2003，《进入服务社会的八个证明》，《上海市经济管理干部学院学报》第 1 期。

程大中、陈宪，2003，《上海服务业发展的比较研究》，《社会科学》第 9 期。

陈宪，2002，《服务业和服务贸易的几个问题》，《学术季刊》第 11 期。

陆大道，2003，《中国区域发展的理论与实践》，科学出版社。

富克斯，1987，许微云等译，《服务经济学》，商务印书馆。

黄少军，2000，《服务业与经济增长》，经济科学出版社。

刘长全等，2005，《国际大都市产业结构与工业结构演变趋势》，《上海经济研究》第 12 期。

刘凤瑜，2006，《服务生产力及其评价体系》，南开大学出版社。

张严，2004，《改革开放以来上海第三产业发展的剖析》，《上海经济研究》第 4 期。

周振华、陈向明、黄建富，2004，《世界城市——国际经验与上海发展》，上海社会科学院出版社。

朱庆芳、莫家豪、麦法新，1997，《世界大城市社会指标比较》，中国城市出版社。

屠启宇、金芳，2007，《国际大都市发展报告》，上海人民出版社。

国家统计局，2007，《2006 年中国第三产业统计年鉴》，中国统计出版社。

2008 年奥运会对北京现代化的影响和推动分析课题组，2003，《关于北京城市现代化和国际化水平的比较研究》，《北京行政学院学报》第 1 期。

Bhagwati, J. 1984. "Why are Service Cheaper in the Poor Countries?", *The Economic Journal*, 94. July.

Brax, S. 2005. "A manufacturer becoming service provider – challenges and a paradox", *Managing Service Quality*, Vol. 15 No. 2.

Francois, J. 1990. "Producer Services, Scale, and the Division of Labor", *Oxford Economic Papers* (42): 715–729.

Gershuny. 1983. *The New Service Economy*. London: Francis Pinter.

Marshall, J. 1988. *Services and Uneven Development*. London: Oxford University Press.

Metcalfe, J. and Miles, I. (eds.). 2000. *Innovation Systems in the Service Economy*. Boston: Kluwer Academic Publishers.

Nusbaumer, J. 1987. *Services in the Global Market*. Boston: Kluwer Academic Publishers.

Sassen, S. 1991. *The Global City: New York, London, Tokyo*. Princeton University Press.

（本章执笔：韩太祥　殷　凤）

第二章 上海"四个中心"建设与经济结构服务化转型
——现状与问题

一 基于投入-产出表的上海服务业结构分析

(一) 概述

各国经济的发展经验表明，随着人均国内生产总值的提高，服务业在整个经济和就业方面的比重将逐步上升，甚至升至具有绝对优势，产业结构呈现"制造型经济"向"服务型经济"转型的趋势。20世纪60年代以来，服务业发展迅速。近年来无论从就业比重还是产值比重来看，服务业在世界经济中都已超过工农业之和（魏作磊、胡霞，2005），世界各国服务业增加值比重的平均水平已经达到60%以上，高收入国家平均值达到了70%以上（原毅军、逯笑微，2009）。而近几年我国服务业增加值占GDP的比重徘徊在40%左右，不仅远低于发达国家的水平，甚至低于发展中国家的平均水平，因此国务院在2007年3月19日发布了《国务院关于加快发展服务业的若干意见》，要求把服务业提高到一个新的水平；而商务部服务贸易司也提出，中国应当大力发展服务贸易，以便积极应对全球金融危机（商务部服务贸易司，2009）。

在我国加快发展服务业的大背景下，上海市市长韩正在2009年11月1日举行的第二十一次上海市市长国际企业家咨询会议上做了题为《不失时机加快上海经济转型》的主题演讲，指出上海要在新的更高的起点上加快经济结构战略性调整，加快建设"四个中心"和社会主义现代化国际大都市，加快形成服务经济为主的产业结构，不断推进产业结构优化升级，提高城市的国际竞争力。

从产业经济学的角度来看，由于技术创新、技术扩散和资本积累等因素，产业会在地区间转移和扩散，地区产业结构需要不断升级。于是随着经济增长，产业结构一般会发展演变（胡树光、刘志高、樊瑛，2011）。产业发展会呈现依次从先进地区向后进地区梯级转移的现象，此即地区产业结构演变的"雁行模式"（Flying Geese Paradigm）（Akamatsu，1962；苏东水，2000）。上海市的产业发展也会遵循这一模式。

在产业结构升级中，每个地区需要根据自身的比较优势来选择发展的方向（任太增，2001）。上海及类似的特大型城市具有人口密度大，土地、水、环境资源等相对短缺的特点，而第三产业相对于第一产业、第二产业而言对劳动力投入需求大，对土地、水、环境资源等投入需求相对较小，因此以第三产业为主，第一产业、第二产业为辅的产业结构是国际大都市经济发展的必然选择。上海建设"四个中心"也必然要走推进产业结构升级、大力发展服务业这一必由之路，在保持先进制造业快速发展、大力提升先进制造业水平的同时，需要大力发展现代服务业，加快形成服务经济为主的产业结构，并通过服务业来整合集成工业生产的各个环节，加快产业升级的步伐。因此有必要对上海市产业结构加以分析，以期厘清上海市服务业发展现状及与其他产业间的关系。

（二）数据与指标计算

1. 投入 - 产出分析方法与产业结构

由里昂惕夫（W. Leontief）提出的投入 - 产出分析方法是分析产业结构的主要工具之一。投入 - 产出分析方法继承古典经济学中经济部门和主体间相互依存的思想，与重农学派魁奈（F. Quesnay）的《经济表》一脉相承，同时整合了数理经济学派瓦尔拉（L. Walras）的一般均衡理论和方法，通过省略要素禀赋的影响、生产函数线性化等方法将瓦尔拉理论体系简化为可以实际应用的线性模型，使得计量分析中的计算量大为减小，从而将一般均衡理论成功应用于分析现实经济问题。

投入 - 产出分析方法将经济视为一个有机整体，通过编制和分析投入 - 产出表清晰地揭示经济各部门（产业）之间的投入 - 产出数量联系，在此基础上可以估计各部门的生产函数并计算整个经济体系的均衡价格结构和均衡产出结构，为宏观经济决策和产业政策制定提供支撑。因此，投入－产出分析方法可以广泛应用于产业经济、地区经济、国民经济、国际经济等各领域。已有诸多学者利用投入－产出分析方法对第三产业进行了分析，且对生产者服务业的研究居多。程大中（2008）对中国和13个经济合作与发展组织（OECD）经济体的生产性服务业发展水平、部门结构及其影响进行了比较研究；杨玲（2009）分析了美国生产者服务业的变迁；黄永明和匡绪辉（2010）分析了我国服务业的外包问题；黄莉芳（2011）则分析了我国生产性服务业对制造业的产业联动关系和价值创造能力的变化特点，并就不同经济发展模式下的产业关联关系进行了对比。而我们在此则将比较上海市和经济合作与发展组织（OECD）的19个发达经济体及"金砖五国"等5个发展中经济体的三次产业结构和服务业结构。

2. 部门归并与计算方法

投入－产出表一般每5年更新一次。在此我们使用经济合作与发展组织（OECD）网站公布的19个发达经济体和5个发展中经济体2005年的48部门投入－产出表（由于统计周期的原因，个别经济体可能是2005年前后的其他年份）和2007年上海市144部门投入－产出表。19个发达经济体为澳大利亚、奥地利、比利时、加拿大、瑞士、德国、西班牙、芬兰、法国、英国、爱尔兰、意大利、日本、韩国、荷兰、挪威、葡萄牙、瑞典、美国；5个发展中经济体即所谓"金砖五国"：巴西、中国、印度、俄罗斯、南非。

由于我们的研究重点集中在第三产业，因此我们将各经济体的48部门投入－产出表归并为由第一产业、第二产业和14个第三产业部门构成的16部门投入－产出表，将上海市144部门投入－产出表归并为由第一产业、第二产业和17个第三产业部门构成的19部门投入－产出表，并尽可能地使16部门表和19部门表部门分类保持一致。

将投入－产出表归并后，即可计算直接消耗系数矩阵和完全消耗系数矩阵。而将直接消耗系数矩阵（或完全消耗系数矩阵）对应于第三产业的各列，用第三产业中各部门的产出加权求平均，即得到对应于第三产业的直接消耗系数（或完全消耗系数）。

除了计算直接消耗系数和完全消耗系数，我们还根据投入－产出表计算了增加值比重、劳动报酬比重、产出比重、影响力系数、感应度系数、资本化系数、消费结构系数等,以便较全面地比较上海市和其他经济体的产业结构。为了分别考察发达经济体和发展中经济体的产业结构,我们对两类经济体的各种指标计算了平均值,并与上海市的相应指标进行了比较分析。在对各经济体的指标求平均时,如果遇到个别国家的数据短缺,采取的处理方法是忽略短缺数据而对其余数据求平均。

影响力系数和感应度系数可使用完全消耗系数矩阵计算,也可使用 Leontief 逆矩阵计算(Leontief 逆矩阵减去单位阵即为完全消耗系数矩阵),在此我们使用完全消耗系数矩阵计算。尽管对于感应度系数的传统计算方法有争议,我们仍采取传统方法计算。各表中给出的第三产业的影响力系数和感应度系数为第三产业各部门影响力系数和感应度系数的算术平均数。此外,不同的部门合并方式对影响力系数和感应度系数的绝对大小有较大影响,这一点需要注意。

(三) 消费结构与产业结构

1. 消费结构系数

消费结构、技术(生产函数)和要素禀赋是决定均衡产业结构的主要因素。投入 – 产出表提供了消费者对于各种商品和服务的消费额(不包括耐用消费品),将每种商品和服务的消费额除以总消费额可以算得消费结构系数,在一定程度上反映了居民消费结构。表 2 – 1 显示了上海市、19 个发达经济体和 5 个发展中经济体的消费结构系数。

表 2 – 1 消费结构系数

	上 海	发达经济体均值	发展中经济体均值
第一产业	0.0976	0.0169	0.1209
第二产业	0.4881	0.2639	0.3578
第三产业	0.4143	0.7192	0.5213
批发零售	0.0341	0.1695	0.137
旅馆和餐饮	0.0485	0.0866	0.0364
交通运输及仓储	0.0277	0.0456	0.0651
电信与邮政	0.0067	0.0283	0.0203

续表

	上海	发达经济体均值	发展中经济体均值
金融保险	0.0389	0.0665	0.0508
房地产	0.0784	0.1723	0.059
租赁	0.0006	0.0041	0
计算机及其相关活动	0.0008	0.0017	0
研究与开发	0	0.0009	0
公共管理	0	0.0102	0.0011
教育	0.0358	0.0164	0.023
卫生及社会工作	0.0442	0.0519	0.052
商务服务	0		
旅游	0.0198		
综合技术服务	0.0218		
其他社会服务业	0.031		
文化、体育和娱乐业	0.0258		

资料来源：根据上海市投入－产出表（2007）和经济合作与发展组织投入－产出表（http://stats.oecd.org）整理计算。

就三次产业来看，上海市对于服务的消费比重远低于发达经济体，甚至低于发展中经济体，显示出上海市的消费仍然以第二产业产品为主，而发达经济体则主要以服务为主。就各经济体来看，发达经济体服务消费结构系数最大值为0.7838（美国），最小值为0.6685（德国），中位数为0.7219（奥地利）；发展中经济体服务消费结构系数最大值为0.6398（巴西），最小值为0.4661（中国），中位数为0.5445（南非）。

图2-1显示了24个经济体的服务消费结构系数与人均GDP（2010）之间的关系，两者间的相关系数为0.8132，相应的F检验统计量的p值为7.76×10^{-7}，可见具有极其显著的正相关性，即随着收入水平的增加，居民对于服务的需求比重显著上升。可见发达的服务业是发达经济的重要特征，而较高的服务业比重是建立在发达经济体的较高人均收入这一基础之上的，服务业的发展不能脱离人均收入水平的限制。

2010年上海市的人均GDP约为11500美元，相对于发达经济体而言处于较低的水平；相应的，上海市的服务消费结构系数为0.4143，也相对较低。在目前的人均收入水平下如何促进上海市服务业的发展是一个需要着力研究的问题。

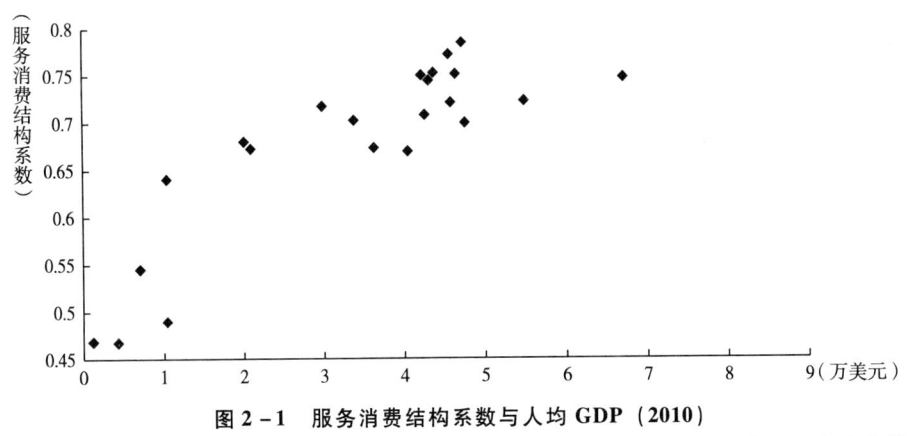

图 2-1 服务消费结构系数与人均 GDP（2010）

资料来源：根据上海市投入－产出表（2007）和经济合作与发展组织投入－产出表等（http://stats.oecd.org）整理计算。

就第三产业各部门来看，上海市第三产业各部门按消费结构系数排序如下：房地产，旅馆和餐饮，卫生及社会工作，金融保险，教育，批发零售，其他社会服务业，交通运输及仓储，文化、体育和娱乐业，综合技术服务，旅游，电信与邮政，计算机及其相关活动，租赁，研究与开发，公共管理，商务服务。

发达经济体第三产业各部门按消费结构系数排序如下：房地产、批发零售、旅馆和餐饮、金融保险、卫生及社会工作、交通运输及仓储、电信与邮政、教育、公共管理、租赁、计算机及其相关活动、研究与开发。

发展中经济体第三产业各部门按消费结构系数排序如下：批发零售、交通运输及仓储、房地产、卫生及社会工作、金融保险、旅馆和餐饮、教育、电信与邮政、公共管理、租赁、计算机及其相关活动、研究与开发。

可以看到，就服务业而言，上海市和发达经济体中居民对于房地产消费比重最大，这主要是由于上海市和发达经济体房地产价格相对较高导致的。综合来看，上海及其他各经济体中房地产、旅馆和餐饮、卫生及社会工作、金融保险、教育、批发零售等消费比重较大。

表 2-2 显示了各经济体人均 GDP 与消费结构系数的相关系数。

表 2-2 各经济体人均 GDP 与消费结构系数的相关系数

	相关系数	F 统计量的 p 值
第一产业	-0.6395	0.0008
第二产业	-0.7014	0.0001
第三产业	0.8076	0.0000
批发零售贸易与修理	0.3109	0.1392
旅馆和餐饮	0.3416	0.1023
交通运输及仓储	-0.1773	0.4071
电信与邮政	0.197	0.3561
金融保险	0.3306	0.1146
房地产	0.6781	0.0003
租赁	0.2904	0.1687
计算机及其相关活动	0.2445	0.2496
研究与开发	0.1763	0.41
其他商务活动	0.0821	0.7029
公共管理及国防、社会安全	0.4908	0.0149
教育	-0.3473	0.0963
卫生及社会工作	0.1256	0.5586
其他团体、社会和私人服务等	-0.3953	0.0559

资料来源：根据上海市投入-产出表（2007）和经济合作与发展组织投入-产出表等（http://stats.oecd.org）整理计算。

从表 2-2 可以看到，随着收入水平的上升，消费者对于房地产、旅馆和餐饮、公共管理及国防、社会安全等部门的需求比重显著上升，对于机器设备租赁、金融保险、批发零售贸易与修理等部门的需求比重也有较明显的上升，而对于教育的需求比重则有较明显的下降，这主要是由于教育支出额相对稳定，不会随人均收入的增加有显著变动。

2. 资本化系数

投入-产出表提供了各部门产品用于中间投入（生产性需求）和最终消费的数量，我们将前者比上两者之和定义为资本化系数，该系数可以作为一个部门生产性程度的度量。该系数的缺点是不包括固定资产，然而第三产业的产出中固定资产的份额很小，因此该系数仍然可以较好地反映第三产业各部门的生产性程度。

表 2-3 给出了上海市、发达经济体和发展中经济体各部门的（平均）

资本化系数。

表 2-3 资本化系数

	上 海	发达经济体均值	发展中经济体均值
第一产业	0.221	0.7687	0.6038
第二产业	0.9065	0.7758	0.7693
第三产业	0.8426	0.5649	0.5668
批发零售	0.9072	0.4537	0.5838
旅馆和餐饮	0.4902	0.2436	0.3265
交通运输及仓储	0.9308	0.729	0.6927
电信与邮政	0.946	0.6791	0.7624
金融保险	0.8961	0.6624	0.6756
房地产	0.53	0.2881	0.2995
租赁	0.9915	0.839	0.8783
计算机及其相关活动	0.9977	0.9583	0.9983
研究与开发	1	0.9899	1
公共管理	1注	0.6625	0.8017
教育	0.1351	0.3836	0.1047
卫生及社会工作	0.0476	0.2257	0.0942
商务服务	1		
旅游	0.3972		
综合技术服务	0.382		
其他社会服务业	0.1498		
文化、体育和娱乐业	0.466		

注：上海市投入－产出表公共管理产出未划分出居民消费部分。

资料来源：根据上海市投入－产出表（2007）和经济合作与发展组织投入－产出表（http://stats.oecd.org）整理计算。

可以看到，从三次产业来看，上海市第二、第三产业的资本化系数显著高于发达经济体和发展中经济体，显示出上海市经济主要由生产驱动，消费率（即最终消费占 GDP 的比率）较低，这与我国整体经济的投资强、消费弱的不均衡特征是一致的。2008 年上海的消费率为 37.4%，纽约为 71.7%，伦敦为 65.8%，东京为 57.7%，而北京在 2007 年就达到了 48.8%，显然，上海的消费率大大低于国际化大都市的平均水平。[①] 而自改革开放以来中国

---

① http://finance.ifeng.com/news/hgjj/20090720/963386.shtml.

的消费率经历了一个先上升后下降的过程，其比率由1978年的62.1%下降为2009年的48%，这个水平不仅大大低于世界平均水平，也显著低于中等收入和低收入国家或地区的平均水平（赵坚毅、徐丽艳、戴李元，2011）。

就各经济体来看，发达经济体第三产业资本化系数最大值为0.7048（爱尔兰），最小值为0.463（日本），中位数为0.5717（意大利）；发展中经济体第三产业资本化系数最大值为0.6993（中国），最小值为0.4774（巴西），中位数为0.612（南非）。

上海市第三产业各部门按资本化系数排序如下：研究与开发、公共管理、计算机及其相关活动、租赁、电信与邮政、交通运输及仓储、批发零售、金融保险、房地产、旅馆和餐饮、教育、卫生及社会工作。其中旅馆和餐饮、教育、卫生及社会工作的资本化系数小于0.5，可划分为生活性服务业；其余部门可划分为生产性服务业。

发达经济体第三产业各部门按资本化系数排序如下：研究与开发、计算机及其相关活动、租赁、交通运输及仓储、电信与邮政、公共管理、金融保险、批发零售、教育、房地产、旅馆和餐饮、卫生及社会工作。其中批发零售、教育、房地产、旅馆和餐饮、卫生及社会工作的资本化系数小于0.5，可划分为生活性服务业；其余部门可划分为生产性服务业。

发展中经济体第三产业各部门按资本化系数排序如下：研究与开发、计算机及其相关活动、租赁、公共管理、电信与邮政、交通运输及仓储、金融保险、批发零售、旅馆和餐饮、房地产、教育、卫生及社会工作。其中旅馆和餐饮、房地产、教育、卫生及社会工作的资本化系数小于0.5，可划分为生活性服务业；其余部门可划分为生产性服务业。

综合来看，旅馆和餐饮、教育、卫生及社会工作等3个部门无论在何种经济体中，均属于生活性服务业。

3. 产业比重

各产业的增加值比重、产出比重反映了经济的产业结构，而劳动报酬比重一定程度上反映了产业吸纳劳动力的能力。

从图2-2中可以看到，上海市第三产业的增加值、劳动报酬比重均高于第二产业，且就相对增加值而言劳动报酬比重优势更明显，显示出第三产业相对于第二产业具有更强的劳动力吸纳能力。而第三产业的产出比重则远低于第二产业,显示出第三产业相对第二产业具有较低的中间投入量。

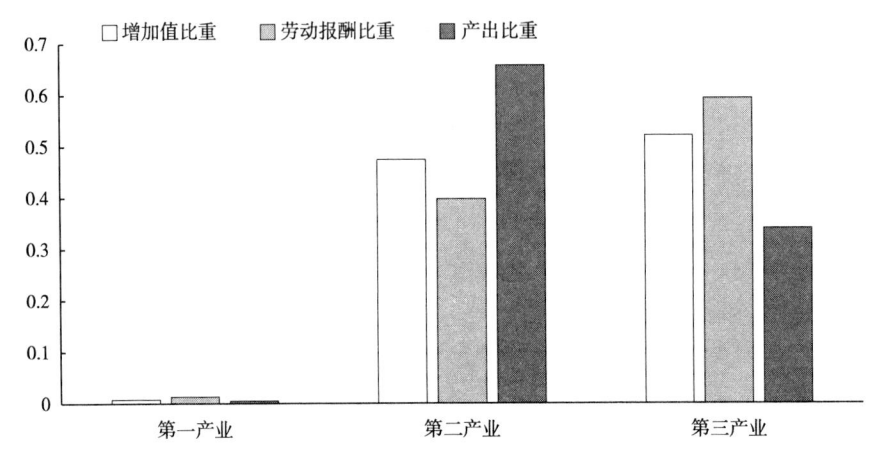

图 2-2 上海市三次产业增加值、劳动报酬、产出比重结构

资料来源:根据上海市投入-产出表(2007)整理计算。

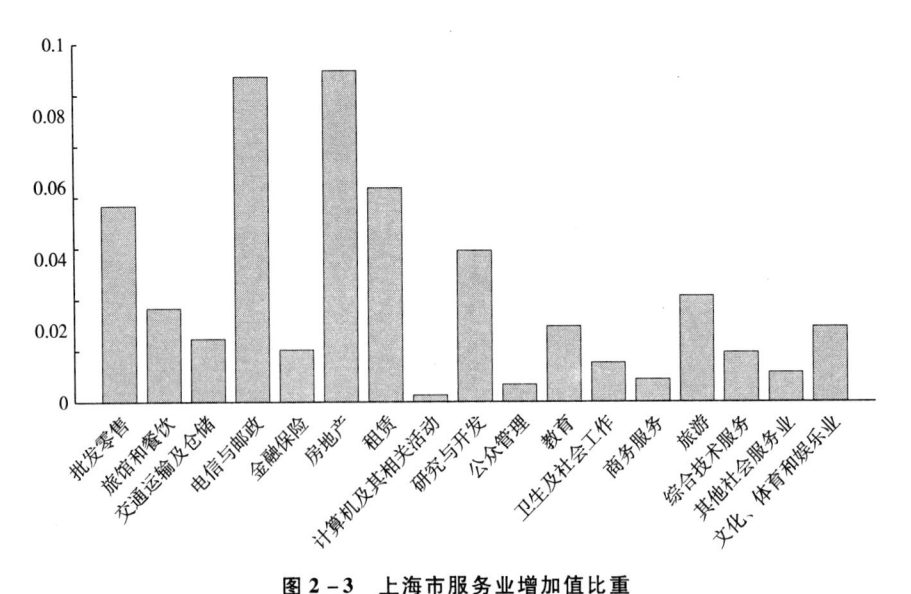

图 2-3 上海市服务业增加值比重

资料来源:根据上海市投入-产出表(2007)整理计算。

表2-4显示了上海市、发达经济体和发展中经济体的各部门增加值比重。

表2-4 增加值比重

	上海	发达经济体均值	发展中经济体均值
第一产业	0.0054	0.0188	0.0979
第二产业	0.4736	0.2862	0.3451
第三产业	0.521	0.695	0.557
批发零售	0.0552	0.1148	0.1536
旅馆和餐饮	0.0266	0.028	0.0123
交通运输及仓储	0.0179	0.0452	0.0632
电信与邮政	0.091	0.0228	0.025
金融保险	0.0147	0.0635	0.0664
房地产	0.0931	0.1004	0.0408
租赁	0.0601	0.0088	0.0001
计算机及其相关活动	0.0022	0.0209	0.0044
研究与开发	0.0427	0.0109	0.0029
公共管理	0.0051	0.0636	0.0703
教育	0.0213	0.0482	0.0228
卫生及社会工作	0.0112	0.0688	0.0285
商务服务	0.0065		
旅游	0.0299		
综合技术服务	0.014		
其他社会服务业	0.0083		
文化、体育和娱乐业	0.0212		

资料来源：根据上海市投入-产出表（2007）整理计算。

表2-4显示，三次产业中上海市服务业增加值比重既低于发达经济体的平均水平，也低于发展中经济体的平均水平。各发达经济体的服务业增加值比重最大值为0.7725（美国），最小值为0.556（挪威），中位数为0.7093（意大利）；各发展中经济体的服务业增加值比重最大值为0.6654（南非），最小值为0.3904（中国），中位数为0.6502（巴西）。

根据表2-4可将上海市第三产业各部门按增加值比重排序如下：房地

产、电信与邮政、租赁、批发零售、研究与开发、旅馆和餐饮、教育、交通运输及仓储、金融保险、卫生及社会工作、公共管理、计算机及其相关活动。

发达经济体第三产业各部门按增加值比重排序如下：批发零售、房地产、卫生及社会工作、公共管理、金融保险、教育、交通运输及仓储、旅馆和餐饮、电信与邮政、计算机及其相关活动、研究与开发、租赁。

发展中经济体第三产业各部门按增加值比重排序如下：批发零售、公共管理、金融保险、交通运输及仓储、房地产、卫生及社会工作、电信与邮政、教育、旅馆和餐饮、计算机及其相关活动、研究与开发、租赁。

可以看到，上海市金融保险和交通运输及仓储的增加值比重远低于发达经济体和发展中经济体的平均水平，显示出上海建设金融中心和航运中心的起点较低。即使考察占第三产业增加值的比重，上海市金融保险和交通运输及仓储也分别只有 0.0147 和 0.0179，远低于发达经济体（0.0635 和 0.0452）和发展中经济体的平均水平（0.0664 和 0.0632）。

（四）消耗系数

1. 直接消耗系数

经济的各产业（部门）间存在错综复杂的相互依存关系，利用投入－产出表的直接消耗系数可以对产业间的依存关系进行量化分析。直接消耗系数又称投入系数，一般用 A_{ij} 表示，其含义是每生产一单位 j 产品需要作为中间投入而消耗的 i 产品的数量。直接消耗系数是反映产业间依存关系的基础数据，两产业间的直接消耗系数越大说明两产业间直接关联越密切。表 2-5、表 2-6 和表 2-7 分别显示了上海市、发达经济体和发展中经济体的直接消耗系数。

表 2-5 上海市直接消耗系数

	第一产业	第二产业	第三产业
第一产业	0.017	0.0032	0.0021
第二产业	0.3249	0.6356	0.203
第三产业	0.1381	0.158	0.3642

续表

	第一产业	第二产业	第三产业
批发零售	0.0866	0.0354	0.0317
旅馆和餐饮	0	0.0017	0.0109
交通运输及仓储	0.0317	0.0249	0.0645
电信与邮政	0.0014	0.0022	0.0312
金融保险	0.0071	0.0201	0.0625
房地产	0.0008	0.0023	0.0223
租赁	0.0002	0.001	0.0203
计算机及其相关活动	0.0006	0.0355	0.0385
研究与开发	0.0053	0.0067	0.0105
公共管理	0	0	0.0005
教育	0.0001	0.0002	0.0013
卫生及社会工作	0	0.0002	0.0004
商务服务	0.0015	0.0257	0.0575
旅游	0	0.0007	0.0026
综合技术服务	0.0019	0.0009	0.0023
其他社会服务业	0.0002	0.0003	0.0011
文化、体育和娱乐业	0.0008	0.0003	0.0063

资料来源：根据上海市投入－产出表（2007）整理计算。

表2－6　19个发达经济体平均直接消耗系数

	第一产业	第二产业	第三产业
第一产业	0.139	0.0272	0.0026
第二产业	0.2409	0.44	0.107
第三产业	0.148	0.1858	0.2918
批发零售贸易与修理	0.0547	0.0497	0.0272
旅馆和餐饮	0.0015	0.0033	0.0095
交通运输及仓储	0.0158	0.0265	0.0381
电信与邮政	0.0037	0.0055	0.0219
金融保险	0.0265	0.0179	0.0477
房地产	0.0052	0.0073	0.0269

续表

	第一产业	第二产业	第三产业
租赁	0.0059	0.0051	0.0064
计算机及其相关活动	0.0018	0.007	0.0147
研究与开发	0.002	0.0119	0.0065
其他商务活动	0.0143	0.0404	0.0576
公共管理及国防、社会安全	0.0024	0.003	0.0053
教育	0.0004	0.0011	0.0031
卫生及社会工作	0.0079	0.0006	0.0057
其他团体、社会和私人服务等	0.0058	0.0066	0.0211

资料来源：根据经济合作与发展组织投入－产出表（http://stats.oecd.org）整理计算。

表 2-7　5 个发展中经济体平均直接消耗系数

	第一产业	第二产业	第三产业
第一产业	0.1386	0.0476	0.009
第二产业	0.2015	0.4636	0.1673
第三产业	0.0955	0.1532	0.2052
批发零售贸易与修理	0.0404	0.0556	0.0331
旅馆和餐饮	0.0008	0.0025	0.0107
交通运输及仓储	0.033	0.0401	0.0366
电信与邮政	0.0011	0.0073	0.0265
金融保险	0.0121	0.0174	0.0385
房地产	0.0003	0.0034	0.0111
租赁	0.0001	0	0.0001
计算机及其相关活动	0	0.0003	0.0006
研究与开发	0.0001	0.0017	0.0032
其他商务活动	0.0021	0.0154	0.0285
公共管理及国防、社会安全	0.0001	0.0004	0.0037
教育	0.0001	0.0003	0.001
卫生及社会工作	0.0027	0.0006	0.002
其他团体、社会和私人服务等	0.0027	0.0081	0.0097

资料来源：根据经济合作与发展组织投入－产出表（http://stats.oecd.org）整理计算。

从三次产业的角度来看,上海市第二产业和第三产业对于第二产业的直接消耗系数均显著高于发达经济体和发展中经济体,这意味着上海市经济的高消耗特征,这也会导致经济运行的高能耗、高排放。因此,上海市在产业结构调整过程中应当通过技术进步和强化管理,抑制中间消耗大、附加值低的企业和单位以及能耗产出效益低的高耗能企业,大力扶持低消耗、低排放、高附加值的高新技术企业,通过产业结构调整和技术进步大力推进节能减排,减少经济增长对能源和其他资源需求的压力。

就各经济体的第二产业对于第二产业的直接消耗系数而言,发达经济体中最大值为 0.5687(韩国),最小值为 0.2917(挪威),中位数为 0.4501(奥地利);发展中经济体最大值为 0.5738(中国),最小值为 0.4005(俄罗斯),中位数为 0.4548(印度)。就各经济体的第二产业对于第三产业的直接消耗系数而言,发达经济体中最大值为 0.3047(爱尔兰),最小值为 0.1204(韩国),中位数为 0.1869(比利时);发展中经济体最大值为 0.1917(南非),最小值为 0.1226(中国),中位数为 0.1698(印度)。可见,对于中国、韩国这样第二产业相对发达的国家,第二产业对于第二产业产品的中间消耗相对较大,而对于服务的中间消耗相对较小。

就各经济体的第三产业对于第二产业的直接消耗系数而言,发达经济体中最大值为 0.1503(韩国),最小值为 0.07015(德国),中位数为 0.1091(加拿大);发展中经济体最大值为 0.2882(中国),最小值为 0.1125(巴西),中位数为 0.1657(俄罗斯)。就各经济体的第三产业对于第三产业的直接消耗系数而言,发达经济体最大值为 0.3677(爱尔兰),最小值为 0.217(日本),中位数为 0.2914(美国);发展中经济体最大值为 0.3021(南非),最小值为 0.1297(印度),中位数为 0.2098(巴西)。

上海市第三产业各部门按第二产业对其直接消耗系数排序如下:计算机及其相关活动,批发零售,商务服务,交通运输及仓储,金融保险,研究与开发,房地产,电信与邮政,旅馆和餐饮,租赁,综合技术服务,旅游,其他社会服务业,文化、体育和娱乐业,教育,卫生及社会工作,公共管理。

发达经济体第三产业各部门(只考察与上海市对应的部门)按第二产业

对其直接消耗系数排序如下：批发零售、交通运输及仓储、金融保险、研究与开发、房地产、计算机及其相关活动、电信与邮政、租赁、旅馆和餐饮、公共管理、教育、卫生及社会工作。

发展中经济体第三产业各部门（只考察与上海市对应的部门）按第二产业对其直接消耗系数排序如下：批发零售、交通运输及仓储、金融保险、电信与邮政、房地产、旅馆和餐饮、研究与开发、卫生及社会工作、公共管理、计算机及其相关活动、教育、租赁。

上海市第三产业各部门按第三产业对其直接消耗系数排序如下：交通运输及仓储，金融保险，商务服务，计算机及其相关活动，批发零售，电信与邮政，房地产，租赁，旅馆和餐饮，研究与开发，文化、体育和娱乐业，旅游，综合技术服务，教育，其他社会服务业，公共管理，卫生及社会工作。

发达经济体第三产业各部门（只考察与上海市对应的部门）按第三产业对其直接消耗系数排序如下：金融保险、交通运输及仓储、批发零售、房地产、电信与邮政、计算机及其相关活动、旅馆和餐饮、研究与开发、租赁、卫生及社会工作、公共管理、教育。

发展中经济体第三产业各部门（只考察与上海市对应的部门）按第三产业对其直接消耗系数排序如下：金融保险、交通运输及仓储、批发零售、电信与邮政、房地产、旅馆和餐饮、公共管理、研究与开发、卫生及社会工作、教育、计算机及其相关活动、租赁。

综合来看，各经济体的第二产业和第三产业对于批发零售、交通运输及仓储、金融保险的直接需求较大。

2. 完全消耗系数

产业部门之间除了直接消耗系数所体现的直接联系外，还有由间接消耗导致的间接联系。完全消耗系数则是对部门间直接消耗和间接消耗的全面反映，是指一个部门增加一单位产出所完全消耗（直接消耗和间接消耗）的各部门产品的数量。完全消耗系数更全面地反映了经济各产业部门之间的相互关联。表2-8、表2-9和表2-10分别显示了上海、发达经济体和发展中经济体的完全消耗系数。

表 2-8 上海市完全消耗系数

	第一产业	第二产业	第三产业
第一产业	0.0212	0.0106	0.0062
第二产业	1.1228	2.1265	0.9687
第三产业	0.5148	0.822	0.8609
批发零售	0.1496	0.1385	0.0912
旅馆和餐饮	0.0063	0.0135	0.022
交通运输及仓储	0.0973	0.1283	0.1408
电信与邮政	0.0222	0.0482	0.0722
金融保险	0.0709	0.1225	0.1454
房地产	0.0111	0.021	0.0433
租赁	0.011	0.0205	0.0412
计算机及其相关活动	0.0616	0.146	0.1092
研究与开发	0.0177	0.0296	0.0242
公共管理	0.0002	0.0004	0.001
教育	0.001	0.0021	0.0028
卫生及社会工作	0.0002	0.0006	0.0006
商务服务	0.0572	0.1373	0.1448
旅游	0.001	0.0028	0.0041
综合技术服务	0.0035	0.0036	0.0041
其他社会服务业	0.0008	0.0015	0.0022
文化、体育和娱乐业	0.0032	0.0056	0.0117

资料来源：根据上海市投入－产出表（2007）整理计算。

表 2-9 19 个发达经济体平均完全消耗系数

	第一产业	第二产业	第三产业
第一产业	0.1881	0.0633	0.0137
第二产业	0.5865	0.9404	0.2955
第三产业	0.4296	0.559	0.5338
批发零售贸易与修理	0.1052	0.1149	0.0561
旅馆和餐饮	0.0082	0.0125	0.0163
交通运输及仓储	0.0552	0.082	0.0715
电信与邮政	0.018	0.025	0.0395

续表

	第一产业	第二产业	第三产业
金融保险	0.0677	0.0652	0.0869
房地产	0.022	0.0293	0.0425
租赁	0.0136	0.0148	0.012
计算机及其相关活动	0.0136	0.0242	0.0273
研究与开发	0.0127	0.0277	0.0141
其他商务活动	0.0747	0.1243	0.1122
公共管理及国防、社会安全	0.0068	0.0086	0.0089
教育	0.0023	0.0037	0.0048
卫生及社会工作	0.0107	0.0023	0.0071
其他团体、社会和私人服务等	0.0189	0.0244	0.0346

资料来源：根据经济合作与发展组织投入－产出表（http：//stats.oecd.org）整理计算。

表2-10　5个发展中经济体平均完全消耗系数

	第一产业	第二产业	第三产业
第一产业	0.1979	0.1202	0.0414
第二产业	0.5262	1.078	0.4696
第三产业	0.2547	0.4237	0.3684
批发零售贸易与修理	0.0845	0.1295	0.0699
旅馆和餐饮	0.0048	0.0108	0.0165
交通运输及仓储	0.0689	0.1038	0.0697
电信与邮政	0.0145	0.0312	0.0471
金融保险	0.0374	0.0581	0.0664
房地产	0.0071	0.0131	0.0178
租赁	0.0001	0.0001	0.0001
计算机及其相关活动	0.0001	0.0008	0.0007
研究与开发	0.0013	0.0044	0.0053
其他商务活动	0.0211	0.0467	0.0486
公共管理及国防、社会安全	0.0006	0.0011	0.0043
教育	0.0005	0.001	0.0016
卫生及社会工作	0.0036	0.0023	0.0032
其他团体、社会和私人服务等	0.0099	0.0209	0.017

资料来源：根据经济合作与发展组织投入－产出表（http：//stats.oecd.org）整理计算。

从三次产业的角度来看，上海市第三产业对于第二产业的直接消耗系数小于对第三产业的直接消耗系数，但对于第二产业的完全消耗系数却大于对第三产业的完全消耗系数，这主要是由于第二产业对于自身的直接消耗系数较大而导致的。这说明上海市第三产业对于第二产业的投入依赖程度较大，这与表2-10显示的发展中经济体的状况一致。而表2-9显示，对于发达经济体而言，第三产业对于第二产业的完全消耗系数远小于对第三产业的完全消耗系数，显示出发达经济体的服务业对第二产业的投入依赖程度较小。

就各经济体的第二产业对于第二产业的完全消耗系数而言，发达经济体中最大值为1.505（韩国），最小值为0.4894（挪威），中位数为0.9215（日本）；发展中经济体最大值为1.734（中国），最小值为0.7674（俄罗斯），中位数为0.9818（南非）。就各经济体的第二产业对于第三产业的完全消耗系数而言，发达经济体中最大值为0.8795（爱尔兰），最小值为0.3251（挪威），中位数为0.5633（芬兰）；发展中经济体最大值为0.5873（南非），最小值为0.3018（俄罗斯），中位数为0.4443（中国）。

就各经济体的第三产业对于第二产业的完全消耗系数而言，发达经济体中最大值为0.5323（韩国），最小值为0.1786（德国），中位数为0.3087（奥地利）；发展中经济体最大值为1.018（中国），最小值为0.2767（巴西），中位数为0.3693（南非）。就各经济体的第三产业对于第三产业的完全消耗系数而言，发达经济体最大值为0.787（爱尔兰），最小值为0.3567（日本），中位数为0.5308（法国）；发展中经济体最大值为0.5708（南非），最小值为0.2261（印度），中位数为0.4286（中国）。

上海市第三产业各部门按第二产业对其完全消耗系数排序如下：计算机及其相关活动，批发零售，商务服务，交通运输及仓储，金融保险，电信与邮政，研究与开发，房地产，租赁，旅馆和餐饮，文化，体育和娱乐业，综合技术服务，旅游，教育，其他社会服务业，卫生及社会工作，公共管理。

发达经济体第三产业各部门（只考察与上海市对应的部门）按第二产业对其完全消耗系数排序如下：批发零售、交通运输及仓储、金融保险、房地产、研究与开发、电信与邮政、计算机及其相关活动、租赁、旅馆和餐饮、公共管理、教育、卫生及社会工作。

发展中经济体第三产业各部门（只考察与上海市对应的部门）按第二产业对其完全消耗系数排序如下：批发零售、交通运输及仓储、金融保险、电信与邮政、房地产、旅馆和餐饮、研究与开发、卫生及社会工作、公共管理、教育、计算机及其相关活动、租赁。

上海市第三产业各部门按第三产业对其完全消耗系数排序如下：金融保险，商务服务，交通运输及仓储，计算机及其相关活动，批发零售，电信与邮政，房地产，租赁，研究与开发，旅馆和餐饮，文化、体育和娱乐业，旅游，综合技术服务，教育，其他社会服务业，公共管理，卫生及社会工作。

发达经济体第三产业各部门（只考察与上海市对应的部门）按第三产业对其完全消耗系数排序如下：金融保险、交通运输及仓储、批发零售、房地产、电信与邮政、计算机及其相关活动、旅馆和餐饮、研究与开发、租赁、公共管理、卫生及社会工作、教育。

发展中经济体第三产业各部门（只考察与上海市对应的部门）按第三产业对其完全消耗系数排序如下：批发零售、交通运输及仓储、金融保险、电信与邮政、房地产、旅馆和餐饮、研究与开发、公共管理、卫生及社会工作、教育、计算机及其相关活动、租赁。

综合来看，在上海市与其他各经济体中，第二产业和第三产业对于批发零售、交通运输及仓储、金融保险的消耗程度较大，亦即从完全消耗系数的角度来看，各经济体中批发零售、交通运输及仓储、金融保险这三个部门在第三产业中处于支柱地位。

（五）产业关联

1. 影响力系数

在投入-产出分析中，各产业（部门）对于其他产业的拉动能力可以用影响力系数来衡量。当一个部门的影响力系数大于1时，表明该部门对国民经济的影响程度超过各部门影响力的平均水平。影响力系数越大，对各部门产出的拉动作用（后向关联度）越大。

表2-11显示了上海市、发达经济体和发展中经济体各部门的影响力系数。

表 2-11 影响力系数

	上海	发达经济体均值	发展中经济体均值
第一产业	0.8838	1.3454	1.3709
第二产业	1.5765	1.7364	2.2
第三产业	0.9729	0.9227	0.8878
批发零售	0.4634	0.9745	0.8759
旅馆和餐饮	1.3427	1.2499	1.3684
交通运输及仓储	1.333	1.3451	1.603
电信与邮政	0.7151	1.1785	0.984
金融保险	0.7346	0.869	1.0584
房地产	0.75	0.5911	0.4698
租赁	0.8598	0.8385	0.0963
计算机及其相关活动	0.9496	0.9735	0.1744
研究与开发	1.1792	0.9086	0.7283
公共管理	1.0053	0.8277	0.583
教育	0.5037	0.4745	0.4064
卫生及社会工作	1.2389	0.7535	1.5051
商务服务	1.2561		
旅游	1.0769		
综合技术服务	0.8998		
其他社会服务业	1.2751		
文化、体育和娱乐业	0.9564		

资料来源：根据上海市投入－产出表（2007）和经济合作与发展组织投入－产出表（http：//stats.oecd.org）整理计算。

从表 2-11 的三次产业数据来看，上海市经济中第二产业的影响力系数远大于 1，而第一、第三产业小于 1，说明第二产业对经济的拉动作用远大于第一、第三产业，显示出第二产业在上海市经济中的引擎作用是第一、第三产业无法替代的，因此在大力发展服务业的同时，需要同步调整上海市第二产业的内部结构，促进先进制造业和上海市具有比较优势的制造业的发展。

就各经济体的第三产业影响力系数而言，发达经济体最大值为 0.9802（挪威），最小值为 0.8826（加拿大），中位数为 0.9245（瑞典）；发展中经济体最大值为 0.9628（中国），最小值为 0.84（俄罗斯），中位数为 0.891（南非）。

上海市第三产业各部门按影响力系数排序如下：旅馆和餐饮，交通运输及仓储，其他社会服务业，商务服务，卫生及社会工作，研究与开发，旅游，公共管理，文化、体育和娱乐业，计算机及其相关活动，综合技术服务，租赁，房地产，金融保险，电信与邮政，教育，批发零售。

发达经济体第三产业各部门按影响力系数排序如下：交通运输及仓储、旅馆和餐饮、电信与邮政、批发零售、计算机及其相关活动、研究与开发、金融保险、租赁、公共管理、卫生及社会工作、房地产、教育。

发展中经济体第三产业各部门按影响力系数排序如下：交通运输及仓储、卫生及社会工作、旅馆和餐饮、金融保险、电信与邮政、批发零售、研究与开发、公共管理、房地产、教育、计算机及其相关活动、租赁。

综合来看，在上海市与其他经济体的第三产业中，旅馆和餐饮、交通运输及仓储的影响力较大，这主要是因为这两个部门对其他产业产品的需求范围广泛且消耗量较大。

2. 感应度系数

感应度系数反映对各部门均增加 1 单位最终需求时对某一部门的完全消耗程度（需求程度），反映了该部门对其他部门的支撑作用（前向关联度）。当感应度系数大于 1 时，表示该部门感应程度高于各部门平均水平，对经济的支撑作用相对较强；当感应度系数小于 1 时，表示该部门受到的感应程度低于各部门平均水平，对经济的支撑作用相对较弱。表 2 – 12 显示了上海市、发达经济体和发展中经济体各部门的感应度系数。

表 2 – 12　感应度系数

	上海	发达经济体均值	发展中经济体均值
第一产业	0.0903	0.494	1.0993
第二产业	10.7482	6.2554	8.6193
第三产业	0.4801	0.6608	0.4487
批发零售	0.9514	1.1312	1.3611
旅馆和餐饮	0.2423	0.2556	0.2371

续表

	上海	发达经济体均值	发展中经济体均值
交通运输及仓储	1.165	1.1048	1.1143
电信与邮政	0.6875	0.7429	0.7651
金融保险	1.2543	1.3339	0.9714
房地产	0.4503	0.691	0.33
租赁	0.3092	0.2551	0.0668
计算机及其相关活动	1.0832	0.5416	0.0268
研究与开发	0.2719	0.3256	0.1793
公共管理	0.0069	0.159	0.0436
教育	0.0297	0.1048	0.0209
卫生及社会工作	0.0075	0.1035	0.0499
商务服务	1.32		
旅游	0.1431		
综合技术服务	0.0979		
其他社会服务业	0.0295		
文化、体育和娱乐业	0.1119		

资料来源：根据上海市投入－产出表（2007）和经济合作与发展组织投入－产出表（http：//stats.oecd.org）整理计算。

表2-12显示，上海市三次产业中第二产业的感应度系数远大于1，显示出各经济部门对于第二产业的严重依赖和第二产业在上海市经济中的支柱地位。

就各经济体的第三产业感应度系数而言，发达经济体最大值为0.809（爱尔兰），最小值为0.4763（韩国），中位数为0.6745（澳大利亚）；发展中经济体最大值为0.6083（南非），最小值为0.2977（中国），中位数为0.4978（巴西）。而上海市第三产业感应度系数为0.4801，可见上海市具有显著的发展中经济体的特征，即服务业感应度系数较低。

在第三产业中，商务服务、金融保险、交通运输及仓储感应度系数较大，说明其对经济的支撑作用显著，而这一点主要是由其产业特性所决定的，也就是说，这些行业资本化系数较高（即生产性较强）且其产出的使用范围广泛，在生产体系中具有基础性地位，因此感应度较强。

上海市第三产业各部门按感应度系数排序如下：商务服务，金融保险，交通运输及仓储，计算机及其相关活动，批发零售，电信与邮政，房地产，租赁，研究与开发，旅馆和餐饮，旅游，文化，体育和娱乐业，综合技术服务，教育，其他社会服务业，卫生及社会工作，公共管理。

发达经济体第三产业各部门按感应度系数排序如下：金融保险、批发零售、交通运输及仓储、电信与邮政、房地产、计算机及其相关活动、研究与开发、旅馆和餐饮、租赁、公共管理、教育、卫生及社会工作。

发展中经济体第三产业各部门按感应度系数排序如下：批发零售、交通运输及仓储、金融保险、电信与邮政、房地产、旅馆和餐饮、研究与开发、租赁、卫生及社会工作、公共管理、计算机及其相关活动、教育。

综合来看，在上海市与其他各经济体中，批发零售、交通运输及仓储、金融保险的感应度系数较大，反映这些部门在经济中的基础性地位。

二 上海生活性服务发展的水平及结构状况
——基于投入－产出表的国际比较分析

（一）引言

近年来，服务业在大都市经济结构与空间重建中扮演了十分重要的角色，已成为许多大都市带动收入和就业增长的主导产业部门，因此，服务业的发展及其在经济增长与结构调整中的作用问题，引起了国内外学术界广泛的研究兴趣。Antonelli（1998）基于意大利、法国、英国和德国数据分析了信息和通信技术与知识密集型商务服务业之间的协同演进关系以及它们的产出弹性。Beyers（2005）发现服务部门的迅速扩张是推动美国各地区经济发展的决定性因素，服务业绩效差异则导致了各地区发展的不平衡。Lundquist等人（2008）的研究表明，生产者服务的快速增长是促进瑞典经济在1968~2004年成功转型和增长的主要动力。国内方面，岳希明和张曙光（2002）、许宪春（2004）、程大中（2003，2004）、江小涓和李辉（2004）、李勇坚（2004）、程大中和黄雯（2005）等从服务业总体角度系统考察了服务业的核算问题、经济增长与服务业发展的关系、服务业的增长与技术进步、服务业的区位分布与地区专业化问题等。程大中（2008）、王瑞

(2011)等则从生产性服务角度出发,分析了我国生产性服务业的发展水平、主要困境、部门结构及其影响。但上述研究都没有涉及服务业中另一大主体——生活性服务的发展问题。

实际上,自改革开放以来,随着我国的经济增长和居民生活水平的逐步提高,许多城市,特别是上海等大都市在物质生活方面已不输世界上其他发达经济体。许多拥有消费实力的民众,莫不积极地追求精致化的优雅生活,造就了广大居民对生活性服务的需求愈来愈大。而从发达国家或国际大都市的发展经验看,生活性服务的兴起与发达,往往象征了综合实力的兴盛与国民生活品质的提升。生活性服务与生产性服务居于同等重要地位,与国民经济、生产性服务协同发展。因此,生活性服务的发展是关乎国计民生的重大问题,并且对于提升大都市的国际竞争力具有重要意义。

我们的研究将以上海为样本,聚焦于曾长期被忽视的生活性服务发展问题。在这方面,国内学者取得了一些初步研究成果,如程大中和陈宪(2006)从消费支出角度考察了上海市消费者服务的发展现状,即居民在各种商品和服务上的消费支出规律及其影响因素分析。刘建国(2007)分析了上海市消费性服务业的变动趋势,指出人均可支配收入的持续增长和服务类价格水平的提高是推动服务性消费在上海市居民消费支出中比重上升的主要原因。陈秋玲等(2007)探讨了上海消费者服务业与国民经济发展互动关系问题,认为消费者服务业对国民经济发展的促进作用大于国民经济发展对消费者服务业的拉动作用。洪涛(2011)对我国生活服务业体系的发展进行了深入、系统的研究。但上述文献基本上都是基于传统的行业划分方法,即人为地把某些服务行业划为生产者服务业,把另一些行业划入消费者服务业或生活服务业,对消费者服务(业)或生活服务业展开分析。实际上,国民经济各服务部门都不同比例地分别为生产部门和最终消费者提供服务,同时具有生产性和生活性的属性,因此很难将其划入生产性服务"业"或生活性服务"业"。一个服务部门究竟多大程度上算是生产性服务业或者是生活性服务业,并不影响我们的相关理论和实证研究。本文创新之处在于,将每个服务行业或部门产出中作为居民消费的最终使用部分定义为生活性服务,以此为基础对上海市及其他国际中心城市和大都市的生活性服务发展问题进行系统分析,克服了现有研究中行业划分上的难题。

本部分的现实意义是，从理论和经验两个层面上回答和进一步深化国家"十二五"规划关于"大力发展生活性服务业"和上海市"十二五"规划关于"加快建设上海'四个中心'"和"加快发展生活性服务业"所涉及的若干问题。

（二）生活性服务的含义与意义

为求精致化与专业化，服务业可分为与产业高度关联的"生产性服务业"以及与日常民生有关的"生活性服务业"两大主流，这种划分最早由 Hubbard 和 Nutter（1982）、Daniels（1985）等给出。生产性服务业不是直接用来消费，也不是直接可以产生效用的，它是一种中间投入而非最终产出，它扮演着一个中间连接的重要角色，用来生产其他的产品或服务，具有高度前向关联（Forward Linkage），借由其所提供之高质量且快速的专业服务，可以降低相关行业，尤其是中小企业的营运成本，进而创造出提升整体产业竞争力的效益。与生活品质相关的生活性服务业，则可以协助塑造高服务质量的生活环境，不仅有利于我国的经济发展，更是吸引及留住优秀人才的必要条件。一些学者和机构通常将某些服务行业或部门如金融和保险服务业、商务服务业、现代物流服务业、信息服务业、交通运输业等划归为生产性服务业，而将另一些服务行业或部门如旅游业、住宿和餐饮业、娱乐休闲业、文化体育事业、社区服务业、家政服务业等划为生活性服务业（洪涛，2011）。但实际上，国民经济中的各服务行业与部门都不同比例地分别为生产者和最终消费者提供产品或者服务，同时具有生产性和最终消费的特征。界定某个行业是生产性服务业还是生活性服务业是很困难的，很多服务业部门如金融保险业、交通运输业等既为企业提供服务，又为广大居民和家庭提供服务，只不过不同服务行业或部门提供服务的侧重点不同而已，因此我们没有必要对各服务行业或部门进行人为的划分。在经济学理论中，有形的经济物品被区分为资本品和消费品。本文借鉴这种分类方法，将每个服务行业或部门产出作为消费品的服务，即作为居民消费的最终使用部分，定义为生活性服务；作为资本品的服务，即作为中间使用的部分，定义为生产性服务，这样既保证了统计上的准确性，又克服了传统的行业划分上的模糊不清。

"十二五"时期上海经济社会发展的奋斗目标是："四个中心"和社会

主义现代化国际大都市建设取得决定性进展，转变经济发展方式取得率先突破，人民生活水平和质量得到明显提高。在这一背景下，大力发展生活性服务，对上海而言意义非凡。从其他成熟的国际性大都市发展经验看，"四个中心"和现代化国际大都市的建设不能单靠华丽的硬件来打造，更重要的是依靠优秀的人才和优质的服务来推动。以国际上重要的金融中心和航运中心新加坡为例，2008年新加坡国民经济中服务业产值占GDP比重为65.43%，就业结构中服务业从业人员占全部就业人员比重达76.24%，其中金融服务业和交通运输业从业人员占全行业就业人员比重分别为6.67%和9.85%。可见，国际大都市是服务经济高度发达、服务产业高度集聚、服务人才高度荟萃的中心城市。而同一时期，上海第三产业产值占GDP比重为53.66%，服务业从业人员占比仅为55.04%，金融业和交通运输邮政业从业人员占比分别为2.2%和5.28%，与发达大都市还存在很大差距，仅在与金融中心和航运中心建设密切相关的金融业和交通运输业人才储备方面要达到新加坡的水平，上海至少需要引进80万高端、专业的服务人才。没有生活性服务的配套发展，生产性服务就难以实现真正的发展。大力发展旨在提高生活品质、塑造高服务质量生活环境的生活性服务，有利于吸引和留住高端服务人才，加快上海"四个中心"和现代化国际大都市的建设步伐。

经济发展方式转变的一个重要特征，是逐步改变以投资扩张推动经济发展的模式，增加最终消费需求在拉动经济发展上的作用。生产的终极目的是为了满足消费。发展现代服务业，不能仅重视生产性服务业发展，而忽视了对促进消费、吸纳就业具有重要作用的生活性服务业的支持。第五部分的数据分析将表明，像新加坡、东京这样的现代化国际大都市，不仅经济的服务化程度极高，更重要的是，各服务部门中生活性服务所占比重也很大，服务的生活化趋势非常显著。对于上海而言，不仅推动经济长期持续发展需要依托于生活性服务需求的扩张，而且生活性服务具有吸纳就业的强大能力。与生活性服务密切相关的服务业部门在就业中占有重要地位，据上海市第二次经济普查主要数据公报，截至2008年末，仅在批发零售、住宿餐饮、居民服务、教育、卫生保健、文化、体育和娱乐业就业人口就达262.5万人，占全部就业人口的25.2%，占第三产业就业人员比重高达47.77%，如果把其他服务部门中为居民提供消费服务的部分考虑在内，在全部服务业中，有近

2/3 的就业人口属于消费服务业（上海市统计局，2010）。

(三) 研究方法和数据

1. 研究方法

本部分基于投入－产出表分析上海市生活性服务的发展状况。完整的国民经济价值型投入－产出表包括中间使用、最终使用、增加值、总投入和总产出等几个部分。投入－产出表的这种结构为我们分析生活性服务提供了便利。各行业总产出中作为中间使用的部分相当于资本性产品或服务，进入再生产过程，供生产最终产品或服务之用；而作为居民消费的最终使用部分则相当于消费性产品或服务，用于满足广大居民和家庭的最终消费需求。这样，生活性服务可以对应于投入－产出表中各服务部门用于居民最终消费的产出部分，生产性服务则对应于作为中间使用的产出部分。

根据上面的定义，我们依据以下概念和指标对上海市以及新加坡和东京生活性服务发展状况进行经验分析。

(1) 服务的生活化比率：各服务部门总产出中通常都有一部分用于居民消费的服务产出，这部分被称为"面向生活的服务"，我们把各服务部门提供的生活性服务占该部门总产出的比重定义为服务的生活化比率。

(2) 服务资本品比率：各服务部门总产出中一部分是作为其他部门的中间服务投入而重新进入生产过程的，这一作为生产性服务的产出水平占该部门提供的生产性服务与生活性服务产出水平之和的比重被称为服务资本品比率，反映各服务部门的生产资料特性。

(3) 生活性服务的部门构成：各服务部门用于居民消费的服务产出水平占整个服务业提供的生活性服务总水平的比重，目的在于考察生活性服务到底是由哪些部门提供的。

(4) 生活性服务占国民总产出比重：服务业总产出中用于居民最终消费部分占国民总产出的比重，反映了生活性服务在整个国民经济中的发展水平。

(5) 生活性服务占服务业总产出比重：整个服务业总产出中用于居民最终消费部分占服务业总产出的比重，有助于说明服务行业整体的生活化程度。其他指标如服务产出占国民总产出比重、服务业增加值占 GDP 比重和服务投入率即服务投入占总投入的比重，反映了国民经济服务化程度。国民经济增加值率和国民经济中间投入比率则反映了国民经济的投入产出效率。

2. 数据

本文的经验研究主要涉及上海市的投入-产出表数据。另外，鉴于上海的目标是建成"四个中心"和现代化的国际大都市，我们还特地选择新兴的发达经济体新加坡、成熟的发达经济体东京作为参照进行国际比较分析。由于国民经济投入-产出表的编制十分复杂，因此并不是每年都编制，国际上一般每隔5年更新一次（逢零、逢五年份）。1987年3月，国务院办公厅发出了《关于进行全国投入产出调查的通知》，明确规定自1987年开始，每五年（逢二、逢七年份）进行一次全国投入-产出调查和编表工作。后来又在此基础上采用延长表技术，编制了逢零、逢五年份的投入-产出延长表（但部门或行业划分比较粗略），而绝大多数省市也同步编制了本地区的投入-产出表和投入-产出延长表。根据数据的可获得性、统计口径的可比性等，我们选择上海市2000年、2002年和2007年的投入-产出表/延长表以及新加坡和东京2005年的投入-产出表作为实证分析基础。上海市的数据来源于上海市统计局发布的《2000年上海市投入产出表（40部门延长表）》、《上海市2002年投入产出表》和《上海市2007年投入产出表》。东京都数据来源于东京都总务局统计部颁布的《平成十七年（2005）东京都产业连关表》，新加坡数据来源于新加坡统计局出版的《新加坡投入-产出表2005》（SINGAPORE INPUT - OUTPUT TABLES 2005）。

（四）上海市生活性服务的发展水平和结构

1. 上海市服务业发展的总体水平和结构

表2-13描述了上海市国民经济投入-产出效率、服务经济发展的总体水平和结构状况。可以看出：上海市在2000～2007年国民经济增加值率平均为31.26%，并且处于递减趋势，与此相对，同期国民经济中间投入比率在逐步上升；从服务投入占中间投入的比重看，服务性投入消耗相对较小，平均仅为29.74%，这意味着物质性投入消耗相对较大，表明过去一段时期里上海市在经济发展方式上高投入、高能耗、低产出、低附加值的特征没有根本转变。但是，服务产出占国民总产出比重和服务业增加值占GDP比重这两个指标表明，服务经济在国民经济中地位正逐步提高；GDP构成中，服

务业已占据半壁江山，并且比例还在稳步上升，这说明上海市大力发展服务业的方针已经取得初步成效，经济的服务化趋势日益明显。

表 2-13 上海市服务业和生活性服务总体水平的发展动态

单位：%

年份 部门	2000	2002	2007
国民经济增加值率	33.33	32.29	28.16
国民经济中间投入比率	66.67	67.71	71.84
服务投入占中间投入比重	29.34	28.26	31.62
服务产出占国民总产出比重	33.17	33.98	34.07
服务业增加值占 GDP 比重	50.63	50.87	52.10
生活性服务占服务业产出比重	41.01	43.70	32.81
生活性服务占国民总产出比重	13.60	14.85	11.18
生产性服务占国民总产出比重	19.56	16.86	23.00

注：国民经济增加值率 = 增加值/国民总产出，国民经济中间投入率 = 中间投入/国民总产出，服务投入占中间投入比重 = 第三产业产出中用于中间使用部分/中间投入，服务产出占国民总产出比重 = 第三产业产出/国民总产出，生活性服务占国民总产出比重 = 第三产业产出中居民最终消费部分/国民总产出，生活性服务占服务业总产出比重 = 第三产业产出中居民最终消费部分/第三产业产出，数据为作者根据上海市相关年份投入-产出表整理所得。

进一步剖析服务业内部结构可以发现，服务业总产出中，生活性服务占比平均只有 39.17%，在 2007 年更是下降为 32.81%，这一动态变化趋势与另外两个指标所反映的情况基本一致：生产性服务在国民总产出中所占比重在不断上升，而生活性服务所占比重则处于持续下降态势。这意味着长期以来，大力发展现代服务业被片面理解为大力发展面向生产的服务业，生产性服务和生活性服务的发展并未受到同等重视，经济的服务化直接推动了服务的生产化或资本化，同时似乎在不断挤占生活性服务的发展空间，导致服务提供上的"重生产、轻消费"。这种条件下研究生活性服务发展问题具有重要现实意义，生活性服务重视的是用心发掘最终消费者的潜在需求，进而提供能够满足其需求的服务或商品，如此自然能够增加产品或服务的附加价值，有助于产业结构升级和经济发展方式的转变。

2. 上海市生活性服务的发展概况

表 2-14 列出了上海市各服务业部门提供的生活性服务的绝对水平。根

据本文对生活性服务的定义,从数据来看,除"科学研究事业"和"公共管理和社会组织"这两个部门外,其他所有服务行业都或多或少为消费者提供一定量的生活性服务,并且绝大多数服务部门提供的生活性服务的绝对水平在逐年增加。进入21世纪后,房地产行业蓬勃发展,截至2007年,该行业提供的面向生活的服务现价价值超过349亿元,在绝对量上居首位,排在其后的依次是"居民服务及其他社会服务业"(230.9亿元)、"住宿与餐饮"(216.2亿元),卫生、社会保障和社会福利业(197亿元),"金融保险业"(173.3亿元)、"教育"(159.7亿元)、"批发和零售贸易业"(151.9亿元)、"交通运输及仓储"(123.6亿元)和"文化、体育和娱乐业"(114.9亿元)等,上述行业是提供生活性服务的"大户",包括直观上理解为"典型的"生产性服务部门,如金融与保险、交通运输及仓储等,价值都超过百亿元。相比之下,普遍被认为主要为消费者提供服务的旅游业发展比较滞后,生活性服务规模仅为88.3亿元。2007年上海市居民消费的服务总量为1845.8亿元,占当年居民消费总支出(4455.52亿元)的41.43%,生活性服务的发展还有很大的潜力可以发掘①。

表2-14 上海各服务业部门产出中用于生活性服务的产出水平

单位:万元

部门 \ 年份	2000	2002	2007
交通运输及仓储	544721.92	891255.7	1235941.24
邮政	885507.50	57037.11	62434.77
信息传输、计算机服务及其相关活动		925176.67	273075.72
批发和零售贸易业	868469.84	1041767.65	1519094.79
住宿与餐饮	625970.28	1020513.69	2162306.75
金融保险业	1233295.68	749300	1732872.79
房地产业	987066.57	1016521.12	3491875.85
租赁和商务服务	NA	6487.60	27896.53
旅游	NA	266729.76	882563.13

---

① 2005年新加坡居民购买的生活性服务为506.71亿新元,占当年居民消费总支出(837.78亿新元)的60.48%。

续表

年份 部门	2000	2002	2007
科学研究事业	0	0	0
综合技术服务	4700.59	17509.57	44715.03
居民服务及其他社会服务业	451007.94	283747.04	2308952.94
教育		724955.27	1596932.02
卫生、社会保障和社会福利业	1569769.99	1112097.51	1970209.37
文化、体育和娱乐业		442345.73	1149136.95
公共管理和社会组织	NA	0	0

注：数据为作者根据上海市相关年份投入-产出表整理所得。

表2-15给出的是上海市各服务业部门总产出中生活性服务占比，即各部门提供的生活性服务占该部门总产出的比重。虽然从表2-14看，各服务业部门提供的生活性服务的绝对量逐年在增加，但从相对水平看，除"旅游业""综合技术服务""居民服务及其他社会服务业""文化、体育和娱乐业"这四个行业的生活性服务占比增长较显著外，其他部门或行业的生活性服务占比基本处于下降，甚至显著下降态势。说明从行业水平看，随着经济的发展和人民收入水平的提高，服务业并未朝着生活化方向迈进，主要还是为生产提供服务，服务的资本化趋势更加明显。在绝对水平方面算得上生活性服务供给大户的九个行业中，仅有"居民服务及其他社会服务业""文化、体育和娱乐业""卫生、社会保障和社会福利业"这三个行业中生活性服务占其总产出比重达到或接近50%，其他行业都比较低，其中"交通运输及仓储业""批发和零售贸易业""金融保险业"等部门生活性服务占比不到10%。

表2-15 上海市各服务业部门产出中生活性服务占比

单位：%

年份 部门	2000	2002	2007
交通运输及仓储业	4.10	8.61	4.67
邮政业	50.37	16.68	11.74
信息传输、计算机服务及相关活动		25.68	2.65

续表

年份 部门	2000	2002	2007
批发和零售贸易业	10.74	10.72	9.26
住宿和餐饮业	34.88	27.82	32.14
金融保险业	10.67	7.69	8.08
房地产业	29.21	18.45	26.54
租赁和商务服务业	NA	0.32	0.14
旅游业	NA	40.14	46.46
科学研究事业	0	0.00	0.00
综合技术服务业	0.51	2.29	2.84
居民服务及其他社会服务业	7.99	36.96	60.03
教育		35.61	31.33
文化、体育和娱乐业	40.85	27.60	49.11
卫生、社会保障和社会福利业		60.96	43.74
公共管理和社会组织	NA	0.00	0.00

注：数据为作者根据上海市相关年份投入-产出表整理所得。

3. 以服务资本化比率衡量服务部门的生产性服务特性

本文的资本化率，定义为各服务部门总产出中作为中间投入的服务产出占该部门或行业作为中间投入的服务产出与用于居民消费的服务产出总和的比重。与上述"各服务部门中生活性服务占该部门服务总产出比重"这一指标不同之处在于，服务的资本化率排除了"政府消费""调入""调出""出口""进口"对服务总产出的影响。服务的资本化率反映了各服务部门的生产资料特性，借助于该指标，我们可以更清晰地辨别各服务部门的生产性服务性质，即资本化率越高，则该服务部门就越具有生产性服务的性质，相反则越具有生活性服务的性质。

表2-16揭示了以下信息：首先，各服务业部门的资本化比率普遍较高，其中"公共管理和社会组织"和"科学研究事业"的资本化比率高达100%，说明这两个部门仅提供生产性服务，是地道的生产者服务业。其他如"租赁和商务服务业""交通运输及仓储业""综合技术服务业""金融保险业""批发和零售贸易业""信息传输、计算机服务和软件业""邮政业""房地产业"等的资本化率也都超过50%，意味着这些行业主要为生产提供

服务,其余服务业部门或行业则主要提供面向生活的服务。其次,动态地看,"综合技术服务业""居民服务及其他社会服务业""文化、体育和娱乐业"和"卫生、社会保障和社会福利业"等行业的资本化率趋于下降,或者说这些服务行业在服务供给上正朝着生活化方向发展,其他服务部门的资本化趋势基本上有增无减。最后,表2-15表明"旅游业"的生活性服务占比在逐步提高,而表2-16又显示该行业的生产性服务占比在逐年攀升,结果非常矛盾。实际上,这正是该行业中"出口"和"进口"项的影响所致。2002年旅游业净出口占其总产出的比重为16.13%,远高于2007年的7.04%,所以按生活性服务占总产出比重进行衡量时,旅游业的生活性服务占比在2002年要低于2007年,但扣除"出口"和"进口"的影响后,该行业服务的资本化特征实际上在不断增强。

表 2-16 上海市各服务业部门的资本化比率

单位:%

部门＼年份	2000	2002	2007
交通运输及仓储业	95.2	92.21	93.08
邮政业	41.7	76.18	81.57
信息传输、计算机服务和软件业		68.26	98.7
批发和零售贸易业	88.33	88.03	90.72
住宿和餐饮业	29.91	52.78	49.02
金融保险业	87.66	90.28	89.61
房地产业	55.6	66.64	53
租赁和商务服务业	NA	99.75	99.85
旅游业	NA	34.84	39.72
科学研究事业	100	100	100
综合技术服务业	98.98	94.01	88.82
居民服务及其他社会服务业	86.41	57.62	17.48
教育事业	32.22	13.25	13.51
文化、体育和娱乐业		62.03	46.6
卫生、社会保障和社会福利业		13.20	4.76
公共管理和社会组织	NA	100	100

注:数据为作者根据上海市相关年份投入-产出表整理所得。

4. 上海生活性服务发展的国际比较

上海市近期目标是建成"四个中心"和现代化的国际大都市，因此本部分我们选取同处亚洲的成熟国际大都市和中心城市东京以及新加坡作为样本，对东京、新加坡和上海在生活性服务方面的发展进行横向比较研究，对现有国际中心城市和国际大都市生活性服务发展的态势和新动向进行总结剖析，试图为上海发展生活性服务提供些许借鉴，以便更好地服务于上述发展规划。鉴于上海与东京、新加坡编制投入－产出表的时间不同步，本文选择上海市2007年的数据与新加坡和东京2005年的数据进行比较分析。

表2－17说明，发达都市在整个国民经济方面表现出高附加值特征。东京国民经济的增加值比率最高，达到56.13%，新加坡略低，为35.37%，上海距离这些城市还有一定差距。从东京和新加坡的经验看，服务业的发展，特别是生活性服务的发展，对于城市国际角色和国际地位的确立起着关键的作用，堪称国际大都市的"名片"。数据显示，上海、新加坡和东京都已经进入服务经济时代，服务业已成为整个经济体国民经济中占主导地位的产业。但与新加坡和东京相比，上海市服务业整体发展水平还比较低。在所研究的大都市中，东京的服务经济比重最高，2005年其服务业增加值占GDP的比重超过90%，新加坡同期也达到65.42%，远高于2007年上海市的52.10%。更值得注意的是，发达的大都市不仅经济服务化程度很高，而且服务的生活化方面也走在世界前列。东京2005年生活性服务占服务总产出比重达79.41%，新加坡为62.19%，相比之下，上海仅为32.81%。上海市因为整体服务业的发展水平相对较低，且偏重生产性服务的发展，生活性服务的发展水平严重落后于现有的国际中心城市和大都市。

表2－17 上海（2007）与新加坡和东京（2005）服务业及生活性服务相关指标对比

单位：%

项目 \ 地区	上海	新加坡	东京
国民经济增加值率	28.16	35.37	56.13
国民经济中间投入比率	71.84	64.63	43.87
服务投入占中间投入比重	31.62	31.85	59.50

续表

项目 \ 地区	上海	新加坡	东京
服务产出占国民总产出比重	34.07	54.44	85.33
服务业增加值占 GDP 比重	52.10	65.42	90.17
生活性服务占国民总产出比重	11.18	33.86	59.23
生活性服务占服务总产出比重	32.81	62.19	79.41

注：各种占比的计算方法同表 2-13，数据为笔者根据上海（2007）、新加坡和东京（2005）投入-产出表整理所得。

新加坡借助优越的地理位置，大力发展金融服务（银行、保险）、交通运输（快捷的空运、海运和高效的港口）、商务服务、批发零售服务，这四个服务部门的增加值占 GDP 比重达 47.03%，服务产出之和占新加坡服务部门总产出比重为 73.13%，服务进出口总额（相对于新加坡 GDP 的 70.85%）占新加坡服务贸易总额的 90.22%，特别的，这四个服务部门提供了新加坡 46.5% 的生活性服务。[1] 正是依托这四大服务部门的发展，新加坡确立了其世界重要的金融中心、航运中心、国际贸易中心的地位。目前，新加坡是世界第四大外汇交易市场。作为全球规模最大的集装箱枢纽港之一，新加坡港 2005 年吞吐量达到 2319 万标准箱，2005 年对外贸易额与其 GDP 之比为 343%，人均外贸量排名居世界第一。[2]

无论从经济规模（1.19 万亿美元 VS.1254 亿美元）、人均 GDP（94620 美元 VS.35597 美元）还是服务业和生活性服务的发达程度，东京都要远超新加坡。[3] 例如，东京以金融服务的高度发达确立了其"国际金融中心"的地位，2005 年东京金融保险业增加值占 GDP 比重为 14.4%，超过新加坡 GDP 总和。凭借其强健可信的银行机构、自由的市场和开放的经济、稳定的

---

[1] 数据为笔者根据《新加坡投入-产出表 2005》（SINGAPORE INPUT-OUTPUT TABLES 2005）和《新加坡统计年表 2011》（YEARBOOK OF STATISTICS SINGAPORE 2011）整理计算所得。

[2] 数据来源同[1]。2010 年，上海港以 2905 万标准箱的集装箱吞吐量首次超过新加坡港，跃居世界第一。

[3] 根据《新加坡统计年表 2011》（YEARBOOK OF STATISTICS SINGAPORE 2011）和《平成十七年都民经济计算年报》数据整理计算所得。

汇率和良好的通信设施、银行管制和监管的优质金融人才、外国银行的自由进出，以及有效的法律体系和环境等各项国际金融中心必备条件，东京与纽约、伦敦一起成为世界三大国际金融中心。

比较上海和新加坡、东京在相关服务部门和生活性服务方面的发展水平，有助于认识我们与既有的国际中心城市和大都市之间的差距，并为制定未来的发展战略提供科学依据。2007年，上海市金融与保险、交通运输与仓储、批发零售、商务服务这四个服务部门的增加值占GDP比重仅为28.36%，远低于新加坡和东京。相应的，这四个服务部门提供的生活性服务水平也很低，仅占全部生活性服务的24.47%，远不足以支撑"四个中心"的建设。表2-18和表2-19进一步说明了这个问题。

表2-18 上海（2007）与新加坡和东京（2005）各服务业部门产出水平中生活性服务占比

单位：%

项目 \ 地区	上海	新加坡	东京
交通运输及仓储业	4.67	9.54	30.59
通讯业	3.10	12.33	25.32
批发与零售业	9.26	9.70	18.76
金融与保险业	8.08	12.84	24.52
房地产业	26.54	23.16	70.12
教育、科研和医疗卫生	21.21	63.01	78.41
公共服务	60.03	72.01	84.29
其他服务业（包含商务服务）	12.00	16.58	36.74

注：由于各国的统计口径不同，为了保持指标之间的可比性，我们根据东京都的统计标准对上海市和新加坡的数据做了部分调整。具体说明如下：①上海市和新加坡行业分类中，交通运输与仓储业、通讯业（我国包括邮政业和信息传输、计算机服务和软件业）、批发与零售业、金融与保险业、房地产服务基本与东京行业分类相一致，故采用对应原始数据。②东京行业分类中，教育、科研和医疗卫生对应上海市的科学研究事业、教育事业、卫生、社会保障和社会福利业，对应新加坡教育事业、卫生、社会保障和社会福利业。③东京行业分类中的公共服务对应于上海市的居民服务及其他社会服务业和新加坡的其他社会服务业（包括产业分类中的代码131~134项）。④东京行业分类中的其他服务业一项包括了其行业分类中的B055—B065及B034，大致对应于上海市的租赁业和商务服务业、旅游业、综合技术服务业、文化、体育和娱乐业、公共管理和社会组织、住宿和餐饮业，对应于新加坡行业分类中的租赁业和商务服务业、文化、体育和娱乐业、住宿与餐饮及公共管理和社会组织。⑤数据为作者根据上海（2007）、新加坡和东京（2005）投入-产出表整理所得。

表 2-19 上海（2007）与新加坡和东京（2005）各服务业部门资本化比率

单位：%

项目 \ 地区	上海	新加坡	东京
交通运输及仓储业	93.08	42.26	39.65
通讯业	98.64	61.32	37.92
批发与零售业	90.72	18.78	17.08
金融与保险业	89.61	53.30	39.62
房地产业	53.00	54.88	19.14
教育、科研和医疗卫生	51.62	29.70	13.26
公共服务	17.21	27.66	3.32
其他服务业（包含商务服务）	84.43	38.16	21.46

注：数据为作者根据上海（2007）、新加坡和东京（2005）投入-产出表整理所得。

表 2-18 显示，受益于房地产业的迅猛发展，上海市房地产业的生活性服务比重较新加坡要高一些，除此之外，其他服务部门产出水平中生活性服务占比都显著地小于新加坡的相应服务部门，特别是"交通运输及仓储业""金融与保险业""其他服务业（包含商务服务）""批发与零售业"等与"四个中心"建设密切联系的核心行业。实际上，如前所述，这几个部门是新加坡服务贸易出口的龙头，如果排除进出口的影响，差距还要更大。这可从表 2-19 获得一定程度证实。从各服务部门的资本化率角度分析，上海市"交通运输及仓储业""金融与保险业""其他服务业（包含商务服务）""批发与零售业"四部门的资本化率都接近甚至超过 90%，而新加坡仅"金融与保险业"资本化率略高于 50%，另外三部门主要为居民消费提供服务。其他服务部门中，表 2-18 和表 2-19 揭示的信息也比较一致，上海市在"房地产业"上服务的生活化倾向略高于新加坡，而在"教育、科研和医疗卫生"和"通讯业"上服务的资本化倾向显著高于新加坡。

和东京相比，新加坡的生活性服务发展水平只能算第二梯队，无论从表 2-17 中有关生活性服务发展总体水平的数据，还是表 2-18 和表 2-19 中各服务部门中生活性服务占比和服务的资本化率这两个指标传递的信息，都显示新加坡在生活性服务的发展程度上与东京相比还存在较大差距,当然,上海就落后更远,这里不再详细赘述。

表 2-20 揭示了上海、新加坡和东京生活性服务发展方面的结构性特征。在整个服务业提供的生活性服务中,"其他服务业"的比重都很高,原因在于东京的服务部门划分比较粗略,这个部门包含了"租赁业和商务服务业""旅游业""综合技术服务业""文化体育和娱乐业""公共管理和社会组织"和"住宿和餐饮业"等诸多行业。除此之外,就上海而言,"教育、科研和医疗卫生"所占比重最高(19.33%),其次是"房地产业"(18.92%)、"公共服务"(12.51%)、"金融与保险业"(9.39%)、"批发零售业"(8.23%)等。新加坡依次是"批发与零售业""教育科研和医疗卫生""金融与保险业""交通运输及仓储业"和"公共服务"等。东京依次为"房地产业""批发零售业""金融与保险业""教育、科研和医疗卫生"和"交通运输及仓储业"等。可见上海市生活性服务主要集中在"房地产业""教育、科研和医疗卫生"和"公共服务"部门(合计超过50%),相对而言,东京和新加坡的生活性服务主要集中在"批发零售业""金融与保险业"和"交通运输及仓储业"等支撑金融、航运和贸易中心的服务部门中。

表 2-20 上海(2007)与新加坡和东京(2005)生活性服务的供给结构

单位:%

项目 \ 地区	上海	新加坡	东京
交通运输及仓储业	6.70	9.81	7.02
通讯业	1.82	4.54	4.51
批发与零售业	8.23	15.10	17.30
金融与保险业	9.39	11.72	14.12
房地产业	18.92	7.21	23.26
教育、科研和医疗卫生	19.33	12.86	12.72
公共服务	12.51	7.37	0.33
其他服务业	23.10	31.39	20.74

注:数据为作者根据上海(2007)、新加坡和东京(2005)投入-产出表整理所得。

5. 结论

本部分基于投入-产出表，以各服务部门产出中用作居民消费的部分来核算生活性服务，而不是人为地将某些服务部门划分为生活性服务业，对上海、新加坡和东京的生活性服务的发展水平及结构进行了比较研究，由此得到以下基本结论。

（1）上海市在经济发展方式上高投入、高能耗、低产出、低附加值的特征没有根本转变。但服务业增加值已占据GDP的半壁江山，并且（包括服务投入率和服务产出占国民总产出的比重等）比例还在稳步上升，这说明上海市大力发展服务业的方针已经取得初步成效，经济的服务化趋势日益明显。

（2）从上海市服务业内部结构看，生产性服务和生活性服务的发展并未受到同等重视，经济的服务化直接推动了服务的生产化或资本化，各服务部门的资本化比率普遍较高且呈上升态势，而生活性服务的发展空间不断被挤占，大多数服务部门的生活性服务占比有显著下降趋势，导致服务提供上的"重生产、轻消费"。

（3）东京和新加坡的经验表明，服务业的发展，特别是生活性服务的发展，对于城市国际角色的确立起着关键的作用，堪称国际大都市的"名片"。在总体水平上，2005年东京和新加坡服务业增加值占GDP的比重分别为90.17%和65.42%，生活性服务占服务总产出的比重分别为79.41%和62.19%，上海市2007年这两个数据仅分别为52.10%和32.81%。上海市因为整体服务业的发展水平相对较低，且偏重生产性服务的发展，生活性服务的总体发展水平严重落后于现有的国际中心城市和大都市。

（4）就各部门水平而言，新加坡和东京各服务部门产出中生活性服务占比普遍较高；从资本化率来看，各服务部门也主要为居民消费提供服务。上海市除房地产业的生活性服务比重较新加坡要高一些外，其他服务部门生活性服务占比都低于新加坡的相应服务部门，上海所有服务部门的生活性服务占比均显著小于东京，资本化率指标反映的信息与此基本一致。人是城市生活中的主体，是一切城市发展活动的中心，因此上海在建设现代化国际大都市的过程中，可以借鉴国外发达大都市的成功发展经验，切勿片面强调生产性服务，应注重生产与消费并重、生活性服务与生产性服务协调发展，把提供优雅的生活服务，塑造高品质的生活形态作为城市核心发展理念，通过发达的生活性服务吸引和留住优秀人才，提升城市的竞争力和国际地位。

（5）在成熟的国际中心城市，生活性服务在不同服务部门中并非平行发展，生活性服务供给结构与城市服务功能定位是密切相关的，东京和新加坡的生活性服务主要集中在"批发零售业""金融与保险业""交通运输及仓储业"和"商务服务"等支撑国际金融、航运和贸易中心的服务部门。虽然上海市将城市服务功能目标定位在"国际经济·金融·贸易·航运中心"等特殊功能方面，但目前其生活性服务主要集中于"房地产业""教育、科研和医疗卫生"和"公共服务"等服务部门（合计超过50%），即主要体现在（任何城市都具备的）一般服务功能上。一般服务功能是城市立足的基础和保障，其稳定发展是城市进步的必要条件；特殊服务功能则决定了城市的发展空间和潜力以及参与国际竞争的实力，不仅用于满足本城市的功能需求，而且具有更强的辐射扩散能力，会推动周边地区经济、社会的演化与发展。上海要想在与东京、新加坡等大都市的竞争中脱颖而出，必须在提高和完善生活性服务的一般功能基础上，增强其特殊服务功能，根据自身优势和特点，有所侧重地发展支撑"四个中心"建设的生活性服务。

参考文献

陈秋玲、叶杨、宋晓琳，2007，《上海消费者服务业与国民经济发展互动关系研究》，《经济师》第11期。

程大中，2008，《中国生产性服务业的水平、结构及影响——基于投入-产出法的国际比较研究》，《经济研究》第1期。

程大中，2004，《中国服务业增长的特点、原因及影响——鲍莫尔—富克斯假说及其经验研究》，《中国社会科学》第2期。

程大中，2003，《中国服务业的增长与技术进步》，《世界经济》第7期。

程大中、陈宪，2006，《上海生产者服务与消费者服务互动发展的实证研究》，《上海经济研究》第1期。

程大中、黄雯, 2005, 《中国服务业的区位分布与地区专业化》, 《财贸经济》第7期。

洪涛, 2011, 《2011年我国生活服务业体系发展报告》, 经济管理出版社。

胡树光、刘志高、樊瑛, 2011, 《产业结构演替理论进展与评述》, 《中国地质大学学报（社会科学版）》第1期。

黄莉芳, 2011, 《中国生产性服务业嵌入制造业关系研究——基于投入-产出表的实证分析》, 《中国经济问题》第1期。

黄永明、匡绪辉, 2010, 《我国服务外包发展与服务贸易体制创新——基于投入-产出表的分析》, 《江汉论坛》第12期。

江小涓、李辉, 2004, 《服务业与中国经济：相关性和加快增长的潜力》, 《经济研究》第1期。

李勇坚, 2004, 《中国服务业内部各个行业发展的影响因素分析》, 《财贸经济》第7期。

刘建国, 2007, 《上海市消费服务业的变动趋势与政策选择》, 《上海经济研究》第10期。

任太增, 2001, 《比较优势理论与梯级产业转移》, 《当代经济研究》第11期。

上海市统计局, 2010, 《上海市第二次经济普查主要数据公报》, http://www.stats-sh.gov.cn/column/tjgb.html。

商务部服务贸易司, 2009, 《大力发展服务贸易，努力扩大服务出口》, 《中国经贸》第2期。

苏东水, 2000, 《产业经济学》, 高等教育出版社。

王瑞, 2011, 《我国生产性服务业发展过程：问题与对策研究》, 《国际商务》第1期。

魏作磊、胡霞, 2005, 《发达国家服务业需求结构的变动对中国的启示——一项基于投入-产出表的比较分析》, 《统计研究》第5期。

许宪春, 2004, 《中国服务业核算及其存在的问题研究》, 《经济研究》第3期。

杨玲, 2009, 《美国生产者服务业的变迁及启示——基于1997、2002、2007年投入-产出表的实证研究》, 《经济与管理研究》第9期。

原毅军、逯笑微, 2009, 《服务业比重持续增加原因与产业构成变化——对世界服务业数据的分析》, 《经济经纬》第1期。

岳希明、张曙光, 2002, 《我国服务业增加值的核算问题》, 《经济研究》第12期。

赵坚毅、徐丽艳、戴李元, 2011, 《中国的消费率持续下降的原因与影响分析》, 《经济学家》第9期。

Akamatsu, K. 1962. "A Historical Pattern of Economic Growth in Developing Countries", *Journal of Developing Economies* 1.

Antonelli, C. 1998. "Localized Technological Change, New Information Technology and the

Knowledge-based Economy: The European Evidence", *Journal of Evolutionary Economics* 8: 177-198.

Beyers, w. 2005. "Services and the Changing Economic Base of Regions in the United States", *Service Industries Journal* 25 (4): 461-476.

Daniels, P. 1985. *Service Industries: a Geographical Appraisal*. New York: Methuen.

Hubbard, R. and Nutter, D. 1982. "Service sector employment in Merseyside", *Geoforum* 13 (3): 209-235.

Khayum, M. 1995. "The Impact of Service Sector Growth on Intersectoral Linkages in theUnited States", *Service Industries Journal* 15 (1): 35-49.

Lundquist, k., Olander, L. and Henning, M. 2008. "Producer Services: Growth and Roles in Long-term Economic Development", *Service Industries Journal* 28 (4): 463-477.

（本章执笔：李　武　刘康兵）

第三章 上海金融航运中心建设与内涵式发展

一 问题的提出

(一)"双心建设"的意义

美国经济史学家 N. S. B. Gras(1922)的都市发展阶段论认为,都市发展的第一阶段是商业,第二阶段是工业,第三阶段是运输业,第四阶段是金融业。金融发展处在都市发展的最高阶段,而且金融业比商业、工业和房地产业有更大的集中度,因此都市发展的最终阶段就是成为金融中心(潘英丽等,2010)。

金融业与运输业的发展是金融航运中心的基础。因此,金融航运中心建设(以下简称"双心建设")对上海建设成社会主义国际化大都市至关重要。双心建设也有利于在全球范围内配置资源,支持上海和国家的经济建设。

(二) 内涵式发展的意义

当前,人类面临资源约束、环境污染、气候变化、金融危机几大挑战,在此背景下,各国经济竞争不仅体现在经济总量上,更体现在经济质量和全面发展上。内涵式发展将成为世界经济的主流。内涵式发展的本质是高质量、高效率、可持续的经济增长和全面发展。高质量主要体现在对内经济结构优化、竞争力增强、国民福利提升,对外我国在国际产业和价值链分工体系的地位不断提升;高效率体现在要素投入产出效率提高(全要素生产率提高)、附加值和效益增加;可持续体现在经济发展不突破资源、环境和自然承受的边界，不影响子孙后代的发展。

内涵式发展更能反映一国的综合国力，综合国力包括硬实力和软实力。内涵式发展下的经济增长、创新能力、技术水平是硬实力，发展环境、管理能力、制度文化等是软实力。

（三）双心建设与内涵式发展的结合

《国务院关于推进上海加快发展现代服务业和先进制造业建设国际金融中心和国际航运中心的意见》（以下简称《意见》）指出：推进上海加快发展现代服务业和先进制造业，加快建设国际金融中心、国际航运中心和现代国际大都市，是贯彻落实科学发展观，转变经济发展方式，突破资源环境承载能力制约，实现全面协调可持续发展，继续发挥上海在全国的带动和示范作用的必然选择。要站在全局和战略的高度，充分认识加快上海国际金融中心和国际航运中心建设的重要性，努力推进上海率先实现产业结构优化和升级，率先实现经济发展方式的转变。从《意见》的上述内容可以解读出：金融航运中心建设与上海实现内涵式发展具有相通之处。

二 内涵式发展与"双心建设"的互动关系

（一）内涵式发展对金融航运中心建设具有"支撑效应"和"乘数效应"

1. 支撑效应

支撑效应体现在内涵式发展能"做大、做强、做新、做好、做实、做美"金融航运中心等六个方面。"做大"，体现在内涵式发展能扩大金融航运中心的影响能级；"做强"，体现在内涵式发展有利于提高金融航运中心的核心竞争力；"做新"，体现在内涵式发展能推动金融航运中心的制度、产品等领域的创新，例如推出碳排放权等各项新要素的交易；"做好"，体现在内涵式发展通过营造"双心"的良好环境，能够提高居民福利水平；"做实"，体现在内涵式发展有利于提升我国国际分工区位、提升本币国际地位，从而夯实金融航运中心的基础；"做美"，体现在内涵式发展有利于改善国家形象、有利于改善人与自然的关系,进而有利于提升金融航运中心的国际形象。

2. 乘数效应

长期的经济发展有一个众所周知的特征:金融资产的存量增长的速度要快于总产值的增长率。因而,当经济增长时,金融服务部门的增长一般要快于国民产出的增长。

以上海为例,在"十一五"期间的5年,上海金融业发展迅速,能级提升。根据上海市统计局数据:"十一五"期间上海市金融业累计实现增加值7184.5亿元,年均增长23.4%,分别比同期GDP增速和第三产业增加值增速高出10.6个和8.4个百分点;在上海市GDP和第三产业增加值中所占比重分别为10.4%和18.5%,比"十五"时期提高2.3个和2.9个百分点;对GDP增长的贡献率为14.7%,比"十五"时期提高11.4个百分点,位居第三产业各行业前列。

(二) 金融航运业对整体经济增长具有"引擎效应"和"升级效应"

1. 引擎效应

金融航运业的价值链比较长,关联产业广泛,能有效降低国际金融与贸易的交易成本,因此金融航运业的发展能够推动本国经济增长、产业结构升级与世界经济增长。在某种程度上,金融航运业对整体经济增长具有"引擎效应"。

例如,可从以下数据分析伦敦金融中心的引擎效应:伦敦金融城有31.1万的劳动力,占英国劳动力的比重仅略超1%,但由于伦敦国际金融服务业的活力和效率,就产出、税收和海外收入而言,它对英国的繁荣做出了远大于该比例的重要贡献,对英国产出、税收的贡献都达到4%左右;伦敦金融城占欧盟金融批发服务业务总量的54%。

2. 升级效应

升级效应指"双心建设"对升级优化产业结构、提升本国创新能力和国际地位的积极作用。"双心建设"有利于调动全球范围内的优势要素资源、提高全要素生产率,从而促进产业结构升级、推动内涵式发展。

我们可以进一步将上海金融航运中心对国家内涵式发展的作用归纳为三种力量:"双心建设"为上海与长三角城市群实现内涵式发展提供"上海磁

力",为国家实现内涵式发展提供"上海动力",为提升我国的国际地位提供"上海张力"。三力合一,在上海、长三角地区、全国和全球整合各类资源、要素,助力我国内涵式发展。

(1) 上海磁力:金融航运中心自身是内涵式发展的"磁场中心",上海通过集聚效应、规模效应实现自身生产率提高、内涵式发展。"上海磁力"指上海金融航运中心对周边城市产生辐射效应,带动具有内涵式发展的城市群。辐射效应具体体现在通过分包经济、溢出经济,带动周边城市群实现内涵式发展。

从金融航运大都市的实践来看,中心城市的确对周边城市带来强烈的"辐射经济"。如伦敦金融城现在是英国金融服务业的"商标"和"支点",其金融品牌效应及追求低成本的分包效应,产生了强大的辐射作用。伦敦金融城带动了整个英国金融服务业的发展,其中爱丁堡金融业发展尤为突出。目前,爱丁堡是英国第二大金融中心,欧洲第五大金融中心;在资产管理、人寿保险、银行方面比较强。截至2007年第一季度,爱丁堡基金业的管理规模超过5800英镑。爱丁堡的崛起折射出成熟金融中心的魅力,这正是伦敦的魅力所在(储敏伟、贺瑛、朱德林,2008)。此外,伦敦金融城周边中小企业销售额的16%来自对伦敦金融城企业的销售。①

(2) 上海动力:金融航运中心调动全球范围内的优势要素资源、降低交易成本、鼓励各类创新、促进产业升级,是整个国家实现内涵式发展的重要动力(火车头作用)。

(3) 上海张力:金融航运中心建设能提高本国在全球商品、要素、航运市场的规则影响力与定价权,从而有利于本国在国际产业与价值链分工中的地位提升,进而有利于本国在全球范围内实现内涵式发展。通过上海金融航运中心建设,提升上海在国际市场的规则与价格影响力,即上海影响力,我们将其简称为"上海张力"。

"上海力量"与内涵式发展的互动关系如图3-1所示;"双心建设"与我国内涵式经济发展的互动作用如图3-2所示。

---

① 伦敦金融城研究报告,The City of London's Supply Chain and its Relations with the City of Fringes,网址:http://www.cityoflondon.gov.uk。

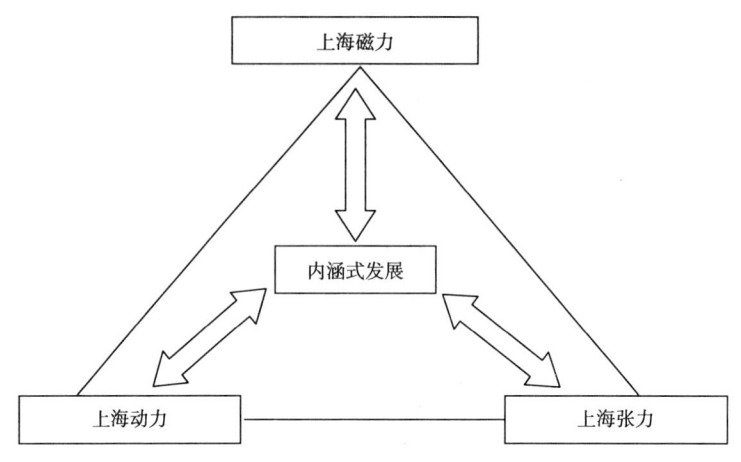

图 3-1 "上海力量"与内涵式发展的互动关系

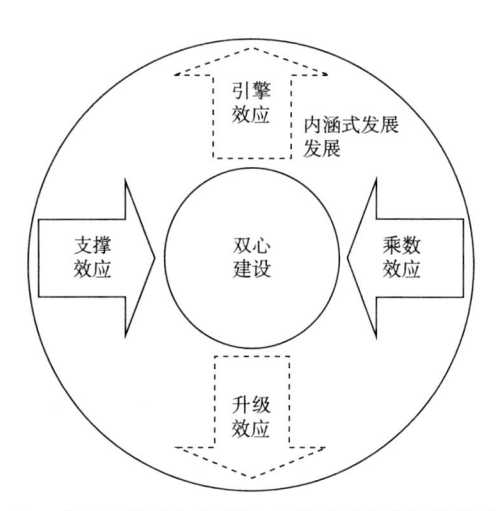

图 3-2 "双心建设"与我国内涵式经济发展的互动作用

三 国际经验比较:"双心建设"与内涵式发展的互动关系

(一)"双心建设"与内涵式发展相通

从国际金融航运中心的演变进程来看,经济发展内生出金融航运服务的需求;反过来,建设金融航运中心的主要目的也是适应同时代生产力提高和先进经济形式的发展需求，显然这与内涵式发展是相符合的。

以早期的金融航运中心的形成为例。航运中心是传统金融中心的基础。13 世纪以威尼斯和佛罗伦萨为中心，巴黎以及西欧的一些国家的港口城市相互之间的贸易越来越多，这种跨地区的贸易有利于彼此利益增加和福利提升（符合内涵式发展的要求）。由此产生跨地区贸易发生支付需要的时候，自然就会给那些在欧洲能够从事金融活动、信用比较好的、关系网比较强的人提供发展金融的机会。港口贸易与商业金融活动在当时的威尼斯和阿姆斯特丹比较发达，因此它们也成为早期金融中心形成的主要原因（陈志武，2011）。

（二）国际金融航运中心对创新的鼓励与支持，有利于技术进步

例如，NASTAQ 市场对高科技企业和风险投资的支持。最近半个多世纪以来，全球高科技领域的创新多数产生于美国，重要原因在于其金融市场倡导的创新文化及对创新的投融资支持。

（三）国际金融航运中心的融资、投资功能能够推动经济增长，证券市场良好的表现可提高投资者收益

例如，华尔街通过发行运河债券、铁路债券、高科技股票等，为政府筹集了足够的资金，从而完善基础设施建设、降低市场交易成本，为经济增长提供了强大后盾；同时，债券与股票价值上升带来的财富效应，有利于提高投资者福利。

（四）金融航运中心有利于在全球配置资源，从而使本国居民在世界范围内的福利最大化，进而为本国内涵式发展服务

例如，美国利用华尔街的优势，以世界最低的利率吸引了世界最大规模的资金，不但通过资本与金融项目的顺差弥补了经常项目逆差，从而实现国际收支平衡，更是通过金融项目顺差使老百姓的消费者福利增加（在全世界获得物美价廉的商品）、通过全球范围内的低成本融资使美国企业（降低财务成本）的生产者福利增加、通过其他国家持有美元计价的储备资产（因美元长期趋于贬值）使美国政府的福利增加。总的来说，通过华尔街对全球资

源的配置，美国从中提升了消费者福利、生产者福利和政府福利。可见，通过全球金融中心，美国提升了国家的总体福利。美国通过印刷美元，在世界范围内获得其发展所需要的要素资源，并且在相当长的时间内维持这种看似难以平衡的格局，其背后的一个重要支撑是华尔街国际金融中心。

相反，我国国际收支双顺差：经常项目顺差的背后是真实资源的流出（意味着老百姓可以享受的福利减少）；资本与金融项目的顺差背后是我国通过超国民待遇等措施吸引外资，并回报外资10%以上的年收益率。双顺差的直接影响是外汇储备大量增加，最终又通过购买外币计价的资产（最主要的是美元债券）等方式使外汇流出，一方面年收益率仅3%左右，另一方面还陷入增持进一步扩大风险、抛售使手持资产面临巨大贬值风险的"美元陷阱"。所以，整个双顺差背后对我国经济的净影响是：真实资源流出，老百姓福利受损；国内融资财务成本高于对外投资收益，企业福利受损；外汇储备陷入进退两难的"美元陷阱"，政府福利受损。而我国在国际经济体系福利受损的一个重要原因就是缺乏在全球有竞争力的金融体系和金融中心：一是人民币国际地位与中国经济地位不对称，在失衡的国际货币体系中几乎被边缘化；二是国际金融中心的影响力不够，金融市场不发达。

（五）内涵式发展为"双心建设"提出了新的课题

内涵式发展的本质是高质量、高效率、可持续的经济增长和全面发展。其不仅强调发展水平，更强调发展质量。因此，金融航运中心也应该为内涵式发展的以上目标服务，在气候变化、资源短缺的背景下，金融航运中心建设也被赋予新的内容。

当前，世界经济正面临以低碳经济转变为核心的转型。成功实现经济转型的一个重要抓手是降低以二氧化碳为代表的温室气体排放。中国政府已作出40%~45%的碳强度减排承诺，实现该目标离不开有效的市场机制。实践证明，碳交易是为促进全球温室气体减排，减少以二氧化碳为代表的温室气体排放所采用的市场机制，即把二氧化碳排放权（及将减排措施实现的减排效应进行科学量化后的指标）作为一种商品而形成的交易。理论与实践证明，碳交易是一种有效的多赢机制，将有效地促进经济向低碳方向转型。

据联合国和世界银行预测，全球碳交易在2008~2012年，市场规模每年可达600亿美元，2012年全球碳交易市场容量为1500亿美元，有望超过石油市场成为世界第一大市场。碳交易成为世界最大宗商品势不可当，而碳交易标的的标价货币绑定权以及由此衍生出来的货币职能将对打破单边美元霸权、促使国际货币格局多元化产生影响。因此，碳交易市场不仅有利于降低向低碳经济转型的成本，也有利于我国提升主权货币地位，建立碳交易市场也是上海金融航运中心的必然内容。根据2012年7月31日"中国上海"网站发布的《上海市人民政府关于本市开展碳排放交易试点工作的实施意见》，上海将于2013年启动碳交易试点，由于碳交易具有极强的金融属性，因此《实施意见》对碳交易试点的期望也上升到"创新型碳金融市场"的高度。预计，低碳金融将成为金融业发展的新增长点，并极大推动低碳化智慧城市的建设。

四 上海"双心建设"的进展与差距

（一）上海"双心建设"的指标分析

1. 全球金融中心指数（GFCI）指标分析

根据伦敦金融城GFCI1至GFCI11的数据，上海在全球金融中心的得分和排名情况如表3-1所示。

表3-1 上海在全球金融中心的得分和排名情况（GFCI1-GFCI11）

日期	2007 MAR	2007 SEP	2008 MAR	2008 SEP	2009 MAR	2009 SEP	2010 MAR	2010 SEP	2011 MAR	2011 SEP	2012 MAR
期次	GFCI 1	GFCI 2	GFCI 3	GFCI 4	GFCI 5	GFCI 6	GFCI 7	GFCI8	GFCI9	GFCI10	GFCI11
得分	578	527	554	568	538	655	668	693	694	724	687
排名	24	30	31	33	34	10	11	6	5	5	8

资料来源：Z/Yen Group：GFCI1~GFCI11，www.cityoflondon.gov.uk/GFCI。

从表3-1和图3-3可以看出，在GFCI的动态排名中，上海在全球国际金融中心的表现可以分成两个阶段：第一阶段是2007年3月至2009年3

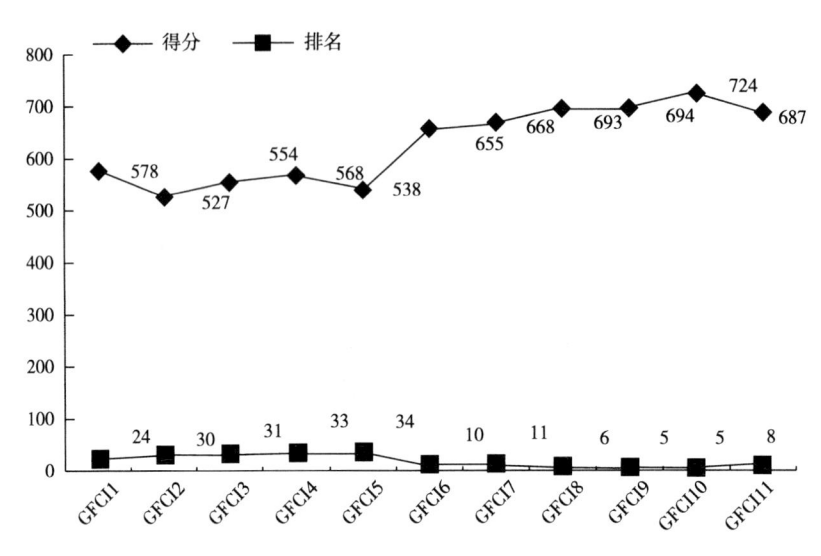

图 3-3　上海在 GFCI1－GFCI11 的得分与排名

资料来源：Z/Yen Group：GFCI 1～GFCI 11，www.cityoflondon.gov.uk/GFCI。

月的 GFCI1－GFCI5，上海的得分在 600 分以下，且排名位次从第 24 位缓慢降至第 34 位；第二阶段是 2009 年 9 月至 2012 年 3 月的 GFCI6－GFCI11，上海的得分在 650 分以上，且排名位次升至 10 名以内，第 9～10 期升至第 5 名（但排名尚不稳定，如第 11 期又降至第 8 名）。除了上海国际金融中心自身的建设进展外，从 2009 年 9 月的 GFCI6 开始上海排名迅速上升的主要原因还有两个：一是次贷危机的影响，导致发达经济体金融中心得分显著降低，而中国受危机冲击相对较小；二是国家政策的支持，2009 年 3 月 25 日《国务院关于推进上海加快发展现代服务业和先进制造业建设国际金融中心和国际航运中心的意见》正式通过，这为上海加快国际金融中心建设步伐注入了新的动力。

可以再次从 GFCI 提供的五大核心竞争力指标分析上海国际金融中心建设的不足。GFCI 提供了"人才""商业环境""市场获得性""基础设施""一般竞争力"五类核心竞争力指标。表 3-2 是 GFCI6 按竞争力分类的子指标前 10 名排名情况，从该表可以看出：伦敦、纽约、香港与新加坡四家"领导型"的全球金融中心在五类核心竞争力的排名与 GFCI 总体排名惊人一致（见表 3-2）。

表 3-2 GFCI6 按竞争力分类的子指标

名次	人才	商业环境	市场获得性	基础设施	一般竞争力
1	伦敦（-）	伦敦（-）	伦敦（-）	伦敦（-）	伦敦（-）
2	纽约（-）	纽约（-）	纽约（-）	纽约（-）	纽约（-）
3	香港（+1）	香港（+1）	香港（-）	香港（-）	香港（-）
4	新加坡（-1）	新加坡（-1）	新加坡（-）	新加坡（-）	新加坡（-）
5	东京（+10）	芝加哥（+1）	芝加哥（-）	东京（+7）	芝加哥（+1）
6	悉尼（+10）	苏黎世（-1）	苏黎世（-）	苏黎世（+3）	苏黎世（-1）
7	苏黎世（-2）	日内瓦（-）	东京（+13）	芝加哥（+1）	东京（+7）
8	法兰克福（-2）	悉尼（+5）	法兰克福（-1）	巴黎（-1）	日内瓦（-1）
9	多伦多（+3）	东京（+17）	巴黎（+10）	法兰克福（-4）	法兰克福（-）
10	芝加哥（-3）	法兰克福（-）	日内瓦（+5）	日内瓦（+3）	巴黎（+17）

注：括号内的数字表示与第 5 期相比的变化。
资料来源：GFCI6。

影响国际金融中心竞争力优势的一个关键因素是税收，新加坡成为亚洲美元离岸中心就是一个典型例子。20 世纪 50、60 年代，美国银行当时首选的亚洲美元离岸市场地是香港，但由于香港政府不愿意取消 15% 的利息所得税，而新加坡政府随即取消了外币利息税，从而使新加坡具有了如今亚洲美元离岸中心的地位。

国际上通常用"企业总税率指标"（企业应缴总税额在利润中占比）来衡量税负水平。如表 3-3 所示，在排名前 50 位的城市中，上海和北京企业总税率最高，高达 73.9%。东京为 52.0%、纽约为 46.2%、伦敦为 35.7%，而香港、新加坡和迪拜这几个城市分别仅为 24.4%、23.2% 和 14.4%。当前影响上海金融中心建设的税收政策主要包括三个层面：企业所得税、个人所得税和营业税（阎庆民，2010）。

表 3-3 部分城市的企业总税率指标

单位：%

城市	总税率	城市	总税率
北京	73.9	波士顿	46.2
上海	73.9	芝加哥	46.2
圣保罗	69.2	纽约	46.2
巴黎	66.3	旧金山	46.2
布鲁塞尔	64.3	华盛顿特区	46.2

续表

城 市	总税率	城 市	总税率
马德里	62.0	蒙特利尔	45.9
布达佩斯	55.1	多伦多	45.9
维也纳	54.6	温哥华	45.9
斯德哥尔摩	54.5	约翰内斯堡	37.1
大阪	52.0	爱丁堡	35.7
东京	52.0	伦敦	35.7
莫斯科	51.4	卢森堡	35.3
圣彼得堡	51.4	惠灵顿	35.1
法兰克福	50.8	日内瓦	29.1
慕尼黑	50.8	苏黎世	29.1
墨尔本	50.6	都柏林	28.9
悉尼	50.6	香港	24.4
塔林	49.2	新加坡	23.2
赫尔辛基	47.8	迪拜	14.4

资料来源：世界银行；转引自阎庆民（2010）。

2. 新华－道琼斯国际金融中心发展指数（IFCD INDEX）分析

2010年，新华社联合芝加哥商业交易所集团，首次向世界推出了"新华－道琼斯国际金融中心发展指数"。推出新华－道琼斯国际金融中心发展指数是中国在国际金融领域获取话语权、打破西方垄断的最新动作。国际金融危机爆发后，中国等新兴市场国家和发展中国家在国际金融领域的话语权正在加强，这一趋势将越来越明显。新华社目前正在不断加快建设步伐，以扩大和加强金融信息的采集权、发布权，掌握金融产品的定价权，提高金融交易的控制权，增强中国在金融领域的话语权。

在2010年第一次发布的新华－道琼斯国际金融中心发展指数中，通过综合66项客观指标，首次对全球45个国际金融中心城市的发展能力做出综合评价。上海排在全球第八位。在2011年发布的"新华－道琼斯国际金融中心发展指数"中，在充分体现过去一年世界形势变化对国际金融中心发展影响的情况下，上海则由上一年度排名全球第八位上升至第六位。

从两期指数对比看,在金融危机后,上海国际金融中心的进步还是比较明显的,但是在服务水平和环境等方面,相比伦敦、纽约等顶级国际金融中心,仍存在不小的差距。

3. "全球国际金融航运双中心竞争力指数"(GDCI 指数)分析

"全球国际金融航运双中心竞争力指数"(GDCI 指数)于 2009 年 9 月 8 日在上海发布,这是世界金融航运双中心领域内按照国际惯例制作的首份竞争力指数报告,纽约、伦敦和上海分列前三名。但从目前来看,该指数的国际影响力还有待加强。

(二)上海"双心建设"的差距:"硬实力不硬,软实力太软"

上海距建成国际金融航运中心的差距主要体现在"硬实力不硬,软实力太软"。

"硬实力不硬"主要表现在:国家和上海的经济增长质量、人民币国际地位、国家创新竞争力、世界一流企业数量、一流机构集聚程度(金融监管机构与全国性金融机构的总部基本都不在上海;央行上海总部的设立,四大银行都有在上海设立第二总部的计划,在一定程度上使得这种局面有所改善,但是证券机构、基金公司、资产管理公司总部设在上海的仍然不多)。

"软实力"的范畴包括中心城市形象与城市精神、基础设施建设、金融发展环境(语言、服务等)。我国目前不少领域"软实力太软",例如:全球品牌 100 强中没有一个在中国;整体研发能力弱,例如一部"中国产"iPhone,零部件 34% 来自日本,17% 来自德国,13% 来自韩国,中国"创造的价值"仅为 3.6%。又如:金融航运的硬件设施不错,但是在服务质量等方面与国际一流水准还存在不小差距。

五 上海推进"双心建设"的政策建议

在准后危机时代、经济开放条件下,经济竞争与金融航运中心建设的重点都转向经济内涵式发展。因此,应在内涵式发展的框架下,加快金融航运中心建设,并通过金融航运中心建设,推进整个经济实现内涵式发展。具体有以下政策建议。

（一）促进内涵式发展，增强硬实力

提高经济增长质量，提升人民币国际地位，培养自主创新、研发、高增加值的优秀企业，提升"双心建设"的硬实力。如以建设上海全球性人民币中心推进人民币国际化，加快国际金融中心建设步伐。

（二）夯实金融航运中心建设基础，提升软实力

1. 加强金融机构和业务体系建设

在机构配置方面，鼓励更多全国性的金融机构在上海设立总部或者第二总部，将上海建成金融机构的"地区总部中心"。尤其是支持将上海建成为资金筹集、运用、管理的中心，包括资金交易中心、票据中心、投资中心，为进一步推进利率市场化改革，提升 SHIBOR 的权威性提供基础。

2. 提升金融服务水平

规范发展中介服务，加快发展信用评级、资产评估、融资担保、投资咨询、会计审计、法律服务等中介服务机构，加强监管，增强行业自律，规范执业行为。

在上海建立我国金融资讯信息服务平台和全球金融信息服务市场。如借鉴伦敦金融城的 GFCI 指数，我们推出的"双心指数"有一定的意义，但是应该像 GFCI 一样定期发布、常态化、增加样本城市、增强公信力。加强目前已具国际影响力的中国出口集装箱运价指数（CCFI）的权威性，争取使 CCFI 与伦敦波罗的海航运中心的航运指数（FFA）有相似全球影响力。增强"新华－道琼斯国际金融中心发展指数（简称 IFCD INDEX）"的国际影响力，建议由一年公布一次报告改为一年公布两次报告。

3. 改善金融发展环境

加强金融法制建设，加快制定既切合我国实际又符合国际惯例的金融税收和法律制度。完善金融执法体系，建立公平、公正、高效的金融纠纷审理、仲裁机制，探索建立上海金融专业法庭、仲裁机构。

加强社会信用体系建设，以金融业统一征信平台为载体，完善企业和个人信用信息基础数据库建设，促进信用信息共享。

加快构建服务型政府，使上海成为全国行政效能最高和行政收费最少的

地区，成为中介服务最发达的地区。为外来金融人才提供良好的公共服务，如子女教育、家政、医疗等。

（三）促进金融航运业价值链的微笑曲线延伸

金融航运价值链的"微笑曲线"如图 3-4 所示。从价值增值环节来看，竞争领域主要是价值链的前端、后端以及中端的高附加值部分。金融航运服务业的价值链分为三个区间：前端是话语权、定价权、规则影响力，中端是金融航运服务部门，后端是全球范围内金融航运资源的再配置。金融航运中心的竞争力不仅体现在价值链中端——金融航运业务——的绝对规模和占比，更体现在价值链前端——金融航运服务标准的话语权、定价权，以及价值链后端——通过金融航运中心为国家在全球范围内进行资源配置。相比价值链中端，前端和后端是更高附加值的增值环节。例如，今天伦敦的航运业务在全球所占规模已经非常小，但是由于伦敦主导了国际航运市场的定价权和游戏规则，伦敦是全球最重要的航运交易市场、海上保险中心与再保险中心，所以仍然是全球最重要的航运中心。

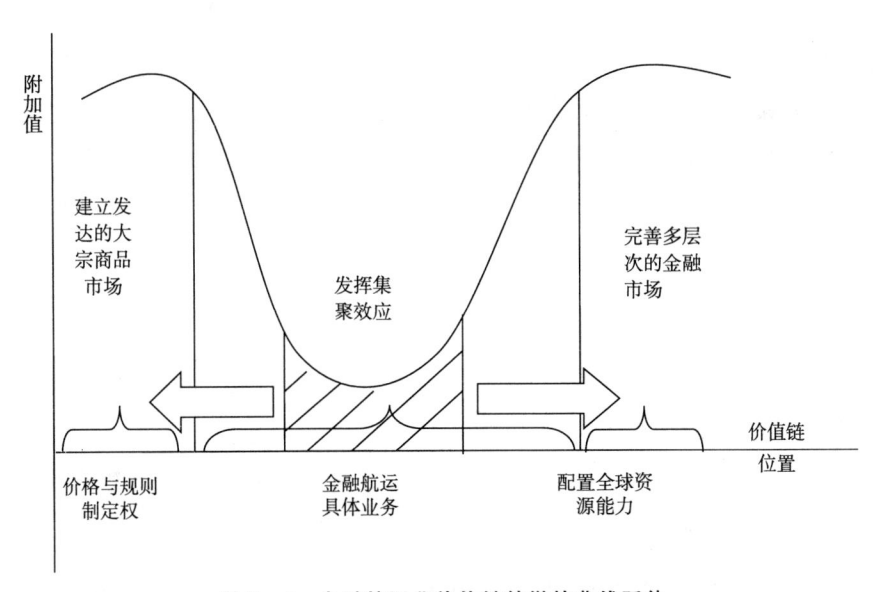

图 3-4 金融航运业价值链的微笑曲线延伸

为了更好地推进金融航运中心建设,需要"延伸微笑曲线,实现价值提升",从价值链的三个区间增强竞争力。从价值链中端看,延伸金融航运具体业务的价值区间,通过集聚效应,吸引一流机构集聚金融航运大都市,将金融航运具体业务做强做大,尤其是要重点发展附加值高的中介业务;从价值链的前端看,通过建立发达的大宗商品市场(包括石油、金属、铁矿石等,可以考虑以我国生产或消费世界较大份额的市场作为突破口)和碳交易市场,不断增强在这些关键产品交易市场的价格影响力和规则制定权;从价值链的后端看,需要完善多层次的金融市场,包括货币市场、资本市场、外汇市场、保险市场、衍生品市场等。

(四)建设上海国际文化大都市,塑造金融航运中心的城市文化

在软环境方面,金融航运大都市的文化显得尤其重要。这体现在两方面。一方面,金融航运大都市的文化具有"开放透明、海纳百川、自由大气、鼓励创新"的特质,同时需要注重形成保护投资者利益的"市场文化",金融航运大都市需要具备自己的价值观。例如,早在18、19世纪之交,费城在与纽约竞争金融中心的博弈中落败,就是源于早期的费城金融市场高度投机的文化,使得费城经受不起打击。在伦敦金融城的金融公司中有超过一半是外资公司,而在金融业工作的人,有超过25%是外国人。伦敦的大都市特性、艺术、商店和饭店使它成为一个有活力的城市,是一个人们希望生活和工作的地方。另一方面,金融航运大都市通常也是文化大都市,在文化层面上具有向心力、凝聚力和影响力。20世纪30年代,上海成为远东国际金融中心,这与上海在当时也是远东地区的文化中心(文学、话剧、电影、音乐、舞蹈等中心)密不可分。

上海在今天建设的文化中心可定位为现代文化中心、国际文化中心。例如,《上海市国民经济和社会发展第十二个五年规划纲要》提出"塑造时尚魅力的国际文化大都市"的目标。同时,上海国际文化大都市还要强调塑造金融航运中心的城市文化。

(五)建设上海全球性人民币中心

2012年1月30日,国家发改委发布《"十二五"时期上海国际金融中

心建设规划》(以下简称《规划》)。《规划》明确提出:为到 2020 年把上海建设成为与我国经济实力以及人民币国际地位相适应的国际金融中心打下坚实的基础。

因此,需要推进上海建成"人民币跨境投融资中心、产品基准价格形成中心、产品创新中心、资产管理和跨境支付清算中心"的进程,通过建设上海全球性人民币中心,推进人民币国际化,进而推进上海国际金融中心建设。

(六) 发挥"双心建设"与"智慧城市"(smart city) 建设的互动作用,实现二者协同发展

建设上海国际金融、航运中心是我国的国家战略,建设智慧城市是上海的城市发展定位。因此,"金融中心""航运中心"和"智慧城市"是上海的重要元素,也是上海的重要城市名片。应该加强"双心建设"与"智慧城市"建设的有机联系,实现二者的互动发展。

1. "智慧城市"内核与金融目标相通

诺贝尔经济学奖得主斯蒂格利茨曾预言"影响 21 世纪人类文明进程的两件大事:一件是以美国为首的新技术革命,另一件是中国的城市化"。如今,"新技术"与"城市化"的结合——"智慧城市"已成全球潮流。2011年全球有超过 2000 个在建的智慧城市,至 2012 年 6 月底,中国有 320 多个城市计划建设"智慧城市"。然而,目前对"智慧城市"还没有统一定义。

《辞海》对"智慧"的解释是:"对事物认识、辨析、判断处理和发明创造的能力。"大哈奇森认为:"智慧意味着以最佳的方式追求最高的目标。"关于"智慧城市(smart city)",一般认为该概念起源于 2009 年初 IBM提出的"智慧地球"。IBM 将"智慧城市"定义为:"充分利用所有今天可用的互联化信息,从而更好地理解和控制城市运营,并优化有限资源的使用情况的城市。"根据维基百科,"智慧城市"可从六个维度描述:智慧的经济、智慧的迁移、智慧的环境、智慧的居民、智慧的生活以及智慧的城市管理。在国内,北京、上海、南京、杭州、苏州、宁波等城市都提出了相似但不相同的关于"智慧城市"的定义。如《上海市国民经济和社会发展第十二个五年规划纲要》在第七章"创建面向未来的智慧城市"提出:推动信息技术与城市发展全面深入融合,建设以数字化、网络化、智能化为主要特

征的智慧城市。又如，成思危先生认为，"智慧城市"，狭义地说是使用各种先进的技术手段，广义上说是如何尽可能优化地配置各种核心资源。

尽管"智慧城市"还没有统一定义，但我们还是能从"智慧"和"智慧城市"的不同定义中得出三个共同属性：科技（如信息技术）创新、以人为本、可持续发展。已有"智慧城市"的概念多从技术层面阐述，但技术只是手段。借鉴已有定义，我们还可进行更广义、更具普适性的解读："智慧城市"是通过信息化技术和其他手段，对城市资源进行最优配置，最终实现人们生活、企业经营、政府管理等各项经济社会活动最优化的可持续发展的城市。"智慧城市"的内核是"通过最优配置城市资源实现最佳目标"，目标即"使城市各主体的生产生活实时便捷、经济实惠、低碳高效"。"智慧城市"，在某种程度上也是实现内涵式发展的城市。

金融是不同经济决策者利用金融市场使资源在时间、空间、风险等方面实现最佳配置的行为。因此，金融的目标与智慧城市的内核一致：都是为了实现资源配置最优化，以更好地为人类生产生活服务。

2."智慧金融"是"智慧城市"建设的内在要求

首先，金融发展是智慧城市建设的重要内容。美国经济史学家 N. S. B. 格拉斯认为都市发展的最高阶段正是金融业。金融发展能有效提升城市的影响能级。例如，纽约是唯一历史不到1000年的世界大城市，而且城市历史只有300年；正是金融，使纽约在短时间内成为世界最有影响力的城市。上海国际金融中心建设也能有效提升上海建设智慧城市的能级。建设"智慧城市"在某种程度上是"智慧"地实现城市发展目标，因此上海智慧城市的建设必定服务"建设国际金融中心"这一国家战略，必定包含金融发展的内容。

其次，智慧金融是智慧城市的重要表现。智慧城市包括智慧交通、智慧教育、智慧医疗等内容，当然也包括智慧金融。金融在现代生活无处不在，如果金融没有"智慧"，"智慧城市"必定是不完整的。智慧金融体现在两个方面：一方面，金融与科技融合，为居民提供便捷实惠的金融服务。例如银行与移动公司合作推进移动金融、移动电子商务等融合创新业务，打造"随时随身"的金融服务。另一方面，体现在金融业更好地服务实体经济、更好地履行社会责任，提高核心竞争力的"智慧"。这要求金融业围绕实体经济需求，对接智慧城市建设，积极开展产品、服务与流程创新，打造"智慧"的"上海金融"品牌。

3. 金融是支持"智慧城市"建设的重要路径

金融是现代经济的核心,智慧城市建设更离不开金融的支持。"科技创新""以人为本""可持续发展"是智慧城市的三重属性,因此智慧城市也是创新城市、民生城市、低碳城市。金融对智慧城市建设的支持也相应体现在科技金融、民生金融、低碳金融三个方面。

第一,是科技金融的支持。2012 年全国科技创新大会强调要"促进科技和金融结合"。全球每一次产业革命的兴起无不源于科技创新、成于金融创新。科技金融的支持包括:银行业金融机构对科技型中小企业的信贷支持,多层次资本市场体系(例如股票市场、债券市场、产权交易市场等)对科技型企业发展的产权(股份)转让、融资、知识产权质押物流转、处置等方面提供支持,例如科技保险支持等。此外,金融不仅为科技创新创业提供了投融资机制,更重要的在于通过市场机制(例如风险投资、知识产权入股、资本灵活退出机制等)培育"尊重创造、注重开放、敢冒风险、宽容失败"的创新文化。

第二,是民生金融的支持。一是民生重点领域的金融服务。例如,助学贷款、创业贷款、对小微企业贷款,在安居工程建设、社会保障和医疗保险等公共服务均等化领域的金融支持。二是满足智慧城市建设下居民多样化的金融需求,例如社区金融、消费金融、文化创意金融。三是金融机构利用专业知识,提高居民的"金融智慧",例如普及公众金融知识,提高公众识别和防范金融风险的能力。

第三,是低碳金融的支持。一是针对低碳项目的传统金融服务,例如绿色信贷、绿色证券、绿色保险等;二是在排放权交易基础之上的各种金融创新。

4. "智慧城市"建设将从软件、硬件两方面支持"双心建设"

一方面,"智慧城市"建设将在城市基础设施建设、网络设施等硬件方面为"双心建设"保驾护航。另一方面,"智慧城市"建设将从信息化技术创新、营造良好的服务环境等软件方面推动"双心建设"。例如,《上海市推进智慧城市建设 2011 ~ 2013 年行动计划》的第三部分"信息感知和智能应用"中明确提出:"整合和深度挖掘各方优势资源,打造航运、贸易公共信息平台,促进电子商务与传统产业发展有机结合,拓展电子商务应用,促进'四个中心'建设";同时还强调深化推进第三方电子支付,深化银行卡产业发展,促进电子支付在金融服务等领域的应用,加快支付服务业发展。

因此,"双心建设"与"智慧城市"建设的互动作用,既体现在金融目标与"智慧城市"内核的相通,也体现在"双心建设"与"智慧城市"建设的相互支持。上海应促进金融发展与"智慧城市"建设的深度融合,以"金融,让城市更智慧"推进"城市,让生活更美好",进而促进整个经济的内涵式发展。

参考文献

陈志武,2011,《金融市场曲折向前发展》,载于《华尔街2:金融的力量》,中国商业出版社。

储敏伟、贺瑛、朱德林,2008,《2008年上海国际金融中心建设蓝皮书》,上海人民出版社。

潘英丽等,2010,《国际金融中心:历史经验与未来中国》,格致出版社。

阎庆民,2010,《上海国际金融中心建设的国际比较研究》,中国金融四十人论坛网站,http://www.cf40.org.cn/plus/view.php?aid=3300。

张幼文,2009,《建设开放型市场经济体系的国家战略——上海国际金融中心的战略地位》,《文汇报》4月2日。

Z/Yen Group,GFCI1 ~ GFCI11,www.cityoflondon.gov.uk/GFCI。

(本章执笔:尹应凯)

第四章　基于发达货物贸易下的上海国际贸易中心建设研究

历史上的上海是曾经的远东贸易重镇，依靠通江达海的地缘优势，孕育了20世纪30年代的"东方巴黎"。进入21世纪，上海借助改革开放的外向型政策，越发凸显出中国最大口岸城市发展国际贸易的优势。上海拥有世界上规模最大的专业化集装港口——上海洋山深水港；上海拥有雄厚的工业基础——先进制造业以及庞大的城市经济规模；上海拥有四通八达的立体化海陆空交通网络和先进的枢纽工程；上海拥有中国最具实力的长三角腹地依托，对长江沿线以及中西部都产生强辐射效应。这些都为构建上海国际贸易中心提供强有力的支撑。在基础雄厚、条件成熟、蕴藏潜力的上海，如何在21世纪续写构建国际贸易中心的辉煌？本部分正是着眼于上海对外贸易现状，从货物贸易到服务贸易，从国际贸易中心到国内贸易中心，层层深入，从数据分析着手，研究上海国际贸易现状与问题，为进一步构建国际贸易中心提出切实可行的推进方案，并努力将这一方略的研究落到实处。

一　国际贸易中心内涵与演化阶段

国际贸易中心（International Trade Centre，ITC）最初是联合国贸发会和世界贸易组织共同设立的技术合作机构，是联合国系统和世界贸易组织与发展中国家进行技术合作以促进贸易的重要机构。本部分所指的"国际贸易中心"，不同于传统的国际贸易中心所指的机构、部门等。这里的"国际贸易中心"是以国际大都市为依托，以现代信息技术为手段，以货物贸易、服务贸易为核心,以高度自由化的贸易体制为基础,实行符合国际规范的经济体制和运行机制,经济发展能级较高,对周边国家和地区辐射能力强。

上海作为国际大都市,在空间、区位、信息技术、网络、能级以及辐射能力方面均具有较国内其他省份更明显的优势。这为上海建设国际贸易中心提供了良好的前提条件。

纵观目前国际上发展成熟的国际贸易中心,如美国纽约、日本东京和英国伦敦,大致将其发展阶段分为传统国际贸易中心和现代国际贸易中心两个阶段。传统国际贸易中心发展阶段,是以货物贸易等有形贸易为主,具有城市功能健全、地理位置优越、交通便利、跨国公司云集等特征;现代国际贸易中心阶段,是以服务贸易为中心,实现跨国公司总部和重要的地区总部集聚,制度环境成为关键因素之一,信息化是现代国际贸易中心的技术基础。

根据"国际贸易中心"的发展演进过程,可将其分为国内贸易中心和国际贸易中心两个阶段。国内贸易中心主要以货物贸易为中心;国际贸易中心主要以服务贸易为中心。中国的特殊国情决定我们要深入研究中国,乃至上海的问题。上海作为中国第一大城市,世界第八大城市,拥有中国最大的工业基地以及最大的外贸港口的地理优势。

本部分将立足于上海建设国际贸易中心过程中传统国际贸易中心与现代国际贸易中心的特点,分别以传统的货物贸易中心与现代的服务贸易中心为出发点,来研究上海在"双重中心"下各自的发展态势以及特点,从"量"和"质"两个方面,即贸易总额及贸易结构层面分别研究上海货物贸易中心、服务贸易中心的建设情况,并就现状展开上海货物贸易中心与服务贸易中心的协调、联动机制的内在效用研究,从而探索将上海建成国际贸易中心的有效途径,并将这一战略落到实处。

2009年中国货物贸易总值为22072.7亿美元,实现货物贸易出口全球第一。上海作为中国最大的沿海经济城市,在建设国际贸易中心过程中,先要从国内贸易中心做起,从巩固货物贸易优势做起。

二　上海货物贸易中心发展现状研究

（一）上海进出口贸易总量及增速是否在全国范围内具有绝对优势

1. 上海进出口货物总额变化分析

表4-1　1978~2008年上海进出口货物总额变化趋势

年份	上海市进出口总额（亿美元）	上海市进口总额（亿美元）	上海市出口总额（亿美元）	进出口差额（亿美元）	进出口总额相当于生产总值的百分比	出口总额相当于生产总值的百分比
1978	30.26	1.33	28.93	27.6	19.1	18.2
1980	45.06	2.4	42.66	40.26	21.5	20.4
1985	51.74	18.13	33.61	15.48	35.5	23
1990	74.31	21.1	53.21	32.11	47	33.6
1995	190.25	74.48	115.77	41.29	63.6	38.7
1996	222.63	90.25	132.38	42.13	62.6	37.2
1997	247.64	100.4	147.24	46.84	59.7	35.5
1998	313.44	153.88	159.56	5.68	68.3	34.8
1999	386.04	198.19	187.85	-10.34	76.3	37.1
2000	547.1	293.56	253.54	-40.02	94.9	44
2001	608.98	332.7	276.28	-56.42	96.7	43.9
2002	726.64	406.09	320.55	-85.54	104.8	46.2
2003	1123.97	639.15	484.82	-154.33	139	59.9
2004	1600.26	865.06	735.2	-129.86	164.1	75.4
2005	1863.65	956.23	907.42	-48.81	166.6	81.1
2006	2274.89	1139.16	1135.73	-3.43	174.9	87.3
2007	2829.73	1390.45	1439.28	48.83	179.3	91.2
2008	3221.38	1527.88	1693.5	165.62	163.3	85.9

资料来源：2000~2010年《上海统计年鉴》。

从表4-1数据变化趋势来看，自1978至2008年间，上海进出口货物贸易总额增长较快，尤其进入20世纪90年代之后其涨幅更大，说明在对外开放，尤其在响应中央实施浦东大开发过程中，上海货物贸易实现了跨越式增长。

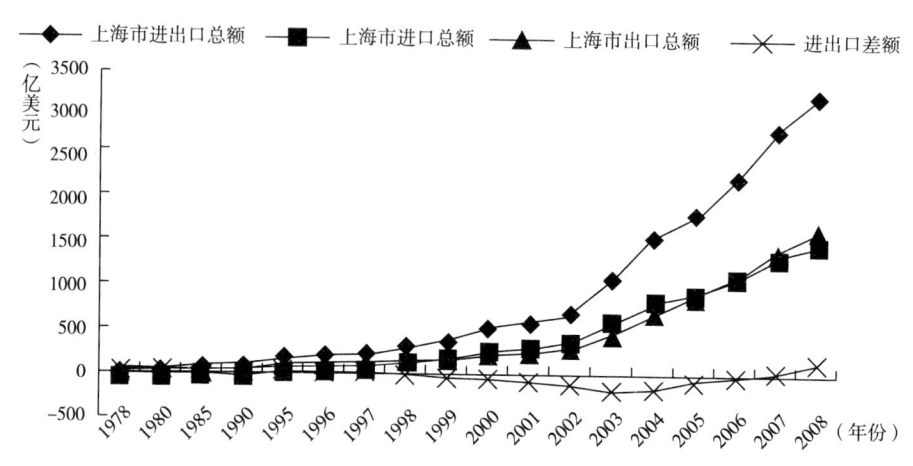

图 4-1 1978~2008 年上海进出口货物总额变化趋势

资料来源：2000~2010 年《上海统计年鉴》。

2. 上海进出口货物总量变化分析

进出口货物数量的变化如图 4-2 所示。

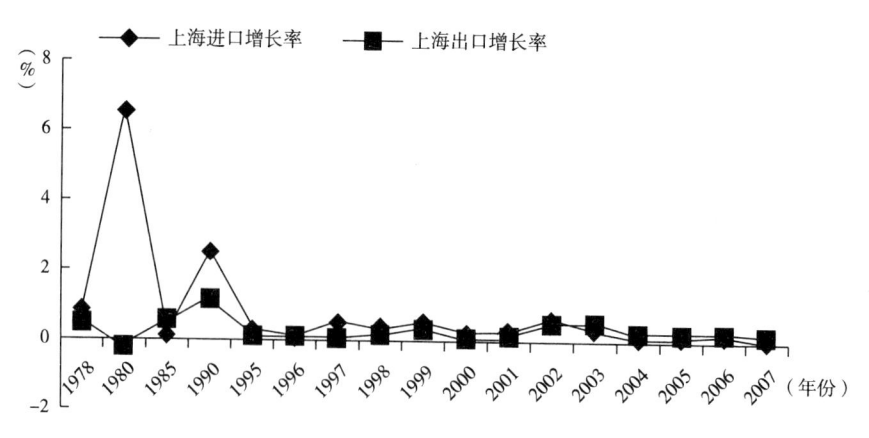

图 4-2 1978~2007 年上海进出口货物增速变化趋势

资料来源：2000~2010 年《上海统计年鉴》。

从图 4-2 中可以看出，1978~1995 年，上海进口货物的增速明显快于出口，说明改革开放初期，上海作为中国最大的港口城市，在国内货物比较优势不明显的现状下,主要以进口货物为主。在这一阶段,上海利用进口贸易起到缓解国内货物供不应求的供给难题。从 1996~2007 年上海进出口货物的增速来看,进口、出口货物的变化趋势逐渐趋于平稳,说明国内市场供需相对平稳对国际贸易的依赖度呈平稳变化态势。

3. 上海进出口货物贸易与全国总体变化趋势比较分析

上海总体走高的外贸增长是否与全国的发展趋势相一致?(见图 4-3)

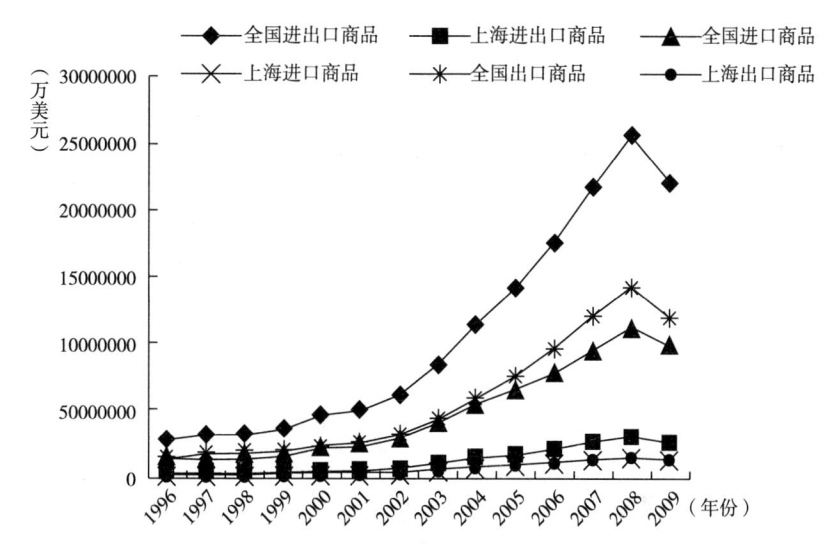

图 4-3 1996~2009 年全国及上海进出口货物总量变化趋势

资料来源:2000~2010 年《上海统计年鉴》;1996~2010 年《中国统计年鉴》。

从图 4-3 中 1996~2009 年全国及上海进出口货物总量变化趋势看,上海进出口货物总体变动趋势与全国类似,均呈现大幅上涨,尤其进入 21 世纪以来,其增长趋势更加明显。

4. 上海进出口货物总量与全国其他省市比较分析

但若细研上海与全国其他 30 个省市自治区进出口货物增速比较,上海进出口货物增长并未显示出绝对优势(见图 4-4)。

从图 4-4 中看,在全国范围内,广东、江苏、上海、浙江、山东较其他省份进出口货物增速更大。广东、江苏分列第一、第二,上海屈居第三。也就是说,目前上海进出口货物总量与全国先进省份相比,平均是广东的 32.98%、江苏的 80.49%。上海要成为国际贸易中心,先要成为国内贸易中心。从实际

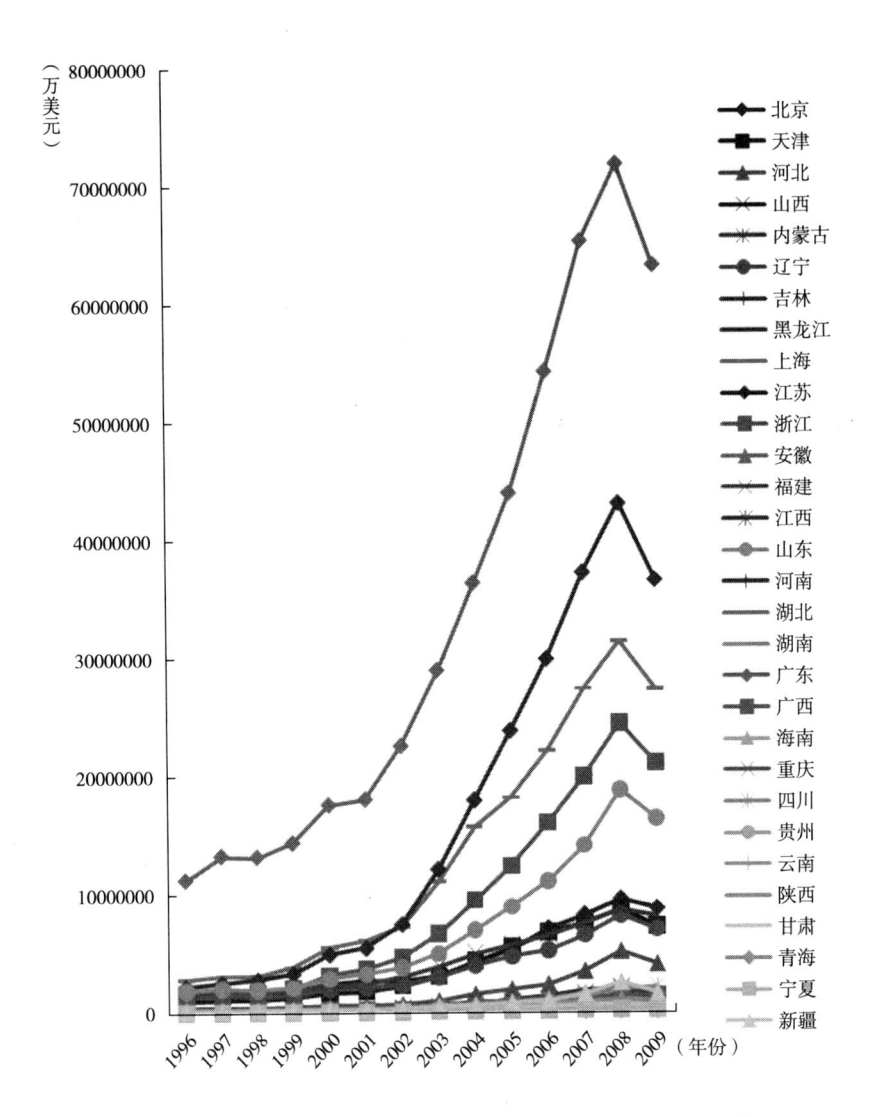

图 4-4 1996~2009 年全国各省市进出口货物总量变化趋势

资料来源：1996~2010 年《中国统计年鉴》。

的数据来看，上海进出口货物总量在全国范围内尚不具有绝对优势。

5. 上海进出口货物总量增速与全国先进省市的比较分析

上海进出口货物总量在全国居广东、江苏之后，那么上海是否有可能在拥有更快增长率的前提下后来者居上？（见图 4-5）

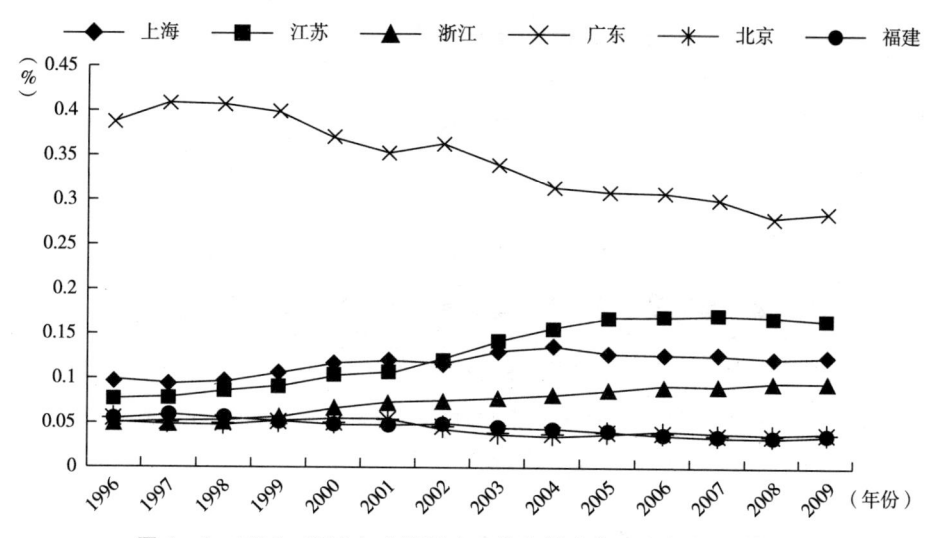

图 4-5　1996~2009 年全国进出口货物增速前几位省市变化趋势

资料来源：1996~2010 年《中国统计年鉴》；2000~2010 年《上海统计年鉴》。

从图 4-5 中看，1996~2009 年上海进出口货物增速在全国位于广东、江苏之后。从各省份进出口货物总量增速的角度看，位列第一的仍是广东省。虽然广东自 2000 年起，进出口货物的增速较前期呈下降趋势，但总体增速仍居全国第一。江苏自 2002 年后进出口货物增速超过上海，并不断保持优势至 2009 年。结合图 4-4、4-5 看，上海进出口货物总量在全国范围内尚未具备绝对优势，就目前的增速来分析，要超越广东、江苏等进出口贸易大省，仍存在较大的挑战。

6. 上海进口货物增速与全国先进省市比较分析

为进一步细化分析上海进出口货物的变化趋势，以下对上海进口贸易增速与全国先进省份进行深入分析。

从图 4-6 全国进口贸易增速最快的三个省市变化趋势来看，江苏仍位居上海之上。虽然上海自 1996~2009 年增速高于全国第一贸易大省——广东省，但增速仍低于江苏省。

7. 上海出口货物增速与全国先进省市比较分析

上海出口货物贸易是否在全国范围具有绝对优势，可以将上海出口贸易作为其提升的突破口？

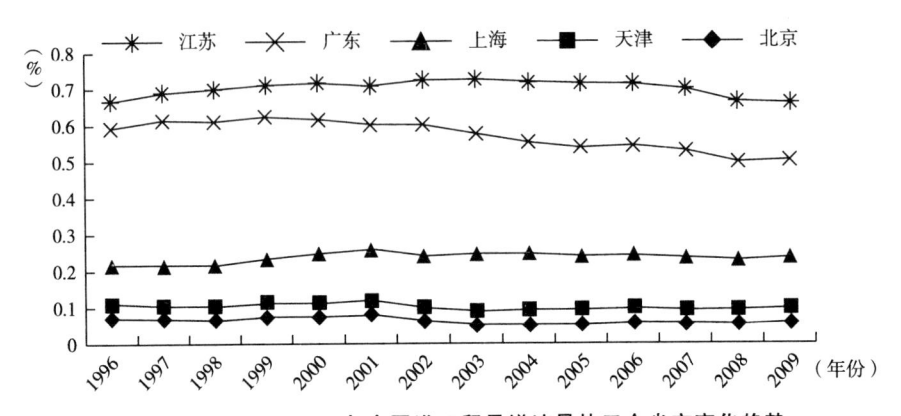

图 4 - 6　1996~2009 年全国进口贸易增速最快三个省市变化趋势

资料来源：1996~2010 年《中国统计年鉴》。

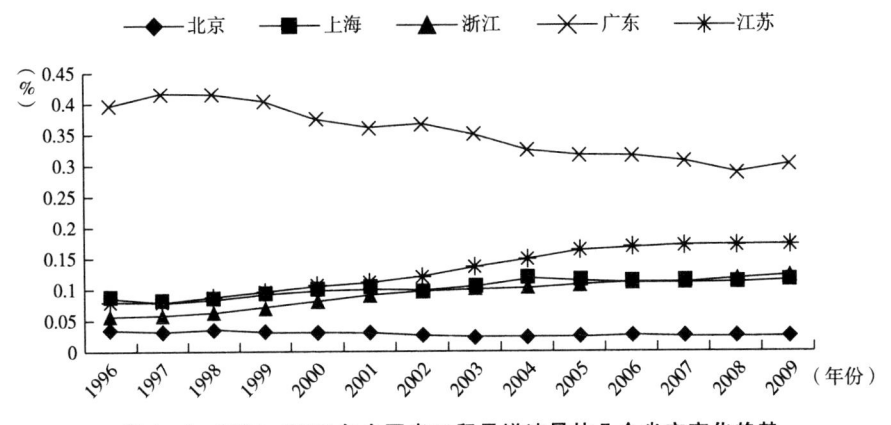

图 4 - 7　1996~2009 年全国出口贸易增速最快几个省市变化趋势

资料来源：1996~2010 年《中国统计年鉴》。

从图 4 - 7 中可以看出，全国出口贸易增速位列前四的省市分别是：江苏、浙江、上海和广东。江苏、浙江依托当地快速发展的货物市场，结合中国劳动力密集的成本优势，发展出口贸易优势比上海更加显著。上海，作为国际化大都市，不断攀升的劳动力成本成为劳动密集型制造业进一步发展的瓶颈，从而造成部分技术含量相对偏低、工艺相对简单、知识含量低的制造业开始迁移至江苏、浙江、广东沿海等省份，使其出口贸易总量、增速在全国均不具有明显优势。

总结图 4 - 1~4 - 7 分析结果，我们不难发现，1996~2009 年上海进出口货物的发展趋势与全国进出口货物的趋势类似。但不同之处是，上海在国际贸易快速增长过程中，与全国先进省份广东、江苏相比，仍然有差距，无论是总量及增速或进口、出口及增速的变化与其他省份相比，均位于广东、江苏之后。也就是说，从目前现状来看，上海进出口货物总量在全国尚未领先，就其总量、进口、出口增速的潜力也均低于江苏等先进省份。因此，上海在建设国际贸易中心过程中，仅要实现国内贸易中心这一目标尚存在较大挑战。

（二）上海进出口货物产品结构及其贸易竞争力指数分析

针对上海进出口货物总体变化趋势，以下再深入对上海进口、出口货物产品结构进行细分，以便下一步为提升其贸易竞争力做铺垫。

1. 上海进口货物品种分析

（1）1952～1997年进口货物产品结构变化

从图4-8中1952～1997年上海进口货物产品结构变化趋势看，轻纺产品、重工产品和农副产品的产量增长较快。细究上海1952～1997年产业发展状况，主要以农业、初级工业制成品为主，与发达国家相比，制造、加工能力还较弱，其生活必需品，如轻纺产品、重工产品及农副产品的进口比例较大。

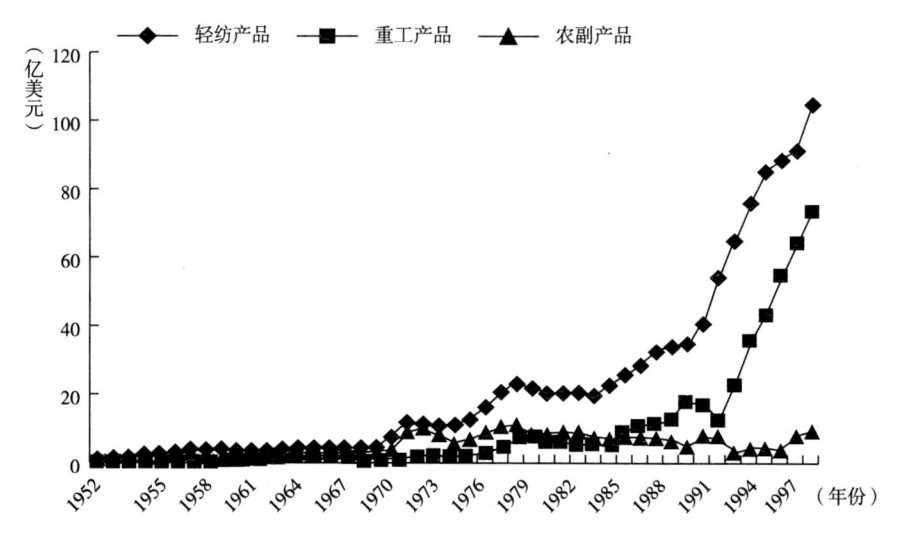

图4-8 1952～1997年上海进口货物结构变化趋势

资料来源：《2000年上海统计年鉴》。

(2) 1996~2007年上海进口商品中初级产品、工业制成品比重

近十年来，中国改革开放对于各省份贸易大发展都起到了促进作用。

从图4-9的变化趋势来看，上海初级产品在进口货物中所占比重变化不大，近十年来始终维持在11%的平均水平，工业制成品基本保持在88.8%附近。上海进口贸易主要以工业制成品为主，以初级产品为辅。这样的进口货物贸易结构存在贸易得利小、贸易结构不优化等问题，是一个不良的表现形态。

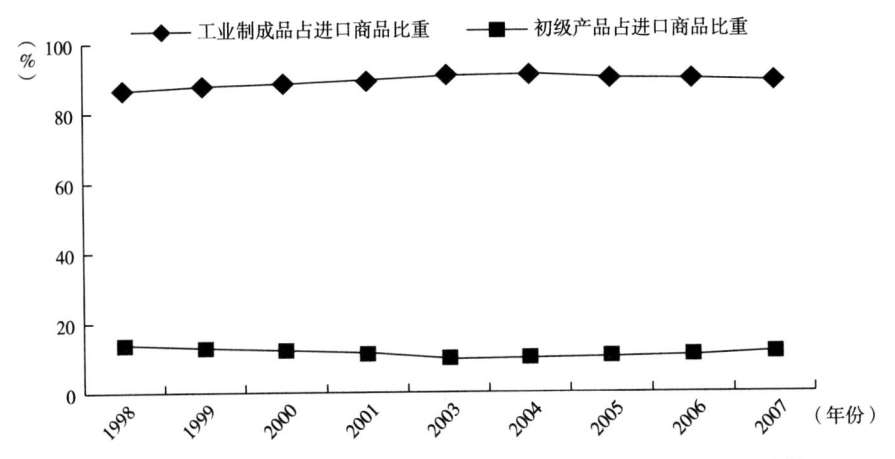

图4-9 1998~2008年上海进口初级产品、工业制成品比重变化趋势

资料来源：2000~2010年《上海统计年鉴》。

(3) 1998~2007年上海进口货物具体品种数据细分

为进一步分析上海进口货物贸易初级产品、工业制成品中具体品种的数量变化，以下进一步用图表进行分析（见表4-2）。

从表4-2中可以看出，1998~2007年的10年间，上海进口货物的工业制成品与初级产品比重变化不大。这说明10年来，上海进口货物的结构未发生较大变化。具体到初级产品、工业制成品中细分品种的变化趋势如何，再做细分。

从图4-10中1998~2007年上海进口货物结构细分的情况来看，上海初级产品与制成品增长比例的变化在近10年中没有大的波动，即上海进口货物贸易结构没有优化。从图4-10各细分初级产品进口量的变化看，自

表 4-2　1998~2007 年上海进口货物品种、数量变化

单位：亿美元

类　别	1998	1999	2000	2001	2003	2004	2005	2006	2007
初级产品	2.07791	24.8905	34.81	36.55	60.64	83.36	99.46	121.33	156.7
食品及活动物	0.24167	1.9053	2.75	3.04	4.88	6.26	7.63	9.44	13.26
#肉及肉制品	0.00403	0.0794	0.14	0.23	1.01	0.98	1.59	1.17	1.61
蔬菜及水果	0.02225	0.277	0.27	0.31	0.57	0.88	1.28	1.76	2.27
饮料及烟类	0.01169	0.1357	0.25	0.48	1.03	1.84	3.21	4.32	5.85
#烟草及其制品	0.00352	0.0534	0.02	0.12	0.08	0.17	0.31	0.2	0.08
非食用原料	1.48332	18.1844	26.43	27.1	38.8	51.8	63.19	74.67	97.43
矿物燃料、润滑油及其有关原料	0.27109	3.5708	4.5	5.35	10.92	17.97	20.33	27.97	26.89
动植物油、脂及蜡	0.07014	1.0943	0.87	0.58	5.01	5.49	5.1	4.93	13.27
工业制成品	13.31006	173.2953	258.75	296.14	578.51	781.7	856.77	1017.83	1233.75
化学成品及有关产品	1.77302	28.6958	43.83	48.85	89.16	110.75	121.65	142.58	175.24
#医药品	0.12456	1.639	2.56	3.19	4.77	6.12	7.35	9.76	12.5
原料制成品	2.95928	37.4016	55.68	56.29	95.33	115.46	120.93	141.31	176.37
#橡胶制品	0.03648	0.6007	1	1.57	3.02	3.65	3.71	5.91	6.68
纺纱、织物、制成品及有关产品	1.18022	13.0649	16.99	15.95	17.87	20.42	19.8	19.53	19.21
钢铁	0.60119	6.8759	10.99	13.74	30.52	34.61	32.52	28.15	30.72
机械及运输设备	7.55567	93.6335	136.22	164.3	332.2	461.84	514.51	628.08	761.91
#通用工业机械设备及零件	1.11563	13.0909	15.61	21.74	37.52	50.56	48.79	55.25	79.58
电力机械、器具及电气零件	1.90789	26.5673	48.25	58.73	129.61	200.39	244.15	321.51	403.05
杂项制品	1.0151	13.4296	22.89	26.57	61.2	93.32	99.1	104.96	119.16
#服装及衣着附件	0.19252	1.9312	2.47	2.26	2.05	2.13	2.94	3.36	5.11
未分类的商品	0.00699	0.1348	—	—	0.62	0.33	0.58	0.9	1.07
总　计	15.39496	198.3206	293.56	332.69	639.77	865.39	956.81	1140.06	1391.52

资料来源：2000~2010年《上海统计年鉴》。

1998年至2007年，上海进口工业制成品中的电力机械、器具及电气零件涨幅最大，其次是非食用原料、通用工业机械设备及零件和钢铁。相对于工业初级产品而言，生活用的初级产品在上海近10年的进口量中所占比重增幅很小。

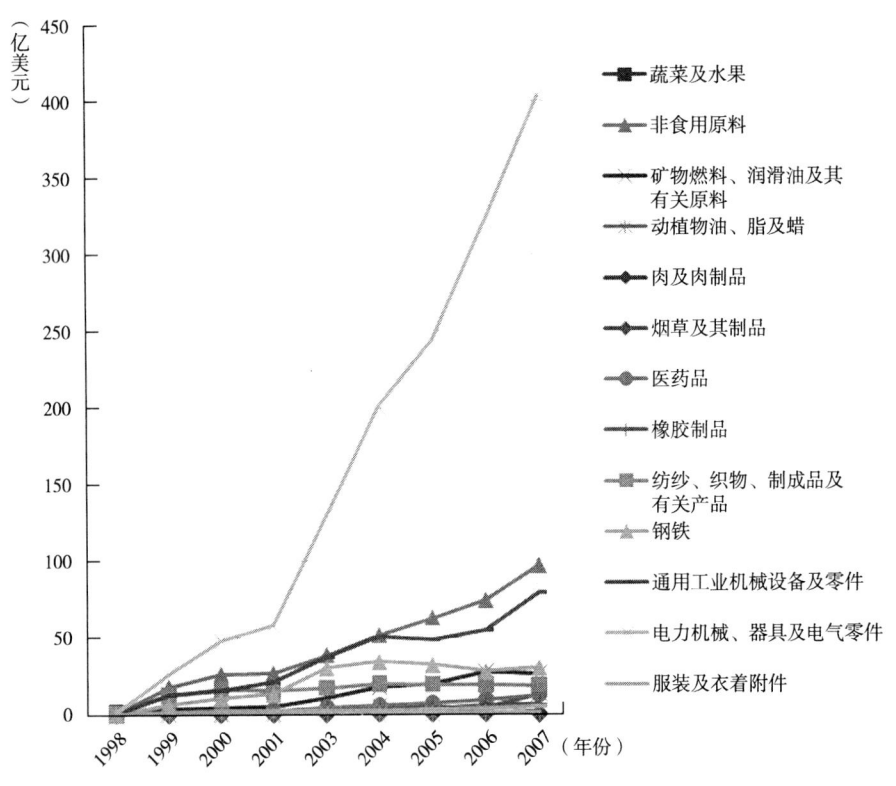

图 4-10　1998~2007 年上海进口货物结构细分变化趋势

资料来源：2000~2010 年《上海统计年鉴》。

①初级产品品种分析。为进一步分析上海进口初级产品、工业制成品品种变化特点，本部分进一步地对进口产品结构细分。

从图 4-11 中上海进口初级产品品种的变化趋势看，初级品中工业原料占较大比较，且增长较快，例如非食用原料与矿物燃料、润滑油及其有关原料；而食品及活动物与动植物油、脂及蜡的进口量较少，进口增速也很小。

也就是说，从上海近10年来进口初级产品的品种看，关键增长点在于进口工业原料，用于上海工业制成品所需。相比而言，用于生活的初级产品进口量较少，说明上海在实现人民生活所需初级产品自给的状况下，对海外市场同类型生活用品的需求量不大。

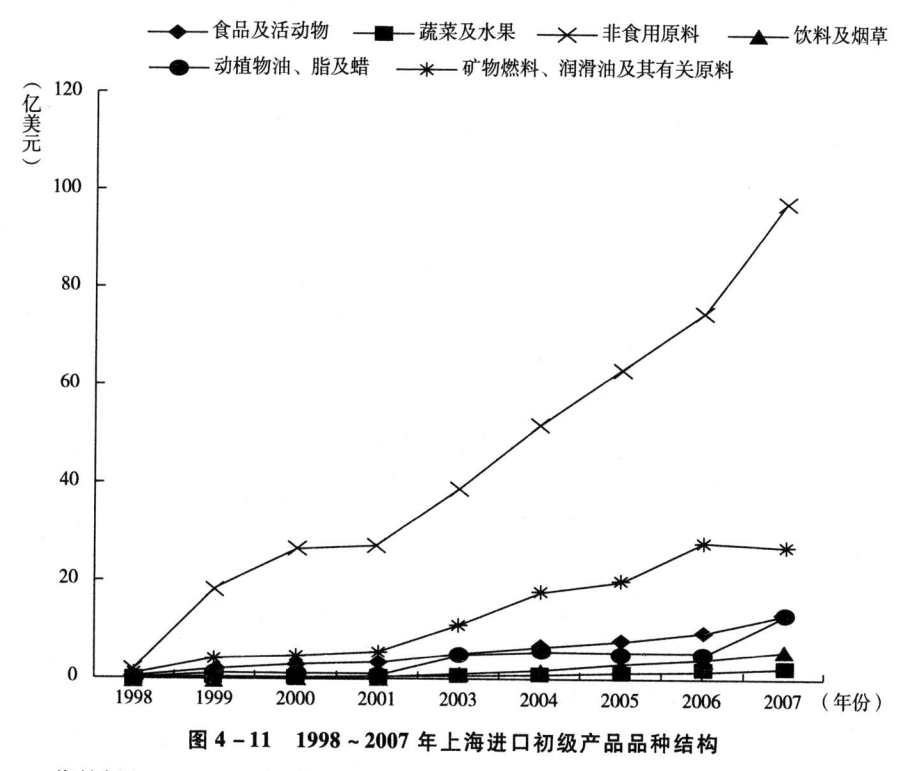

图 4-11 1998~2007 年上海进口初级产品品种结构

资料来源：2000~2010 年《上海统计年鉴》。

②工业制成品品种分析。与初级产品进口不同，工业制成品进口的情形如图 4-12 所示。

从图 4-12 中可以看出，近 10 年来上海进口工业制成品中，增长最快的生产用工业制成品，例如机械及运输设备，其次是电力机械、器具及电气零件和原料制成品等；与工业制成品相比，上海进口的生活用工业制成品，例如服装及衣着附件、医药品等数量少，且增速缓慢。

从图 4-11 和图 4-12 所示，上海工业制成品的增速始终保持在 80% 以上，其中进口比例主要集中于生产用工业制成品，而生活用初级产品和工

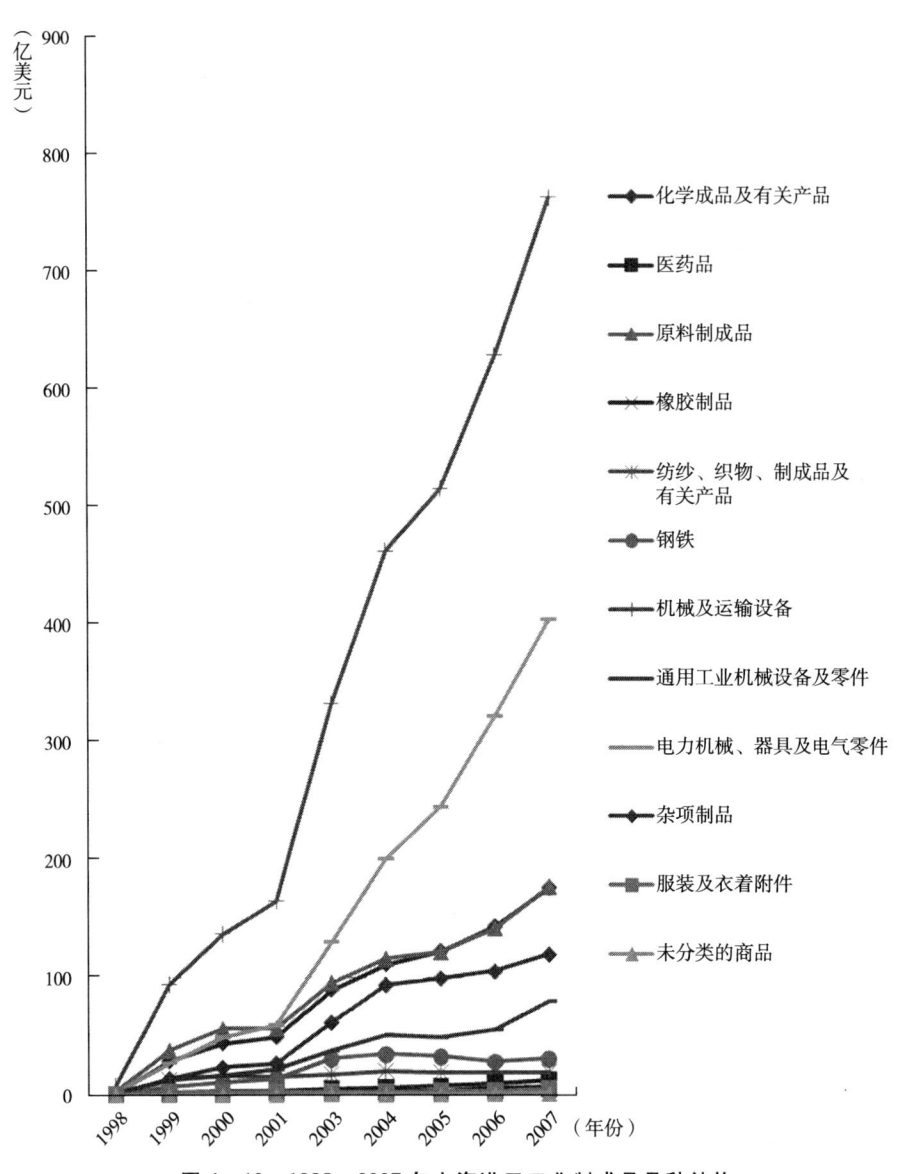

图 4-12 1998~2007年上海进口工业制成品品种结构

资料来源：2000~2010年《上海统计年鉴》。

制成品数量及增幅较小，说明上海进口货物贸易的产品品种主要以工业用途为主，突出上海以生产带动经济增长的循环格局。

2. 上海出口货物品种分析

针对上海近10年来进口货物结构的分析，本部分进一步分析上海出口货物的结构变化。

（1）1996~2009年上海出口商品中初级产品、工业制成品比重

基于前文对上海进口货物贸易品种分析的结果，是否上海出口贸易也有类似的变化趋势？

从图4-13中看出，上海工业制成品在其出口商品中占有绝对比重，这一比重平均达到96.90%，较上海进口工业制成品比例88.80%更高；上海出口初级产品的平均比例为3.09%，较进口初级产品11.14%更低，说明上海出口工业制成品的比例不断提高，即出口货物贸易结构在不断优化。

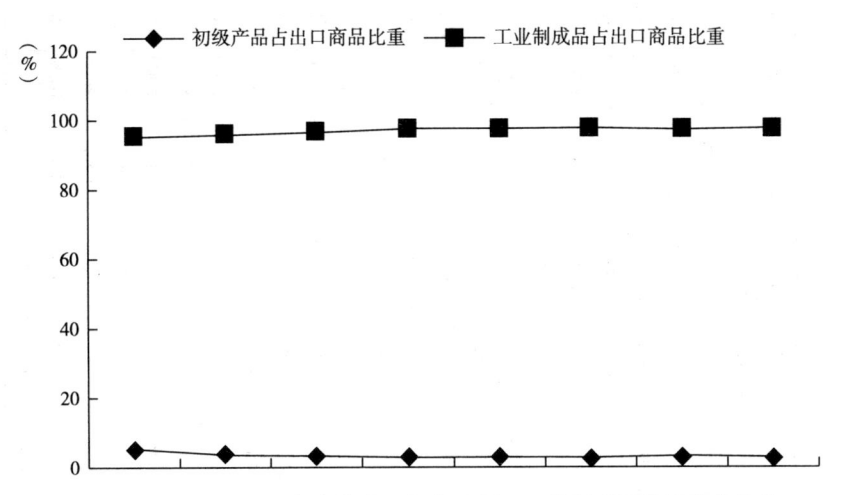

图4-13　1998~2008年上海出口初级产品、工业制成品比重变化趋势

资料来源：2000~2010年《上海统计年鉴》。

（2）1998~2007年上海出口货物具体品种数据细分

为进一步深入分析上海出口货物贸易产品种类，可进一步细分初级产品、工业制成品中包括的具体品种。

从表4-3中可以看出，1998~2007年上海出口货物品种、数量中，除初级产品所包含的肉及肉制品的出口数量有所下降外，其他出口品种均有不同程度上升。

表4-3 1998~2007年上海出口货物品种、数量变化

单位：亿美元

类别	1998年	1999年	2000年	2001年	2002年	2003年	2004年	2005年	2006年	2007年	2009年
初级产品											
食品及活动物	0.7990	0.7628	8.5200	7.8200	/	12.3200	21.3800	24.7900	27.5300	32.0900	907.4200
#肉及肉制品	0.4050	3.9608	4.2300	3.7700	9.2600	4.2200	4.9300	5.6000	6.6200	8.0100	24.7900
蔬菜及水果	0.0940	0.0926	0.9900	0.9500	3.8500	0.6900	0.5500	0.6500	0.7000	0.4900	5.6000
饮料及烟类	0.0604	0.0603	0.6500	0.6800	0.8800	0.9600	1.1800	1.4300	1.9300	2.1700	0.6500
#烟草及其制品	0.1052	0.0807	0.9000	0.9500	0.7000	1.0300	1.0400	1.2000	1.4700	1.9800	1.4300
非食用原料	0.0978	0.0696	0.8100	0.8600	1.0000	0.9200	0.9000	1.0100	1.1300	1.1600	1.2000
	0.1429	0.1347	1.6100	1.6100	0.8700	2.6100	2.9300	4.3400	5.2100	6.1500	1.0100
矿物燃料、润滑油及其有关原料	0.1391	0.1514	1.7500	1.4600	2.1300	4.4300	12.4400	13.6200	14.0500	15.8900	4.3400
动植物油、脂及蜡	0.0068	0.0052	0.0300	0.0200	2.2500	0.0300	0.0400	0.0300	0.1800	0.0600	13.6200
工业制成品	15.1574	18.0227	245.0200	268.4600	0.0300	472.5000	713.8200	882.6300	1108.2000	1407.1900	0.0300
化学成品及有关产品	0.9901	0.9845	12.3300	13.3300	311.2900	20.5100	28.5200	39.2000	52.7100	70.0500	882.6300
#医药品	0.2120	0.2036	2.0300	2.1500	16.3300	3.1700	3.5600	4.0900	4.8100	6.0500	39.2000
原料制成品	3.1337	3.3807	45.9200	45.5500	2.8800	68.2900	101.9400	126.8300	177.5200	215.2900	4.0900
#橡胶制品	0.1056	0.1398	1.8600	1.5600	52.9600	2.4400	3.1300	3.7400	4.7500	5.5400	126.8300
纺纱、织物、制成品及有关产品	1.3686	1.4508	17.8000	17.5600	2.0300	25.4900	32.0000	36.7600	41.4800	42.1100	3.7400
钢铁	0.5018	0.4963	8.8400	6.1800	19.9700	7.2100	16.3600	20.9000	37.3100	51.5800	36.7600
机械及运输设备	5.1007	6.9983	101.5400	120.3600	5.1200	256.7100	421.3100	526.3200	656.6100	853.2700	20.9000
#通用工业机械设备及零件	0.5775	0.6637	9.2500	11.7600	141.8700	24.3700	35.6700	46.2100	57.6400	75.1300	526.3200
电力机械、器具及电气零件	1.5968	2.6197	37.7900	37.9300	16.5000	68.7100	109.4800	124.6900	163.8000	192.8700	46.2100
杂项制品	5.9329	0.0000	85.0200	89.0600	49.7000	126.5800	161.3800	189.0500	220.1800	267.3500	124.6900
#服装及衣着附件	5.9329	6.6589	53.1800	53.8200	99.8600	72.1700	82.4000	89.7100	99.7500	111.6200	189.0500
未分类的商品	3.7383	4.2146	53.1812	53.8200	58.6100	0.4100	0.6700	1.2300	1.1800	1.2300	89.7100
总 计	15.9563	18.7855	253.5400	276.2800		484.8200	735.2000	907.4200	1135.7300	1439.2800	/

资料来源：2000~2010年《上海统计年鉴》。

从图4-14中可以看出，1998~2007年上海出口货物中增长最快、占有绝对优势的是工业制成品，其中机械及运输设备、杂项制品、原料制成品、电力机械、器具及电气零件、服装及衣着附件的增长相对明显。

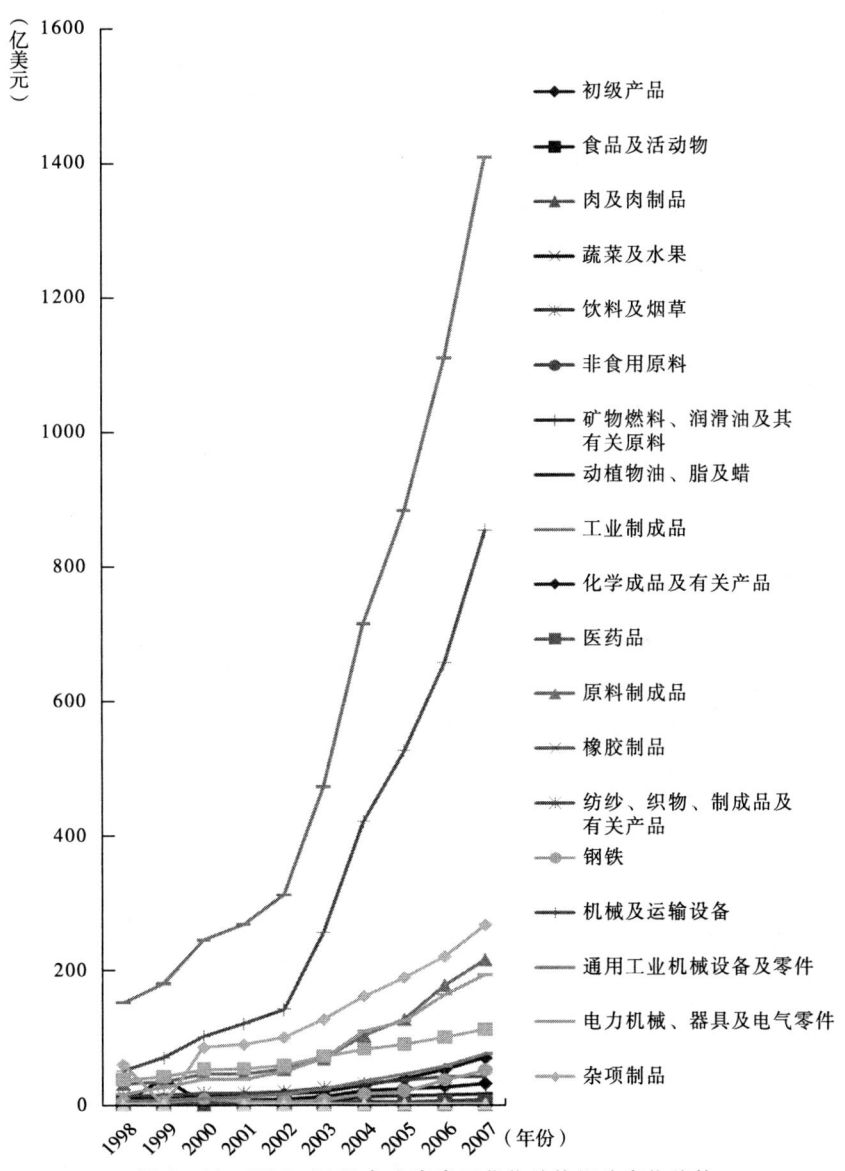

图4-14　1998~2007年上海出口货物结构细分变化趋势

资料来源：2000~2010年《上海统计年鉴》。

①初级产品品种分析。进一步细分上海出口初级产品的具体品种。

如图4-15所示,非食用原料、矿物燃料、润滑油及其有关原料、食品及活动物、动植物油、脂及蜡等增长较明显,即上海出口初级产品主要用于生产的品种增长趋势相对更快。

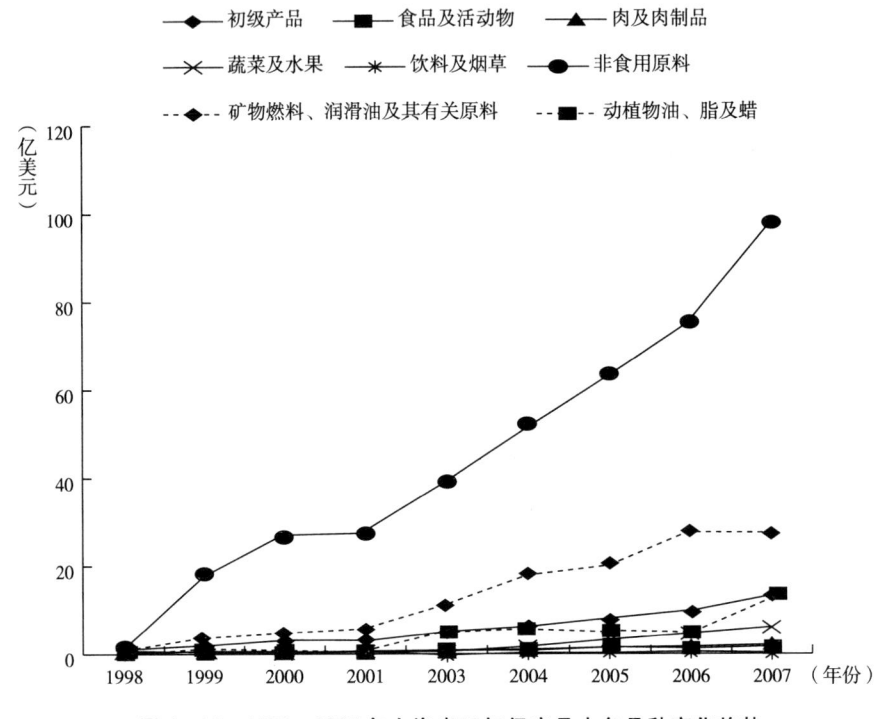

图4-15 1998~2007年上海出口初级产品中各品种变化趋势

资料来源:2000~2010年《上海统计年鉴》。

②工业制成品品种分析。从图4-16中我们可以看出,上海出口工业制成品中,机械及运输设备,杂项制品,原料制成品,电子机械、器具及电气零件等产品出口增幅较大。这与上海发展先进制造业,尤其承接德国大众、美国通用等跨国公司在上海投资设厂生产机械、电子等产业结构相关,凸显出跨国公司在上海的产业集聚效应。

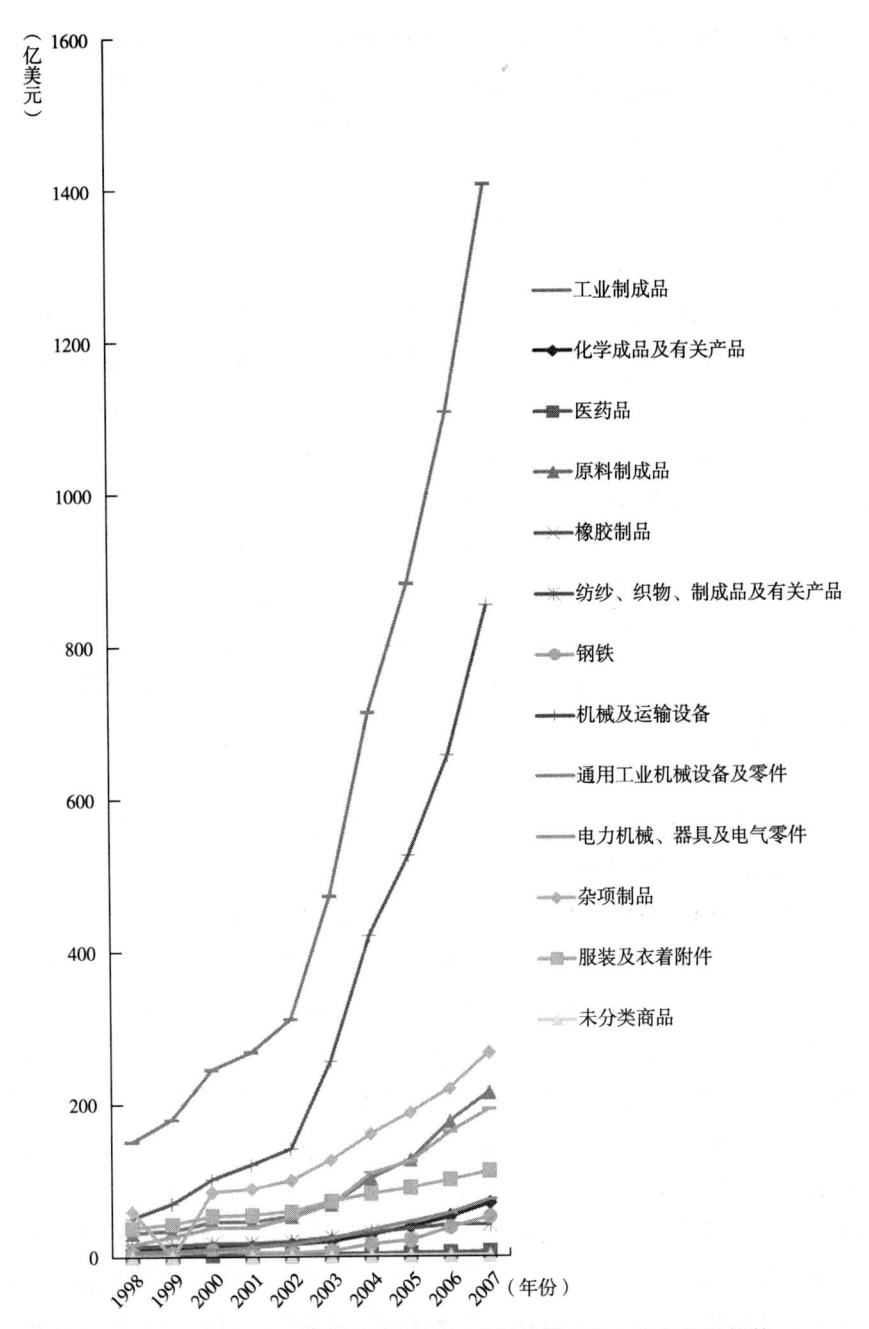

图 4-16　1998~2007 年上海出口工业制成品品种、数量变化趋势

资料来源：2000~2010 年《上海统计年鉴》。

从图4-14、图4-15、图4-16的分析来看,上海出口商品中工业制成品占有绝对优势,其平均涨幅均快于进口商品。出口初级产品多用于工业用途,这也是上海与世界其他制造业国家更加紧密联系的表现。上海出口货物中初级产品数量增长较快,其次是通用工业机械设备及零件;服装及衣着附件增长速度相对较快;橡胶制品也处于增长之中。总体来看,上海出口货物主要以工业制成品为主,其中通用工业机械设备及零件的增长比例较快,服装及衣着附件这一传统产业产品在国际市场上占有比较优势;动植物油、脂及蜡这类初级产品在上海近10年出口产品中相对增速较快。

为进一步对上海近10年来进出口货物贸易竞争力进行分析,在此引入贸易竞争力指数(TC),并进行相对应的衡量。服务贸易竞争力指数(Trade Competitive Power Index),即TC指数,是对一国(地区)服务贸易国际竞争力进行分析时较常使用的测度指标之一,它表示一国进出口贸易的差额占其进出口贸易总额的比重,常用于测定一国某一产业的国际竞争力。该指标作为一个与贸易总额的相对值,剔除了经济膨胀、通货膨胀等宏观方面波动的影响,即无论进出口的绝对量是多少,它均在±1之间变动。TC指数值越接近0,表示竞争力越接近于平均水平;指数值越接近于1则竞争力越大,等于1时表示该产业只出口不进口;指数值越接近于-1时表示竞争力越薄弱,等于-1表示该产业只进口不出口。

表4-4中TC指数的变化显示,1998~2007年上海进出口货物的贸易竞争力指数随着贸易量的增加呈不断下降态势。除初级产品整体竞争力指数提升较大外,动植物油、脂及蜡,化学成品及有关产品贸易竞争力稍有上升外,其他货物贸易竞争力均呈下降态势,尤其工业制成品的降幅巨大,其中原料制成品、机械及运输设备的竞争力下降较大,说明上海对外贸易货物结构在恶化,整体竞争实力较十年前呈较大下滑趋势。这是在巨额贸易顺差背后隐藏的一个危机性问题,是本课题组一个较大发现。服装及衣着附件作为上海乃至中国对外贸易的比较优势,从其贸易竞争力指数的变化来看,也呈现下降态势,说明上海国际贸易的竞争力水平在不断弱化,传统优势产业的竞争力也在弱化中,这是上海在大力建设国际贸易中心过程中尤其需要关注的现实问题之一。

表4-4 1998~2007年上海进出口货物贸易竞争力指数

类别	1998年	1999年	2000年	2001年	2003年	2004年	2005年	2006年	2007年
初级产品	0.587217	-0.53088	-0.60674	-0.64751	-0.66228	-0.59175	-0.60097	-0.63012	-0.66005
食品及活动物	0.887375	0.908208	0.212034	0.107195	-0.07253	-0.11886	-0.15344	-0.17559	-0.24683
肉及肉制品	0.991465	0.841974	0.752212	0.610169	-0.18824	-0.28105	-0.41964	-0.25134	-0.53333
蔬菜及水果	0.928953	0.370598	0.413043	0.373737	0.254902	0.145631	0.055351	0.04607	-0.02252
饮料及烟类	0.978014	0.711951	0.565217	0.328671	0	-0.27778	-0.45578	-0.49223	-0.49425
#烟草及其制品	0.992829	0.857448	0.951807	0.755102	0.84	0.682243	0.530303	0.699248	0.870968
非食用原料	-0.01862	-0.86211	-0.88516	-0.88784	-0.87394	-0.89293	-0.87146	-0.86955	-0.88125
矿物燃料、润滑油及其有关原料	0.673757	-0.40455	-0.44	-0.57122	-0.4228	-0.18185	-0.19764	-0.33127	-0.25713
动植物油、脂及蜡	-0.01256	-0.90861	-0.93333	-0.93333	-0.9881	-0.98553	-0.9883	-0.92955	-0.991
工业制成品	0.838552	0.019608	-0.02725	-0.04903	-0.10086	-0.04539	0.014867	0.042506	0.065674
化学成品及有关产品	0.696248	-0.48913	-0.5609	-0.57124	-0.62597	-0.59044	-0.51259	-0.46019	-0.42884
#医药品	0.888987	0.108076	-0.11547	-0.19476	-0.20151	-0.26446	-0.28497	-0.33974	-0.34771
原料制成品	0.827429	-0.05048	-0.09606	-0.10546	-0.16526	-0.06219	0.023813	0.113571	0.099372
#橡胶制品	0.933198	0.39903	0.300699	-0.00319	-0.10623	-0.0767	0.004027	-0.10882	-0.09329
纺纱、织物、制成品及有关产品	0.841222	0.052331	0.023283	0.048045	0.175738	0.220908	0.299859	0.359777	0.373451
钢铁	0.786011	-0.16158	-0.10842	-0.37952	-0.61781	-0.35805	-0.21752	0.139933	0.253463
机械及运输设备	0.741962	-0.14455	-0.14586	-0.15436	-0.12819	-0.04589	0.011347	0.022208	0.056563
#通用工业机械设备及零件	0.676208	-0.32716	-0.25583	-0.29791	-0.21247	-0.17268	-0.02716	0.021171	-0.02876
电力机械、器具及电气零件	0.786538	-0.00702	-0.12157	-0.21519	-0.30708	-0.29338	-0.32388	-0.32497	-0.3527
杂项制品	0.966356	-1	0.575758	0.540431	0.348173	0.267216	0.312164	0.35437	0.383405
#服装及衣着附件	0.989753	0.912371	0.911231	0.919401	0.944759	0.949604	0.936535	0.934827	0.912448
未分类的商品	-0.97179	-0.93957	/	1	-0.20388	0.34	0.359116	0.134615	0.069565
总计	0.824089	-0.02676	-0.07315	-0.09265	-0.13731	-0.08115	-0.02619	-0.00151	0.017256

资料来源：根据2000~2010年《上海统计年鉴》数据计算所得。

另外，从进出口货物贸易竞争力指数的变化来看，上海进出口货物品种贸易竞争力也呈差异化特征。

从图4-17中可以看出，上海货物贸易竞争力优势最明显的产品是服装及衣着附件。这一分析结果完全符合上海及周边省份产业结构的特点。长三角地区作为中国传统服装产业的生产基地，依托上海这一天然良港，出口劳动密集型服装产品是有比较优势的。其次，上海出口货物具有显著竞争优势的产品是烟草及其制品这一类初级产品。烟草业作为国家管制性行业，对外出口主要表现为资源密集型和劳动力密集型产业。再次是杂项制品的贸易竞争力优势相对较明显。总体而言，1998年上海货物贸易中无论初级产品还是工业制成品的贸易竞争力都比2007年时更强，说明上海出口货物贸易竞争力水平在不断下降，这是贸易竞争力弱化的表现。1998年，上海出口初级产品的贸易竞争力均表现为贸易竞争优势，但十年后上海初级产品中除烟草及其制品表现为贸易竞争优势外，其他产品均表现为贸易劣势，即TC指数小于零。与初级产品相比，当前上海工业制成品整体仍呈现贸易竞争优势，但其优势在弱化（上海工业制成品TC指数由1998年的0.8233下降至2007年的0.0657），其中化学成品及有关产品及其包括的医药品，机械及运输设备中的通用工业机械设备及零件与电力机械、器具及电气零件从1998年明显的比较优势已经转化成2007年的比较劣势，即TC指数小于零。这从一个侧面说明，上海自改革开放以来，当前货物贸易产品中拥有竞争优势的产品在减少，不仅初级产品的贸易竞争力优势在弱化，工业制成品也呈相似变化过程，尤其化学成品及有关产品、医药品，通用工业机械设备及零件与电力机械、器具及电气零件成为上海工业制成品中的劣势产品。总而言之，1998~2007年在上海国际贸易总额不断攀升的情况下，货物贸易竞争力不断下降，贸易结构不断恶化。这对于2020年上海建设国际贸易中心的目标来说是不利的。因此，在建设上海国际贸易中心过程中，我们要理智对待现实中存在的与意愿相违背的问题，并从基础入手，真正将上海建设国际贸易中心的目标落到实处。

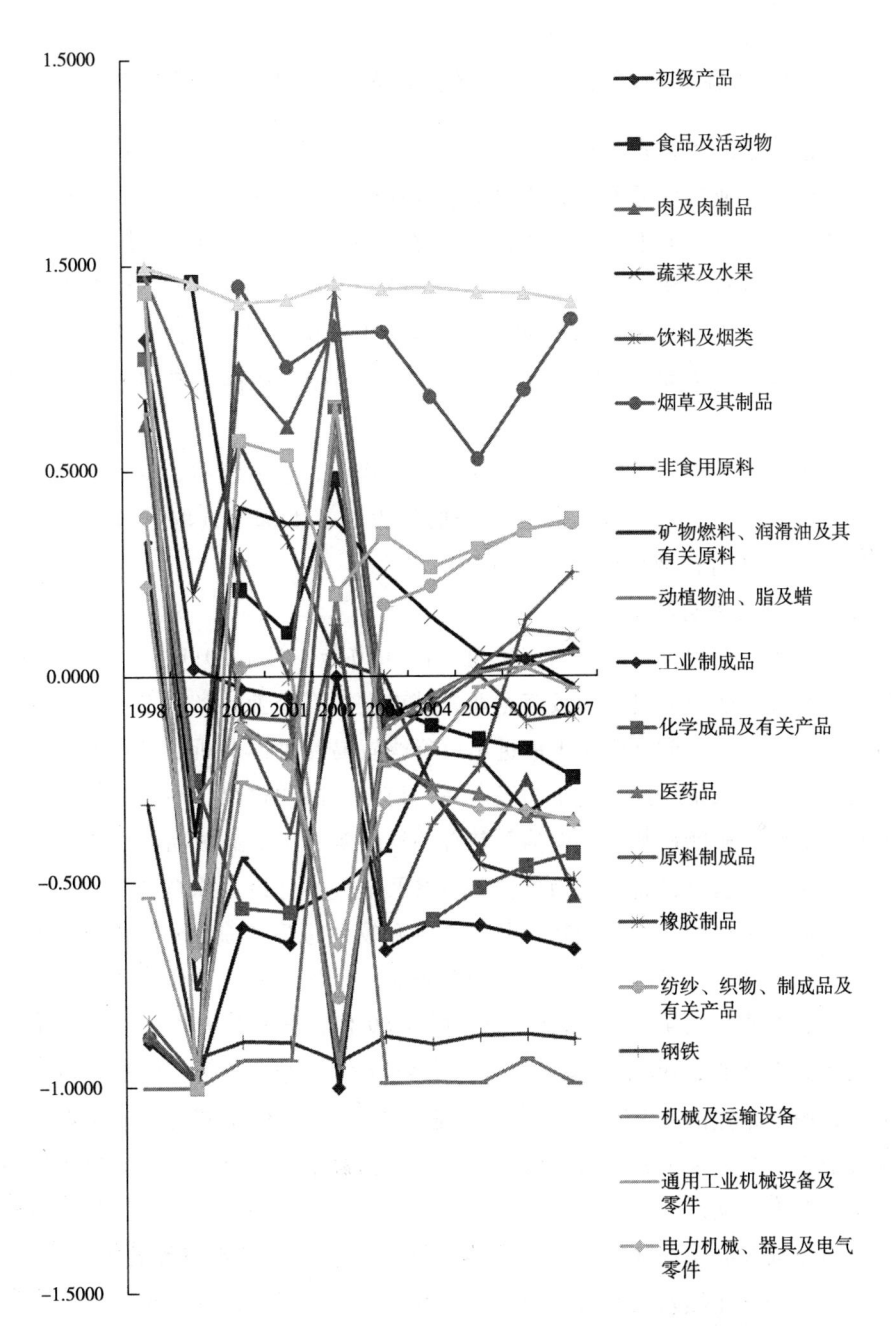

图 4-17　1998~2007 年上海进出口货物品种竞争力指数变化

资料来源：2000~2010 年《上海统计年鉴》。

（三）上海货物贸易企业、贸易性质及技术含量现状分析

目前，上海货物贸易竞争优势发展的特点是，初级产品的贸易竞争力在不断下降，工业制成品贸易竞争力水平整体较低，多呈负值，表现在技术密集、资本密集型产业上，例如机械及运输设备、通用工业机械设备及零件。图 4-17 的分析结果进一步加强了图 4-15、图 4-16 的结论，说明上海自 1978 年以来增长较快的贸易量实际上表现为上海贸易竞争力的下降，是上海货物贸易结构恶化的表现。这是上海于 2020 年建设国际贸易中心目标实现过程中特别需要关注和解决的现实问题。

为进一步分析上海建设国际贸易中心过程中，企业性质、贸易形式、贸易种类对其竞争力的影响，依据数据的可得性，本部分选取上海统计年鉴 2010~2011 年月份数据做深入分析。

1. 企业性质分析

从表 4-5、图 4-18 中可以看出，自 2010 年 1 月至 2011 年 11 月，上海进出口量最大的企业是外商投资企业，其次是国有企业；私营企业出、进口量相对最小。结合前文中对上海进出口货物贸易品种的分析，发现上海工业制成品的进出口量均远远高于初级产品。初级产品的进出口品种主要集中在非食用原料、矿物燃料、润滑油及其有关原料等；工业制成品的进出口主要集中在机械及运输设备，电力机械、器具及电气零件以及原料制成品，其中工业制成品出口中纺纱、织物、制成品占有较大比重。综合分析来看，上海工业制成品进出口量的主体是外商投资企业。平均来看，外商投资企业进口量是国有企业的 2.99 倍，是私营企业的 5.89 倍；同时外商投资企业的出口量是国有企业的 3.06 倍，是私营企业的 4.17 倍。外商投资企业进出口总交易量是国有企业的 3.25 倍，是私营企业的 4.92 倍。但就贸易逆差来看，外商投资企业逆差最大，其次是国有企业，而私营企业才是上海进出口贸易顺差的创造者。从以上分析发现，上海在发展国际贸易过程中，在强调吸引跨国公司总部入驻上海的同时，应该更多将企业层面的优惠政策向国有企业，特别是私营企业倾斜。私营企业才是上海实现贸易顺差的主力军。但与外商投资企业、国有企业相比，私营企业的进出口交易量过小，相对而言力量薄弱。这是上海在发展国际贸易中心过程中，应该重点给予扶持和发展的部

分。政府除了要创造一个更加公平、透明的自由竞争环境外，同时要对私营企业开放更多投资、经营领域，并创造私营企业与外商投资企业、国有企业同台竞技的行业规则。

表4-5 2010年1月~2011年11月上海企业进出口数量

单位：亿美元

时　间	国有企业进口量	外商投资企业进口量	私营企业进口量	国有企业出口量	外商投资企业出口量	私营企业出口量	国有企业顺差	外商投资企业顺差	私营企业顺差
2010年1月	30.65	82.35	14.14	24.45	90.67	16.15	-6.2	8.32	2.01
2010年2月	25.78	74.17	12.08	19.91	19.91	19.91	-5.87	-54.26	7.83
2010年3月	37.19	110.29	17.94	78.69	78.69	78.69	41.5	-31.6	60.75
2010年4月	39.32	102.57	16.38	14.75	14.75	14.75	-24.57	-87.82	-1.63
2010年5月	31.71	88.61	13.7	14.69	80	13.74	-17.02	-8.61	0.04
2010年6月	35.47	107.41	16.98	30.42	111.61	20.23	-5.05	4.2	3.25
2010年7月	31.67	105.46	17.61	30.49	115.96	21.68	-1.18	10.5	4.07
2010年8月	39.47	103.9	16.79	28.22	101.11	20.8	-11.25	-2.79	4.01
2010年9月	36.74	112.81	18.15	25.6	112.71	20.92	-11.14	-0.1	2.77
2010年10月	31.09	98.96	14.4	25.04	111.74	19.3	-6.05	12.78	4.9
2010年11月	37.27	116.42	18.92	27	121.22	21.67	-10.27	4.8	2.75
2010年12月	43.44	124.58	22.08	25.67	114.62	22.06	-17.77	-9.96	-0.02
2011年1月	41.8	122.72	21.19	32.1	106.34	24.57	-9.7	-16.38	3.38
2011年2月	31.71	88.61	13.7	14.69	80	13.74	-17.02	-8.61	0.04
2011年3月	45.63	135.48	22.88	27.91	132.11	23.13	-17.72	-3.37	0.25
2011年4月	38.85	125.22	19.74	25.86	117.6	25.33	-12.99	-7.62	5.59
2011年5月	38.65	127	21.5	31.4	112.18	26.93	-7.25	-14.82	5.43
2011年6月	42.53	128.95	22.24	32.61	121.03	26.5	-9.92	-7.92	4.26
2011年7月	42.74	127.1	21.92	38.26	132.11	30.84	-4.48	5.01	8.92
2011年8月	43.56	135.55	24.4	28.6	124.38	29.36	-14.96	-11.17	4.96
2011年9月	43.61	130.3	25.41	28.73	120.8	27.09	-14.88	-9.5	1.68
2011年10月	36.86	119.22	23.22	27.21	130.89	25.15	-9.65	11.67	1.93
2011年11月	42.12	128.35	24.95	27.21	126.66	27.24	-14.91	-1.69	2.29

资料来源：上海统计网 http://www.stats-sh.gov.cn。

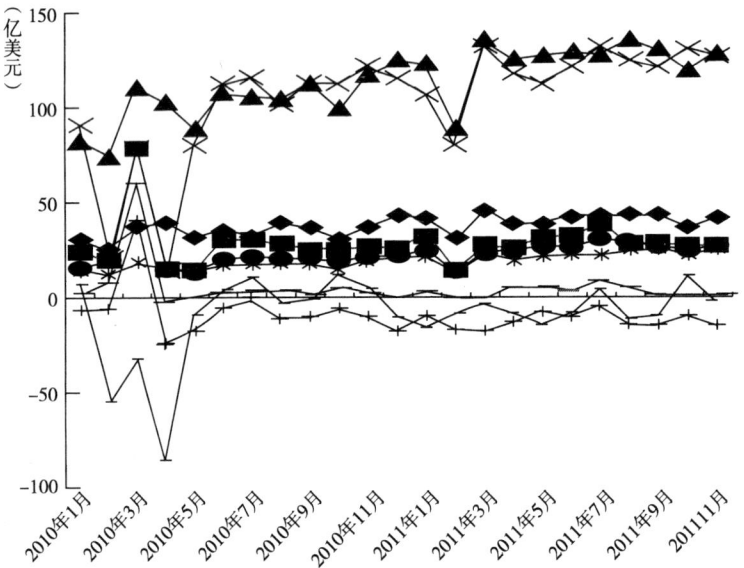

图 4-18　2010 年 1 月~2011 年 11 月上海不同性质企业进出口变化趋势

资料来源：上海统计网 http://www.stats-sh.gov.cn。

2. 贸易性质分析

针对前文中对上海货物贸易总体趋势、货物贸易产品种类等的分析，依据产品附加值的不同，进行一般贸易、加工贸易的分析。

表 4-6 的数据用图 4-19 可以做更清晰的分析。从表 4-6 和图 4-19 的数据分析来看，2011 年 1~11 月以来的最新数据显示，上海出口量最大的是加工贸易，而进口量最大的是一般贸易。

目前，低技术含量、低附加值的加工贸易主要表现为贸易顺差，而一般贸易以进口量大于出口量而表现出很明显的逆差状态。因此，上海仍然表现为加工贸易的比较优势，而一般贸易的竞争力水平较差。这一数据分析的结果表明，上海发展对外贸易过程中，主要仍以附加值低的加工贸易为赢利点，而附加值相对较高的一般贸易仍然是上海对外贸易的瓶颈所在。因此，上海要建设国际贸易中心，尚需要从提升产业附加值、实现产业升级入手。

表4-6 2011年1~11月上海一般贸易、加工贸易进出口数量

单位：亿美元

时间	一般贸易进口	一般贸易出口	一般贸易顺差	一般贸易TC	加工贸易进口	加工贸易出口	加工贸易顺差	加工贸易TC
2011年1月	81.05	59.21	-21.84	-0.155710823	32.65	97.13	64.48	0.496840808
2011年2月	90.33	60.7	-29.63	-0.196186188	33.32	84.82	51.5	0.435923481
2011年3月	85.94	64.02	-21.92	-0.146172313	35.23	83.58	48.35	0.406952277
2011年4月	88.08	64.35	-23.73	-0.155678016	34.75	87	52.25	0.429158111
2011年5月	87.38	66.04	-21.34	-0.139095294	34.28	84.88	50.6	0.424639141
2011年6月	94.58	67.01	-27.57	-0.170616994	34.51	93.61	59.1	0.461286294
2011年7月	91.8	75.62	-16.18	-0.096643173	36.25	107	70.75	0.493891798
2011年8月	95.91	70.61	-25.3	-0.151933702	38.58	94.3	55.72	0.419325707
2011年9月	93.24	67.86	-25.38	-0.157541899	39.39	92.41	53.02	0.402276176
2011年10月	84.02	61.42	-22.6	-0.155390539	32.83	105.3	72.47	0.524650691
2011年11月	97.44	65.97	-31.47	-0.192583073	37.88	94.69	56.81	0.428528325

资料来源：上海统计网 http://www.stats-sh.gov.cn。

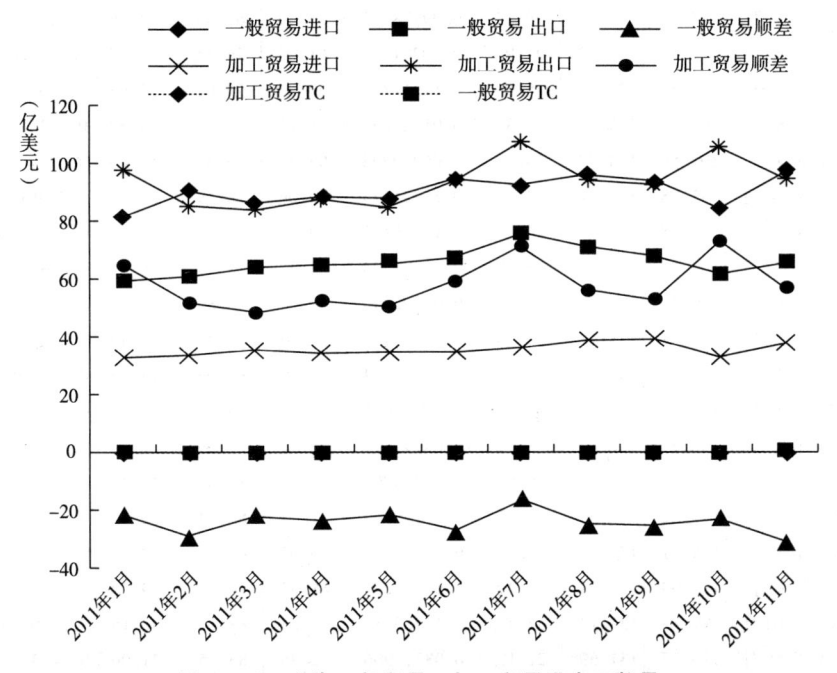

图4-19 上海一般贸易、加工贸易进出口数量

资料来源：上海统计网 http://www.stats-sh.gov.cn。

3. 贸易产品技术含量分析

依据上海统计年鉴数据,本部分对上海机电产品、高新技术产品2010年、2011年月度数据进行定量分析。

为更清晰表述表4－7中数据的变化趋势,以下进行相应的图线分析(见图4－20)。从表4－7、图4－20的数据可以看出,上海机电产品、高新技术产品多表现出贸易顺差,贸易竞争力指数均表现出比较优势。

表4－7　2011年1月～11月上海机电产品、高新技术产品进出口数量

单位:亿美元

时间	机电产品进口	机电产品出口	机电产品顺差	机电产品TC	高新技术产品进口	高新技术产品出口	高新技术产品顺差	高新技术产品TC
2010年1月	72.27	95.85	23.58	0.14025696	46.26	59.66	13.4	0.126510574
2010年2月	63.65	83.06	19.41	0.13230182	40.17	52.94	12.77	0.137149608
2010年3月	96.1	101.87	5.77	0.02914583	59.49	63.21	3.72	0.030317848
2010年4月	88.81	104.99	16.18	0.08348813	55.57	67.04	11.47	0.09354865
2010年5月	88.71	107.94	19.23	0.09778795	55.49	69.85	14.36	0.114568374
2010年6月	96.7	118.67	21.97	0.10201049	61.68	76.15	14.47	0.104984401
2010年7月	94.56	120.14	25.58	0.11914299	59.34	76.01	16.67	0.123162172
2010年8月	95.4	105.7	10.3	0.0512183	61.73	67.1	5.37	0.041682838
2010年9月	101.59	114.72	13.13	0.06069992	65.38	75.84	10.46	0.074068829
2010年10月	85.18	117.44	32.26	0.15921429	52.06	78.19	26.13	0.200614203
2010年11月	99.28	125.58	26.3	0.11696167	59.99	81.72	21.73	0.153341331
2010年12月	109.8	115.18	5.38	0.02391324	66.57	73.41	6.84	0.048864123
2011年1月	100.3	114.62	14.32	0.06662944	62.04	65.80	3.76	0.029411765
2011年2月	73.67	78.58	4.91	0.03224959	44.02	51.48	7.46	0.078115183
2011年3月	116.87	131.73	14.86	0.05977474	67.99	87.08	19.09	0.123105694
2011年4月	106.03	118.56	12.53	0.05579055	60.71	75.25	14.54	0.106943219
2011年5月	108.3	118.14	9.84	0.04345522	65.72	72.29	6.57	0.047605246
2011年6月	111.9	128.74	16.84	0.06998005	67.23	81.60	14.37	0.096553114
2011年7月	111.22	142.09	30.87	0.12186649	67.32	89.64	22.32	0.142201835
2011年8月	116.71	126.78	10.07	0.04135693	70.02	82.71	12.69	0.083087802
2011年9月	111.99	126.48	14.49	0.06076236	68.93	78.85	9.92	0.06712681
2011年10月	99.82	137.17	37.35	0.15760159	58.53	88.71	30.18	0.204971475
2011年11月	110.57	131.69	21.12	0.08717906	62.75	83.75	21.00	0.14334471

资料来源:上海统计网 http://www.stats-sh.gov.cn。

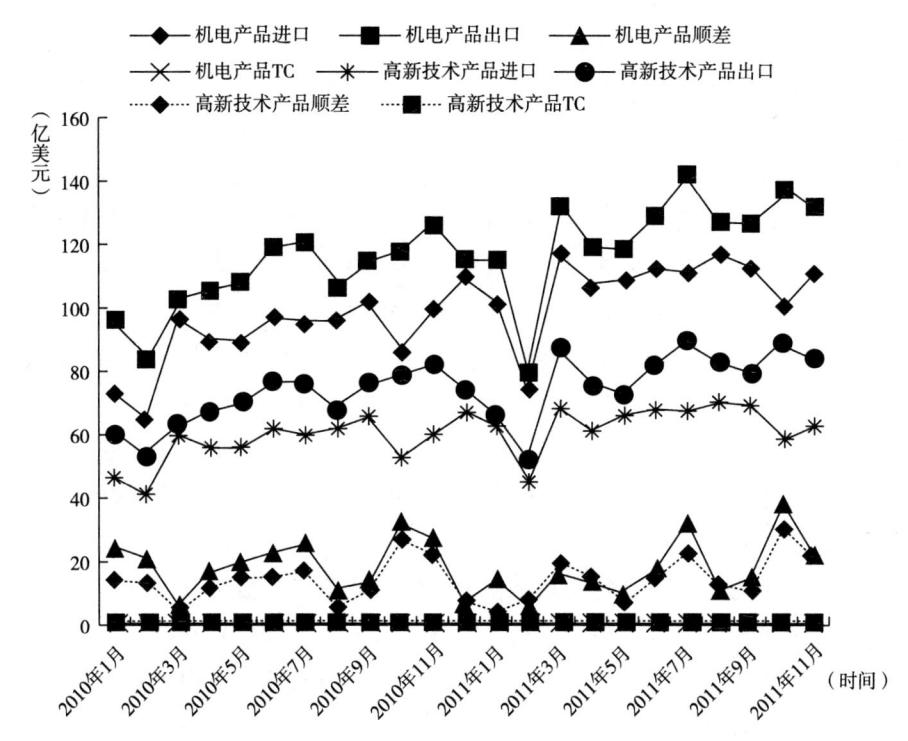

图例:
- ◆ 机电产品进口
- ■ 机电产品出口
- ▲ 机电产品顺差
- ✕ 机电产品TC
- ✳ 高新技术产品进口
- ● 高新技术产品出口
- ◇ 高新技术产品顺差
- ■ 高新技术产品TC

图 4-20 2010~2011 年上海机电、高新技术产品进出口数量

资料来源：上海统计网 http://www.stats-sh.gov.cn。

结合前文对企业性质的分析，将两者结合起来，上海私营企业主要集中于机电产品和高新技术产品生产。这两类产品已经成为提升上海贸易竞争力的技术密集、资本密集的高附加值产品，是需要政府在未来高度关注、适度支持的重点产业。因此，大力发展机电产品和高新技术产品，并以这两类产品为突破口，将私营企业视为重点扶持对象，是非常有利于上海在建设国际贸易中心过程中贸易竞争力的整体提升以及产品结构优化、产业升级和转型的。

（四）上海建设国际贸易中心过程中货物贸易研究小结

本部分基于对上海建设国际贸易中心过程中的重点、基础部分——货物贸易进行了深入、细致的研究，主要从四个方面展开了论述。

第一，上海进出口货物贸易总量及增速。上海进出口货物贸易的发展趋势与全国类似，均表现出较大的增幅，尤其进入21世纪以来有了较快增长。从上海进出口货物总额、增速来看，上海处于全国领先地位，贸易总量居广东、江苏之后，贸易增速仅低于江苏。所以说，上海建设国际贸易中心已基本建立雏形，即上海对外贸易与全国其他省份相比，已经具有一定的优势，但就目前的情形来看，尚未具有绝对优势，且上海对外贸易的增速仍低于江苏等省份。因此，上海要建立国际贸易中心，要从中国具有比较优势的货物贸易入手。上海仍需要加大力度，从进出口货物"量"上占有绝对优势，体现国内贸易中心的引领、决定性作用。在这方面，政府可采取优化港口清关手续，提升海关、商检服务质量，畅通各项贸易渠道，吸引更多国内企业在上海港进、出口通关。同时，加大开放力度，打通信息渠道，方便企业了解产品在国际市场价格信息，寻找商机，为更多企业开展对外贸易提供更便捷、友好的市场环境。

第二，上海进出口货物产品结构及其贸易竞争力指数分析。这一部分主要针对上海进出口货物贸易结构进行细分，通过数据分析发现，上海进出口产品中主要以工业制成品为主，初级产品贸易比重较小。其中，初级产品进口、出口中都以非食用原料、矿物及燃料、润滑油及其有关原料为主。工业制成品进口以电力机械、器具及电气零件、原料制成品等产品为主；出口以纺纱、织物制成品、电力机械及电气零件和化学产品、原料等产品为主，体现出上海进口工业原料和技术、资本密集型产品，出口劳动力密集的纺纱、织物制成品和部分中国生产的机电等资本密集型产品。总体来看，近10年来，上海贸易竞争力优势最明显的产品是服装及衣着附件，其次是烟草及制品和杂项制品等。因为地区资源缺乏，上海在初级产品上不具有明显的竞争力，同时，在资本、技术密集型产品上也不具有较强优势。相比较而言，目前上海贸易竞争力较强的产品仍是地方优势产业，例如劳动密集型服装业以及烟草等资源、资本密集型产业。因此，从上海进出口货物贸易结构分析，高新技术产品、高附加值产品尚未在上海显现明显的比较优势，这对上海建立国内、国际贸易中心都不是很有利，需要重点关注。政府应该在加快产业转型的基础上，从优化对外贸易产品结构入手，这是增强上海国际贸易中心总体实力很重要的一步。尤其值得关注的是，在量化分析中发现，1998年至2007年，上海对外货物贸易无论初级产品还是工业制成品的贸易竞争力均有不同程度下降。也就是说，上海在实现对外贸易"量"上绝对增长的同时，"质"却在不断下降。这是一个危险信号。这是上海建设国际贸易中心过程中，要着重下工夫重点扭转和解决的问题。

第三，上海货物贸易企业、贸易性质及技术含量现状分析。总结前文定量分析的结果，发现近10年来，上海货物贸易进出口量最大的是外商投资企业，国有企业次之，私营企业的贸易量最小。但将外商投资企业、国有企业、私营企业三者比较起来，外商投资企业的贸易逆差最大，国有企业也主要表现为贸易逆差，而私营企业成为上海货物贸易顺差的主要实现者。同时，就目前上海货物贸易性质来看，一般贸易均表现为比较劣势，加工贸易仍然在上海对外贸易中占有比较优势。私营企业的贸易盈余较多涉及机电、高新技术产品者将成为优化上海对外贸易产品结构，提升产品附加值的重要渠道，政府应该努力挖掘私营企业在国际贸易中心建设过程中的潜力，重视上海私营企业的发展，为其创造更加友好的投资与发展的内、外部环境。尤其要鼓励自由竞争，为私营企业创造一个与国有企业、外商投资企业同台竞技的舞台。开放更多经营领域，鼓励私营资本的进入，打破行业、企业壁垒，对于部分外商企业设障领域，政府要通过使用市场手段，为私营企业的发展创造宽松、友好的环境。因此，上海在建立国际贸易中心过程中，从鼓励私营企业入手，提升机电、高新技术产品的国际贸易竞争力，优化产品结构，提升贸易产品的附加值，在巩固加工贸易优势的基础上，大力鼓励一般贸易的发展，是一条有效途径。

总而言之，上海在建设国际贸易中心过程中，仍然要以发展货物贸易为主。具体在发展货物贸易过程中，不仅要从"量"上提升上海在全国范围内的绝对优势；更重要的是，从"质"上要优化上海对外贸易产品结构，增强贸易竞争力、增强贸易盈利能力。适度鼓励私营企业发展高新技术产业，为其发展创造公平的市场环境，提升一般贸易的国际竞争力，为上海更快建设国际贸易中心提供"量"与"质"的保障。

三 上海服务贸易中心建设研究

上海，作为我国服务业发展相对先进的省份，在全国范围内具有比较优势。据国家统计年鉴数据显示，2010年上海服务业产出8930.85亿元，位居全国第六，位于广东、江苏、山东、浙江和北京之后。上海服务业自身的发展（见图4-21），呈不断上升态势。

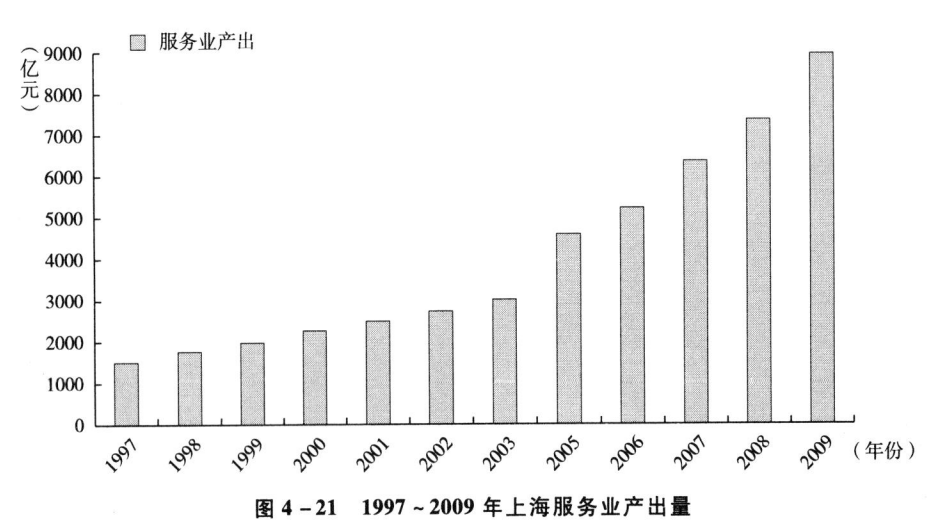

图4-21　1997~2009年上海服务业产出量

资料来源：2000~2010年《上海服务贸易发展报告》；2000~2010年《上海统计年鉴》。

与全国其他省份相比，上海服务业的发展趋势如何？

（一）全国服务贸易发展现状

1. 服务业现状分析

为对我国服务贸易现状做一个相对客观的分析，以下先运用2009年全国各省份服务业产出数据进行对比研究。

从图4-22中可以看出，广东作为我国服务业最发达省份，自1997年以来就一直保持全国领先水平；江苏紧随其后；山东、浙江作为东部沿海省份，在服务业发展过程中也表现出强劲涨势；北京作为我国城区面积最大的直辖市，服务贸易的总量在1997年至2005年低于上海，2005年后表现出最快增势，成为全国服务贸易额第五大省市。但就全国各省份服务业平均增速而言，1997~2009年上海服务业的平均增速在全国服务业发达省份中最高（1.619%）（见图4-23），这是上海服务业未来实现大发展的良性表现之一，也为上海构建服务贸易中心提供了一定的产业基础。

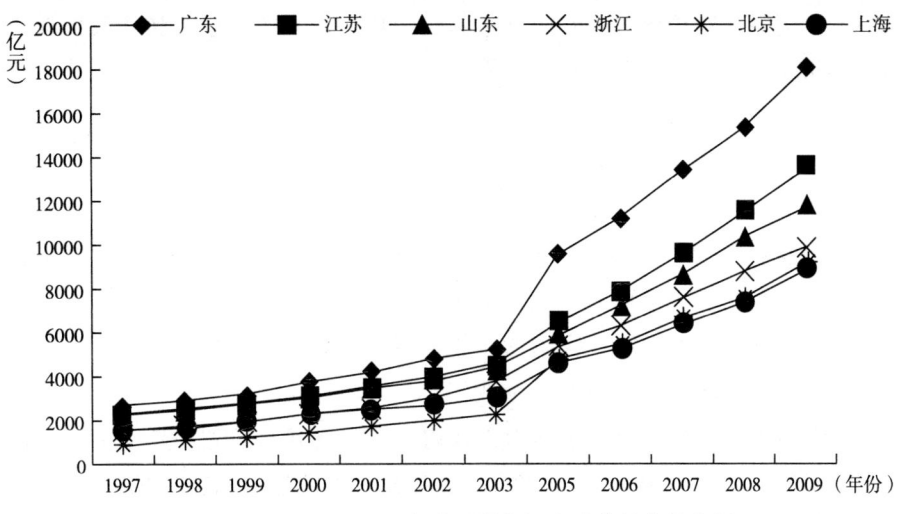

图 4-22 1997~2009 年全国服务业发达省份产量数量

资料来源：1996~2010 年《中国统计年鉴》。

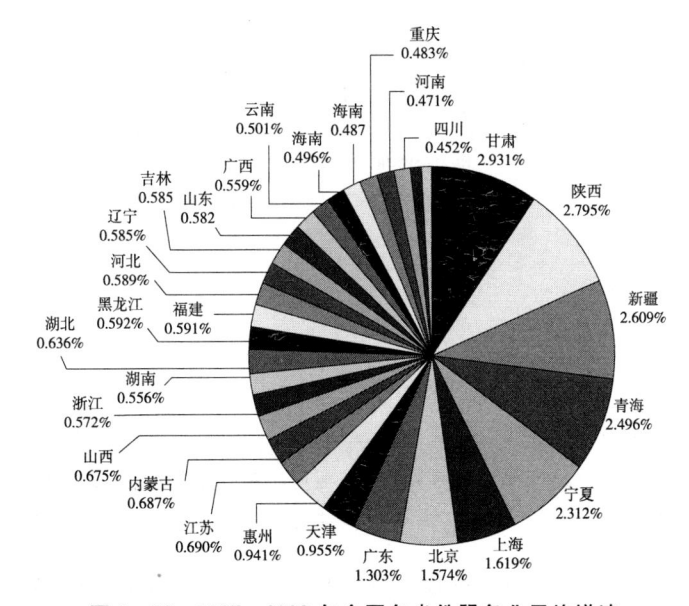

图 4-23 1997~2009 年全国各省份服务业平均增速

资料来源：1996~2010 年《中国统计年鉴》。

2. 服务贸易各行业竞争力指数分析

服务贸易作为一国以提供直接服务活动形式满足另一国某种需要而取得

报酬的活动,是一国服务业在国际市场比较优势的发挥。上海作为我国建设中的国际贸易中心,实现货物贸易、服务贸易"双中心"的目标是必然要求。

据名义价格计算,2007年全球货物贸易出口额为13.6万亿美元,服务贸易出口额达3.3万亿美元,占全球贸易出口总额的比重为19.5%,尤其服务贸易增速超过货物贸易,显示出巨大的增长潜力。中国作为新兴经济体,在快速发展货物贸易的同时,也越来越关注服务贸易的重要性。据UNCTAD数据显示,截至2010年,我国服务贸易总产值达到3645.24亿美元,较2009年的2884.96亿美元产出,实现了26.53%的增长。

为对我国服务贸易的总体实力以及内部所包含各行业贸易竞争力有更深一层的了解,我们采用TC贸易竞争力指数对各行业进行测度(见图4-24)。

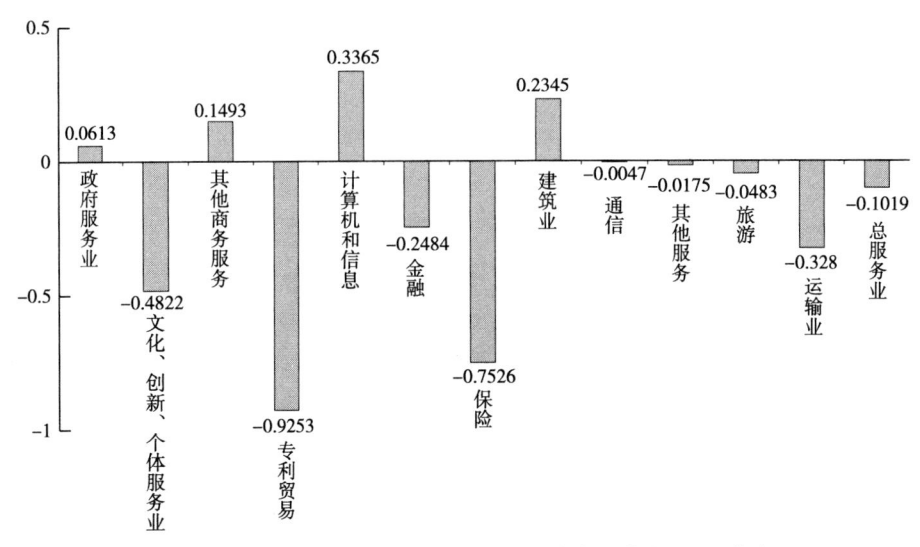

图4-24 2009年中国服务业各行业贸易竞争力指数(TC指数)

资料来源:UNCTAD,《2010年上海服务贸易发展报告》。

如图4-24显示,2009年我国服务贸易竞争力指数为-0.1019,总体显现为竞争劣势,说明我国起步较晚的服务贸易与国际先进水平相比仍有较大差距。目前,在我国服务贸易总体发展水平不高的情况下,相对有比较优势的行业包括计算机和信息业(0.3365)、建筑业(0.2345)以及其他商务服务(0.1493)。这些行业将成为我国服务贸易发展过程中需要继续保持的优势之一。从图4-23中可以看出，专利贸易是目前中国服务贸易中劣势最明显的行业（-0.9253），这也是我国缺乏自主研发、发明创造的集中体现。同时，保险业（-0.7526）和文化、创新、个体服务业（-0.4822）的落后发展也成为我国服务贸易更快提升的短板之一。甚至，运输业（-0.328）、旅游业（-0.0483）相对技术含量要求不高，劳动力密集的服务行业，在对外贸易中也不具有比较优势，中国服务贸易面临更加严峻的挑战。总体而言，技术创新的缺失、科学研究的滞后以及人力资本的缺乏成为我国服务贸易总体水平不高，呈现服务贸易劣势的直接原因。

（二）上海服务贸易发展现状

上海，作为建设中的国际贸易中心，迅速发展服务贸易不仅是国家战略决策的需要，也是地方经济新一轮增长的突破口。因为受限于各省份服务贸易数据统计的缺失，在此主要以上海服务贸易数据做定量分析。

1. 上海服务贸易总体状况分析

作为中国最大港口城市，上海在具有货物贸易比较优势的情形下，在全国范围内是否具有服务贸易总量上的绝对优势？（见表4-8）

表4-8 2000~2009年上海服务贸易进出口占全国服务贸易进出口比重

单位：%

	上海服务贸易进出口占全国服务贸易进出口的比重	上海服务贸易出口占全国服务贸易出口比重	上海服务贸易进口占全国服务贸易进口比重
2000年	12.0	12.0	12.0
2001年	13.2	14.0	12.5
2002年	13.5	14.5	12.7
2003年	15.8	16.7	15.1
2004年	18.3	19.5	17.2
2005年	20.6	21.8	19.6
2006年	21.0	21.1	21.0
2007年	24.3	22.1	26.4
2008年	26.0	23.6	28.3
2009年	26.1	23.3	28.3

资料来源：国家商务部。

从表 4-8 中可以看出,上海服务贸易进口、出口额在全国的比重呈不断上升态势,总体趋势符合全国服务贸易走势(见图 4-25)。

从表 4-8、图 4-25 中可以看出,上海服务贸易总体呈上涨趋势的同时,进口的涨势强于出口,即 2000~2009 年上海服务贸易逆差呈不断扩大趋势。

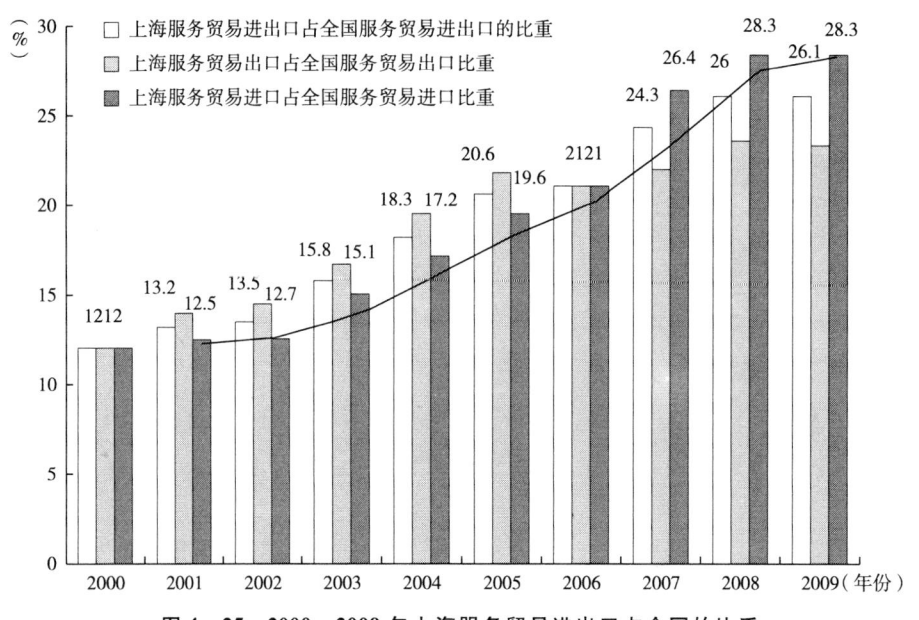

图 4-25　2000~2009 年上海服务贸易进出口占全国的比重

资料来源:国家商务部。

为进一步衡量上海服务贸易竞争力的变化,在此运用国际贸易竞争力指数进行衡量(见图 4-26)。

从图 4-26 中我们可以清晰地看出,2001~2009 年上海服务贸易竞争力指数在不断下降。2001 年上海服务贸易总体呈现微弱的比较优势,但随着服务贸易的不断深入,服务贸易优势在不断下降,截至 2009 年,上海服务贸易竞争力指数已经降至 -0.1985。与前文分析上海货物贸易总体竞争力相比(2007 年 TC 指数为 0.0172),上海服务贸易总体竞争劣势更明显。但就全国范围内看,基于我国服务贸易总体竞争力与发达国家相比存在较大差距的现实,上海在全国范围内与同期其他省市相比,仍有一定优势(见表 4-9)。

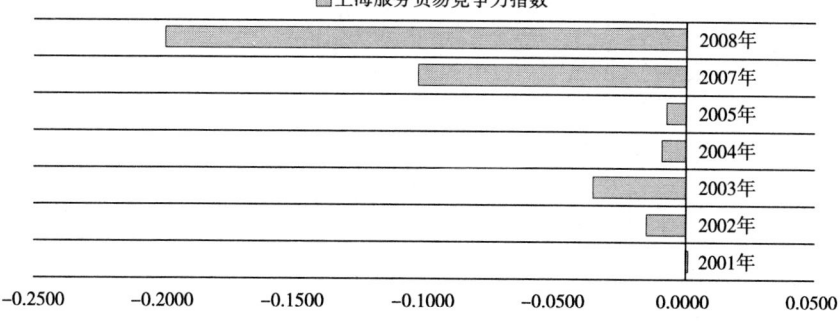

第四章 基于发达货物贸易下的上海国际贸易中心建设研究

图 4-26 2000~2009 年上海服务贸易竞争力指数分析

资料来源：2000~2010 年《上海服务贸易发展报告》。

表 4-9 国内相关省市国际服务贸易比对表（2002）

单位：%

省 市	服务贸易进出口额占全国服务贸易进出口总额	服务贸易出口额占全国服务贸易出口总额	服务贸易进口额占全国服务贸易进口总额
上海市	22	22.3	21.6
北京市	31.6	35.4	28.2
广东省（不含深圳）	7.4	8.2	6.6
深圳市	7	8.6	5.6

资料来源：《2003 年上海服务贸易发展报告》。

2. 上海服务贸易各细分行业贸易竞争力分析

基于前文的分析，上海服务贸易的发达程度与货物贸易相比，其比较劣势更加明显，这一现象同时受制于我国服务业整体发展水平的低下。为更有针对性地分析上海服务贸易各细分行业的发展状况，以下对各行业做进一步的定量研究（见表 4-10）。

为便于分析研究上海服务贸易各行业的变化趋势，在此将表 4-10 的数据再做图示分析（见图 4-27）。

从表 4-10、图 4-27 明显看出，从 2001~2009 年，上海服务贸易中平均出口额前六位的行业分别是：运输业、旅游业、咨询业、计算机和信息业、个人劳务、广告宣传；平均进口额前六位的行业分别是：运输业、旅游业、咨询业、专利权利使用费、保险业和特许费以及教育医疗保健

表4-10 2001~2009年上海服务贸易各行业进出口贸易额

单位：亿美元

年份行业	2001 出口	2002 出口	2003 出口	2004 出口	2005 出口	2007 出口	2009 出口	2001 进口	2002 进口	2003 进口	2004 进口	2005 进口	2007 进口	2009 进口
运输	24.196	24.909	36.8424	56.6471	67.1787	108.7	78.7	24.6483	28.2347	43.9599	68.419	90.579	150.6	170.3
保险	1.656	1.71	2.8638	3.8816	3.8664	5.6	2.9	1.6065	1.9371	3.6564	5.8045	5.886	8.1	26.4
旅游	9.844	14.364	16.3314	24.26	32.0589	33.8	44.4	5.8752	3.6394	3.4071	11.2385	22.7265	82.3	160.9
金融	0.138	0.114	0.0774	0.2426	0.6444	2.4	0.8	0.1836	0.2348	0.4155	0.3705	0.8175	1.4	0.6
通信邮电	0.092	0.171	0.2322	0.3639	0.3222	0.7	1.6	0.0918	0.2935	0.6648	0.6175	0.654	1.2	0.5
建筑安装、承包工程	1.564	1.995	1.0836	1.9408	1.7721	2.4	1.792583	0.6426	1.3501	1.2465	1.482	1.962	2.5	1.530533
计算机和信息	1.334	3.705	5.1084	7.1567	7.4106	16.6	23.9	0.5967	1.4088	2.0775	2.8405	3.4335	4.7	9.2
专利权利使用费和特许费	0.414	0.399	0.1548	0.6065	0.4833	0.2	0.8	5.049	8.6876	8.9748	9.7565	13.407	14.1	21.4
咨询	4.784	6.555	8.8236	14.7986	24.3261	49.6	66.8	3.7638	7.1614	10.2213	11.7325	14.2245	23	28.5
教育、医疗、保健	0.414	0.513	0.6966	1.0917	1.611	2.6	1.154383	2.4327	3.2285	4.2381	3.705	3.27	10.1	4.495717
广告宣传	1.058	1.539	2.0124	4.1242	5.7996	10.2	11.3	0.459	1.0566	0.7479	2.0995	1.4715	2.4	3.4
电影音像	0.092	0.114	0.0774	0.1213	0.1611	0.5	0.1	0.0459	0.2935	0.0831	0.6175	0.654	0.2	0.5
其他（官方交往）	0.046	0.057	0.2322	0.3639	0.4833	0.8	63.4	0	0	0.0831	0.1235	0.1635	0.3	24
个人劳务	0.138	0.684	2.7864	5.4585	14.6601	16.8	6.7545	0.459	1.0566	3.1578	4.3225	4.4145	7.4	3.4684
合计	46	57	77.4	121.3	161.1	308.2	304.4015	45.9	58.7	83.1	123.5	163.5	308.2	455.1947

资料来源：2000~2010年《上海服务贸易发展报告》。

注：因为统计口径不同，2009年进出口数据不包括建筑安装和承包工程、教育医疗保健、个人劳务服务三个行业的数据，在此采用五年移动平均的方法对缺失数据进行处理。

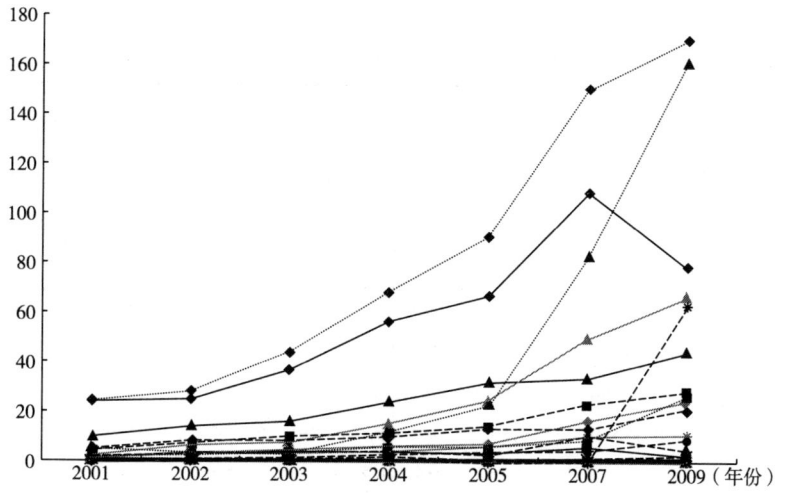

图 4-27 2001~2009 年上海服务业各行业进出口额变化趋势

资料来源：2000~2010 年《上海服务贸易发展报告》。

业。传统服务贸易仍旧是上海服务贸易最重要的产业。在此，借用国际贸易竞争力指数（TC）进行量化研究（见表 4-11）。

从表 4-11 中可以看出，自 2001~2009 年上海服务贸易竞争力最强的行业是其他（官方交往）。传统的优势服务业——旅游业的比较优势自进入 2007 年以来就出现明显恶化，截至 2009 年时表现出显著劣势（TC 指数为 -0.56746）。同时，另一大传统产业运输业自 2001 年以来就表现为比较劣势，而且这一趋势呈扩大态势，2009 年时已达到 -0.36787。个人劳务作为新兴消费者服务行业，建筑安装及承包工程作为技术密集行业在上海服务贸易中的优势在上升。同时，上海服务贸易结构优化的现象已经显现，越来越多人力资本密集的高端服务行业的比较劣势已逐步转化为优势，例如上海的金融业、咨询业、通信邮电业、计算机和信息业以及广告宣传业。虽然目前上海专利权利使用费和特许费（2009年时TC指数为-0.92793）、保险业（2009年时TC指数为-0.80205）的比较劣势还很突出。但总体而言，上海在建设国际贸易中心过程中，诸如金融、咨询等高端服务业的优势显现出一个可喜上升态势，这是上海服务业在转型过程中结构优化的表现，是上海进一步实现金融、航运、经济中心的坚实基础。

表4-11 2001~2009年上海服务业各行业国际贸易竞争力指数

服务业\年份	2001	2002	2003	2004	2005	2007	2009
运输	-0.00926	-0.06258	-0.08809	-0.09413	-0.14833	-0.16159	-0.36787
保险	0.015172	-0.06227	-0.12156	-0.19852	-0.20709	-0.18248	-0.80205
旅游	0.252481	0.595699	0.654776	0.366818	0.170345	0.41774	0.56746
金融	0.14179	0.34633	-0.68594	-0.20861	-0.11841	0.263158	0.142857
通信邮电	0.001088	-0.26372	-0.48227	-0.25841	-0.33989	-0.26316	0.52381
建筑安装、承包工程	0.417565	0.192789	-0.06991	0.134042	-0.05086	-0.02041	0.078857
计算机和信息	0.381882	0.44902	0.421784	0.431741	0.366752	0.558685	0.444109
专利权利使用费和特许费	-0.84843	-0.91218	-0.96609	-0.88295	-0.93041	-0.97203	-0.92793
咨询	0.119352	0.04421	0.07339	0.115566	0.262035	0.366391	0.401889
教育、医疗、保健	-0.70914	-0.72578	-0.71767	-0.54481	-0.33989	-0.59055	-0.59138
广告宣传	0.394858	0.185853	0.458102	0.325321	0.595247	0.619048	0.537415
电影音像	0.3343	-0.44049	-0.03551	-0.67163	-0.60471	0.428571	-0.66667
其他（官方交往）	1	1	0.472883	0.493729	0.494434	0.454545	0.450801
个人劳务	-0.53769	-0.21406	-0.06248	0.116244	0.537133	0.38843	0.321445

资料来源：根据2000~2010年《上海服务贸易发展报告》计算。

3. 上海建设服务贸易中心小结

从以上对上海服务贸易中心的定量分析结果来看，上海在建设国际贸易中心过程中，服务贸易中心的重要性不可小视。虽然基于我国原本落后的服务贸易发展基础，上海服务贸易总体竞争力仍呈劣势。但上海作为我国服务业先行先试的省份，同时响应国家于2020年建设上海国际贸易、国际金融、国际航运、国际经济中心的目标，上海高端服务贸易已经出现从比较劣势向比较优势的转化，例如金融业、咨询业、通信邮电业、计算机和信息业以及广告宣传业，这是上海服务贸易结构优化的可喜结果。在上海建设国际贸易中心过程中，尤其要营造更好的市场环境，鼓励自由竞争，尽量疏通私营企业进入高端服务行业的渠道，破除壁垒，为国有、私营企业提供一个与外商投资企业公平竞争的环境。同时，对于金融、咨询等显现比较优势的产业，要进一步巩固、扩大这种优势，尤其加大对这类产业所需人才的供给，必要时可与上海高校建立专项高端人力培养计划。同时，要做好相应人才的引进工作，为高级服务业提供必要的人才保障。对部分已经显示出比较劣势的行业，例如运输业、旅游业等，政府不能任其发展，而是应该采取相应的扭转措施，查找问题，优化行业经营环境，尤其要引进先进的管理方法，加入优化因素，为更快实现上海服务贸易中心而努力。

四 上海建设国际贸易中心过程中货物贸易中心与服务贸易中心协同效应研究

基于前文对上海建设国际贸易中心初级阶段即国内贸易中心时，从货物贸易中心与服务贸易中心出发做定量分析的结果来看，上海货物贸易中心已初具雏形，但尚未表现出中心的聚集效应。目前，上海货物贸易总额居广东、江苏之后，增速仍位于江苏、山东等省份之后，说明从"量"的增长看，上海要成为货物贸易中心仍有一定的差距。同时，从"质"的角度研究发现，近10年来上海货物贸易的国际贸易竞争力在不断弱化，表现为初级产品的贸易竞争力为负，工业制成品的贸易竞争力为正，处于贸易竞争力不断弱化的不良发展阶段，但总体仍呈现比较优势。在建设国际贸易中心初级阶段——国内贸易中心过程中，如何在巩固上海货物贸易现有比较优势的基础上，加快货物贸易中心建设，塑造其在全国范围内的绝对优势，并依靠这种优势向国际货物贸易中心迈进？

与此同时，依据前文对上海服务贸易中心的定量分析，我们发现，与货物贸易相比，上海服务贸易总体呈现贸易逆差，显示为竞争劣势。这与我国服务业起步晚、基础差的大环境相关联。但可喜的是，前文通过定量分析发现,上海服务贸易结构在不断优化,金融业、咨询业、通信邮电业、计算机和信息业以及广告宣传业等高端服务业均已显示为竞争优势,尤其金融业的贸易竞争力指数由 2001 年的 -0.14179 提升为 2009 年的 0.142857。这与上海在建设国际贸易中心的同时建设国际金融中心的目标,达成了一个统一、协调发展的有效机制。因此,本部分欲探索是否可以通过发展货物贸易与服务贸易的同时,为上海实现货物贸易中心与服务贸易中心下的国际贸易中心寻找有效路径。

(一) 实证研究

1. 模型设定及变量选取

本部分主要探索上海货物贸易中心与服务贸易中心建设过程中两者的相关性,试图发掘货物贸易与服务贸易之间的协调、促进效用,研究使上海更快地建成货物贸易中心、服务贸易中心作用下的国内贸易中心,进而向国际贸易中心迈进的可操作路径。依据数据的可得性,模型选取 1998~2009 年的数据进行定量分析,并设定计量模型如下:

$$service_{it} = \alpha_0 + \beta_1 lowaddedgoods_t + \beta_2 advancedgoods_t + \varepsilon_{it} \qquad 4.1$$

其中,$service_{it}$ 代表不同年份的服务贸易竞争力水平以及不同年份的服务贸易商品结构,其中依次包括以下产业:运输业($trans_t$)、保险业($insur_t$)、金融业($finan_t$)、通信邮电业($commu_t$)、建筑安装与承包工程业($struc_t$)、计算机与信息业($compu_t$)、专利权利使用费和特许费业($paten_t$)、咨询业($consu_t$)、广告宣传业($adver_t$)。$lowaddedgoods_t$ 代表初级产品不同年份的贸易竞争力水平,$advancedgoods_t$ 代表工业制成品不同年份的贸易竞争力水平。研究以货物贸易为解释变量,服务贸易为被解释变量时,两者间的协同变化关系。ε_{it} 代表误差项。

2. 实证结果

依据计量模型 4.1 进行实证分析,得出结果如下。

(1) 数据特征描述

见表 4-12。

表 4-12 模型各变量数据特征

项目 统计值	生产性服务业	运输业	保险业	金融业	通信业	建筑业	计算机与信息业	专利业	咨询业	广告宣传业	初级品	工业制成品
均 值	-0.072359	-0.102	-0.12294	-0.20619	-0.1221	0.074529	0.38011	-0.90341	0.126632	0.435316	-0.62662	-0.022775
中位数	-0.069411	-0.09127	-0.14984	-0.18868	-0.25422	0.006487	0.412622	-0.92235	0.102202	0.407507	-0.62182	-0.036322
最大值	-0.028684	-0.04025	0.045872	0.263158	0.428571	0.380531	0.558685	-0.74913	0.366391	0.65678	-0.59175	0.065674
最小值	-0.114531	-0.16159	-0.2516	-0.60714	-0.48569	-0.05532	0.049505	-0.97203	-0.07345	0.172414	-0.66228	-0.100865
标准差	0.027583	0.044326	0.105141	0.249402	0.348881	0.152488	0.147018	0.073945	0.159892	0.174426	0.02746	0.059056
观察值	8	8	8	8	8	8	8	8	8	8	8	8

（2）单位根检验

为防止伪回归的现象发生，先就计量模型中所选数据进行单位根分析，并对不平稳序列进行差分分析得到平稳序列（见表4-13）。

表4-13　模型中各变量单位根检验结果

变量名 项目	检验形式	ADF值	概率	1%临界值	5%临界值	10%临界值	平稳性
service	(0, 0)	-1.2168	0.6012	-4.8034	-3.4033	-2.8418	不平稳
service (2)	(c, 0)	-3.2631	0.0102	-3.2714	-2.0823	-1.5998	平稳
trans	(0, 0)	-0.2305	0.89	-4.8034	-3.4033	-2.8418	不平稳
trans (2)	(c, 0)	-3.3279	0.0093	-3.2714	-2.0823	-1.5998	平稳
insur	(0, 0)	-1.942	0.2991	-4.8034	-3.4033	-2.8418	不平稳
insur (2)	(c, 0)	-3.4031	0.0067	-3.1095	-2.0439	1.5973	平稳
finan	(0, 0)	-0.7713	0.7617	-4.8034	-3.4033	-2.8418	不平稳
finan (2)	(c, 0)	-3.2888	0.0099	-3.2714	-2.0823	-1.5998	平稳
commu	(0, 0)	-2.0819	0.254	-4.8034	-3.4033	-2.8418	不平稳
commu (2)	(c, 0)	-3.7756	0.0056	-3.2714	-2.0823	-1.5998	平稳
stru	(0, 0)	-2.1326	0.239	-4.8034	-3.4033	-2.9418	不平稳
stru (2)	(c, 0)	-11.3505	0.0001	-3.2714	-2.0823	-1.5998	平稳
compu	(0, 0)	-3.1933	0.0075	-3.0074	-2.0211	-1.5972	不平稳
compu (1)	(c, 0)	-3.1933	0.0075	-3.0074	-2.0211	-1.5972	平稳
paten	(0, 0)	-3.1444	0.0686	-4.8034	-3.4033	-2.8418	不平稳
paten (2)	(c, 0)	-3.6663	0.0048	-3.1095	-2.0439	-1.5973	平稳
consu	(0, 0)	-0.2273	0.8906	-4.8034	-3.4033	-2.8418	不平稳
consu (2)	(c, 0)	-5.5305	0.0011	-3.2714	-2.0823	-1.5998	平稳
adver	(0, 0)	0.0162	0.921	-5.1198	-3.5195	-2.8984	不平稳
adver (1)	(c, 0)	-2.6537	0.022	-3.2714	-2.0823	-1.5998	平稳
lowaddedgoods	(0, 0)	-2.886	0.0945	-4.8031	-3.4033	-2.8418	不平稳
lowaddedgoods (2)	(c, 0)	-1.0826	0.0004	-3.1095	-2.0439	-1.5973	平稳
advancedgoods	(0, 0)	-3.0845	0.1034	-6.4236	-3.9849	-3.1206	不平稳
advancedgoods (2)	(c, 0)	-1.6675	0.0895	-3.1095	-2.0439	-1.5973	平稳

注：检验形式（C，T，P）中的C代表差分阶数，T代表时间趋势，P代表滞后阶数（由AIC准则确定），*、**、***分别代表在此1%、5%、10%水平下显著。

(3) 时间序列回归结果分析

通过运用单位根检验方法，对计量模型中涉及变量进行 ADF 检验，并对不平衡序列进行差分处理得到平稳序列后，运用 TSLS 方法进行回归得到结果如下（这里以货物贸易竞争力指数为解释变量来分别估计不同被解释变量情形下的相关关系）。

表 4 – 14 2000 ~ 2007 年模型数据的计量结果

估计方法	被解释变量	解释变量 (lowaddedgoods)	概 率 (lowaddedgoods)	解释变量 (advancedgoods)	概 率 (advancedgoods)	R2	DW 值
估计 1	service（2）	0.1087 ***	0.0007	0.4101 **	0.0209	0.7060	2.3906
估计 2	trans（2）	0.2013 ***	0.0000	(-0.5387 **)	0.0041	0.9016	2.2190
估计 3	finan（2）	0.2895 **	0.0015	-0.7498	0.1064	0.4959	1.4555
估计 4	commu（2）	0.4807 **	0.0223	-0.4437	0.7459	0.1067	2.8894
估计 5	struc（2）	-0.0312	0.6886	-0.6614	0.3971	0.1701	3.1999
估计 6	compu（1）	(-0.6426 ***)	0.0000	-0.1333	0.6397	0.0500	1.6231
估计 7	paten（2）	1.4976 ***	0.0000	-0.1209	0.4182	0.7082	1.6578
估计 8	insur（2）	0.2895 **	0.0015	-0.7498	0.1064	0.4949	1.4555
估计 9	consu（2）	(-0.3109 ***)	0.0003	2.5874 ***	0.0004	0.9656	1.7653
估计 10	adver（1）	0.1012	0.9341	-0.0541	0.9568	0.0146	0.7341

注：*、**、***分别代表在1%、5%、10%水平下显著。

从表 4 – 14 中可以看出，具有解释力的结果是估计 1、2、3、4、6、7、8、9。从估计 1 来看，2000 ~ 2007 年上海货物贸易中的初级产品贸易竞争力与服务业正相关，初级产品竞争力每上升 1%，服务业竞争力上升 10.87%；而工业制成品竞争力每上升 1%，服务业竞争力上升 0.4101%。说明上海近年来已经发现货物贸易与服务贸易协同发展的趋势。其中，以附加值相对较高的工业制成品更能体现与服务贸易，尤其高端服务贸易竞争力间的正向相关效应。从估计 2 中，如果从服务业各细分行业来看，我们发现，运输业作为上海服务业中比重最大的单一产业，与货物贸易的影响效应非常明显。具体表现为：初级产品贸易竞争力每上升 1%，服务贸易竞争力有 0.2013% 的上涨；工业制成品贸易每上升 1%，服务贸易竞争力下降 0.5387%。这一现象说明上海服务贸易的竞争力与初级产品有正向相关性，即农产品、供给弹性小的商品，其运输相对刚性，对服务贸易竞争力提升有正向效应；而工业制成品，相对供给弹性大，消费者的需求弹性也比初级产品大；与之相对应的运输业相对技术含量低，属于服务业中的传统产业，其贸易竞争力呈下降趋势。说明运输业仅适用于初级产品的发展，对工业制成品来说，运输业的低附加值与工业品相对高的价值增值产业间不呈正相关关系。从估计3中可以看出，上海目前的金融业还较低端，仅与初级产品的贸易竞争力呈正比，与工业制成品的贸易竞争力呈反比，这一方面说明上海金融业目前定位还较低端，另一方面也说明工业制成品贸易竞争力尚未显现对金融业的促进作用。通信贸易的竞争力与金融业类似，也主要对初级产品表现为正效应，这是上海通信业竞争力低端化的表现。计算机和信息业作为互联网时代最重要的产业之一，表现为贸易竞争力与初级产品负相关，与工业制成品相关不显著。也就是说，上海作为一个建设中的国际大都市，初级产品对信息、数字产业主要表现出下拉态势，即不利于信息、计算机产业的发展，而工业制成品的效应尚不明显。与金融、通信业类似，当前上海初级产品对专业和所有权业发展有正向效应，初级产品贸易竞争力每上升1%，专利及所有权业竞争力上升1.4976%，说明初级产品对专利业的正向促进作用是倍增的，而工业制成品的效应尚未显现。另外，上海初级产品贸易竞争力对保险业有正效应，初级产品竞争力每上升1%，保险业竞争力提升0.2895%，说明上海保险业也主要匹配低端化的初级产品。可喜的是，上海初级产品、工业制成品竞争力与咨询业竞争力提升均有明显效应，其中工业制成品贸易竞争力每上升1%，咨询业贸易竞争力上升2.5874%，而初级产品竞争力每提升1%，咨询业贸易竞争力下降0.3109%，说明工业制成品对咨询业的需求促进了这一产业的发展。

整体而言，上海货物贸易中的初级产品贸易和工业制成品贸易与服务贸易竞争力呈正相关。如果分行业来看，目前，仅运输业和咨询业与初级产品贸易和工业制成品贸易竞争力有显著效应，其中初级产品贸易竞争力与运输业呈正比，而工业制成品贸易竞争力与运输业呈反比，说明运输业主要与初级品的贸易发展阶段相吻合，现不符合工业制成品竞争力的发展阶段。而上海咨询业目前已经表现出与工业制成品贸易竞争力的正相关以及与初级产品贸易的负相关关系，说明上海咨询业发展情况喜人，达到了附加值相对较高工业制成品的需求，两者间呈正向促进作用，这也为上海服务业的其他行业树立了一个较好的行标，可以以此为参照，鼓励和助推其他服务贸易的快速发展。另外，上海初级产品贸易竞争力与金融、通信、专利和保险业贸易竞争力提升呈正相关关系，说明上海高端服务业已经表现为对货物贸易的拉动作用，但另一方面也说明目前上海的金融、通信、专利和保险业的总体竞争力还较弱，尚未表现出与工业制成品贸易间的明显效应。下一步，上海应该大力发展金融、通信、专利和保险业，从产业入手，以提高产业竞争力为出发点，助推贸易竞争力的提升。同时，上海初级产品贸易竞争力对计算机和信息业的提升呈负效应，说明初级产品竞争中尚未较好地利用电子商务、互联网等数字工具，农产品等初级产品反而会下拉计算机和信息业的发展。同时，工业制成品对这一行业贸易竞争力提升也未表现出明显效应，说明上海计算机和信息业等基础设施的建设以及数字技术向农户以及工业部分的普及率要进一步提升，以发挥互联网时代计算机和信息业对货物贸易带来的正向促进作用。

因此，上海货物贸易中的初级产品与服务贸易间存在一定的良性促进关系，但相比较而言，上海货物贸易中的工业制成品与服务贸易的协同性发挥得不好，特别需要注意货物贸易中工业制成品贸易与服务贸易，尤其是高端服务业间的相互需求，从而加速两者的有效融合，争取充分发挥协同效应，为上海整体竞争力的提升做出贡献，为上海国际贸易中心的早日建成发挥作用。

五　上海建设国际贸易中心与新加坡、香港的异质性及差距

上海作为国内最发达的城市之一，在建设国际贸易中心过程中，需要与世界已经成熟的国际贸易中心相比较。本部分基于地理区位、文化、人文等多方面考虑，选择新加坡、香港这两个与上海同位于亚洲，具有相似亚系文化元素、人文因素的国际贸易中心进行比较，从中寻找差距，为上海更快建设国际贸易中心提出更有借鉴意义的政策建议。

（一）从经济总量分析差距

香港、新加坡、上海三大城市从其经济总量来看，都是较大的经济体。2011年，新加坡GDP总量达到3100.368亿美元，同期香港GDP总量为

2419.21亿美元，上海GDP总量为3048.27亿美元。2009年上海经济规模首度超过香港，说明上海以长江三角洲为主，依托内陆腹地型的经济发展模式尚有较大经济增长潜力，为上海建设国际贸易中心，实现"四个中心"提供了经济平台。

（二）从人均收入分析差距

上海拥有日益增长的经济总量，但就人均收入来看，情形并不容乐观。2008年的数据显示，上海人口为18580000人，人均收入11570美元，是同期全国最高水平。与此同时，2008年底，香港人口为7008900人，人均收入30755美元；同期新加坡人口为4840000人，人均收入38972美元。虽然从经济总量来看，2009年上海就已经超越香港，实现经济大增长，但就人均收入来看，2008年时上海仅为香港的37.62%，为新加坡的27.69%。由此表明，上海的富裕程度与国际上成熟的贸易中心还有较大差距，这也成为上海货物需求，尤其高端服务需求乏力的重要原因之一。

（三）从国际贸易"量"分析差距

从城市贸易量来看，香港贸易早年以转口贸易为主，自20世纪50年代起，出口贸易量开始大幅增长。香港成为世界主要贸易中心之一。统计资料显示，2011年全球二十大集装箱港的集装箱吞吐量超过1.1亿箱，约占全球总吞吐量的38%。香港已经连续八年成为全球第一大集装箱港。2011年香港贸易量实现进口2276.43亿美元，出口2097.89亿美元。同期，新加坡作为亚洲最重要的自由港之一，其贸易依存度是全世界最高的。2011年新加坡实现货物贸易84840.5亿美元，是一个以贸易为主的国家。新加坡港口一个月内货柜量达到260万箱左右，并且这一数字呈不断上升趋势。

作为中国最大的城市，2011年上海港吞吐量已经跃居世界第一，是中国最大的工业基地和外贸港口，平均值仅占全国的10%左右。从贸易总量来看，上海与发展成熟的国际贸易中心还有很大差距。

（四）从国际贸易"质"分析差距

从贸易结构来看，上海与中国香港、新加坡等发展成熟的国际贸易中心仍有较大异质性。

1. 香港国际贸易"质"的特点

香港是一个优良的深水港区，曾被誉为世界三大天然海港之一，是全球第十一大贸易经济体系、第六大外汇市场和第十五大银行中心。香港股票市场规模居亚洲第二。成衣、钟表、玩具、游戏、电子与部分轻工业产品的出口总值也位列全球高位。

从上海、香港两地在2011年进口、出口货物的月度数据来看，上海出口货物增速变化较大。尤其2011年底时，上海进口货物的增速变化相对较明显（见表4-15）。这是响应国家政策，扩大进口的政策型拉动增长。从货物贸易结构看，上海与香港是否有异质性？

从2011年香港、上海进口、出口货物月度数据比较来看（见表4-15），上海的进口、出口贸易量分别是香港同期的46.85%和49.66%。从香港货物贸易进出口量来看，上海与之类似，即主要表现为逆差，货物贸易进口大于出口，突出了购物天堂对于资本品货物等的刚性需求。

从货物贸易的总量来看，香港相对于上海具有绝对优势；就两地贸易增速来看，上海的增速相对更高（见图4-28）。

表4-15　2011年香港、上海进口、出口货物总额

单位：亿美元

年　份	香港进口货物	香港出口货物	上海进口货物	上海出口货物
2011年1月	386.4504497	357.959908	187.32	164.36
2011年2月	326.2348236	287.9387688	135.1	109.3
2011年3月	414.726903	354.8066159	205.53	184.44
2011年4月	379.7879112	317.3540183	185.3	170.37
2011年5月	407.0738825	353.1442055	188.41	171.98
2011年6月	428.7935518	369.7076942	195.26	181.49
2011年7月	415.3794861	362.4557673	193.37	202.83
2011年8月	444.5097142	392.0051446	205.16	183.99
2011年9月	402.0750441	344.2595311	200.81	178.22
2011年10月	424.0810246	387.4551183	180.79	184.53
2011年11月	416.1404032	352.621881	196.8	182.53
2011年12月	413.5945552	344.4491155	202.58	183.85

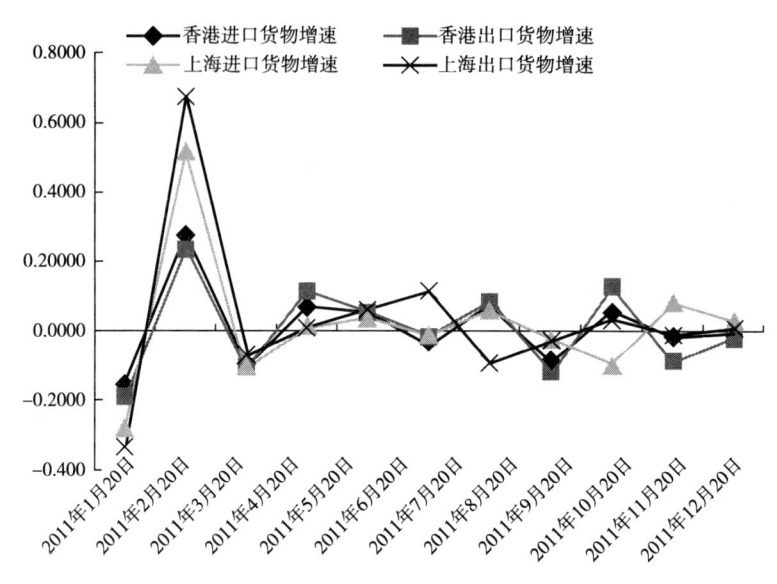

图 4-28 2011 年香港、上海进口、出口货物增速变化

资料来源：香港特别行政区政府统计处网站 http://www.censtatd.gov.hk；上海统计网 http://www.stats-sh.gov.cn。

与上海货物贸易进口结构相比，香港进口货物中，原料及半制成品、资本品进口比重较大，平均达到 37.06% 和 35.80%；其次，消费品进口比重达到 27.03%，食品和燃料的进口量都在 5% 以下（见图 4-29）。与上海平均 88.8% 的工业制成品进口份额相比，香港原料及半制成品进口相对较多，说明香港发展自主制造业，在进口原料制作生产钟表、玩具、游戏、电子与部分轻工业产品后，以成品形式再出口，实现了更多附加值。同时，香港实现了资本品的大量进口。因为地缘限制，香港能源产业极少，对燃料的进口量需求也极少，这是香港发展国际贸易中心、外向型经济对环境不友好的能源型产品的排斥性表现。与之相比较，1998~2007 年，上海燃料进口量、出口量的比重仍显示出上升趋势。

2011 年香港货物转口中占比最大的产品是资本货品，平均比重占 37.57%，原料及半制成品的出口比重为 34.15%，消费品的出口比重为 26.93%（见图 4-30）。与上海服务贸易主要以运输、旅游等低端服务贸易为主的情形不同，香港转口贸易主要以服务贸易中的其他商业服务、版权专利、金融与保险、通信等生产者服务贸易为主。上海在金融、咨询、通信邮

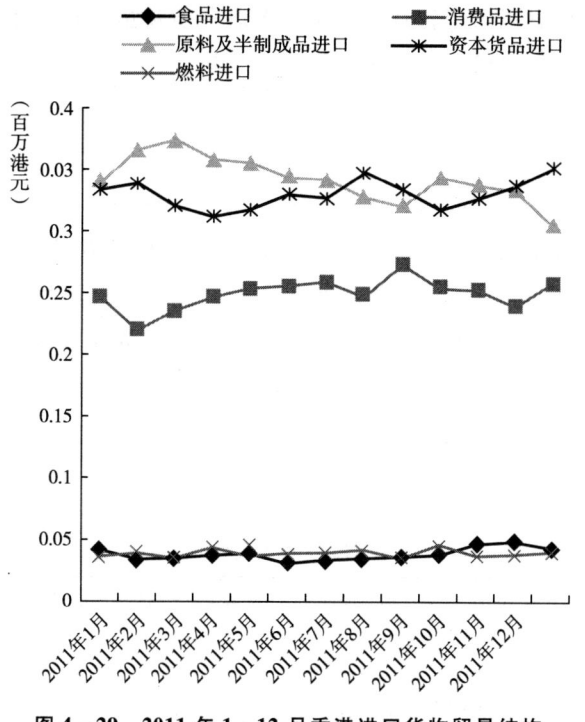

图 4-29　2011 年 1~12 月香港进口货物贸易结构

资料来源：香港特别行政区政府统计处网站 http://www.censtatd.gov.hk。

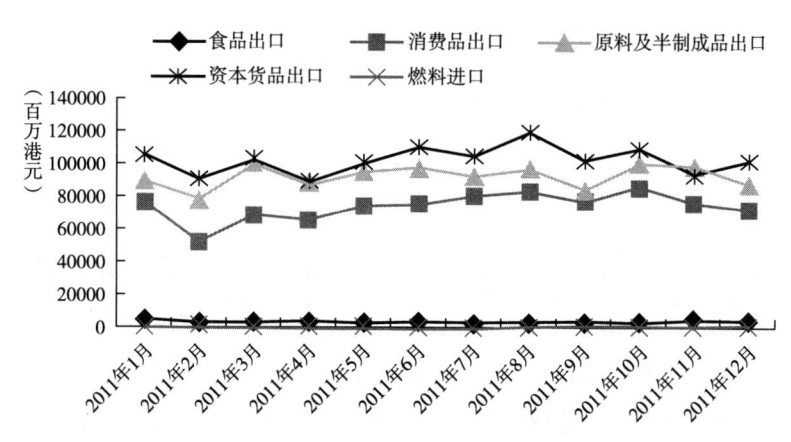

图 4-30　2011 年 1~12 月香港转口货物贸易结构

资料来源：香港特别行政区政府统计处网站 http://www.censtatd.gov.hk。

电、计算机和信息以及广告宣传等生产者服务贸易虽然出现了结构动态优化的趋势，但总体水平较低，仍表现为比较劣势。

从表4－16中2011年香港月度数据来看，货物贸易中的生活必需品、生产原料制品都是香港主要进口货物品种，而经过高技术、资本化投入后制作完成并出口的资本货品成为香港主要的出口货物品种，体现香港以进口原料，经过技术要素投入，增加最终产品价值的出口货物的主要特点。因此，表4－14中香港货物贸易竞争力指数显示：食品、消费品、原料及半制成品、燃料主要表现为贸易劣势；资本货品主要表现为比较优势。这与上海主要以进口半制成品，出口制成品的加工贸易有所不同。凸显出香港作为国际贸易中心，结合地方要素禀赋优势，在人才、资金、技术、信息等方面较为突出的特点。

表4－16 2011年1～12月香港货物贸易各行业的竞争力

年　份	食品	消费品	原料及半制成品	燃料	资本货品
2011年1月	－0.4651	0.0149	－0.0618	－0.9258	0.0284
2011年2月	－0.5719	－0.0410	－0.0833	－0.9214	0.0285
2011年3月	－0.5871	－0.0503	－0.0878	－0.9632	－0.0024
2011年4月	－0.6091	－0.0530	－0.0830	－0.9379	－0.0210
2011年5月	－0.5897	－0.0371	－0.0792	－0.9397	0.0030
2011年6月	－0.5620	－0.0603	－0.0772	－0.9432	0.0010
2011年7月	－0.6604	－0.0205	－0.0811	－0.9356	－0.0007
2011年8月	－0.6160	－0.0124	－0.0706	－0.9331	－0.0024
2011年9月	－0.5994	－0.0490	－0.0842	－0.9485	－0.0100
2011年10月	－0.5900	0.0124	－0.0531	－0.9360	0.0226
2011年11月	－0.5517	－0.0353	－0.0482	－0.9341	－0.0576
2011年12月	－0.5458	－0.0372	－0.0956	－0.9551	－0.0307

资料来源：香港特别行政区政府统计处网站http：//www.censtatd.gov.hk。

从表4－17中可以看出，香港货物贸易主要表现为贸易逆差，上海也类似。国际型大都市因为地域所限，需要更多"月亿楼"[①]来支撑国际化大都市的快速发展，而传统的农业和低端制造业因为附加值低而无法满足资金需

---

① 月税收过亿的商务楼。

求。因此，发达服务业，尤其生产者服务贸易的快速发展成为国际贸易中心的不二选择。

表4-17 2011年香港货物贸易、上海货物贸易竞争力比较

年 份	香港货物贸易竞争力	上海货物贸易竞争力
2011年1月	-0.0383	-0.0653
2011年2月	-0.0624	-0.1056
2011年3月	-0.0779	-0.0541
2011年4月	-0.0896	-0.0420
2011年5月	-0.0709	-0.0456
2011年6月	-0.0740	-0.0365
2011年7月	-0.0680	0.0239
2011年8月	-0.0628	-0.0544
2011年9月	-0.0775	-0.0596
2011年10月	-0.0451	0.0102
2011年11月	-0.0826	-0.0376
2011年12月	-0.0912	-0.0485

资料来源：香港特别行政区政府统计处网站 http：//www.censtatd.gov.hk；上海统计网 http：//www.stats-sh.gov.cn。

而上海作为建设中的国际贸易中心，与香港相比，在服务贸易发展方面仍然有较大差距。

从1998~2009年香港服务贸易竞争力数据来看，金融、计算机和信息、其他商务服务的比较优势都很明显。尤其香港作为国际金融中心，金融业的比较优势最明显，从表4-18中可以看出香港金融业的贸易竞争力指数始终保持在0.47及以上，而且这一优势呈不断增强态势，2009年时达到0.5470，说明香港金融业未来发展有巨大潜能。计算机和信息作为衡量香港良好商务环境的服务业，总体呈现比较优势，虽然2000~2007年呈现贸易劣势，但截至2009年时已转化为0.1051的比较优势。其他商务服务业也是香港服务业中的一大优势。相比而言，高端服务业中保险、专利和特许权费表现出的比较劣势还较突出，说明以服务业为核心，缺乏制造业后盾的香港经济，在自主创新、专利拥有量方面因为缺乏相应的制造区，缺少研发动力，仍显示

表 4-18　1998~2009 年香港服务贸易竞争力变化

行业＼年份	1998	1999	2000	2001	2002	2003	2304	2005	2006	2007	2008	2009
总服务业	0.148694	0.197573	0.241554	0.245872	0.264099	0.281089	0.278364	0.30434	0.324923	0.330924	0.32457	0.325828
运输	0.329915	0.38913	0.343495	0.295725	0.362734	0.346136	0.332916	0.320202	0.317498	0.29506	0.291959	0.318391
旅游	-0.40718	-0.40804	-0.35829	-0.34894	-0.24979	-0.23168	-0.19175	-0.12752	-0.0937	-0.04461	-0.02503	0.023041
其他服务	0.477805	0.532322	0.570141	0.585849	0.529949	0.525416	0.516567	0.528417	0.544636	0.538225	0.521215	0.48592
通信	-0.1532	-0.25045	-0.3167	-0.0745	-0.08105	-0.10941	-0.13747	-0.09559	-0.12497	-0.11005	-0.14799	-0.12611
建筑	-0.19038	-0.12283	-0.10268	0.006752	-0.00962	0.121177	0.0433	0.068855	0.05337	0.079141	0.103694	0.07792
保险	-0.1945	-0.23752	-0.08715	-0.06224	-0.1489	-0.22457	-0.19653	-0.18822	-0.19038	-0.20622	-0.1401	-0.15609
金融	0.477804	0.62879	0.682745	0.667628	0.619127	0.621686	0.592826	0.63373	0.642509	0.631821	0.585415	0.546973
计算机和信息	0.103483	0.069498	-0.36433	0.029137	-0.04088	-0.06966	-0.23524	-0.23432	-0.01869	-0.20846	0.142046	0.105055
专利和特许权费	-0.55091	-0.56673	-0.62431	-0.43007	-0.50506	-0.4347	-0.67214	-0.68029	-0.67929	-0.61563	-0.61838	-0.63191
其他商务服务	0.720353	0.690568	0.708136	0.710437	0.671893	0.674171	0.675421	0.665861	0.659843	0.642395	0.629667	0.590713
个人、文化创新服务	0.375394	0.291485	-0.12088	0.170584	0.244477	0.334959	0.69752	0.678098	0.66821	0.604678	0.308163	0.192039
政府服务	-0.40793	-0.32315	-0.23918	-0.1242	-0.41047	-0.40865	-0.46439	-0.41521	-0.43559	-0.38044	-0.36719	-0.31592

资料来源：香港特别行政区政府统计处网站 http://www.censtatd.gov.hk。

为比较劣势。与香港的情形相比,上海作为长三角地区制造业的龙头,作为全国经济的示范区,若有足够的资金、技术、人才形成的研发能力,我们还是可以将其向长三角地区以及内陆省份铺开,形成腹地型贸易中心,发挥向周边省份的辐射、影响效用。随着香港整体经济实力的增强,生活服务业也在大力发展,以个人、文化创新服务为代表,香港比较优势非常明显,是香港市民幸福指数提升的一个重要表现。总而言之,上海在发展国际贸易中心过程中,与香港的差距不仅在于服务业,尤其高端服务业的发展,而且在货物贸易结构方面也有很大差距。上海要注重发展发达货物贸易基础上的国际贸易中心建设。

2. 新加坡国际贸易"质"的研究

新加坡是一个经济高度发达,以国有经济占主导的国家。新加坡发达的转口贸易造就了其国际贸易中心地位。从20世纪70年代起,新加坡开始发展高附加值的资本、技术密集型工业和高科技产业,进而发展到信息产业等知识密集型经济,以出口消费电子、信息技术产品及药品为主。新加坡政府计划转型成为知识密集型经济,为医药及医疗技术生产吸引主要投资,并努力把新加坡建设成为东南亚的金融和高科技枢纽。

2008～2011年,新加坡货物贸易除2009年受到美国金融危机影响外,新加坡货物贸易进口量、出口量均稳中有升(见图4-31)。这一趋势与上海、香港类似。

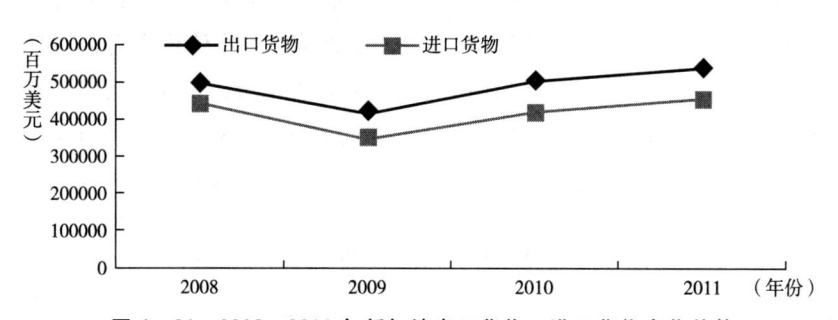

图4-31 2008～2011年新加坡出口货物、进口货物变化趋势

资料来源:新加坡统计局。

2008～2011年新加坡进口货物增速与出口货物持平,进口略快于出口(见图4-32)。这一变化趋势与上海、香港日渐增加的货物贸易逆差态势是一致的。

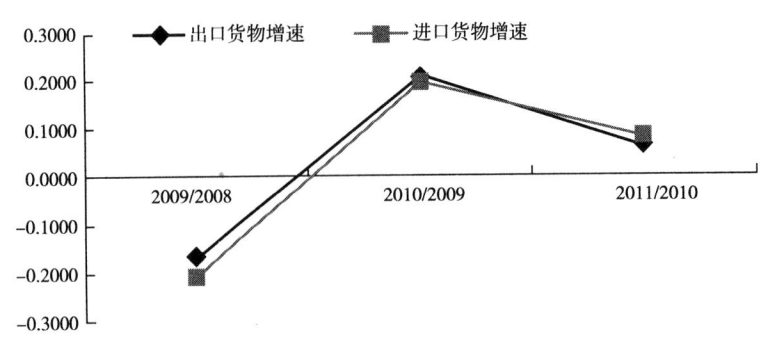

图 4-32　新加坡出口货物、进口货物增速变化趋势

资料来源：新加坡统计局。

上海，作为建设中的国际贸易中心，基于"中国制造"的良好基础，货物贸易总体仍呈现比较优势，但优势呈动态减弱态势。相对而言，上海服务贸易发展滞后，整体呈贸易逆差，表现为比较劣势。这也是上海国际贸易不发达的表现之一。与之不同，香港作为成熟的国际贸易中心，服务贸易发达，尤其金融、通信、计算机和信息等生产者服务贸易的优势突出。新加坡作为国际贸易中心之一，是否也呈类似的情形？

2008~2011年间，新加坡出口服务贸易中比重最大的行业是其他商务服务，其次是金融、运输和建筑等。在新加坡出口贸易结构中，比重呈不断上升趋势的行业包括：旅游、售后服务、建筑、通信计算机信息、专利费用、其他商务服务等。其中，旅游、建筑属于低端服务贸易；通信计算机信息、专利费用、其他商务服务属于高端服务贸易，占有相对较大比重，尤其是其他商务服务增长较快，凸显出新加坡作为国际贸易中心在代表服务贸易科技水平的专利费用等高端服务业上具有的优势，是新加坡整体科技水平较高的表现（见表4-19）。

表 4-19　2008~2011 年新加坡服务贸易出口结构

单位：亿美元

年份 出口服务	2008	2009	2010	2011
售后服务	0.0660	0.0768	0.0622	0.0665
运输	6.0940	4.6746	6.1286	5.6706
旅游	0.3025	0.3256	0.3708	0.4202
保险	0.1737	0.2748	0.2288	0.1649

续表

年份 出口服务	2008	2009	2010	2011
政府服务	0.1368	0.0906	0.0793	0.0973
建筑	4.2549	4.5550	4.7363	4.6845
金融	9.9882	9.7796	9.9147	9.5013
通信计算机信息	0.2411	0.2503	0.2858	0.2946
专利费用	0.2715	0.3031	0.3056	0.3244
个人文化创新服务	0.7254	0.6655	0.4786	0.4745
其他商务服务	35.5612	33.8030	39.3240	38.1140

资料来源：新加坡统计局。

与服务贸易出口结构不同的是，新加坡进口服务贸易中所占比重最大的是运输。售后服务、旅游、保险、建筑、通信计算机信息、专利费用、个人文化创新服务和其他商务服务的需求都呈现动态优化趋势。与香港金融业高度发达的情形不同，从2008年新加坡服务贸易行业优势来看，最大的赢家是运输贸易，其他商务服务比重也很大。旅游业在新加坡服务贸易进口中的比重达到18.89%（2011年的数据）。尤其值得一提的是，新加坡专利费用的进口比重为14.56%（2011年的数据），说明新加坡政府对高新技术的引进和重视，以便通过服务贸易来实现对新加坡专有技术短缺的有效补充（见表4-20）。

表4-20　2008~2011年新加坡服务贸易进口结构

单位：%

进口服务	2008年	2009年	2010年	2011年
售后服务	0.0051	0.0070	0.0057	0.0054
运输	0.3366	0.3040	0.3074	0.3143
旅游	0.1804	0.1901	0.1892	0.1889
保险	0.0288	0.0340	0.0407	0.0302
政府服务	0.0025	0.0026	0.0019	0.0019
建筑	0.0039	0.0051	0.0050	0.0049
金融	0.0278	0.0245	0.0260	0.0233
通信计算机信息	0.0250	0.0270	0.0298	0.0287
专利费用	0.1370	0.1406	0.1425	0.1465
个人文化创新服务	0.0047	0.0059	0.0045	0.0046
其他商务服务	0.2482	0.2591	0.2474	0.2515

资料来源：新加坡统计局。

以上是从新加坡服务贸易进口、出口两个方面对其贸易结构的分析，在此基础上我们进一步分析新加坡服务贸易竞争力指数来衡量其特点。

从表4-21中可以看出，新加坡服务贸易中主要的比较优势行业包括：运输、旅游、建筑、金融、通信计算机信息、专利费用和其他商务服务。新加坡作为世界国际贸易中心，不仅在传统贸易行业——运输业具有较强比较优势（2011年新加坡运输业TC指数为0.8528），同时，在高端生产服务贸易行业，例如金融、通信计算机信息等行业也具有明显比较优势。说明国际贸易中心，不仅需要具备有比较优势的高端服务贸易行业，在发展高端服务业的同时也可以同步推进低端服务业的发展，两者的关系是可以协调发展，而不是互斥的。上海在建设国际贸易中心过程中，在强调快速发展高端生产者服务贸易过程中，也应该注重低端服务贸易的再培育和后续的可持续发展，而不是完全放弃低端服务贸易。从新加坡建设国际贸易中心的经验来看，高端生产服务贸易与低端服务贸易间的关系是可以协调发展，并可实现两者间的促进作用的。

表4-21 2008~2011年新加坡服务贸易竞争力指数

年份	2008	2009	2010	2011
售后服务	-0.014947	-0.01949	0.0077	0.008185
运输	0.8519219	0.826459	0.835158	0.852775
旅游	0.074056	0.0633	0.114654	0.098675
保险	-0.208724	-0.25701	-0.13726	-0.07965
政府服务	-0.168341	-0.04778	-0.10646	-0.06437
建筑	0.0603651	0.028979	0.144681	0.16221
金融	0.5111944	0.428334	0.421168	0.421286
通信计算机信息	0.6214421	0.671249	0.649744	0.663375
专利费用	0.069019	0.072161	0.080198	0.083214
个人文化创新服务	-0.8922	-0.87409	-0.86053	-0.86053
其他商务服务	0.0879425	0.033268	0.063434	0.06353

资料来源：新加坡统计局。

上海，在建设国际贸易中心过程中应该以货物贸易为基础，以经济实力为根本，以改善贸易结构为途径，以提升贸易竞争力为目标，以科技水平提升为有效手段,真正实现上海建设货物贸易的发达,并在此基础上推进服务贸易发展,从而实现两者间的融合、互动效应,并进一步扩展下去,实现上海建设货物贸易中心、服务贸易中心的双重目标。

参考文献

程大中,2006,《中国生产者服务业的增长、结构变化及其影响——基于投入-产出法的分析》,《经济研究》第 10 期。

程南洋、余金花,2007,《中国货物贸易与服务贸易结构变动的相关性检验:1997~2005》,《亚太经济》第 1 期。

董直庆、夏小迪,2010,《我国服务贸易技术结构优化了吗?》,《财贸经济》第 10 期。

杜修立、王维国,2007,《中国出口贸易技术结构及其变迁:1980~2003》,《经济研究》第 7 期。

樊纲、关志雄、姚枝仲,2006,《国际贸易结构分析:贸易品的技术分布》,《经济研究》第 8 期。

江小涓,2007,《我国出口商品结构的决定因素和变化趋势》,《经济研究》第 5 期。

余道先、刘海云,《中国生产性服务贸易结构与贸易竞争力分析》,《世界经济研究》第 2 期。

Donald, R. D., Weinstein, D. E., Bradford, S. C. and Shimpo, K. 1997. "Using International and Japanese Regional Data to Determine when the Factor Abundance Theory of Trade Works", *American Economic Review* 6.

Lall, S., John, W. and Jinkang Zhang. 2006. "The 'Sophistication' of Export: A New Trade Measure", *World Development* 34.

Schott, P. K. 2004. "Across Product Versus within Product Specialization in International Trade", *Quarterly Journal of Economics* 119.

(本章执笔:杨 玲)

第五章　上海社区服务体系建设

"十二五"期间,提高公共服务质量、提升城市综合功能是上海发展转型的关键任务之一。构建一个符合上海自身特点的社区服务体系,既是着力改善民生、构建"服务型政府"的必然要求,又是转变发展方式、化解社会矛盾、增强城市认同感和吸引力的必要保障。为此,应当深入审视以往社区服务体系建设的优点和不足,切实提升并加强城市社区管理意识和水平,克服城市社区服务发展中的各种难题,构建一个符合上海自身特点的社区服务体系,真正建设宜居的幸福社区、幸福城市。

本部分依据《城乡社区服务体系建设"十二五"规划(征求意见稿)》的内容,结合上海的特点,将上海社区服务体系分为社区劳动就业和社会保障服务、社区救助服务、社区医疗卫生和计划生育服务、社区文化体育教育服务、社区安全服务、社区环境保护服务、农村社区生产服务、社区养老服务等八大社区服务体系。

一　上海社区服务体系的发展阶段及现状特点

(一) 发展阶段

本部分仅分析改革开放以来上海社区服务的发展。从 20 世纪 80 年代初至今,上海社区服务已发展了 30 年,在这 30 年里,上海市社区服务体系经历了"雏形——拓展深化——基本完善"的发展阶段,在"二级政府、三级管理,四级网络"的管理体系下,上海社区服务体系顺利进入了"全面提升"的阶段。基于此,我们可以把上海社区服务体系建设分为四个阶段。

1. 社区服务体系网络框架的雏形阶段（1980～1991年）：起步早，初步实现设施网络化

上海社区服务的发展始于20世纪80年代初，而我国社区服务在1986年民政部的社区服务会议之后才开始发展。上海市社区服务开始时间早于全国，这是因为当时上海在毫无准备的情况下已经进入了老年社会，大量老年人缺少照顾，面对突如其来的老年人社会服务需求，社区服务应运而生。在此期间，上海市首先提出"市－区－街道－居委会"四个层次一条龙，社区服务设施网络化的工作目标，为社区服务的全面启动拉开了序幕。然后，社区服务开始由点到面、由单项服务向系列服务发展，服务内容逐步向物质和精神生活并举发展，社区居民有组织地参与发展。在理论指导和宣传指引下，社区服务扩大了覆盖面，提高了参与率，设施网络化街道达72%以上，为提高全市社区服务整体水平奠定了基础。① 由此，初步建立了社区服务体系，顺利度过了社区服务体系网络框架的雏形阶段。

2. 社区服务体系的拓展深化阶段（1992～2002年）：基本做到了服务对象全社会、内容全覆盖、手段全方位

上海的社区服务工作在市委、市政府的重视下，从1992年起连续9年被列入市政府为民办实事项目。通过"政府搭台，民政牵头，各方参与，居民互助"的方法，扩大了服务范围、充实了服务内容、提高了服务质量。在这个阶段，经过十年的发展，上海市社区服务形成了服务内容丰富、设施齐全、形式多样，比较完整的服务网络和服务队伍，并建设了"上海社区服务网"，实现了全市社区服务热线联网，基本上做到了服务对象全社会、内容全覆盖、手段全方位，满足了不同层次社区居民的需求，是社区服务体系的拓展深化阶段。

3. 社区服务体系的基本完善阶段（2003～2010年）：以民生需求为导向，以"三个中心"为基本单元

在这个阶段，"完善社区服务，促进社区建设"是上海市社区发展的指导思想、基本原则和工作目标。2007年，上海市政府《关于完善社区服

---

① http://www.hbjzh.com/build.asp?pid=2&cid=9&id=11，湖北省城乡基层自治组织建设信息网。

务促进社区建设的实施意见》正式出台，市政府以民生需求为导向，以社区事务受理服务、社区卫生服务与社区文化活动等"三个中心"为基本工作单元，全面推进社区服务在上海289个社区的"全覆盖"。同时，社区服务还向商业、就业救助、社会福利等各个领域进行积极拓展，社区服务体系得到了基本完善。因此，这个阶段是上海社区服务体系建设的基本完善阶段。

4. 社区服务体系的全面提升阶段（2011年以后）：迎来"后世博"时代

2011年，上海迎来了"后世博"时代，同时也拉开了"十二五"建设的序幕。上海市"十二五"规划中明确提出"进一步完善基本公共服务体系，完善为老服务体系，切实加强基层社区建设"等社区发展任务，体现了市政府对社区发展的重视。在社区服务体系的全面提升阶段，应借鉴世博城市管理经验发展社区服务体系，把重点放在突破社区体系建设的问题瓶颈上，逐个击破，最终将上海社区建成惠及所有居民的"幸福社区"，实现上海作为"幸福城市"的目标。

（二）现状特点

首先对上海社区服务体系的总体发展进行分析，然后再对八大服务体系的发展、现状和特点分别进行分析和总结。

1. 上海社区服务体系的总体发展情况

这里，从社区服务的社区服务方式、社区服务供给、社区服务需求和服务设施平台四个角度对上海社区服务的发展现状进行分析。

（1）社区服务方式：社区服务以政府购买为主

在上海，"政府购买服务"理念的提出和初步落实可以追溯到20世纪90年代中期。购买服务具体体现为：政府不再直接操作和提供服务，而是向专业组织、社会中介组织和社会团体购买服务，并由这些专业组织来为居民提供具体服务，政府则负责对这些专业组织进行考核，并根据考核的结果来决定明年是否购买以及购买的额度（李太斌，2009）。

以上海政府购买民间组织服务为例，近年来，上海各级政府购买民间组织服务已初具规模，在促进民间组织发展、转变政府职能，以及建立互动合作新型政社关系等方面发挥了积极作用。据统计，上海各区县政府和市级机关各部门每年用于购买民间组织服务的资金从几百万至数亿元不等（矫伶，2010）。

（2）社区服务供给：居委会和社区民间组织在社区服务中发挥重要作用

居委会是社区服务供给的主体之一，既要完成上级交代的各种任务，又要为居民提供多种服务，同时也要推动基层群众自治。上海大学刘玉照教授调查显示，高达92.5%的调查对象认为"居委会的工作对社区来说很重要"。

同时，对于居委会的工作，从"居委会总体工作""居委会主任的工作""楼组长的工作"等多个分析指标来看，大部分社区居民都表示"比较满意或非常满意"，说明居委会作为社区服务供给者提供的社区服务质量较高（见图5-1）。

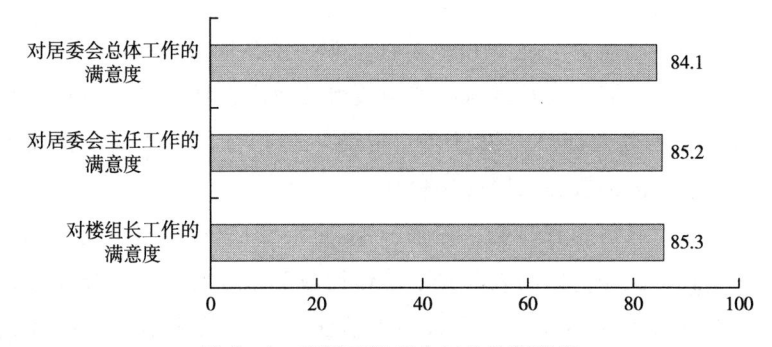

指标	满意度
对居委会总体工作的满意度	84.1
对居委会主任工作的满意度	85.2
对楼组长工作的满意度	85.3

图5-1 居民对居委会工作的满意度

资料来源：刘玉照等（2011）。

社区民间组织是社区服务的重要提供者。近年来，上海社区民间组织建设取得了不小成就，很多民间组织活跃在社区的多个领域，为推动社区发展做出了重要贡献。上海大学刘玉照教授调查显示，上海居民小区中已经成立业主委员会的比例达到45.98%，普通商品房社区更是高达68.26%（见表5-1）。在既有的社区民间组织中，老年人组织、社会福利组织、运动/健身/保健类组织、娱乐类组织的总体占比最高，都超过了30%。而且，对于民间组织在社区中的重要作用，超过70%的市民持肯定态度（刘玉照等，2011）。

表 5-1 调查中各类社区成立业主委员会的比例

单位:%

社区类型	成立业主委员会的比例
棚户区、未改造的老城区	0
独立工矿企业单位售后公房区	45.45
独立机关、事业单位售后公房区	63.98
机关、事业单位、企业混合售后公房区	50.79
经济适用房区	50.00
普通商品房区	68.26
高档商品房/住宅/别墅区	0
村改居住宅区	66.67
城市重大工程拆迁集中安置住宅区	57.78
总　计	45.98

资料来源:刘玉照等(2011)。

(3) 社区服务需求:上海市民对社区服务的认同感较强

调查显示,上海市民社区认同感指数得分较高,特别是"社区居民关系和睦"与"社区里大部分人愿意相互帮助"等指标得分更高,说明上海市民对自己生活社区的服务认同感比较强。

同时,从"社区信任指数"来看(见图 5-2),社区成员之间的信任度也比较高,表明上海社区的人际关系总体比较和谐,社区服务质量较高。其中,0~1 代表非常不信任,1~2 代表不信任,2~3 代表信任,3~4 代表非常信任。

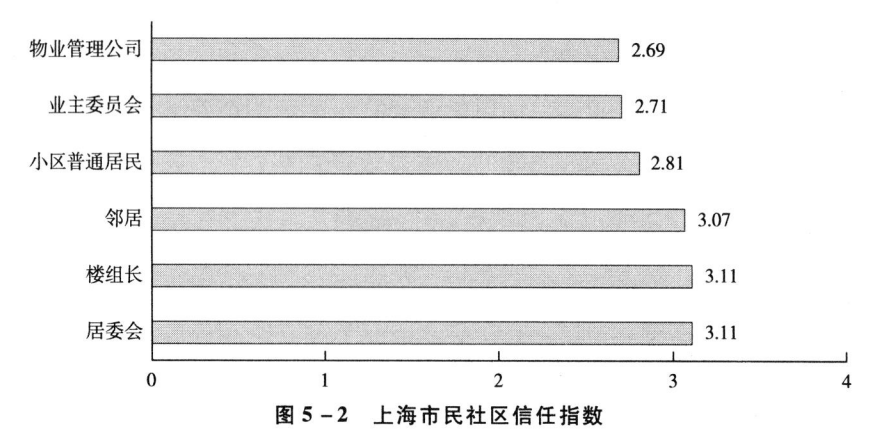

物业管理公司	2.69
业主委员会	2.71
小区普通居民	2.81
邻居	3.07
楼组长	3.11
居委会	3.11

图 5-2 上海市民社区信任指数

资料来源:刘玉照等(2011)。

(4) 服务设施平台：社区公共服务设施体系框架基本建立

近年来，上海在全市范围内加快推进社区事务受理服务中心、社区文化活动中心和社区卫生服务中心等"三个中心"建设，并在社区层面建立了一系列服务设施和服务网点。上海大学刘玉照教授的调查显示，60%左右的市民认为，社区公共服务设施可以基本满足需求。调查还表明，知道所在社区已经建立"三个中心"的市民，对到达"三个中心"的方便程度有比较高的认可（见表5-2）。

表5-2 社区居民到"三个中心"的方便程度

单位：%

	社区卫生服务中心	社区事务受理服务中心	社会文化活动中心
选择"到中心还算方便"的居民人数比例	91.61	87.50	88.50
选择"步行去中心"的居民人数比例	83.85	79.05	83.27

资料来源：刘玉照等（2011）。

2. 八大社区服务体系的发展现状

根据民政部发布的《城乡社区服务体系建设"十二五"规划（征求意见稿）》，从社区服务内容层面，并根据上海社区建设的重要项目，我们总结出社区安全服务、社区养老服务、社区医疗和计划生育服务、社区环境保护服务、社区劳动就业和社会保障服务、社区救助服务、社区文化体育教育服务、农村社区生产服务等八大社区服务体系，并分别对这八大服务体系进行分析，从中反映出上海社区服务体系的发展现状。

(1) 社区安全服务

根据社区安全服务的内容，本文将从社区公共安全、上海社区警务和社区居民内部调解这三个角度进行分析，反映上海社区安全服务体系的发展。

第一，社区公共安全方面，防灾减灾还不完善，居民应对能力普遍较弱。随着上海的发展，社区呈现楼群集中、人口密集的特点，一旦遭受突发灾害，波及范围之广，损失之严重令人不堪设想。然而社区公共安全应对能力普遍较弱，大多数社区还不具备应对突发性事件的基础设施，社区工作人员缺乏必要的防灾减灾公共安全知识，防灾减灾问题也未提上社区日常工作日程。近年来，上海安全社区建设在全市范围内稳步推进。2007年，上海浦东新区花木街道、静安区、闵行区虹桥镇和徐汇区康健街道被世界卫生组织社区安全促进协作中心命名为"国际安全社区"；2008年，卢湾区淮海中路街道、闸北区临汾街道等社区被命名为"全国安全社区"。作为"国际安全社区"的静安区在2011年发生的"11·15"特大火灾向社会敲响了警钟，说明上海在社区防灾减灾工作上还存在着很大的漏洞。

第二，社区警务方面，现代警务新机制取得明显成效。自2008年以来，上海市各级公安机关立足社区、依靠社区、服务社区，全力推进新一轮社区警务建设工作。在推进现代警务机制中，上海警方全面实施了"网格化"街面巡逻机制，将派出所辖区划分为若干巡区，统一编号，网格布警，采用徒步巡逻、骑自行车、驾驶机动车等方式，屯兵街面，统一指挥，快速反应，互相策应，实施全天候的街面动态治安管理。为了全力推进新一轮社区警务建设工作，上海公安局全力打造出了责任区警种联动、警社合作、警民沟通、社区警务考核"四大机制"。两年多来，现代警务新机制取得了明显的成效。数据显示，2008年，上海公众安全感总体评价和对公安工作满意度评价值分别较上年上升3.45%和0.64%，创2003年以来的新高。2009年以来，占上海全市案件总量90%的侵财类案件同比下降4.2%，侵财类案件中，占80%以上的盗窃案件数同比下降5.3%；"两抢"案件数同比下降4.6%[①]。

第三，社区居民内部调解方面，人民调解工作室发挥作用突出。上海市近年来推行的人民调解工作主张"专业化"和"社会化"，在此基础上，人民调解工作室作为一种新的调解组织形式应运而生，并且在人民调解工作中发挥着越来越重要的作用（熊易寒，2006）。例如，1994年成立的上海市杨浦区"杨伯寿工作室"，1995年浦东新区成立的社区矛盾调解

---

① http://news.sina.com.cn/o/2010-02-12/064217085895s.shtml，《强世博安保上海打造社区警务新机制》，2010。

中心，以及现在深得人心的"老娘舅"组织，对上海市人民调解工作做出了很大的贡献。截至 2005 年 8 月底，上海市有 13 个区共 46 个街道（乡镇）组建了"人民调解工作室"，其中三个区的所有街镇均已成立工作室，其他各区也在试点和推广过程中，杨伯寿工作室所在的杨浦区明确要求其所辖的 12 个街道（镇）在 2005 年底前全部建立工作室。据统计，2002～2004 年，上海市人民调解组织共受理各类民间纠纷 273074 件，调处成功 262050 件，调解成功率达 95.96%；参与调处 3251 件、80232 人次影响社会稳定的群体性纠纷，防止自杀、凶杀和其他民转刑案件 629 件（熊易寒，2006）。

（2）社区养老服务

社会结构老龄化是上海社区服务的特点之一，养老问题成为上海打造"幸福城市"面临的一项重大问题。本文从上海社区养老模式发展和上海社区养老服务事业发展两个维度分析上海社区养老服务体系的发展现状。

第一，上海社区养老模式方面，形成了社区居家养老新型养老服务模式，初步建成了"9073"养老服务体系。有调查显示，老年人绝大多数选择在家养老，只有 2% 到 3% 的老人表示愿意选择入住养老机构，因此，为了适应市民养老服务需求，上海在大力发展养老机构的同时，积极探索居家养老服务模式。2003 年 11 月，首先在杨浦、浦东两区进行深化居家养老服务工作试点，截至 2004 年 5 月底，两区 27 个街道（镇）成立了居家养老服务中心和社区助老服务社，1 万多老人得益。从此之后，深化居家养老服务工作在全市各街道推开，将建立起覆盖全市各社区的居家养老日间服务照料机构，健全三级居家养老服务中心和非正规就业的社区助老服务社等实体组织，形成了社区居家养老新型养老服务模式。家庭照料仍然是目前最普遍的养老方式，然而上海市民政局统计数据显示，2011 年 3 月，上海市家庭平均人口数不足 2.7 人，家庭照料功能日益弱化。在这样的矛盾下，"9073"养老服务体系应运而生。目前，上海已初步建成"9073"的养老服务体系[①]。

---

① http://news.sohu.com/20110307/n279696946.shtml，《上海社区居家养老逐渐普及，独生子女难养儿防老》，2011。

第二，上海社区养老服务事业方面，上海市机构养老服务事业发展以20.6%的速度直线上升，上海社区养老服务事业快速增长，但存在波动。

根据《上海统计年鉴》中养老服务项目，上海市机构养老服务和居家养老服务的指标值的年度变化反映出上海养老服务事业的发展情况。在机构养老服务中，选择机构数和床位数为指标；在居家养老服务中，选择社区老年人日间服务机构数和社区居家养老服务月服务人数为指标，通过2005~2009年的各指标值变化来反映上海市养老服务事业的发展情况。从图5-3可以看出，2005年至2009年，上海市机构养老服务事业发展非常快速，机构养老服务机构数以20.6%的速度直线上升，机构养老服务床位数整体上也呈直线上升的趋势。从图5-4可以看出，2005年至2009年，上海社区居家服务养老事业发展也很迅速，但是波动情况较明显。

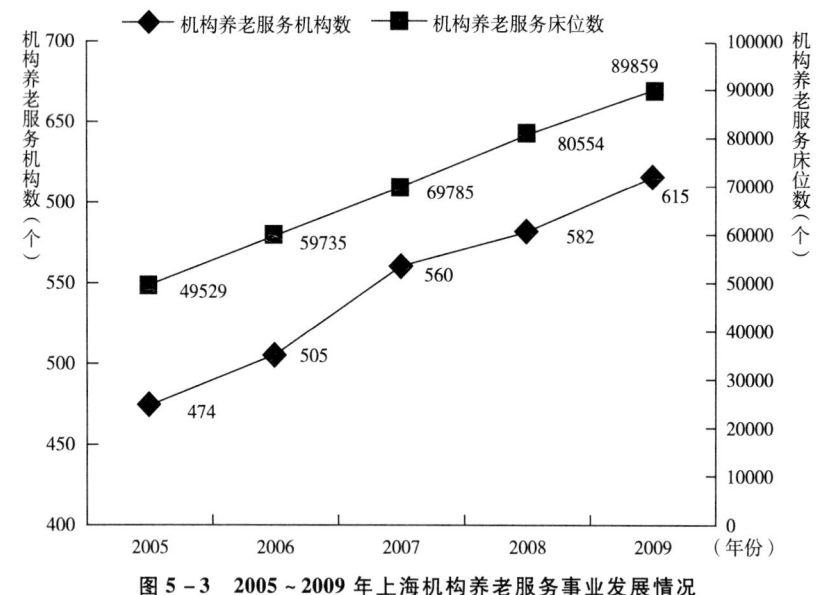

图 5-3 2005~2009年上海机构养老服务事业发展情况

数据来源：2006~2010年《上海统计年鉴》。

（3）社区医疗卫生和计划生育服务

在社区医疗卫生和计划生育服务这一体系中，本文将重点关注上海社区医疗卫生服务的发展现状，通过指标反映上海社区医疗卫生事业的发展。因为社区医疗卫生服务是城市卫生服务的重点，是城市公共卫生和基本医疗

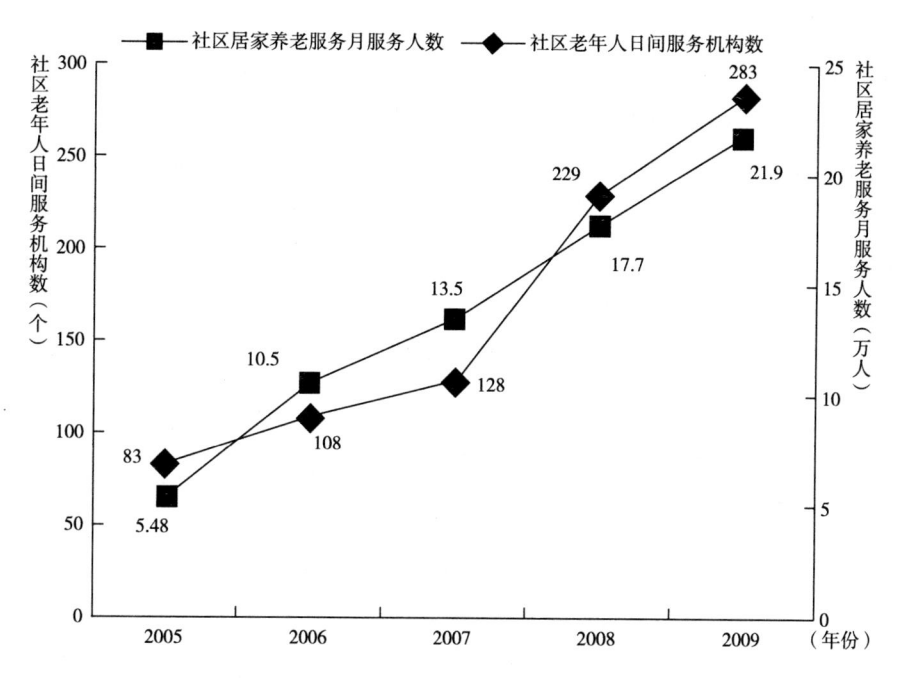

图 5-4　2005~2009 年上海社区养老服务事业发展情况
资料来源：2006~2010 年《上海统计年鉴》。

体系的基础，社区医疗卫生服务的发展水平与社区居民的幸福指数密切相关，其重要性是毋庸置疑的。

社区卫生服务方面的现状，虽然上海医疗卫生事业总体发展平稳，社区医疗卫生事业大体呈积极的态势，但波动较大。上海是我国社区卫生服务开展较早的城市。由于上海市委、市政府一直非常重视社区卫生服务工作，社区卫生服务的改革一直走在全国的前列。全市年人均社区预防保健经费从最初的 1.5 元提高到 2008 年的 20 元，有的区已提高到 50 元，初步形成了具有中国特色、上海特点的社区卫生服务模式，在"六位一体"功能的建立和实施上都取得了明显成效，并创造了许多特色做法，如"三医联动"综合改革、医保预付制、定向转诊等，部分做法已在全国得到推广（徐建青，2008）。2010 年上海市包括常住外来人口在内的社区预防保健等公共卫生经费已达人均 46.41 元。这比历年以户籍人口为主的公共卫生服务项目补偿标准有大幅提升，而且全市已有 10 个区县实现了户籍、外来常住人口同等经费投入①。

为了直观地反映上海市社区医疗卫生事业的发展情况，本论文选择以平均每万人拥有医院床位数、平均每万人拥有医生数这两个指标的各年度值来反映上海市医疗卫生事业的发展轨迹（见图5-5）；在社区层面，选择社区卫生服务中心机构数、社区卫生服务中心年底实有病床数这两个指标的各年度值来反映上海社区卫生服务的发展情况（见图5-6）。从图5-5可以看出，上海市医疗卫生事业总体发展是较为平稳的，平均每万人拥有床位数的年度平均值为46.2个，平均每万人拥有医生数的年度平均值为26.9个。图5-6显示，2000~2009年，上海市社区医疗卫生服务事业大体呈积极的发展态势，但波动较大；2005~2008年，发展较为迅速，社区卫生服务中心机构数和年底实有病床数都有大幅度的提高，社区卫生服务中心机构数的年度平均数为110个，社区卫生服务中心年底实有病床数的年度平均数为16471.7个，说明上海市政府对社区医疗卫生事业的重视程度增加。

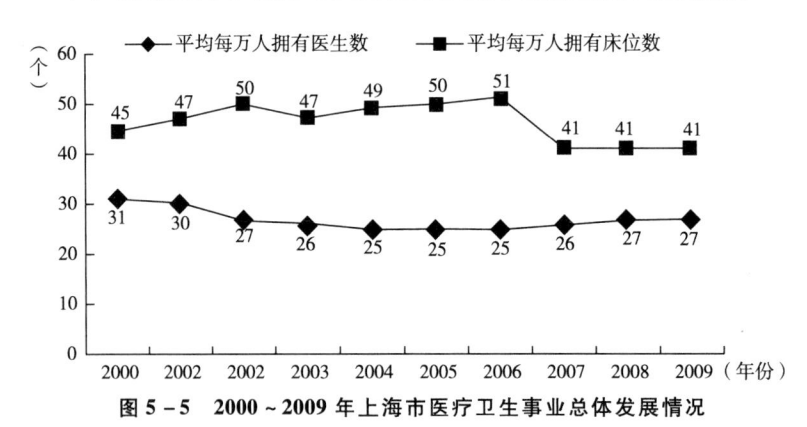

图5-5　2000~2009年上海市医疗卫生事业总体发展情况

资料来源：《2010年上海统计年鉴》。

（4）社区环境保护服务

根据社区环境保护服务的内容，本文将分析上海社区卫生环境整治和社区环境污染治理工作，将重点定位在上海社区生产生活垃圾处理、污水处理体系的发展现状上，从而反映出上海社区环境保护服务体系的发展情况。

---

① http://www.hbcdc.cn/EC_ShowArticle.asp?EC_ArticleID=8316，《上海今年将进一步增加社区预防保健等投入人均公共卫生经费不低于50元》，湖北省预防医学科学院，2011。

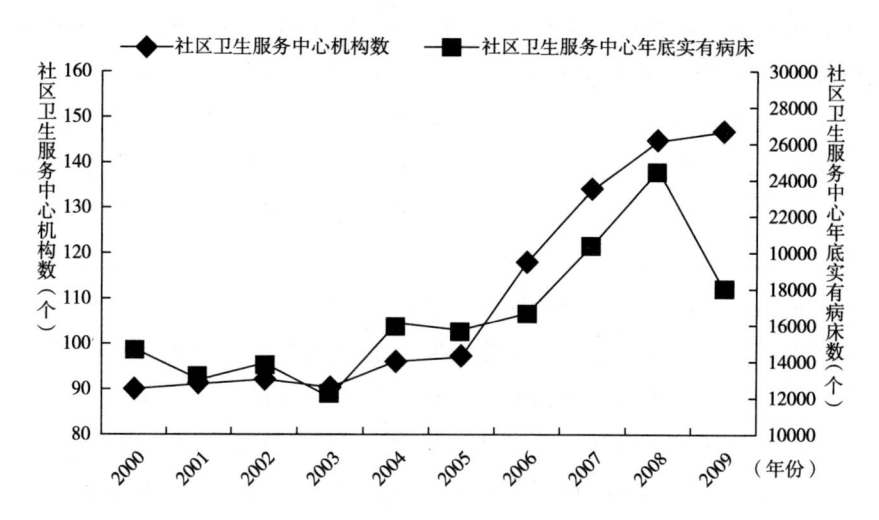

图 5-6 2000~2009 年上海市社区医疗卫生事业发展情况

资料来源：2001~2010 年《上海统计年鉴》。

第一，上海社区生产生活垃圾处理方面，开展生活垃圾减量及分类试点，建立全程分类物流模式。近年来，上海"垃圾围城"现象日益凸显，垃圾处理问题越来越受到政府的重视。2010 年 12 月上海举办的"上海市推进生活垃圾分类促进源头减量工作会议"披露，截至 2010 年 12 月，申城每天产生的生活垃圾量已大大超过城市处置能力，上海市生活垃圾无害化处置能力约为 10250 吨/日，但日趋上升的生活垃圾清运量已达 19450 吨/日。因此，从 2011 年起，上海市 18 个街镇将开展生活垃圾减量及分类试点，并在约 60 个居住区开展生活垃圾减量及分类示范居住区创建，因地制宜建立生活垃圾分类投放、分类收集、辅助分拣、分类运输、分类中转、分类处置的全程分类物流模式；在示范居住区内，居民户内和公共区域生活垃圾分类容器设置率均达 100%。为逐步降低人均生活垃圾处理量，上海将以 2010 年为基数每年减少 5%，力争到 2015 年人均生活垃圾处理量比 2010 年减少 20%[①]。

第二，上海社区污水处理体系方面，完成了上海污水治理三期工程，

---

① http://news.sohu.com/20101225/n278502161.shtml，《上海未来五年力争人均生活垃圾处理量减二成》，2010。

污水处理框架基本形成。上海从20世纪80年代后期进入水环境治理强投入阶段。1988年,上海市政府投资16亿元人民币的合流污水治理一期工程开工,工程内容包括44个排水系统的截流设施及老泵站改造,埋设污水连接管20.48公里,截流总管33.39公里,建大型污水泵站、出口泵站和污水处理厂各一座,受益范围达70.57平方公里,服务人口255万人。1996年,又打响了第二场攻坚战,投资63亿元人民币,先后启动吴泾、闵行等地区污水外排工程与合流污水治理二期工程,日输送和处理污水能力172万吨,受益范围达272平方公里,服务人口356万人。两项工程的建成,使上海市区南部、西部和东部地区每天产生的170万吨污水得到集中处理,有效保护了黄浦江中、上游水源。2003年底,总投资达46亿元人民币的合流污水治理三期工程开工,包括总管工程、污水收集系统、竹园第二污水处理厂、合流一期工程改造四部分,收集系统包括宝山、杨浦、虹口和浦东北部地区。2007年主体工程建成通水,使上海市北部和东北部地区的污水得到收集和处理,受益面积达172平方公里,服务人口243万人,苏州河、黄浦江的水质得到进一步改善。至此,上海市中心城区污水处理框架基本形成,城市污水收集率、处理率及污水设施的利用率得到了提高[①]。

(5) 社区劳动就业和社会保障服务

本文从社区劳动和社会保障服务的服务对象和服务内容两个维度出发,分析上海社区就业服务的发展。从服务对象的维度,重点分析社区大中专毕业生和下岗职工;从服务内容的维度,重点分析以家政服务为主要内容的家庭服务业。

第一,服务对象方面,通过实施大学校区、科技园区及公共社区"三区联动"来帮助解决社区大中专毕业生的就业问题,通过区县、街道、居委会三级社区就业服务网络,为下岗职工搭起一座再就业的桥梁。首先,上海市作为我国的经济金融中心,大批的外来及本地大学生进入上海寻找就业机会,使上海的大学生就业问题凸显出来。2009年,上海在高校密集的杨浦区率先实施大学校区、科技园区及公共社区"三区联动",整合多方资源,为

---

① http://news.hexun.com/2008-06-03/106411910.html,《完善水环境保护体系》,2008。

大学生拓展创业就业空间，通过"以大学生创业带动就业""提供创业见习、科教见习和社区见习岗位增加就业"等方式缓解就业压力，而社区提供的见习岗位，让热爱社区工作的大学生到基层社区协助工作，提升社区管理人才的知识层次①。其次，上海市下岗职工再就业工作起步较早，全市累计有139万下岗职工，通过再就业工程已经使100多万人重新就业，其中通过社区服务解决再就业近30万人次。经过几年发展，上海市的社区就业服务体系日趋完善，已初步形成区县、街道、居委会三级社区就业服务网络，为下岗职工搭起了一座再就业的桥梁。据了解，目前全市社区就业服务机构已达2700多个，开辟了近300个服务项目，成为下岗职工再就业最具潜力的一个大市场②。

第二，服务内容方面，通过大力发展以家政服务为主要内容的家庭服务业作为解决社区就业问题的一个途径。近年来，上海家政服务需求爆发式增长，特别是在"四个中心"与"国际大都市"加速建设的背景下，大量国内外高端人才涌入上海工作与生活，家政服务需求非常迫切，上海家政服务行业因此得到较快发展。据有关部门统计，上海家政服务从业人员数量超过50万，家政服务机构数量达到8000家左右，服务的家庭数量超过100万户。服务覆盖上海1/6家庭的家政服务业，每年创造的产值保守估计高达400亿元。家政服务业已成为上海城市生活的重要组成部分，对"满足群众需求、增加城市就业岗位、提高从业人员收入、改善居民服务质量"发挥了重要作用③，成为解决社区就业问题的一个重要途径。

（6）社区救助服务

基于社区救助服务的内容，本文将从上海城乡最低生活保障和"慈善超市"两个方面，分析上海市近年来社区救助服务的发展。

第一，上海城乡最低生活保障制度方面，城镇居民最低生活保障金总支

---

① http://news.163.com/09/0110/21/4VAVOHLB000120GU.html，《上海：校区、园区、社区"三区联动"缓解大学生就业问题》，新华网，2009。
② http://news.163.com/09/0110/21/4VAVOHLB000120GU.html，《上海：校区、园区、社区"三区联动"缓解大学生就业问题》，新华网，2009。
③ http://www.lawtime.cn/info/laodong/ldzy/laodongjiuyebaozhang/jiuyefuwu/2010092858174.html，《上海市社区就业服务体系及政策》，2010。

出和保障标准总体逐年增加。1993年,上海市结合本地实际,并借鉴了国际上的经验,率先出台了城市居民最低生活保障线制度,在不断探索中取得了良好的效果,城乡困难群众的基本生活得到了较好保障。据2010年上海统计公报数据显示,全年各级财政支出城镇居民最低生活保障金为13.27亿元,农村居民最低生活保障金为1.27亿元,农村五保供养资金支出0.27亿元,粮油帮困资金支出0.57亿元,医疗救助金支出2.38亿元。城镇居民最低生活保障金支出逐年增加(见图5-7)。上海市最低生活保障标准也随着物价的变动及时调整,从1993年6月1日最低生活保障制度出台时的120元,2004年提高到290元,2010年提高至450元(见图5-8)。

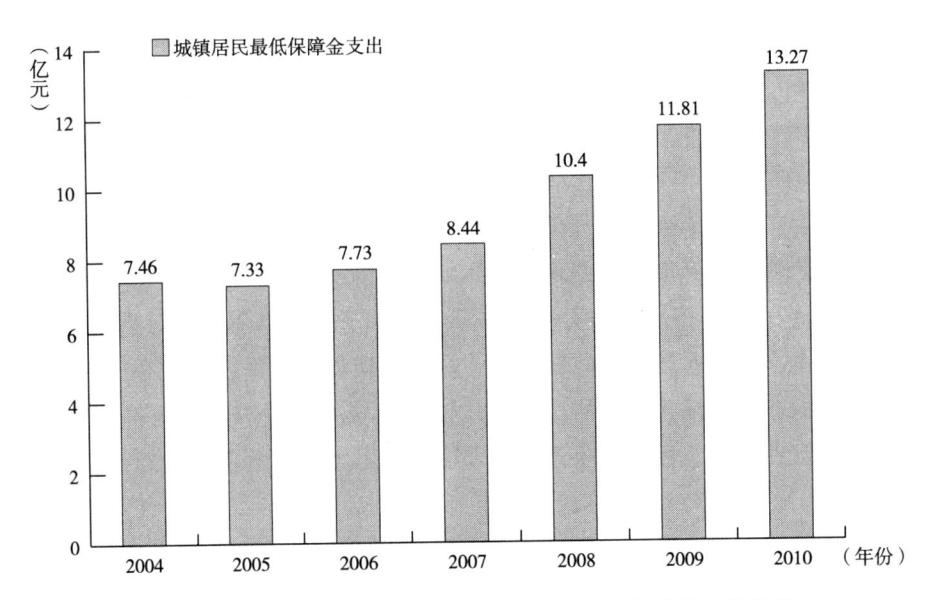

图5-7 2004~2010年上海城镇居民最低生活保障金支出情况

资料来源:《2005年上海经济年鉴》《2007年上海经济年鉴》《上海年鉴2006》、2007~2010年《上海统计公报》。

第二,爱心"慈善超市"成为民间救助的新探索。"慈善超市"在国外并不陌生,然而在中国的发展道路却格外崎岖,辽宁、广州等地的"慈善超市"历经轰轰烈烈的建设,现在却举步维艰。与此同时,上海市的爱心"慈善超市",却呈现蒸蒸日上的形势。以上海市普陀区长寿路街道的爱心"慈善超市"为例,仅2005年一年,"超市"全年接收现金766456.30元(另有

图 5-8　2004~2010 年上海市城镇最低生活保障标准

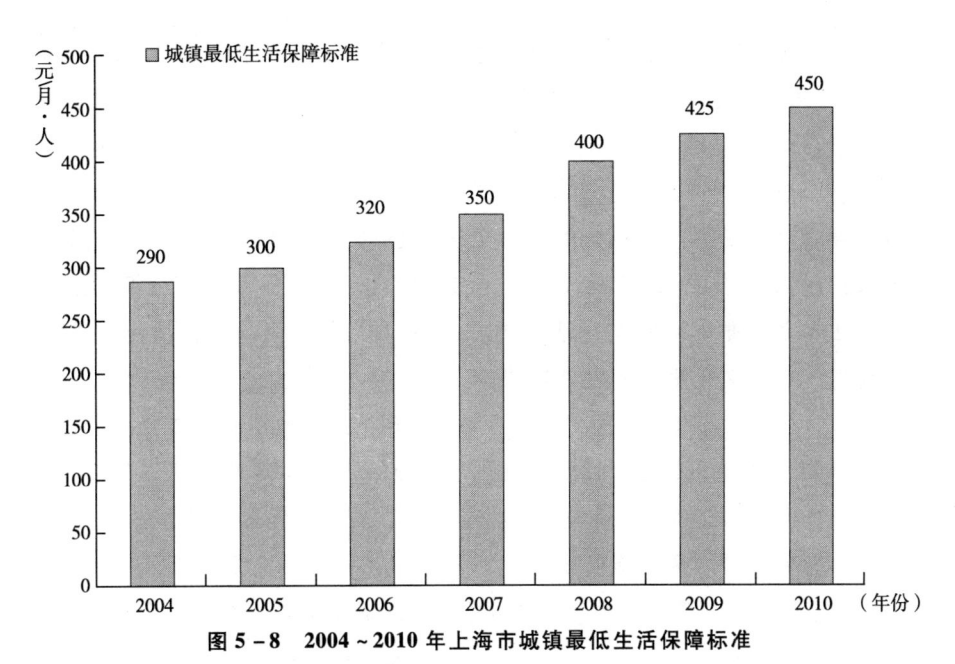

资料来源：2004~2010 年《上海统计公报》。

100 美元）；接收物资 29122 件，折合人民币 374563.70 元；全年义卖变现收入 54196.70 元；全年救助人数 3760 人，救助金额达到 307157 元。2006 年，成绩更加显著，仅 1 月~5 月就接收现金达到 1185472 元；接收物资共 25514 件，折合人民币 268174 元；义卖变现收入共 44292.25 元，救助人数增至 5560 人，救助金额达到 191090 元（王瑞杰等，2011）。普陀区长寿社区"慈善超市"2005 年和 2006 年的数据，一定程度上反映出上海慈善超市的发展速度是相当快的，进而说明了上海社区慈善事业的发展现状。

（7）社区文化、体育、教育服务

社区是居民进行日常生活的领域，文化、体育、教育活动是其重要内容，对上海市的精神文明建设起着重要作用。城市社区文化、体育、教育服务的设施基础怎样，会直接影响社区居民的参与。基于此，本论文将分别从上海社区文化、体育、教育服务的基础设施状况来分析这一服务体系的发展现状。

第一，社区文化服务方面，着力建设社区文化阵地，公共文化设施不断优化。据上海市政府网站公布的资料显示，近年来，上海的公共文化设施不断优化，2008年又新建和改扩建了28个社区文化活动中心，使全市社区文化活动中心总量达135个；建成了1237个农村文化信息共享、数字电影播放服务点。至2008年底，全市公共图书馆面积总量达到39.8万平方米，比2007年提高了2.2%，公共文化馆和文化中心（站）面积总量达到93.2万平方米，比2007年提高了14.8%。至2010年底，上海市投入近50亿元，建成了203家标准化社区文化活动中心，村（居委）综合文化活动室5245个。可见，社区文化服务的发展较快。

第二，社区体育服务方面，健身点基本实现街道、乡镇和居委会的全面覆盖。从1997年上海市第一个社区健身苑建成开始，至2008年年底，全市已建成社区健身苑点4586个，安装健身器材近6件，健身设施总面积达到300余万平方米，上海人均体育设施面积已达1.75平方米。遍布社区的健身苑（点）基本实现了街道、乡镇和居委会的全面覆盖，形成了便利、健康、文明的生活环境（于海，2008）。从表5-3可以看出，2000年以来，上海体育服务设施投入增加的比例很大，社区体育健身点从2000年的1271个增加到2009年的4586个，增加了2.6倍。

表5-3 主要年份上海市社区体育服务设施情况

指　标	2000年	2008年	2009年
社区体育健身设施数（个）	1354	4845	4845
#健身点（个）	1271	4586	4586
社区健身场地面积（万平方米）	65	301	301
社区公共运动场（个）	—	220	261
社区公共运动场面积（万平方米）	—	234	239

资料来源：《2010年上海统计年鉴》。

第三，社区教育服务方面，形成了"区县－街道（乡镇）－居委会"三级社区教育管理网络。通过多年的探索和发展，上海市的社区教育基础设施、工作人员队伍、课程资源等逐步完善，并且已初步形成"区县－街道－居委会"三级管理网络。以徐汇区为例，徐汇区明确了社区教育的区、街道和居委会三级教育网络，即区级在徐汇区业余大学的基础上设立区社区学院，已有13个街道（镇）建立社区学校，校长由街道（镇）的主任（镇长）兼任；设立了徐汇区社区教育委员会，由区长兼委员会主任，有效地整合利用各方资源为社区教育服务。以街镇社区学校为中心，向上连接区社区学院，向下连接居民教学点，构建起徐汇区社区教育的三级教育网络（王自清等，2010）。

（8）农村社区生产服务

本文通过基层农业技术推广服务的发展，来分析上海市农村社区生产服务的发展情况。从上海市基层农业技术推广服务机构情况，和服务人员及其结构情况等指标反映上海市基层农业技术推广服务的发展现状。从基层农业服务技术推广服务机构指标（见表5-4）可以看出，养殖业和水产业机构总数较多，占总机构数的56%；乡镇级机构占总机构数的87.1%，占比较大。从基层农业技术推广服务人员及其结构指标（见表5-5）可以看出，农业技术推广服务人员的年龄普遍偏大，35岁以下人员只占10.61%；农业专业技术人员的学历偏低，拥有大专以上学历人员只占24.05%；农业专业技术人员的专业技术职称偏低，高级农业技术职称人员占5.32%，中级职称人员占28.25%，66.43%的人员只拥有初级职称。

表5-4 上海市基层农业技术推广服务机构情况

单位：个

业 别	机构总数	级别	
		区县级	乡镇级
种 植 业	99	18	81
养 殖 业	133	23	110
水 产 业	127	10	117
农 机	79	9	70
综合服务站	26	—	26
合 计	464	60	404

资料来源：顾海英等（2009）。

表 5-5　上海市基层农业技术推广服务人员及其结构情况

单位：人

行业类型	实有人员总数	35 岁以下人员	拥有大专以上学历	专业技术职称	其中	
					高级	中级
种　植　业	2314	266	597	966	109	369
养　殖　业	1219	221	291	1013	4	112
水　产　业	604	12	63	386	2	70
农　　　机	257	—	118	157	22	100
综合服务站	346	4	71	165	6	108
合　　计	4740	503	1140	2687	143	759

资料来源：顾海英等（2009）。

总体而言，改革开放以来，上海市社区服务体系建设取得了长足的发展。上海社区服务体系的发展有其自身的特点，被公认为比较强调政府的作用，在社区发展中扮演了强势的作用，有着独特特点的"两级政府、三级管理、四级网络"的城市管理体制对社区服务体系的建设影响重大。其基本经验可以归纳为"三个联动"，即社区服务多元供给主体的联动、社区服务与就业的联动、社区服务与志愿慈善活动的联动。

二　上海社区服务体系的三大失衡及症结分析

从以上对上海社区服务体系建设的基本经验和发展现状的分析中可以看出，上海社区服务体系建设总体状况较好，在我国社区建设方面始终走在前列，社区服务体系的建设惠及了大部分的上海市社区居民。虽然上海社区服务体系建设情况较好，但在发展中仍存在很多的问题。本论文将问题总结为"三个失衡"，即供求失衡、结构失衡和空间失衡，并针对这三个失衡进行详细分析；并在总结了上海社区服务体系的发展问题瓶颈的基础上，进行原因探究，将上海社区服务体系发展的症结归为六个部分，即组织体系不完善、运行机制不灵活、行业规制不恰当、规章制度不健全、资源配置不合理、人才队伍不充足。本论文将对这六个症结分别进行详细分析,为上海社区服务体系发展的对策建议提供基础。

(一) 三大失衡

1. 供求失衡:社区服务供求不平衡,投入资金不足

上海社区服务体系建设中,供求失衡是其面临的一个重要问题,即服务供给滞后于居民的需求,从服务内容、服务设施、服务人员和所需资金方面,整体上都存在供给小于需求的情况。本文将从社区服务供求、投入资金两个维度剖析上海市社区服务体系建设中供求失衡的问题。

(1) 社区服务存在供求缺口,社区公共服务仍难以有效满足居民的需求

第一,供给相对于需求的滞后调整,使得社区服务供给不足。基于上海市人口结构的不断变化,居民对社区服务的需求也不断变化,并呈现不断增长的态势,而社区服务的供给机制却没能随着需求的变化做出及时相应的调整,进而出现了社区服务供求失衡的现象。近年来,上海市的老龄化情况日益严重,老年人对社区服务的需求在数量和质量方面不断提高,形成很大的社会压力。2009年末,上海市老年人口数为315.7万人,按照"9073"体系,社区居家养老需求的老年人口数约为22.1万人,据《2009年上海统计公报》数据显示,至年末,全市共有老年人日间服务中心283家,为21.9万名老年人提供居家养老服务,存在1.2万人的缺口,即大约有1.2万的老年人无法享受居家养老服务。同样,2009年,机构养老需求人数为9.47万人,而2009年机构养老床位数约为8.99万个,也存在0.48万的缺口。从居家养老服务1.2万人和机构养老0.48万人的供需缺口可以看出,养老服务存在供求失衡的现象。与此同时,上海外来流动人口的逐年增加,导致了其对社区服务的需求,尤其是就业服务的需求难以得到满足。据2006~2010年《上海统计公报》数据显示,上海市失业情况依然严峻。本文以新安置就业困难、家庭困难人数为社区就业服务的供给指标,以城镇登记失业人员数为就业服务的需求指标,从两者的缺口反映上海社区就业服务供求不平衡的问题。上海年均就业供需缺口约为24.9万人,如图5-9所示,从供需缺口的曲线,可以反映出上海市就业服务存在供求失衡的矛盾。

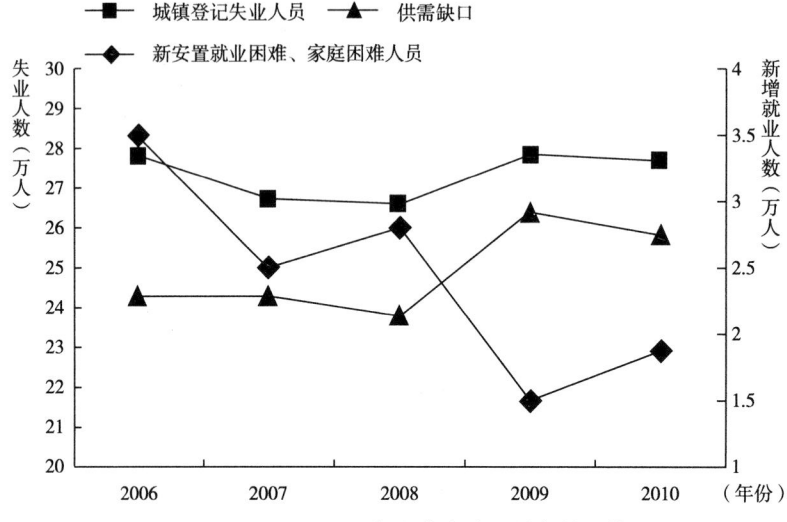

图 5-9 2006~2010 年上海市就业服务供需情况

资料来源：2006~2010 年《上海市统计公报》。

第二，社区公共服务仍难以有效满足居民的需求。在上海市的社区建设中形成的社区服务三中心（即社区事务受理中心、社区文化活动中心、社区医疗服务中心）在社区服务中发挥了重大作用，但"三个中心"的覆盖范围及功能发挥仍相对有限。学者刘玉照在 2010 年对上海社区建设进行的调查显示，居民对于"您是否知道所在街道/乡镇已经建立了'三个中心'"，明确表示"根本不知道是否建立"的比例较高，其中社区文化活动中心对应的比例高达 47.7%，社区事务受理服务中心和社区卫生服务中心也分别达到 35.6% 和 35.3%（见表 5-6）。这说明当前上海社区中有相当一部分居民还没有接受过"三个中心"的服务，"三个中心"的覆盖范围及功能发挥仍相对有限，社区公共服务仍难以有效满足居民的需求。

表 5-6 居民对所在街道/乡镇建立"三个中心"的知晓率

单位：%

	没有建立	已建立	不知道是否建立
社区文化活动中心	9.2	43.1	47.7
社区事务受理服务中心	6.9	57.5	35.6
社区卫生服务中心	6.3	58.4	35.3

资料来源：刘玉照等（2011）。

(2)社区服务体系发展中,资金投入不足

资金的匮乏是上海社区服务体系发展中的一个棘手问题。社区服务资金的供给渠道主要来源于三个方面:一是政府的资金投入,二是各种社会捐助,三是社区服务部分项目收入的再投入。此外,福利彩票公益金和有奖募捐基金的部分收入也是社区服务资金的来源之一。目前,上海的社区服务经费是以街道的经费投入和自身经营、服务的收费为主;有的社区服务向实体公司发展,但实力不强,成效不大。由于社区服务具有的社会福利性和公益性特点,这就决定了政府对社区服务资金有供给的责任,但现实中由于社区财政的有限性,政府能够提供的有效服务资金很有限,造成了社区服务资金的匮乏和对政府的过度依赖,成为了社区服务体系发展的绊脚石。

据2010年上海市统计公报的数据显示,2010年上海城乡社区事务财政支出为475.47亿元,同比下降14.6%。社区服务需求的日益增加,而社区事务财政支出却下降,更加无法满足需求,资金严重不足。以社区卫生的预防投入经费为例,上海市黄浦区社区卫生服务中预防费用为9.5元/人,但按当时的实际需求,标准应该是22元/人(2005年的数据)(付彩凤,2009),可见,投入资金严重不足。比较上海黄浦区与香港在公共卫生事业上的支出情况,也能反映上海在社区服务等公共事业上的投入资金的不足。香港公共卫生事业为公益事业,完全依靠政府支持,不用自己盈利,公共卫生开支占GDP的5.2%(世界各国平均为2.5%),而上海黄浦区达不到平均值2.5%(沈福杰等,2005)。

2. 结构失衡:经营性服务和福利性服务的失衡,硬件和软件的失衡

上海社区服务体系发展中面临的第二大问题是结构失衡,主要表现为经营性服务和福利性服务的失衡、硬件和软件的失衡两大方面。本论文将分别从这两个方面详细分析。

(1)经营性服务和福利性服务的失衡

在社区服务发展过程中,政府推行坚持社会效益为主、兼顾经济效益的方针,使福利服务与经营服务并重,用经营服务的部分收入来支持和弥补福利服务经费的不足,即以赢利养福利。但是,实际操作部门(经营实体)在运营过程中往往难以解决社区服务营利性与福利性之间经常发生的冲突,突出表现为片面追求营利性的倾向。在社区设施上，营利性服务占据福利性服务的场地，使得一些社区（尤其是中心城区的社区）周围的经营性配套设施和机构较多、发展较好，而福利性服务的配套设施和机构却很少，使得社区居民享受不到充足的公共服务。

仅以上海市黄浦区南京东路街道为例，根据上海社区服务网提供的数据显示，属于南京东路的数个社区居委会面积和活动室面积都很小，例如承兴居委会面积为 0.028 平方米，活动室面积为 25 平方米，而居民户高达 1841 户，如此小的居委会和活动室难以提供好的社区服务。再如江阴居委会，居委会面积为 50 平方米，活动室面积却为 0 平方米，这里有 778 户居民，意味着这些居民都无法享有福利性的社区服务。更有小区的居委会面积和活动室面积均为 0，均乐居委会就是这样一个例子。但在这些社区周围，却不乏经营性的服务单位，表现为社区经营性服务和福利性服务的失衡。

（2）硬件和软件的失衡

在上海社区服务体系的建设发展中，对硬件设施的重视程度较高，因为硬件设施能更直观、更具体地表现社区服务建设事业的发展，更容易出政绩，而忽略了体制、机制等"软件"的建设，忽略了对居民生活方式和道德建设的引导，并没有很好地帮助居民提高其道德素质，使得居民没有意识到社区建设工作的开展是需要居民的参与的，导致居民对社区建设的参与意识还不强，或者说政府推进社区建设时的具体做法可能没有得到社区居民的普遍认可。因此，可以说，政府在推进社区服务体系的建设中，由于对硬件和软件的重视程度的失衡，导致了社区建设中居民参与程度不高的问题。这可以通过学者刘玉照的调查研究表现出来。调查显示，社区居民对社区公共事务的参与度不够。一方面，社区居民对社区公共事务的实际参与率相对较低（见表 5-7），特别是青年居民的参与率更低，广大社区居民还没有被充分有效地动员起来；另一方面，居民的社区公共参与意愿也比较不足，除了"募捐"以外，居民对于社区"宣传活动""志愿者服务""各种讨论会、座谈会、茶话会""讲座、培训""文艺表演比赛"等活动的参与意愿指数均仅过及格线（沈福杰等，2005）。

表 5-7 普通社区居民对社区公共事务的参与比例

单位:%

社区公共事务	公共卫生整治	基层选举	文明小区创建	社区文化娱乐活动	社区治安治理	社区居民培训	与物业公司谈判	社区公共设施修缮	抗震救灾捐助
普通社区居民作为主要参加者的参与比例	3.51	4.67	5.82	6.84	3.97	12.98	8.52	2.90	23.76

资料来源：刘玉照等（2011）。

（3）空间失衡：城郊社区服务发展失衡，城乡社会事业投入差距较大

近年来，上海按照以工促农、以城带乡的要求，加大了社会事业建设向农村倾斜力度，农村社区服务得到了快速发展。然而由于长期积累下来的城乡二元结构矛盾的深层次原因，目前上海城乡社区服务事业发展水平仍存在较大差距，表现为空间失衡的特点。本论文从上海城郊社区服务发展失衡和城乡社会事业投入差距两个方面来解释上海社区服务发展中面临的空间失衡问题。

第一，城郊社区服务发展失衡。上海社区服务体系建设中，城郊社区服务发展呈现不平衡的现象较为严重，表现为城郊资源配置的失衡。本论文将从八大社区服务体系中选择医疗卫生服务为代表，发现在城乡医疗卫生服务的发展中，城郊医疗卫生资源配置失衡现象突出，郊区社区医疗卫生服务体系仍较为薄弱，说明城郊社区服务发展的不平衡性。

由于《上海统计年鉴》中并没有上海各城郊社区医疗卫生事业的统计数据，因此，本论文选择各城郊的总体卫生事业情况来比较上海城郊医疗卫生事业的发展，选择上海各区县医疗机构总数、床位总数，各区县每万人拥有卫生技术人员数、床位数这四个指标，从数据上对城郊卫生资源配置失衡现象进行证明分析。从城郊各区县医疗机构总数和床位总数看（见图5-10），城市的医疗卫生事业发展相比农村情况较好。从《2010年上海统计年鉴》的相关数据可以得出，2009年城区平均每区拥有医疗机构数为180.70个，而郊区为150.75个，城区和郊区相差29.95个；城区平均每区拥有床位数为6846.70个，而郊区为3905.88个，城区和郊区相差

2940.82个。从总体数据可以看出,城区和郊区差距较大。从城郊各区县每万人拥有卫生技术人员数和床位数来看(见图5-11),城区平均每万人拥有卫生技术人员数为87.69人,而郊区为43.43人,城区和郊区相差44.26人;城区平均每万人拥有床位数为63.85张,而郊区为36.79个,城区和郊区相差27.06个。从平均数据也可以看出,上海城区和郊区在公共卫生资源发展水平上还是存在一定的差距的,城郊发展存在不平衡的现象。

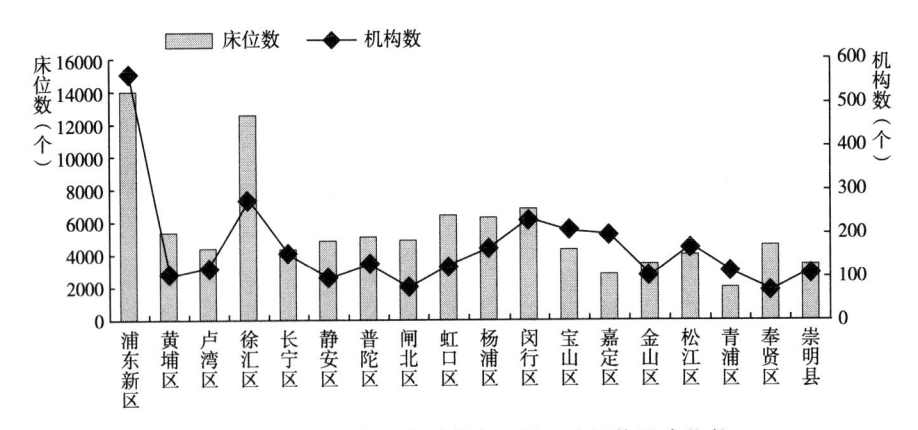

图5-10 2009年上海城郊各区县卫生机构及床位数

资料来源:《2010年上海统计年鉴》。

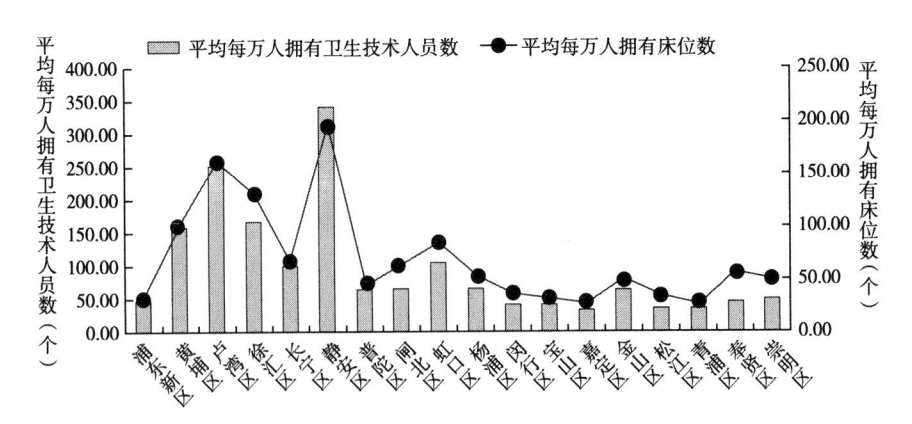

图5-11 2009年上海城郊各区县平均每万人拥有卫生技术人员数和床位数

资料来源:《2010年上海统计年鉴》。

第二，城乡社会事业投入和支出仍有较大差距。近年来，上海各级财政对农业、农村公共品的投入力度不断加大，但相比城市而言，公共财政投入无论是总量还是水平，都相对较低。如：2009年，从义务教育生均经费投入来看，上海郊区义务教育生均投入经费平均在500元左右，不及中心城区的一半；从地区教育经费支出来看，黄浦、卢湾、静安等中心城区的教育经费支出是远郊金山、奉贤、崇明的6~9倍之多。此外，农村的一些社会事业支出除了市级财政负担外，还需区县和乡镇负担。如2009年，上海实施的农村居民最低生活保障救助标准，其救助资金必须由市、区县、乡镇三级政府按比例分担；另有许多农村公共品的投入还要依靠农民或集体的经济弥补配套，如一些农村社会公共服务等（顾海英等，2009）。

（二）症结分析

1. 社区服务组织体系不完善

组织体系不完善对社区服务存在三方面的影响：一是制约了社区服务的供给量；二是增加了管理成本，降低了办事效率；三是弱化了社区自治能力，阻碍社区自治组织的建设。

上海社区建设的主体由街道办事处这一行政性机构承担，街道将大量的工作交给社区，直接导致居委会行政化严重，而街道办事处只起到"二传手"的作用。这种组织体系对社区服务产生了以下三方面的影响。

（1）街道作为中间层，集聚了大量人权、财权和物权，人、财、物到街道这个层级基本就下不去了，大都被截留在街道以上了，而社区由于受资源、职责的限制，很难及时、有效、零距离地为群众提供服务，因而制约了社区服务的供给量。

（2）社区管理层级较多，而街道只是个"二传手"，将工作布置给居委会，居委会具有社区管理的职能，与街道办重合，这样既增加了管理成本，又降低了办事效率，阻碍社区服务的发展。

（3）当前的组织体系，居委会要办理街道办事处下发的任务命令，居委会行政化现象严重，"只对上不对下"，使得居委会不能发展其自我服务功能，因此弱化了居委会的自治能力，阻碍了社区自治组织的建设。

2. 社区服务运行机制不灵活

运行机制的不灵活对社区服务的影响，表现在：一是社区服务供给的决策主体不是需求者——社区居民，导致供给和需求脱节；二是社区居民的组织化程度低，导致居民的需求得不到有效的表达。

社区服务自上而下的供给决策程序，不能反映社区居民的需求。社区服务供给的决策主体是基层政府和职能部门，不是社区居民。社区服务大都是各级政府和部门自上而下决策，供给机构和总量，多数是以文件和政策规定的形式下达，带有很强的行政指令性、主观性、统一性，这种决策方式的主体不是社区居民，或没有社区居民参与，使得社区居民的需求没有适当的途径得到有效表达。真正需要的服务供给不足，而不需要政府提供的服务却存在供给过剩，使本来就有限的公共服务经费得不到合理利用。

社区居民的组织化程度低，形不成有效的表达机制，不能有效表达自己的真实需求。社区居民是分散的，没有形成一个有力的组织，来代表社区居民向政府及有关部门提出需求，使得居民对社区服务的需求不能有效地表达。供给者和需求者在信息传达上的脱节，致使政府提供的服务与居民亟须得到满足的需求并不完全符合。因此，社区居民组织化程度低，有效的表达机制没有形成是运行机制方面存在的重要问题之一（侯岩，2009）。

3. 社区服务行业规制不恰当

行业规制上存在三方面的问题：一是行业缺乏发展标准和规范，二是行业准入比较混乱，三是行业规制存在漏洞。

对于社区服务中的经营性服务，为了营造促进社区经营性服务行业良好的社会发展氛围，政府应对行业进行规制，但目前上海市对社区经营性服务行业的规制还不成熟。以家政服务业为例，其规制不当表现在以下几个方面。

（1）行业缺乏发展标准与规范。目前上海家政服务没有统一的收费标准，导致很多服务项目价格无限制上涨，有的家政服务人员甚至根据用户的家庭经济状况随意定价，用户被"敲竹杠"的现象时有发生。同时，整个行业缺乏统一的服务质量标准，家政服务业涉及的众多服务项目普遍缺乏详细的操作规范。行业标准与规范的缺乏，导致家政服务质量难以得到有效保证，行业监管也缺乏操作依据。

（2）行业准入比较混乱。目前，上海家政服务机构的行业准入类型非常复杂，有市、区工商局审批核准的，有市人力资源和社会保障局许可经营的，有市、区人力资源和社会保障局审批非正规就业的，还有市、区民政局审批的民办非企业组织。行业准入的混乱让家政企业泥沙俱下，特别是很多街道、社区开办的家政服务机构地方保护主义现象较为严重，同时非正规就业组织为了规避"转为经济组织"的政策压力而不得不先关门再重新申请成立，更是加剧了上海家政服务机构规模小、分散化、低水平的恶性循环（王瑞杰等，2011）。

（3）行业规制存在漏洞。家政服务人员由于其自身的素质缺陷和法律观念的缺失，在工作中有时会出现对工作的不负责行为，甚至对雇主家庭造成伤害的现象。例如2011年6月份的"保姆虐婴"事件，事件的发生及公布并没有使这个素质低下的保姆得到应有的惩罚，这说明了家政服务业的行业规制上存在严重的漏洞，使得在出现问题时不能有效及时地对一些素质低下的家政服务人员给予必要的制裁。

4. 社区服务规章制度不全面

规章制度方面的问题表现在：在规定居委会任务的内容上存在"协助政府高于自我管理"和具体任务不确切的问题，导致居委会在发挥其职能时出现"对上不对下"和任务不清的问题。

上海市对于社区服务出台了相关的条例和制度。1986年，上海市政府出台《上海市城市居民委员会工作条例》，在规定居委会任务时，除了"对居民进行理想、道德、文化、纪律、法制教育""发动居民积极开展创建文明居委会、文明楼（组）、五好家庭等活动""积极开展尊老爱幼活动""积极做好人民调解工作"，其余都是协助政府及相关部门，事项之多，任务之重，使得居委会在日常工作中承担大量的行政管理职能，将主要精力用于完成政府的任务，社区自我管理、自我教育、自我服务的任务则退居其次，该条例最终失效。1997年，市委出台《上海市街道办事处条例》，条例中规定了街道办事处的职责，从协助政府转向自我管理。2006年，上海市民政局制定了《上海市居民会议制度实施办法》《居民委员会职责和工作制度》《上海市居民区听证会、协调会、评议会制度试行办法》，从居民委员会的职责规定中可以看出，工作重点从以往的协助政府变成社会自我管理，克服了《上海市城市居民委员会工作条例》中出现的"协助政府高于自我管理"的问题，但条例及相关制度并未明确居委会的实际任务和职责。在表达其职责时，"积极做好""积极开展"或者"发动居民积极开展"等任务存在强烈的主观性，这并不利于居委会开展工作。（见表5－8）

表 5-8　上海市关于社区服务的制度条例评价

年份	制度条例	特点	评价
1986	《上海市城市居民委员会工作条例》（失效）	协助政府高于自我管理，具体任务存在主观性	居委会行政化严重，任务不清，工作得不到有效开展
1997	《上海市街道办事处条例》	从协助政府转向自我管理，具体任务存在主观性	任务不清，工作得不到有效开展
2006	《上海市居民会议制度实施办法》《居民委员会职责和工作制度》《上海市居民区听证会、协调会、评议会制度试行办法》	从协助政府转向自我管理，具体任务存在主观性	任务不清，工作得不到有效开展

5. 社区服务资源配置不合理

资源配置不合理，具体表现在：一是在城区和郊区资源配置上的不合理，二是在优势社区和弱势社区资源配置上的不合理，三是在对资源的开发利用上的不合理。

在分析上海市社区服务体系建设遇到的问题瓶颈中，从城乡失衡的问题中可以看出，城区和郊区在资源的配置上存在不合理的现象。纵观城区和郊区卫生服务的医疗设施配置，城区和郊区存在较大的不平衡，这种失衡现象从平均数上更加直观地反映出来。从城乡各区县每万人拥有卫生技术人员数和床位数来看，城区平均每万人拥有卫生技术人员数为87.69人，而郊区为43.43人，城乡相差44.26人；城区平均每万人拥有床位数为63.85个，而郊区为36.79个，城乡相差27.06个。从城乡每万人拥有的医疗条件的差距，反映出城区和郊区在资源的配置上存在不合理的现象。

伴随着社会利益的分化和社会群体的分化，社区中按阶层划分居住的格局越来越明显。不同阶层之间在需求层次、支付能力和需要的服务提供者层次上，都存在很大的不同，于是不同类型的社区开始出现，大体可以分为两类，即优势社区和弱势社区（侯岩，2009）。在上海，例如中高档商品房、单位公房等属于优势社区，这些社区的社区服务事业发展较好，配套设施相对完善，居民居住条件优越。一些社区居住条件较差，例如城乡结合部社区、"城中村"社区、工矿企业所在地社区、流动人口聚居地社区等属于弱势社区，这些社区的社区服务体系发展较为落后，配套设施也相对不完善，居民居住条件较为恶劣。物业管理条件上的优越，使得资源配置集中在优势社区，结果导致在优势社区出现管理和服务资源的浪费，而在弱势社区出现管理和服务资源的不足。

对社区服务资源的开发利用存在"三多三少"现象：一是对有形资源重视多，对无形资源利用少，表现为对社区的硬件条件重视程度高，而对于体制机制和居民意识等"软件"条件重视程度不足；二是对现有资源使用多，对潜在资源挖掘少，表现为对现有的土地等资源最大化或超负荷地利用，却没有对潜在资源进行探究和挖掘，使得社区资源出现紧张的情况；三是对盈利资源分得多，对福利资源分得少，表现为经营性服务和福利性服务的失衡，即中心城区某些社区出现的居委会和居民活动室面积为零的情况，反映了对盈利资源和福利资源的利用上存在不合理现象。

6. 社区服务人才队伍不充足

人才队伍不充足，具体表现在：一是社区服务队伍自身的特点使得其在服务质量上存在缺陷，二是社区服务所需的人才队伍在数量上的不足。

经过30多年的发展，上海建立了一支以专职人员为骨干、以兼职人员为主体、以志愿者为基础的社区服务队伍，但这支队伍由于其自身的特点，在社区服务的工作上存在一定的缺点，使得其提供的服务在质量上存在缺陷，无法满足社区居民的需求。上海社区服务工作人员的人员构成、特点，以及对社区服务存在的影响如表5-9所示。

表5-9 上海社区服务工作人员构成及评价

社区服务工作者	人员构成	特 点	评 价
专职人员	主要为家庭妇女、离退休人员、下岗待业人员和有劳动能力的残疾人	受教育程度普遍偏低，缺乏专业性的社会工作训练，整体素质不高	服务质量上存在缺陷，尤其是在高质量的服务方面
兼职人员	从事过社区管理、社区建设等相关工作的工作者，以居委会干部居多	较为熟悉社会政策，受过良好的教育，服务专业技能强	多以完成自己的工作任务为目的，缺乏自觉服务的内在动力
志愿者	社区居民、离退休人员、大中专学生	自愿参与，为社区提供自愿性、公益性、经常性和非营利性服务	行政化色彩太浓、志愿者人数太少、相关政策不健全

居民日益增长的服务需求使得社区服务所需的人才队伍出现了缺口。在经营性服务方面，以家政服务人员为例，上海600万家庭中有1/3存在显性或潜在的用工需求，按照1名家政服务人员服务2个家庭的标准计算，目前上海家政服务员至少存在50万的缺口（王瑞杰等，2011）。在福利性服务方面，以社区服务单位职工数为指标，据上海历年统计年鉴数据显示，按照上海市常住人口计算，上海每10万人拥有社区服务人员数变化趋势如图5-12所示，年均数为8.64人。2009年，每10万人约有14.83个服务人员。虽然总体呈上升趋势，但还不足，因此，不管经营性服务和福利性服务，社区服务所需的人才队伍在数量上还严重不足。再者，将香港和上海黄浦区公共卫生服务人员的数目相比较，香港卫生署员工达5200人，服务684万人口，每10万人口有76个服务人员；而上海黄浦区每10万人口仅有15.6个服务人员（沈福杰等，2005）。

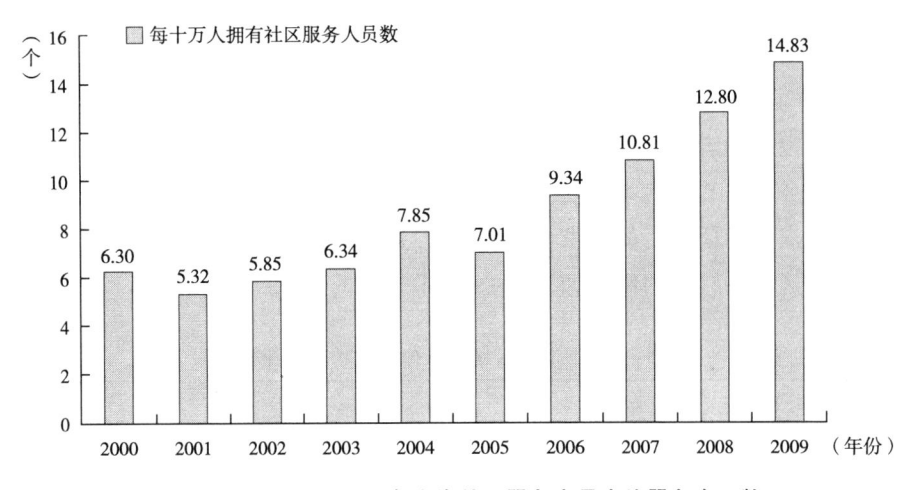

图5-12 2000~2009年上海社区服务人员人均服务人口数

资料来源：2001~2010年《上海统计年鉴》。

三 上海社区服务体系转型发展的总体思路

（一）总体思路：建设幸福社区

以建设幸福社区、幸福城区、幸福城市为目标，以智能化、网格化、精细化管理为支撑，强化社区事务受理服务中心、社区卫生服务中心、社区文化活动中心的服务功能，破解社区服务的供求失衡、结构失衡、城乡失衡三大难题。从社区服务内容层面，完善社区劳动就业和社会保障服务、社区救助服务、社区医疗卫生和计划生育服务、社区文化体育教育服务、社区治安服务、社区环境保护服务、农村社区生产服务、社区养老服务等八大社区服务体系。从社区服务推进层面，完善社区服务的组织机构体系、政策法规体系、基础设施体系、资金保障体系、服务队伍体系、矛盾调解体系、信息支撑体系、供求评估体系这八大社区服务保障体系。

（二）发展重点：实现五个转变

1. 转变社区服务的发展理念，以建设幸福社区、幸福城区、幸福城市为目标

从幸福城市的内涵来看，幸福城市是集高度物质文明、精神文明、政治文明与生态文明于一体的城市，给市民提供物质富裕、精神富足、文化多彩、环境优美的生活。从八大社区服务的内容来看，与幸福城市内涵是相吻合的。因此，要找准建设幸福社区、幸福城区、幸福城市的切入点。具体包括：一要完善幸福社区、幸福城区、幸福城市框架体系，加快建设步伐；二要强化民生工程的实效，以居民幸福评估发展成果；三要实行创业富民、就业惠民、社保安民的相关政策；四要推动城市文化和价值建设，满足人民精神文化需求；五要大力培育公民社会，推进民主政治建设；六要重构城市发展战略目标，以民生福祉倒逼城市转型。

2. 转变社区服务的管理模式，以智能化、网格化、精细化管理为支撑

（1）抓住智慧城市建设契机，提升社区服务智能化水平

"十二五"期间，上海将建设具有国际水平的信息基础设施，主要内容包括加快建设城市光纤宽带网络，构建新一代宽带无线移动通信网，建设下一代广播电视网，推进亚太通信枢纽建设，推进三网融合的互联互通，以及构建适应云计算、物联网发展的基础设施环境，打造新一代互联网数据中心等。在此基础上，上海要推进城市社区服务的智能化管理，即运用传感、网络传输和信息处理技术，实施若干项重大信息化工程，推进

社区管理和公共服务智能化，提升社区服务体系运行效率和智能化管理水平。

（2）全面推进网格化管理模式，提升社区服务动态化管理水平

在全市范围全面推进网格化管理模式，真正做到"管理到门口，服务到家庭"。按照"地域相邻、构成相似"的原则，对社区所有网格精心制作网格图，将所有网格责任人的负责楼栋号、联系电话等信息公开在醒目的位置，使社区服务居民方式更到位、更贴心。

（3）落实社区服务主体责任，提升社区服务精细化管理水平

要求社区全体工作人员做到"知网格概况、知居民家情、知社情民意、知求助对象"。同时，依托社区现有的数据平台，将群众信息不断反馈更新，形成对网格内精准化、动态化管理，从而进一步提升社区服务的针对性和时效性，对居民动态信息掌握更全面、更及时、更精细。

3. 转变社区服务面过窄的工作格局，强化"三中心"的全面服务功能

上海社区服务"三中心"是社区服务的重要载体，是解决人民群众最关心、最直接、最现实利益问题的重要抓手，也是加强基层建设、基础工作、基本平台的重要举措。但目前较为突出的问题是供求失衡、结构失衡、空间失衡，导致社区"三中心"服务面窄、服务能级不高。所以要拓宽服务领域、强化服务功能、规范服务管理，提升"三中心"的全面服务能力。社区服务"三中心"要深化体制机制创新，整合服务资源，健全服务网络，创新服务方式，拓宽服务领域，强化服务功能，规范服务管理。要实现服务关口前移、服务重心下沉、服务主体外移，提升"三中心"的全面服务实效。社区服务要积极围绕"三中心、三平台"的建设理念，更加注重"三中心"的服务关口前移、服务重心下沉、服务主体外移，功能完善、机制建设和内涵发展并重，着力提升"三中心"的全面服务能力。

4. 转变社区服务供给决策程序，破解供求失衡、结构失衡、空间失衡三大难题

（1）实现社区服务供给决策程序由"自上而下"向"自上而下"与"自下而上"相结合转变

古今中外大量事实证明，"只有体民之情，才能遂民之愿"。要逐步完善

社区服务供给决策程序，实现社区服务供给决策程序由"自上而下"向"自上而下"与"自下而上"相结合转变，形成体现广大社区居民对社区公共服务需求意愿的需求表达机制。从制度上确立由社区、社区居民的内部需求来决定社会组织提供服务供给范围和供给方向的制度，建立由内部需求决定社区服务供给的机制。

（2）实现社区服务由"以供给主体为导向"向"以服务对象为导向"转变

城乡社区组织在充分调研的基础上，建立动态的社区服务项目库，明确各类项目的服务对象和范围，围绕各类服务项目以及该项目的重点服务对象，充分挖掘和不断整合各类社会资源，共同形成社区服务网络，逐步完善本组织专门的、以服务对象为导向的社区服务体系。

（3）实现社区服务由单一服务向综合服务转变

通过建立"大部门"的工作机制，实现社区服务结构优化、服务项目管理一体化。目前，社区服务项目分类适应了行政体制的"大部门"制改革需要。社区组织在提供服务供给的过程中可以遵循"大部门"的工作体制，即遵照服务供给项目的分类设置职能部门，使每个服务项目的开展打破部门垄断、条条运行的工作机制，以每个项目的性质和"以人为本"为工作出发点，实现单一服务向综合服务的转变。

5. 转变社区服务发展重心，深度推进内涵拓展和服务能级提升

从上海社区服务的发展进程和现状来看，基本形成了包括社区劳动就业和社会保障服务、社区救助服务、社区医疗卫生和计划生育服务、社区文化体育教育服务、社区治安服务、社区环境保护服务、农村社区生产服务、社区养老服务等在内的内容框架体系。在社区服务推进层面，也基本形成了包括社区服务的组织机构体系、政策法规体系、基础设施体系、资金保障体系、服务队伍体系、矛盾调解体系、信息支撑体系、供求评估体系等在内的社区服务保障体系。未来的发展重心，是在前一轮框架体系和平台建设的基础上，深度推进社区服务体系向内涵拓展和服务能级提升转变。

四 上海社区服务体系建设的对策措施

（一）理顺社区服务组织体系

1. 从社区服务组织体系特性层面，应纠正社区服务组织体系过度行政化的现状，打造"小政府、大社会"的社区服务组织体系

（1）转变政府职能

从理顺部门和条块关系入手，优化调整街道机构和职能，推动建立条块结合的新组织体系，推进服务重心从街道层面下沉到居委会层面。

（2）制定社区发展规划

按照"以人为本，可持续发展"的原则，在有社区居民参与的基础上，制定社区发展的短期、中期、长期规划，规划应体现满足大多数居民的利益。

（3）加强综合执法

按照社区综合执法的特点，以街道办事处、镇（乡）政府为基本单元，以边界相对清晰、覆盖区域相对均衡为原则，合理细分若干工作责任区，配置有关部门工作力量，落实综合执法中各自的职责。依托信息化手段，对各部门原先分散的管理和服务资源建立统一的调度和协调机制，做到反应灵敏、服务高效。对于影响社会秩序和群众生活、需要跨部门执法的顽症，要加强源头疏导和日常管理，规范协同工作流程，明确部门分工和主次责任，强化综合执法，切实改善社区安居环境。

2. 从社区服务组织体系功能层面，应努力转变社会化发育中存在的"四个不适应"

针对"重硬件、轻软件"的问题，应加大对社区服务软实力的重视程度。针对"政治动员能力强、社会动员能力弱"的问题，应培育更多的社会组织和吸纳居民群众广泛参与。针对供给相对于需求的滞后调整，使得社区服务供给不足的问题，应加大社区公共服务投入，努力满足社区居民群众日益增长的物质文化需求。针对社区稳定和安全问题，应转变消极被动的工作方式，积极参与和处理群众维权活动，引导居民民主协商、互助合作。

3. 从社区服务组织体系效能层面，应充分发挥社区党组织在社区建设中的作用

必须坚持社区党组织的核心地位，发挥社区党组织总揽全局、协调各方的作用；政府要改进社区管理方式，成为公共服务型政府；要积极培育社会力量，整合和利用社会资源；支持公民、法人和其他社会组织自主解决社区问题。

（二）完善社区服务运行机制

1. 健全社区服务联动机制

充分发挥行政机制、互助机制、志愿机制和市场机制在社区服务中的作用，采用有偿、低偿、无偿等方式，为社区群众提供多样化、个性化服务。实行政府购买服务、社会化运作等方式，对社区组织开展的公益性服务和社会力量兴办的微利性服务给予政策和资金扶持。将社会化运作方式融入社区管理，推动条块管理力量和服务力量整合联动。构建区、街道和居住区三级联动的服务平台，并与市级层面的行业、专业服务优势衔接和贯通，建立统筹机制，促进优势互补，借助信息网络，实现信息共享。

2. 健全社区服务评估机制

健全社区服务评估机制可从指标系统和技术层面两方面入手。第一，从指标系统来看，应该包括以下基本指标：体现效率取向的指标，如社区服务投入、产出情况以及产生的社会效果；体现公平取向的指标，主要集中在社区公共教育服务和义务教育服务、社区社会保障服务、社区公共医疗卫生服务等和社区居民基本利益密切相关的领域；体现满意取向的指标，如社区居民对社区治安状况、社区环境保护、社区卫生服务等方面的满意率；体现质量取向的指标，包括社区公共服务决策的质量指标和具体服务供给质量指标。第二，在技术操作层面要注意以下几个方面：短期评估与长期评估的统一，官方评估与民间评估相补充，直接测量与间接测量兼顾，定性与定量手段的结合。

3. 增强社区服务供给机制

完善社区公共财力保障，加大社区服务体系建设资金投入，推动社区服务供给以居民需求为导向，形成"高端有市场、中端双轨制、低端有保障"

的社区服务供给机制，提高社区的自我服务能力。

(三) 规范社区服务行业规制

1. 完善行业协会体系

推动在还未设立行业协会的社区服务业中设立行业协会，监督检查行业标准的执行和落实，加强行业自律。行业协会不仅可以协助政府有关部门对公司与用户之间就服务规范产生的争议事项进行协调，还可以进行行业准入资质审查、技能资质考核和服务质量考核等。

2. 规范行业准入门槛

进一步规范社区服务业的进入和退出壁垒，实行严格的审批制度，坚决杜绝家政服务机构地方保护主义现象。对于同一类社区服务业，应将准入审批权限划归同一个部门，避免政出多门。

3. 制定行业规范标准

健全各类必要的、有利于市场发育和竞争的行业规制，如信用制度、合同制度、对知识产权的保护、统一的服务质量标准、详细的服务操作规范。

(四) 健全社区服务规章制度

1. 加强社区服务法规建设

完善与上海社区服务体系建设实际相适应的地方配套法规。研究制定基层人民政府或者它的派出机关指导社区工作规则、社区服务体系标准及管理办法、社区公共服务目录及准入制度、社区服务居民满意度测评体系、社区社会组织培育等方面的法规制度，形成较为完善的社区服务法律法规和制度体系。

2. 完善社区服务扶持政策

将社区服务体系建设纳入地方经济和社会发展规划，纳入城乡规划和土地利用总体规划。对社区公共服务设施建设用地，按照法律、法规和规章可以采取划拨方式供地的，地方政府要切实予以保证。对闲置的公办学校、宾馆、培训中心、福利设施、办公用房，优先用于兴办社区服务事业。研究制定社区服务税收、公用事业收费、用工保险、工商和社会组织登记等优惠政策，鼓励发展社区服务业。

（五）优化社区服务资源配置

1. 加大社区服务资源向郊区及弱势社区倾斜的力度

统筹城乡社区服务体系规划、服务设施建设、服务资源配置，逐步形成以城带乡、共同提高的局面。重点提高城乡结合部社区、"城中村"社区、企业所在地社区、新建住宅区社区、流动人口聚居地社区管理服务水平，重点改善农村经济薄弱村社区、"难点村"社区、生态移民社区服务设施条件。

2. 整合部门力量，形成工作合力

整合城乡社区服务资源，形成工作合力，是推进社区公共服务创新的关键。政府部门进入社区公共服务领域的主要有劳动就业、民政低保、治安、残疾康复、计生卫生、城市管理等工作，要把各部门力量整合起来，形成工作合力，杜绝各自为政、条块分割、重复投入现象。鼓励发展有利于改善民生、提高公共服务水平的社会组织，支持兴办养老助残、社区服务、教育培训、医疗卫生、文化科技、法律援助等民办非企业机构。通过政府购买服务、市场分担风险、社区参与管理的办法，实行社区内学校、美术馆、体育馆、文化宫、展览馆等可共享的公共设施向社区居民有序开放。

3. 整合社区服务，建立综合平台

整合社区服务，建立为居民服务的综合平台，以社区服务中心为载体，加强社区事务受理中心、社区卫生服务中心、社区文化活动中心功能建设，加快形成政府公共服务、居民志愿互助服务、市场提供服务相衔接的社区服务体系。社区就业服务、社会保障服务、救助服务、流动人口管理和服务可在社区事务受理服务中心办理，具体承接政府部门依法延伸到社区的基本政务服务及有关公共服务。以社区卫生服务为例，不断完善基层医疗体系建设是解决百姓看病难的重要途径。针对大医院患者过度集中，医疗服务供给无法满足需求的问题，可借鉴杭州市社区医疗卫生服务体系建设的经验，建立大医院和社区卫生服务中心之间的双向转诊制度，构建"小病在社区、大病到医院、康复回社区"的分级医疗模式和双向转诊新格局。这既避免了患者在大医院看病难的问题，又可提高各级医疗资源的利用效率。让大医院、专科医院回归看大病、疑难病、专科病的角色，让社区卫生服务中心等基层医疗机构承担常见病、多发病等小病的诊治和疾病的后期康复。

(六) 壮大社区服务人才队伍

1. 探索用人方式

扩大社区服务人员的来源渠道，鼓励大中专毕业生、复转军人、社会工作人员等优秀人才到社区工作。以"社会化招聘、专业化培训、契约化管理、职业化运作"为方向，探索建立专职制、聘用制、派遣制、项目制等多种多样的用人方式，逐步形成以职业资格、注册管理、职业规范、薪酬标准、教育培训、督导评估为主要内容的社区服务人才制度体系。探索推动社区工作者聘用方式、资格认定、培养机构和服务保障的社会化，形成包括专兼职的党群工作者、社会工作者、协管员以及志愿人员组成的高素质社区工作者队伍。加强对社区事务服务人员的统分管理，对各类社区事务协管员队伍，由街道、镇（乡）根据社区实际情况进行队伍力量的优化组合，实行分类管理，切实解决"多头管理"问题。

2. 加强专业教育

利用学历教育的社会分层功能，激励社会工作者的敬业精神和专业进修的热情，引导社区工作队伍的建设进入良性循环。一是大力发展学校的社会工作教育事业，解决社会工作专业人才稀缺的问题，培养一支富有社会工作价值观的，掌握现代社会工作理论、知识、方法和技巧的专业社区服务工作者队伍。二是依靠社会教育机构，有计划、有步骤地对在岗的社区社工人员及管理者进行系统的培训，努力提高他们的专业能力和专业水平。三是支持社区服务人员参加社会工作等各种职业资格考试和学历教育考试，提高职业素质、服务意识和专业水平。四是可参照发达国家和地区的做法，积极筹划和实施适用于我国社区服务工作者的专业技术职务晋升制度，切实提高社区服务工作者的社会地位和收入水平。

3. 发展志愿者队伍

采取多种措施发展志愿者队伍，支持志愿组织的建立，促进志愿活动的开展。加强志愿参与教育，积极引导志愿者队伍参加居委会、社区服务机构以及各类社团组织的社区服务活动，为青少年学生创造更多活动机会。倡导志愿服务的良好风气，对更多的志愿活动积极分子予以表彰奖励。

参考文献

付彩凤，2009，《上海社区教育现状研究》，《软件导刊·教育技术》第6期，第94~95页。

顾海英等，2009，《本市城乡一体化过程中农村社会事业发展对策研究》，上海交通大学课题组研究报告。

侯岩，2009，《中国城市社区服务体系建设研究报告》，中国经济出版社。

矫伶，2010，《基于政府购买服务视角的社区服务社会化》，《财经界》第8期。

李太斌，2009，《上海：政府购买服务之路》，《中国社会工作》第22期，第15~18页。

刘玉照等，2011，《上海社区建设调查报告》，《科学发展》第3期，第108~114页。

沈福杰等，2005，《浅析香港上海黄浦公共卫生体系建设之比较》第5期，第377~379页。

王瑞杰等，2011，《上海家政服务员发展水平亟待大幅提升》，同济大学课题组研究报告。

王自清等，2010，《构建和完善上海社区体育公共服务供给增长的保障体系》，《体育科研》第31期。

熊易寒，2006，《人民调解的社会化与再组织——对上海市杨伯寿工作室的个案分析》，《社会》第6期。

徐建青，2008，《社区卫生服务研究现状及上海地区社区卫生服务发展建议》，《实用预防医学》第15期，第2000~2004页。

于海，2008，《上海社区发展研究报告》，重庆出版社。

http：//www.hbjzh.com/build.asp？pid=2&cid=9&id=11，湖北省城乡基层自治组织建设信息网。

http：//news.sina.com.cn/o/2010-02-12/064217085895s.shtml，《强世博安保上海打造社区警务新机制》，2010。

http：//news.sohu.com/20110307/n279696946.shtml，《上海社区居家养老逐渐普及，独生子女难养儿防老》，2011。

http：//www.hbcdc.cn/EC_ShowArticle.asp？EC_ArticleID=8316，《上海今年将进一步增加社区预防保健等投入人均公共卫生经费不低于50元》，湖北省预防医学科学院，2011。

http：//news.sohu.com/20101225/n278502161.shtml，《上海未来五年力争人均生活垃圾处理量减二成》，2010。

http://news.hexun.com/2008-06-03/106411910.html,《完善水环境保护体系》,2008。

http://news.163.com/09/0110/21/4VAVOHLB000120GU.html,《上海:校区、园区、社区"三区联动"缓解大学生就业问题》,新华网,2009。

http://www.lawtime.cn/info/laodong/ldzy/laodongjiuyebaozhang/jiuyefuwu/2010092858174.html,《上海市社区就业服务体系及政策》,2010。

(本章执笔:陈秋玲 马晓姗 金彩红 吴干俊 孔令超)

第六章 上海"四个中心"建设的职业结构和人力资源保障

一 纽约、伦敦、东京和上海的就业结构及其变化

(一) 纽约的就业结构

1. 总体就业情况

纽约作为世界性的大都市,其产业结构以服务业为主。纽约农业的就业人数非常少,在研究纽约的就业结构时,主要以非农业的就业人数为研究对象。由图6-1可以看出,2000年到2003年纽约的非农业就业人数是缓慢下降的,这和美国当时的经济衰退及9·11事件有直接关系。从1991年开始的10年间,美国经济快速增长,但2000年开始进入了经济衰退期,加上2001年纽约9·11事件使整个美国的经济从2003年才开始好转。从2003年到2008年纽约非农业就业人数呈现缓慢上升的趋势,上升速度总体上趋于稳定,其中服务生产部门的就业人数和非农业就业总人数的变化保持一致,而物品生产部门的就业人数基本上处于水平状态,更加说明非农业的总体就业人数的增加主要是由于服务生产部门的发展带动起来。2008年开始的全球性经济危机影响巨大,作为爆发点的纽约更是首当其冲,由于纽约的经济仍然没有摆脱不景气的状态,从图6-1可以看出到2010年为止,非农业的就业总人数和物品生产部门的就业人数均呈现下降趋势,但是服务生产部门的就业人数自2009年下降之后,2010年呈现微弱的上升趋势。

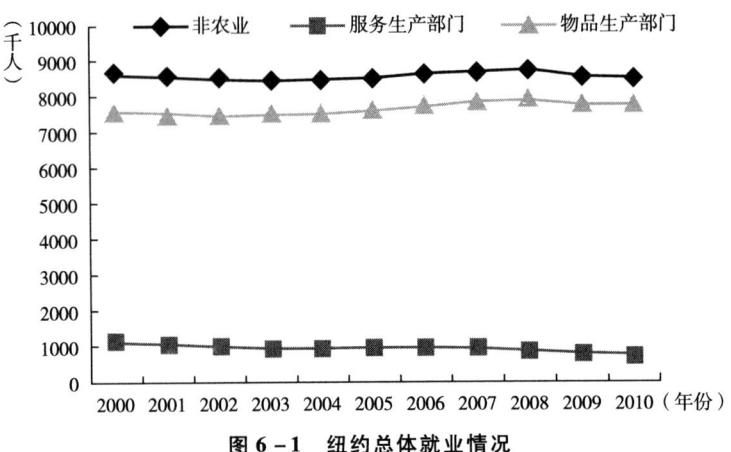

图 6-1 纽约总体就业情况

资料来源：纽约劳工部。

2. 产业就业情况和趋势

从产业的角度来分析就业情况和变化更能刻画出一个城市的就业状况和变化趋势。图 6-2 表示 2000~2010 年纽约重要产业就业情况和变化。批发零售业及医疗保健和社会保障业的就业人数远远高于其他行业。由图 6-2 可以看出从 2000 年到 2010 年，纽约的制造业就业人数一直处于下降的趋势，受 2008 年经济危机的影响，2009 年下降的幅度更大些。在图 6-2 的产业分类中，就业人数一直呈现上升趋势的有医疗保健和社会保障、住宿和餐饮业以及教育服务业，这 3 个产业在 2000 年至 2003 年和 2008 年至 2010 年经济不景气的情况下仍然保持了强劲的上升势头，仅住宿和餐饮业的上升势头在 2009 年有轻微下滑。这两点充分反映了纽约产业结构的变动。从图 6-2 还可以看出金融业、建筑业和批发零售业在 2008 年经济危机之前一直处于稳步上升的状态，受 2008 年经济危机的影响，就业人数开始下降，其中以金融业的下降幅度最大，他们的变化趋势和总体经济的波动一样。信息业的就业人数则是在不断缓慢下降。而不动产业和商业服务业的就业人数一直处于相对平稳之中，变化不大。

3. 产业就业结构及变动

图 6-3 显示，2000 年和 2010 年纽约重要产业就业人数占非农业就业人数的比重。从图 6-3 可知，教育和健康服务业，政府，贸易、运输和公共事业，商业服务四个产业部门是纽约提供就业岗位最多的部门，2000 年和

图 6-2 纽约重要产业就业情况

资料来源：纽约劳工部

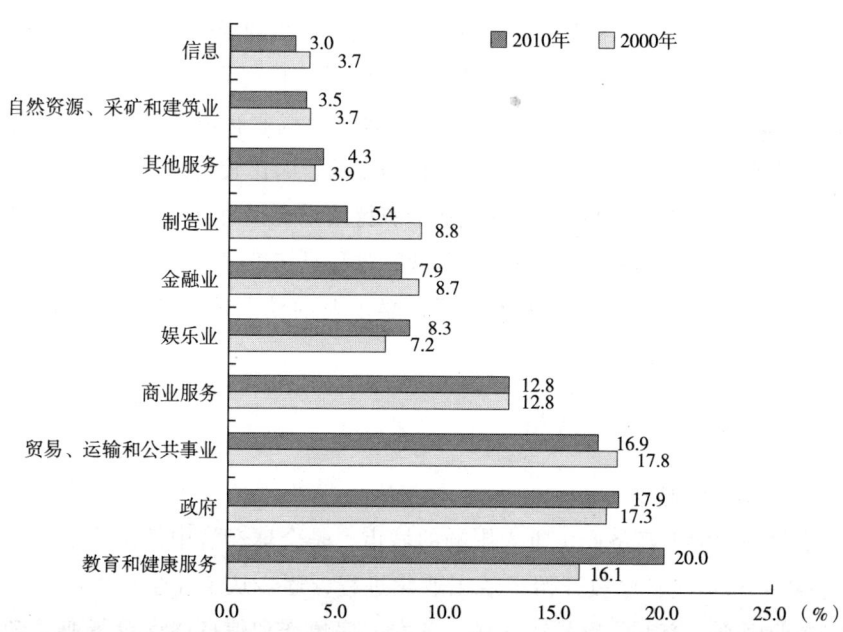

图 6-3 2000 年和 2010 年纽约重要产业就业人数占非农业就业人数的比重

资料来源：纽约劳工部。

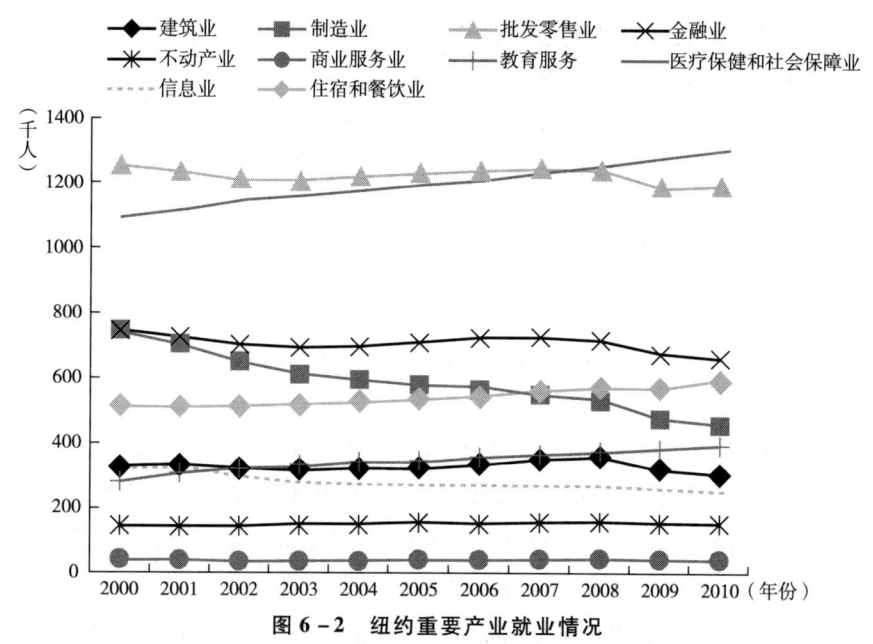

2010年分别占非农业就业人数的64%和67.6%。就业结构变动显著的部门有，教育和健康服务业的就业比重从2000年的16.1%上升至2010年的20.0%，新增309500个就业岗位，成为就业人数最多的产业部门；而2000年就业人数最多的部门贸易、运输和公共事业从2000年的17.8%减少到2010年的16.9%；制造业的就业比重从2000年的8.8%降至2010的5.4%，减少了294500个就业岗位，成为就业人数下降最显著的部门。从图6-3可以看出，2000年和2010年除商业服务部门外，其他产业部门的就业比重都在增加或减少，只有商业服务部门的就业比重保持在12.8%的水平，说明在城市就业结构中商业服务部门的重要性。

在2000年时，贸易、运输和公共事业，教育和健康服务，政府，商业服务，制造业和金融业是纽约就业人数比重最大的几个行业，而到了2010年教育和健康服务，政府，贸易、运输和公共事业，商业服务，娱乐业和金融业成为就业人数比重最大的几个行业。制造业在这10年间就业人数减少最多，教育和健康服务就业人数增加最多，充分说明纽约的就业人数由第二产业不断向第三产业转移。

金融业就业人数的减少主要受最近几年经济危机的影响，减少了79300个就业岗位，下降幅度为10.7%，其中就业减少最多的是银行和证券经济公司；由于美国风行"终身教育"，人口的因素对教育及就业有很大影响；和教育业相同，健康行业的就业人数增加也受人口因素的影响比较大，并且随着纽约人口老龄化的日趋严重，健康行业的就业形势持续乐观；而贸易、运输和公共事业就业人数的减少则是集中在批发零售业，这种经济敏感型行业主要受消费者信心的影响，和经济形势有很大关系；娱乐业的就业增长集中在住宿和餐饮业。

(二) 伦敦的就业结构

1. 总体变动趋势

伦敦是对世界经济产生重大影响的城市，是全球经济中的主要节点。20世纪60~70年代，伦敦开始了后工业化进程，逐步从工业生产中心转变为第三产业中心，商业、贸易、金融、证券、房地产和信息咨询等行业蓬勃兴起，伦敦进入服务主导型经济阶段。伦敦是一个高度城市化的地区，早在

1998年第三产业总增加值就占到三产总量的66.49%。从图6-4中可以看出,伦敦的总就业人数从2001年开始下降,2004年和2005年相比2003年有所增长,2006年下降后2007年又开始上升,到2008年,就业人数比2000年时增加10万人左右。虽然每年出现波动,但是总体就业人数在400万人左右,上下10万人左右的浮动,说明伦敦的总体就业情况还是稳定的。服务生产部门的就业情况是一致的,而物品生产部门的就业人数处于缓慢下降的状态。

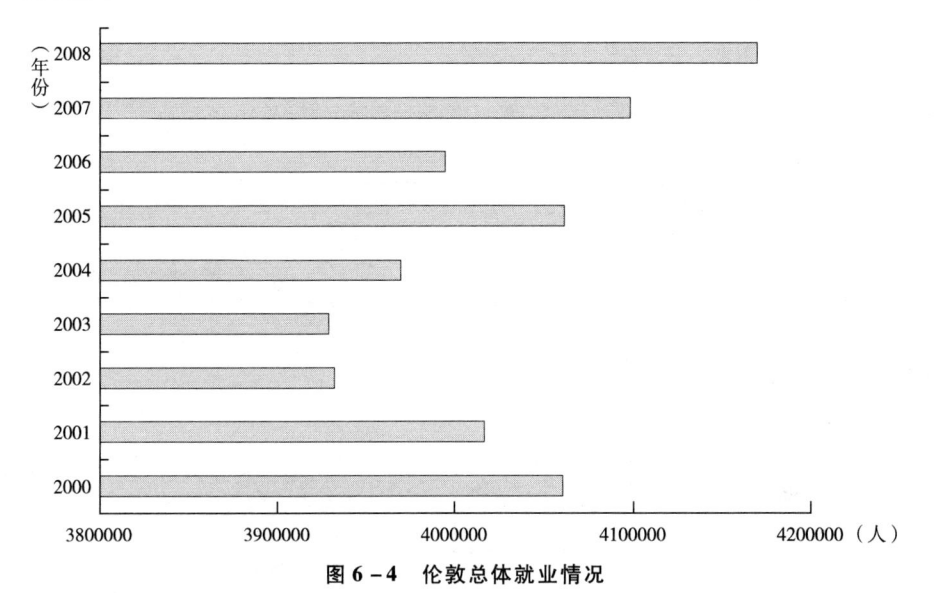

图6-4 伦敦总体就业情况

资料来源:大伦敦当局网站。

2. 分产业就业人数变动

伦敦的第一产业占经济的比重很少,相应的就业人数也很低。从图6-5中可以看出,农渔业、采矿和能源的就业人数基本在15000人以下,并从2000年开始逐步减少,2006年有回升的趋势,但是总体就业人数平稳。由图6-5得到结论,伦敦就业人数最多的三个主要产业是商业服务、批发零售及医疗保健和社会保障业。商业服务业的就业人数有100多万,是所有产业中就业人数最多的,这和伦敦是世界商业中心有很大关系。批发零售是伦敦就业人数第二多的产业,其中包括汽车和摩托车的维修服务以及家庭和个人用品。医疗保健和社会保障业的就业人数即使在经济危机时期仍然保持良好的上升趋势，这和伦敦严重的人口老龄化现象有密切的关系，并且医疗保健和社会保障业的就业人数呈现不断上升趋势。教育服务业的就业人数在30万左右，但在2000年到2008年间一直呈上升趋势。金融保险业的就业规模居伦敦第四，充分体现了伦敦作为金融中心的繁荣。住宿和餐饮业就业人数总体上呈上升趋势，由于旅游业受经济危机影响比较大，经济波动时，就业人数也会出现正相关变动，未来其就业人数会随着伦敦旅游业的发展而不断上升。伦敦制造业和建筑业等第二产业的就业人数较少，尤其制造业就业人数不断下降。

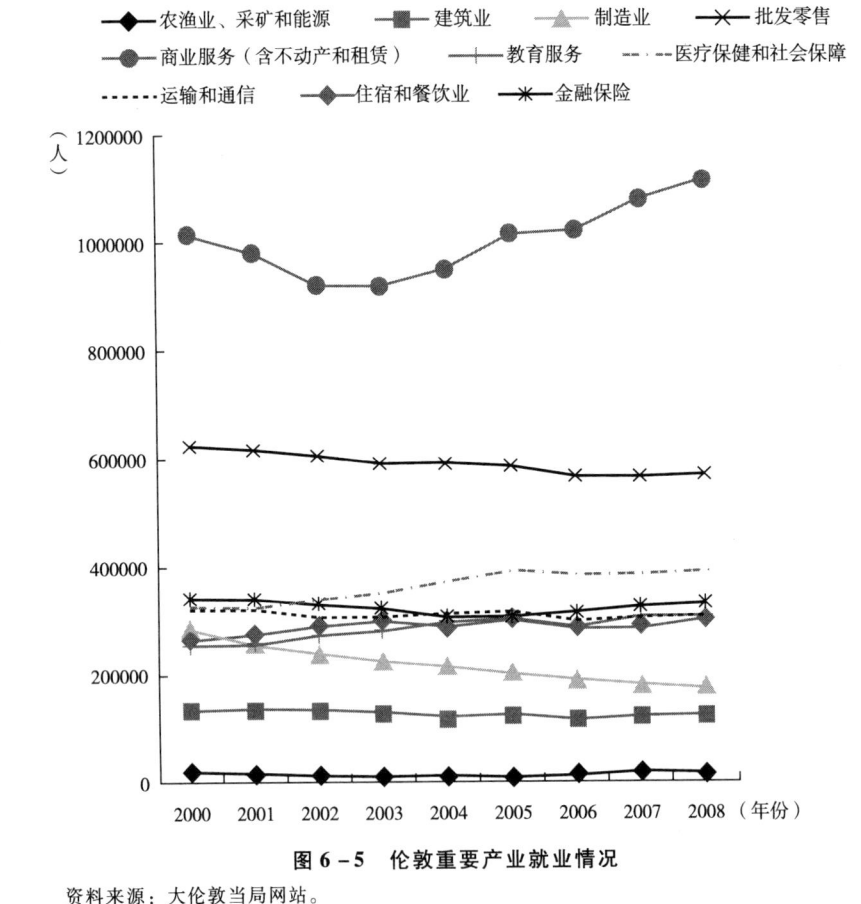

图6-5 伦敦重要产业就业情况

资料来源：大伦敦当局网站。

（三）东京的就业结构

1. 总体变动趋势

从 1980 年至 2005 年，东京总就业人数呈现由增加到减少的趋势。在 1980 年至 1990 年的 10 年间，总就业人数上升了 10.8%。1990 年日本发生泡沫经济，受经济危机的影响，东京失业人数增加，从而导致总就业人数开始下降，由 1990 年的 628.4 万减少到 2005 年的 591.6 万人。

进入 20 世纪 70 年代，日本经济发展的环境发生了巨大变化。能源危机、汇率变化（日币大幅升值）以及国内生产成本的上升、环境污染等问题，国内外发展环境的重大变化直接影响了东京产业发展方向及其内部结构变化。东京改变了以往由二、三产业共同推动经济发展的格局，出现了从第二产业向第三产业转移的趋势。而伴随着产业结构的变化，东京的就业人数也发生了从第二产业向第三产业的转移。如图 6-6 所示，在 1980 年到 2005 年的 25 年间，东京的第二产业就业人数持续下降，从 1980 年的 180.5 万下降到 2005 年的 110.9 万人，减少 69.6 万人，而与之相反的是，第三产业的就业人数在这 25 年间增加了 76.1 万人。由此可见，25 年来东京产业结构向服务业转变的巨大变化。

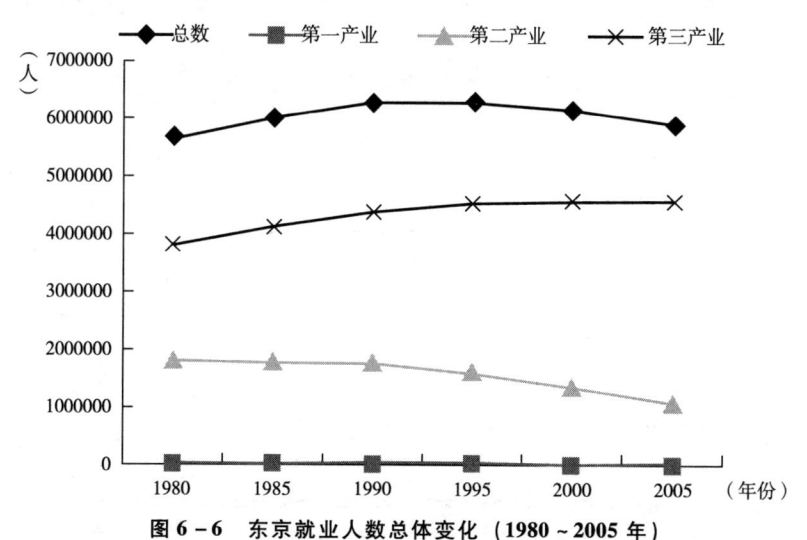

图 6-6　东京就业人数总体变化（1980～2005 年）

说明：日本 2010 年国势调查的数据要到 2012 年以后才会发布，故数据无法获得。
资料来源：日本国势调查。

2. 分产业就业人数变动

东京的农业比重在产业结构中表现为一贯的下降趋势，第一产业的就业人数由1980年的3.9万下降到2005年的2.6万人。伴随着日本第二产业的不断衰退，东京制造业的就业人数从1980年至2005年一直呈现下降趋势，在这25年间，就业人数从1980年的133.2万人减少到2000年的70.7万人，下降比例高达46.9%。建筑业的就业人数在1980年至2005年也一直围绕着50万人数上下波动，在1995年达到最高点54.8万人，随后不断下降，至2005年减少到40.1万人（见图6-7）。批发零售、餐饮、住宿业在2000年进行了细分，新分类成批发零售业和餐饮、住宿业两个部门进行数据统计，总体来说就业人数波动不大。金融保险业的就业人数经历了先上升后下降的过程，在1990年达到顶峰为28.6万人，至2005年减至21.6万人，减幅为24.5%。20世纪90年代日本不动产业因受"泡沫经济"的影响，于1991年泡沫经济崩溃后陷入谷底，但是作为日本的金融中心，东京的不动产业却未受到太大不良影响，其就业人数于1980年至2005年间稳步攀升，由1980年的10.2万人升至2005年的17.9万人，增幅高达75.5%。在1980~2005年的25年时间里，第三产业就业人数的总体趋势在上升（见图6-7），但是具体到每一个部门就会发现有增

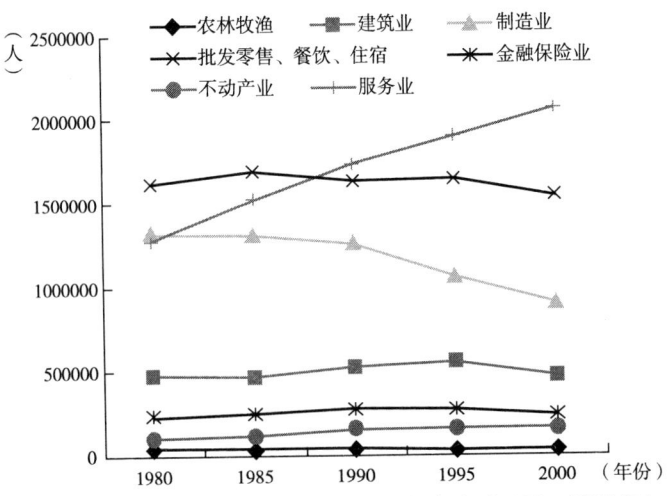

图6-7 分类前东京主要产业就业人数变动（1985~2005年）

资料来源：日本国势调查。

长的部门，也有减少的部门。其中信息通信业和不动产业增加幅度较大：信息通信业增加33.4万人，增幅达48.7%；不动产业增加7.7万人，增加比例为75.7%。减少较为明显的部门为批发零售业、餐饮业、住宿业，在25年里就业人数减少了55.4万人，减幅高达34.2%。2000年后，东京第三产业的统计口径发生了变化，对第三产业进行了新的分类。图6-8显示第三产业重新分类后分行业就业人数的变动，可以发现医疗保健、通信设备信息产业、服务业、不动产业等行业的就业人数依然上升，而金融保险业受1998年东南亚经济危机的影响较大，在2000~2005年就业人数减少了9.5%。

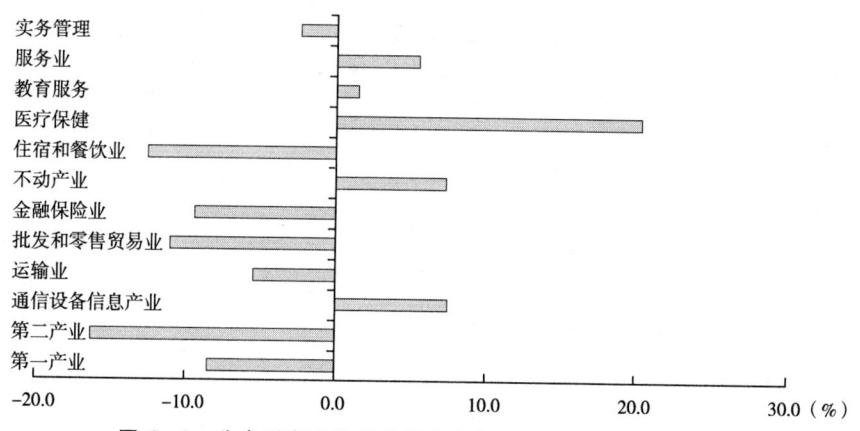

图6-8 分类后东京分行业就业人数增加率（2000~2005年）
资料来源：日本国势调查。

3. 分职业就业人数变动

因为传统制造业的衰退以及大企业的重组，专业技术类的就业人数占总就业人数的百分比在不断增加，由1980年的11.3%上升到2005年的17.1%，从中可以看出日本企业中人力的技术与品质，在随着技术层次由劳力密集提升至技术密集的过程中做出了大幅度的调整，经济形态渐趋知识密集型。而生产工程类的就业人数所占比例在25年间也在不断下降，由1980年的26.7%下降到2005年的19.8%，减少了6.9%，以负增长为主（见表6-2）。

在20世纪90年代日本"泡沫经济"崩溃后的长期衰退过程中，日本政府为了刺激经济增长,在金融,通信服务等行业部门实施了各种制度改革,打破行业垄断,降低了行业进入壁垒,促进了金融、租赁、广告、信息服务、研发支援以及各种专业服务业的发展,因此引发了大量第二产业就业人员向第三产业转移的浪潮。

服务、保安类就业人数从1980年至2005年一直呈现上升的势头,在这25年间上升了1.8%,一直呈现正增长。销售类就业人员所占比重有下降的趋势,在1995~2005年甚至为负增长,见表6-1、表6-2和图6-9。

表6-1 东京主要职业就业人数(1980~2005年)

单位:%

职业 (大分类)	农林渔	运输 通信业	销售	服务、 保安	专业 技术	生产 工程	管理、 实务	其他	就业 人数
1980年	0.7	3.7	17.7	10.5	11.3	26.7	29.1	0.3	100.0
1985年	0.6	3.5	17.2	10.5	13.9	24.9	28.8	0.6	100.0
1990年	0.5	3.3	17.2	10.0	14.7	23.9	29.1	1.3	100.0
1995年	0.5	3.3	17.6	10.8	15.2	22.1	28.7	1.8	100.0
2000年	0.5	3.2	17.6	11.7	16.6	20.9	26.9	2.6	100.0
2005年	0.5	2.9	16.7	12.3	17.1	19.8	27.4	3.3	100.0

资料来源:日本国势调查。

表6-2 东京主要职业就业人数增加率变动(1980~2005年)

单位:%

职业 (大分类)	农林渔	运输 通信业	销售	服务、 保安	专业 技术	生产 工程	管理、 实务	就业 人数
1980~1985年	-0.8	-0.4	2.4	8.5	29.9	-1.5	-2.3	5.9
1985~1990年	-11.4	-2.8	5.1	3.4	10.8	0.3	6.7	4.6
1990~1995年	-1.3	2.6	2.6	17.3	3.6	-6.8	-2.3	0.4
1995~2000年	-12.0	-7.6	-2.6	8.9	6.8	-8.0	-35.9	-2.4
2000~2005年	-3.0	-10.7	-8.5	7.1	-1.5	-9.1	-19.4	-3.9

资料来源:日本国势调查。

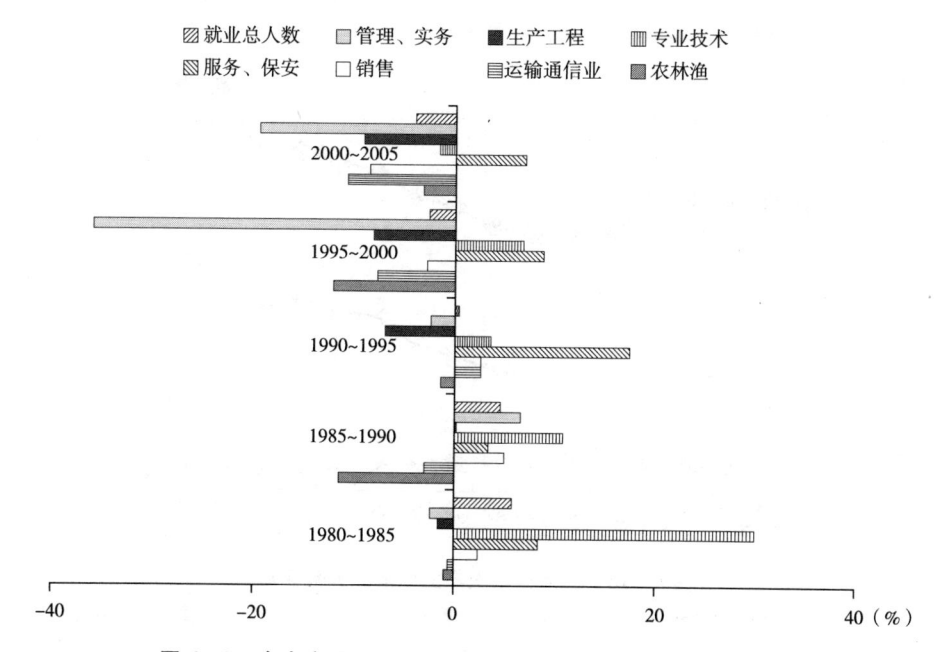

图 6-9　东京主要职业就业人数增加率变动（1980~2005 年）

资料来源：日本国势调查。

（四）上海的就业结构

1. 总体变动趋势

图 6-10 显示，改革开放以来，上海经济得到飞速发展，产业的发展带动就业人数的不断增加。在 1985 年到 2010 年的 25 年间，上海的就业人数呈不断上升的趋势：由 1985 年的 763.5 万人增加到 2010 年的 1090.8 万人，增加率达 42.9%。1998 年东南亚金融危机对我国造成一定不利影响，特别是上海地区，就业人数大幅减少，由 1997 年的 770.2 万减少到 1998 年的 670 万，减少了 100.2 万。与此相对，第二、第三产业的就业人数在 1998 年也有所下降，分别减少 59.4 万人和 43.2 万人。

图 6-11 表示 1985 年到 2010 年上海三大产业就业人数所占比例，因为上海是都市化地区，第一产业的所占比重很低，因此从事第一产业的人数较少，并且随着上海"四个中心"的大力建设，第二、第三产业得到很大投入，使得第二、第三产业的就业人数随之增加，第一产业的就业人数所占比

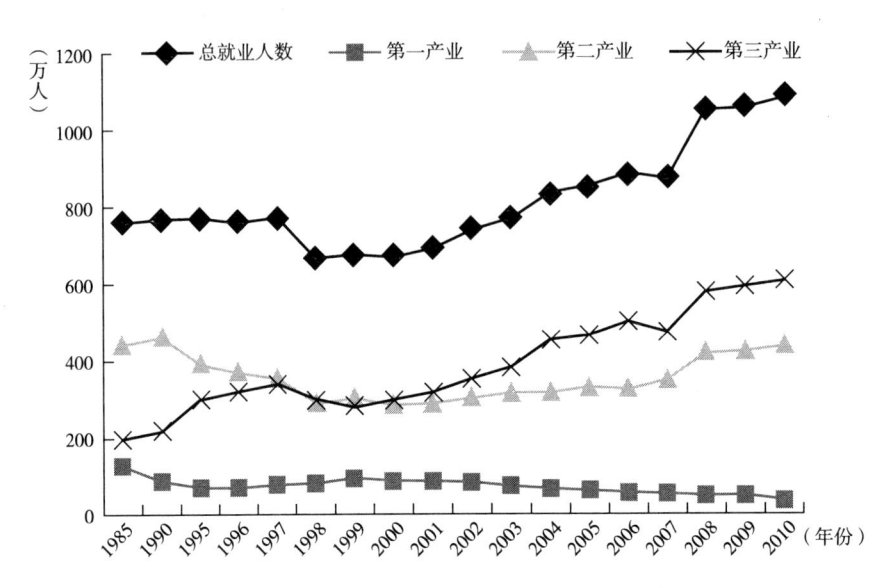

图 6-10 上海分三次产业的就业人数变动

资料来源：1996~1999 年《中国统计年鉴》；2000~2011 年《上海统计年鉴》。

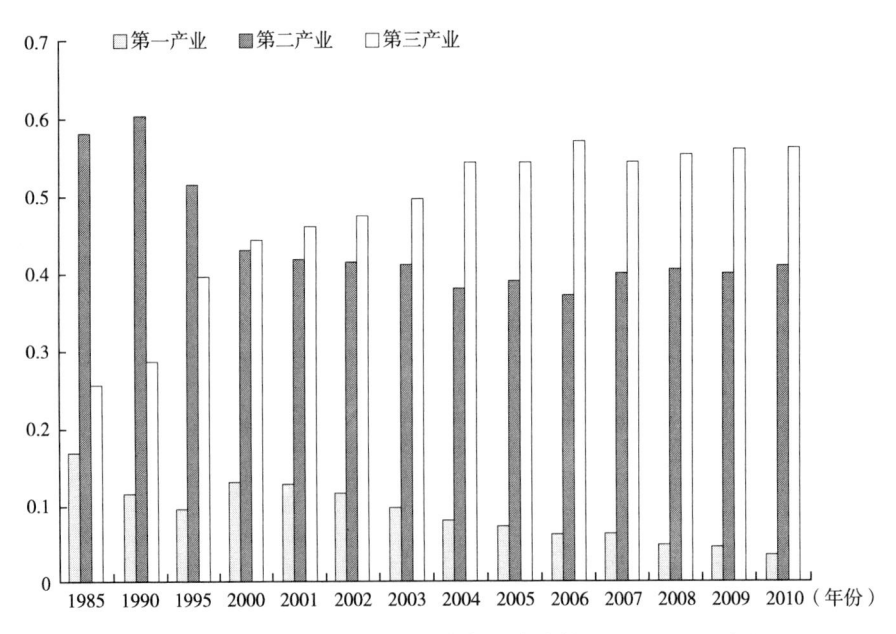

图 6-11 上海三大产业就业人数所占比例（1985~2010 年）

资料来源：1996~1999 年《中国统计年鉴》；2000~2011 年《上海统计年鉴》。

例也随之减少（见表6-3），到2010年从事第一产业的就业人数仅占总就业人数的3.4%。经过改革开放30年工业化道路的探索以及对产业结构的调整，上海提出"长期坚持三二一产业发展方针，长期坚持二三产业同时推动经济增长"和"优先发展现代制造业，优先发展现代服务业"的发展战略。进入2000年，上海第三产业的比重首次超过50%，就业人数更是在2000年超过第二产业（见表6-4），比第二产业的就业人数多8.5万人，成为上海市国民经济中的主导力量。国民经济增长格局由过去"第二产业"为主转变为"第二产业"与"第三产业"共同推动。截至2010年，上海第三产业的就业人数占总就业人数的55.9%，在全国处于领先地位，但与西方发达国家60%~70%的比重相比仍差距不小。

表6-3 上海第一产业就业人数所占比例（1985~2010年）

单位：%

年 份	1985	1990	1995	2000	2005	2006	2007	2008	2009	2010
比 例	16.6	11.4	9.2	13.1	7.1	6.2	6.1	4.7	4.6	3.4

资料来源：1996~1999年《中国统计年鉴》；2000~2011年《上海统计年鉴》。

表6-4 上海第二、三产业就业人数变动（1985~2010年）

单位：万人

年份 产业	1985	1990	1995	2000	2005	2006	2007	2008	2009	2010
第二产业	442.4	461.6	395	288.3	331.3	327.6	348.5	424.2	423	443.7
第三产业	194.5	218.1	302.1	296.8	463.5	502.6	474.3	580.0	592.9	610

资料来源：1996~1999年《中国统计年鉴》；2000~2011年《上海统计年鉴》。

2. 分产业就业人数变动

改革开放以来，伴随着产业结构的调整，上海劳动力在三次产业中的分布也一直在调整和变化。上海已经实现了劳动力从第一产业向第二产业和第三产业的转移，并开始进一步从第二产业向第三产业转移。上海第二产业就业人口在经历了20世纪80年代的迅猛增长以后，进入90年代后呈现下降趋势。现今，上海制造业已不再成为吸收就业的"蓄水池"，企业纷纷通过减员增效提高劳动生产率和企业竞争力。制造业的就业人数从1990年的399.3万人减少至2000年的250.6万人，减幅达148.7万人。1985年至

2010 年的 25 年间，上海从事金融保险业的就业人数一直在逐步上升，从 1985 年的 2.5 万人增加到 2010 年底的 24.1 万人，翻了 9.6 倍。目前，上海金融机构的总数已达到了 800 多家，其中外资和中外合资金融机构达到了 300 多家，但上海距离国际金融中心的战略目标还存在很大差距；从人才规模上说，世界上各个国际金融中心城市，从事金融业的人才比重达 10% 以上，而上海这一比重目前只有 2%，纽约华尔街的金融从业人数在 40 万名左右，伦敦也在 25 万到 30 万名之间，而上海到 2010 年末只有 24.1 万人（见图 6-12）。

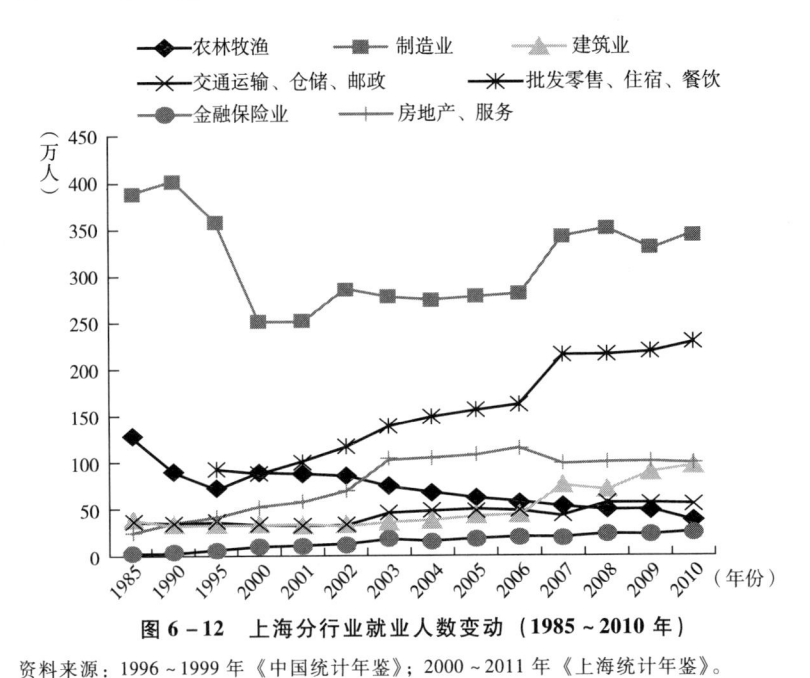

图 6-12 上海分行业就业人数变动（1985~2010 年）

资料来源：1996~1999 年《中国统计年鉴》；2000~2011 年《上海统计年鉴》。

二 上海与纽约、伦敦、东京就业结构的比较分析

（一）纽约、伦敦和东京就业结构的共同点

1. 纽约、伦敦和东京就业结构的特征

（1）纽约

医疗保健和社会保障业就业人数众多，呈不断上升的趋势，并不受经济危机的影响。就业人数 2010 年已达到 130 多万人，并成为纽约第一大就业

产业，占总就业人数的15.27%。批发零售业是吸纳就业的主力行业。纽约商业十分发达，批发零售业的就业人数逐年上升，2007年已达到125万人，2008年由于受经济危机影响就业人数开始下降，2010年大概为119万人，占总就业人数的14.01%。金融业就业人数所占比例很高，作为纽约的主要产业，其就业人数在经济危机之前也缓慢增长，经济危机后稍微有所下降，但2010年就业人数仍为66万多人，比例为7.79%。住宿、餐饮业和教育业就业人数逐年增加，并不受经济危机的影响。纽约作为国际化大都市，旅游业和服务业十分发达，相应的住宿和餐饮业就业形势良好，随着纽约旅游业的发展，就业人数会不断增加。纽约的教育业就业人数2010年大概为39万人，所占比例为4.64%。制造业就业人数不断下降。虽然纽约制造业的就业人数在2010年为45万人，但是所占比例已经降为5.34%，受经济危机影响，下降幅度不断增加。不动产、商业服务和信息产业的就业人数平稳。纽约的这三个产业的就业人数在2004年至2010年之间处于十分平稳的状态，变动幅度很小。

（2）伦敦

商业服务（包括不动产和租赁）是主要就业产业。伦敦作为世界的商业中心之一，商业服务的就业人数众多。2008年就业人数高达111万人，比例为26.78%。批发零售业占很大比重，但就业人数不断下降。从2000年开始，伦敦的批发零售业的就业人数不断下降，由2000年的62万人降为2008年的57万人，所占比例由15.34%降为13.7%。医疗保健和社会保障业就业人数不断上升。由于人口老龄化不断严重，对医疗保健和社会保障的需求不断上升，就业人数也不断增长，到2008年，该行业的就业比例已高达9.37%。金融业就业人数较高。作为全球的金融中心之一，伦敦金融业十分发达，就业人数也相当高，2008年就业人数为33万人，所占比例为7.96%，但是相比2000年的8.44%，就业人数在缓慢下降。制造业就业人数下降速度较快。国际化大都市的第二产业都是在不断衰退的，伦敦也不例外，2000年伦敦的制造业就业人数为28万多人，到2008年则为17万多人，下降幅度比较大。教育业就业人数呈不断上升趋势。同纽约一样，伦敦的教育业就业形势也比较好，从2000年开始一直保持上升的状态，到2008年就业人数为30多万人，所占比例高达7.43%。住宿和餐饮业的就业人数在变动中缓慢上升。伦敦的住宿和餐饮业就业人数的变动有升有降，但是整体上看是在缓慢上升的，就业人数由2000年的26万增加到2008年的30万，所占比例也增加了0.57%。

(3) 东京

批发零售、餐饮、住宿业就业人数众多。日本是世界上最早发展商业的国家之一，而东京又是日本首批发展商业的城市之一，因此经过长时间的演变，东京商业十分发达，从事批发零售、餐饮和住宿业的从业人员众多，2005年达到106.5万人。医疗、社会保障业从业人员不断增加。随着人口老龄化现象日趋严重，护理需求的不断增长，东京的医疗福利事业能够容纳大量的就业人口。在东京，从事医疗和社会保障的就业人数从2000年的9.9万人增至2005年的11.4万人，增加了15%。金融保险业从业人员比重较大。东京作为亚洲地区唯一能够和欧美发达国家相比的国际金融中心，其金融业十分发达，从事金融保险业的就业人数在2005年达到了21.6万人，占第三产业总就业人数的4.7%。服务业从业人数最多。随着人们生活水平的提高，闲暇时间的增加，人们的消费需求由追求生理型消费资料为主向追求享受型消费资料为主转变。对娱乐、休闲、卫生保健等享受型服务产品的需求日益增长，从而带动了服务业的快速发展。2005年，东京从事服务业的就业人数超过批发零售、餐饮、住宿业，成为东京就业人数最多的产业，达到111.5万人。教育业从业人数增长不明显。东京政府先后在2004年和2008年两次发表"东京教育愿景"，明确了东京的教育发展战略。第二次"愿景"提出三个主要视点："支援家庭、地区教育力量的提高"，"推进教育质量提高、教育环境建设"，"支援儿童和青年的未来"。两次"愿景"的提出可以看出东京政府对教育问题的看重，但是在2000年至2005年间，从事教育业的就业人数并没有明显变化，2000年为26.6万人，2005年为26.9万人，仅增加3000多人。

2. 就业结构的共同点

(1) 第一产业比重极其低

伦敦2008年第一产业就业比重为0.35%，东京2005年第一产业就业比重为0.4%，并且处于不断下降中。

(2) 从事医疗保健和社会保障的就业人数众多

该行业在发达国家具有非常重要的地位。纽约的医疗保健和社会保障业是就业人数最多的行业,并且就业人数远远高于其他产业,2010年占总就业人数的15.27%。这一产业是伦敦的第三大就业产业,就业人数在40万左右并呈不断增加的趋势,2008年占总就业人数的9.37%。东京的就业人数有11万多。

(3) 教育业的就业人数呈不断上升趋势,并且不受经济形势的影响

纽约的教育业大概有40万人就业,2010年该行业就业人数占总就业人数的4.64%。这一行业就业前景良好,随着人口的增加,就业人数不断上升。伦敦的教育业就业人数大概有31万人,2008年占总就业人数的7.43%。东京教育业2005年的就业人数大概25万人,占总人数的4%。

(4) 金融业占极其重要的一部分

在纽约,金融业的就业人数排名第二,2010年有66万多人,占总就业人数的7.79%。在伦敦,金融业就业人数有33万人,比重为7.96%。东京的金融保险(统计口径有区别)的就业人数有21万多人,2005年占总就业人数的3.7%。

(5) 批发零售、餐饮住宿等就业比重较高

纽约的批发零售业2010年的就业人数为119万多人,所占比例为14.01%;餐饮和住宿业2010年就业人数有59万人,比重为6.94%。伦敦的批发零售业就业人数,包括汽车、摩托车的维修以及家庭和个人用品的就业人数,2008年有57万多人,比重为13.7%。东京2005年批发零售和餐饮、住宿的就业人数为106万人,比重为18%。

(二) 上海就业结构的特征

改革开放以来,上海就业结构逐步趋向合理,主要表现在第一产业的剩余劳动力顺利转移到第二、第三产业,而第二产业从业人员有序向第三产业转移。作为上海市经济发展的基础,制造业从业人员在上海市各行业中仍然是人数最多的行业,但在逐年减少。2000年,上海市第三产业的就业人数首次超过第二产业,之后一直保持着较快的增长势头,成为推动上海国民经济增长的重要力量,为上海发展现代服务业提供了可靠保障。

通过上述分析可见,第三产业已成为吸纳就业人员的主要力量,发挥着越来越重要的作用。随着民众生活水平的提高,对物质文化需求不断增加,

从而使得商业、房产、金融、保险等行业发展较快，而农业、工业的发展则相对缓慢。市场机制的调节作用促使就业结构逐步发生变化。

随着上海市经济的不断发展，对外辐射能力的日益增强，外资金融机构纷纷入驻上海，使得金融保险业的从业人员不断增加，从1985年的2.5万人增加到2010年底的24.1万人，为上海"金融中心"的建设提供了保障。

我国的零售业虽起步较晚，但短短几十年，西方国家已出现的零售业态几乎都能在国内找到模型。上海作为全国的经济中心，零售业的发展和创新更加迅猛，就业人数一直呈现上升趋势，至2010年，从事批发零售、住宿、餐饮业的就业人数已达228万，占上海总就业人数的近1/5。

随着老龄化的增加，以及现代居民少子化现象的出现，上海市政府为保障居民福利，从2006年至2009年，每年用于社会保障和促进就业的地方财政支出共计1120.05亿元，并呈逐年递增趋势。上海市的社会保障制度不断完善，推动了这一产业的发展，就业人数有所上升，从2000年的18万人增加到2010年的20.4万人。

由于教育在现代社会经济发展中发挥着日益重要的作用，各国政府无不大量投入资金，成为提供教育服务的主力军。特别是上海"四个中心"的建设更是需要大量人才，因此本土人才的培育显得尤为重要。为保证教育优先发展战略，上海的教育投入大幅度增加，如：上海财政加大对学前教育的投入力度，学前教育经费列入政府财政预算，新增教育经费向学前教育倾斜；进一步加大对财力相对薄弱区县，特别是远郊农村地区财政教育转移支付力度；制定公办幼儿园生均公用经费基本标准，对经济困难家庭适龄幼儿实施学前教育资助。尽管加大了对教育业的投入，但是从事教育的就业人数并未增加，反呈下降的趋势，在2000年至2010年的10年间，就业比重从4.5%降至2.6%。

（三）上海与纽约、伦敦、东京就业结构的比较分析

1. 共同点

批发零售、餐饮等发展迅猛。借着上海市近几年飞速的发展势头，上海商业良好的发展态势为批发零售、餐饮等的发展提供了巨大的空间。批发零售、餐饮和住宿业的就业人数一直在增加，从2000年的13.1%增加到2010

年的20.9%，略高于东京，但是远远高于伦敦和纽约的就业比例。

2. 不同点

（1）第一产业就业人数所占比例相对较高

尽管上海第一产业的就业人数所占比例从1980年的16.6%下降到2010年的3.4%，但与伦敦的0.35%、东京的0.4%相比，上海第一产业的就业人数依然过多。

（2）医疗和社会保障发展缓慢

在纽约、东京等国际大都市，从事医疗保健和社会保障的就业人数非常多。尽管近几年，上海市政府不断加大对医保、养老金等的投入，甚至自1993年开始，上海市政府就不断上调最低工资以保障居民福利，至今，上海市的最低工资线就已经经历18次上涨。上海市政府致力于研究提高社会各类人群的收入，并于2011年7月1日全国实施《社会保险法》以来，逐步建立完善跨城乡的社会保障体系。但与发达国家相比，差距甚大，从事医疗保健和社会保障的就业人数依然很少，2010年只占总就业人数的1.9%。

（3）教育业就业较低

为打造国际大都市，上海市政府力争从全方位发展自己，在教育业的投入力度上不断加大，并相继出台相关政策以支持对教育业的发展。近期，上海市七部门联合印发《关于2011年上海市规范教育收费工作的问题》，明确各级政府部门要加大教育投入，确保教育经费及时足额拨付到位，同时，对学校收费情况做出严格规定，加强教育收费监管。据国家教育部预计，上海市在2012年的市区两级财政教育投入将达565亿元。尽管上海市政府对教育界的财政投入不断加大，从事教育业的就业人数也在增加，但是就业人数所占比例却呈现下降趋势，自2000年的4.5%降至2010年的2.6%，与纽约、伦敦及东京的差距明显。

（4）金融类人才缺乏

上海提出"四个中心"建设，并规划在2020年建成国际金融中心，为了实现该目标，上海市政府近几年实行了"千人计划""长江学者"等工程，从海外引进了很多人才，但2010年上海市从事金融保险业的就业人数只有24万，占总就业人数的2.2%，比东京2005年的3.7%就业比重要少，与纽约的7.79%、伦敦的7.96%相比，差距更大。

三 纽约、伦敦和东京的人才战略

(一) 纽约人才战略

1. 国内人才战略

美国自20世纪50年代末开始就视教育为国家发展的基础和人才培养的关键,把发展教育作为国家的战略重点,相继通过和出台了《国防教育法》《美国2000年教育战略》《为21世纪而教育美国人》《美国为21世纪而准备教师》等法案和报告,极力呼吁为未来准备高素质的人才资源。战略上的高起点定位带来人才建设的累累硕果,新一届的奥巴马政府更明确提出,要培养世界一流的21世纪人才队伍,继续保持美国在科技创新方面的世界领先地位。作为美国的中心城市,纽约的人才战略十分具有优势,为纽约的发展提供了充足的人才保障。

(1) 重视并扶持大学的发展,不断加大对大学的投资

纽约共有25所大学,其中包括纽约大学、纽约州立大学、哥伦比亚大学、西点军校等著名的大学,这些大学为纽约和全美输送了大批的人才。在近20年美国所获得的诺贝尔自然科学奖中,在大学工作的科学家占90%以上。同时,美国还大量设立科学奖,其中著名的有"诺贝尔热身运动奖""科学家摇篮奖"等,每年联邦与各州将举行层层的竞赛筛选,对学识见识超群者给予重奖。美国还多方集资兴办教育。即使是公立大学,也广泛吸收民间捐款,而不仅仅依靠政府的财政拨款和学费收入。高额的教育经费投入支持了教育部门的发展,从而也支持了国民受教育机会的扩大。美国中、高等教育的入学率一直稳居世界第一位。美国政府对捐助教育机构的企业实行减免税收的政策,因此许多公司乐于向大学捐款。

(2) 重视继续教育

美国把继续教育看作是衡量一个国家科技水平的重要标志,高度重视继续教育等人才资源开发,专门颁布《成人教育法》,从法律上保障继续教育的发展。联邦政府要求所有雇主每年必须至少以其全员工资总额的1%用于雇员的教育与培训,并逐年递增。未达标的公司和机构,每年必须上缴其工资总额的1%作为国家技能开发资金。为鼓励企业对员工开展继续教育与培

训，联邦政府还在税收政策上予以优惠，允许各个公司把教育经费列入成本，免予征税。美国对现职科技人员的"继续教育"也常抓不懈。据统计，美国100家最大的工业企业用于科技人员更新、拓宽和深化专业知识的经费每年增长25%。美国还设立了许多科学奖，以促使本国年轻科技人才的脱颖而出，例如被称为"科学家摇篮"的"西屋科学奖"。

(3) 具有自主、竞争、市场机制的教育体制

尊重学生的个性发展和重视学生创造力的培养始终是美国人才资源开发模式中的鲜明特征之一。自主、竞争、市场机制成为美国教育健康发展的主要动力。美国教育的突出特点之一是享有显著的不受政府控制的自由。美国的高等教育拥有突出的独立自主权，从学校宏观规划到微观具体的实施，从课程设置到经费使用，不受政府和社会各界的干预。拥有极大的自主权但并不意味着可以放任自流，而是在激烈的竞争机制下不得不追求高质量以求生存、求发展。

(4) 企业花费大量资金在企业内部对人才进行培养，开展各种各样的培训活动

纽约企业非常重视培训，一般公司员工培训时间一年在10天左右，花费占到全部工资总额的5%左右。高技术公司一般要对新进人员进行3~6个月的培训，然后每年都进行培训。很多公司将培训作为公司的福利。美国联邦公务员每年工资总额的4%~5%都用于在岗人员的培训。联邦政府设立专门的培训机构，对新录用的人员进行针对工作的培训。美国公司对经理员工的培训也极为重视，大多数公司都设有专项培训经费，并有完善的人才培训计划和体系。

(5) 增加教育投资，提高教师待遇

近20年，转变教育观念、增加对教育的投资是美国近几届政府的一件大事。为了提高教育教学质量，吸引优秀的人才从教，美国联邦政府把公立学校教师纳入国家或者地方公务员系列，提高教师待遇，其待遇一般要高于国家或者地方公务员，并且美国高校教师还有福利补贴、咨询收益、科研收益、兼课报酬等。美国政府视教育为国家发展的基础和人才培养的关键，对教育的投入十分巨大。州政府税收有40%左右用在教育，每年教育投入达3500亿美元，是世界上教育经费支持最多的国家。

2. 对外人才战略

（1）实行开放型的移民"绿卡制度"吸引人才

从20世纪50年代开始，美国多次修改移民法，规定只要是专业"精英"，可以不考虑其国籍、资历和年龄，一律允许优先进入美国。1990年，老布什签署新的移民法，鼓励各类专业人才移民美国。在行政上，近年来，美国移民和归化局对人才入境申请提供"签证快车道"（能在15天内拿到签证），为引进人才大开绿灯。这类申请者包括管理人才、科学家、特殊技术人才、特殊艺术人才等。从1990年开始，美国实施H1B签证计划。这是一种有效期为6年的临时工作签证，允许有特殊专长的外国人赴美工作。1998年美国为专业知识移民发放的H1B临时特别签证限额从615万名增加到1115万名，至2000年3月签证已达到了最高限额，同年10月4日，美国会又通过新法案将限额放宽到1915万名。

（2）高价吸引

美国通过大力增加工资福利待遇，设立各种高额奖励，为科研人员营造良好的科研环境，配备世界一流的实验室，并提供充足的科研经费和后勤保障等做法来吸引人才。借助于经济实力和美元的优势，美国的人才"价格"明显高于部分发达国家，发展中国家与之相比，落差更加悬殊。据资料，聘用同样的一个科技人才，在美国的待遇是在印度的十倍。另外，美国还通过设立奖学金、资助留学的方式吸引人才，为美国储备后备人才。为此，美国每年对外国留学生投资多达25亿美元。

（3）以高科技园和众多研发机构为载体，多方吸引国外人才

创造良好的科研技术业务工作条件，大力宣扬美国的科研条件"世界最优"，外国人来此可以迅速创造一流的成果，或者取得原来不能实现的成就。在美国高科技园中，硅谷是最有吸引力的，这里有美国一流的斯坦福大学与伯克利大学分校，不仅培养了一批应用型人才，而且也创造了风险投资的奇迹。另外美国有近1000个研发实验室，它们成为美国吸引国外人才的另一大载体。这些实验室每年要产生大量具有市场价值的科研成果。美国许多大企业都设有研发机构，是吸引国外人才的重要基地。

（4）利用跨国公司实行人才本土化

面临世界经济的激烈竞争和人才的激烈争夺，美国提出了"人才本土

化"战略,即到国外去就地聘用人才,为美国服务。跨国公司是"人才本土化"战略的主要载体。随着经济全球化的迅猛发展,美国众多跨国公司普遍重视本土人才资源的开发,以各种优惠的条件吸引本土人才。如朗讯、摩托罗拉、微软等美国一些大的公司,纷纷在中国设立研究机构,并开出优厚条件争夺中国人才。

(5) 国际合作

美国还以合作攻关的名义,借用外国人才的智慧。目前美国与70多个国家签署了800多个科技合作协议,利用各自的资源优势合作攻关一些重大的科研项目,如与日本、欧洲和俄罗斯共建阿尔法国际空间站等。通过国际科技合作,利用别国的人才资源优势,谋求本国的利益。

(6) 大力宣扬"自由、民主、人权"等生活方式和价值观念,以及"科学家无国界"等思维方式,来争夺世界人才

如果说工作条件和金钱是物质上的吸引,那么价值理念和思维方式便是意识形态上的吸引。近些年来,美国在这方面大做文章,其用意是显而易见的。

(7) 抓住特殊机遇,争夺抢购人才

第二次世界大战结束后,美国到处网罗德国的军工专家、科学家及不同领域的工程师,并把这些当时世界一流的科技人才运回美国。1997年亚洲金融危机,影响了亚洲留美学生的学习和生活。这时,美国政府、学校还有其他一些部门,想方设法留住这些学生。美国政府还拿出专项资金,采取人才"青苗战法",超早超前地抢夺别国人才。

3. 纽约人才激励机制

纽约实行合理的工资体系,激励人才。企业对合格人员的大量需求和市场上合适的候选人的短缺,造成了某类人员本来就已经很高的工资仍然不断提高。合理的工资体系有助于提高员工的忠诚度。为保住自己的人才不被竞争对手挖走,美国很多公司采用高薪留人的做法。公司给予优秀人才的报酬非常丰厚,可比普通员工高出几十倍。美国政府也正在改革薪酬机制,政府信息技术的员工工资比其他部门员工的工资高,增长的幅度可达到33%。美国公司通常采用股票期权计划长期激励,将高级管理人才的薪酬与公司业绩及个人的发展紧密结合。近年来,美国公司除薪资外,纷纷采用股票期权及

配股等方式，留住人才，激励人才。它们每年给高技术人才每年额外配给股份并规定一定时间内不准转卖。获赠股票期权在三种情况下进行，即受聘、升职和每年一次的业绩评定。股票期权的赠予额度一般没有下限。此外，公司还利用储蓄－股票参与计划吸引和留住高素质人才。这种计划允许员工一年二次以低于市场的价格购买本公司的股票，实施过程中首先要求员工将每月基本工资的一定比例放入公司为员工设立的储蓄账户，一般公司规定的比例是税前工资额的2%～10%，少数公司规定最高可达20%，公司向他们提供分享公司潜在收益的机会。

（二）伦敦人才战略

1. 国内人才战略

（1）国家政策为教育提供保障

为了继续保持英国教育的整体优势，从20世纪80年代起，英国的教育体制一直处于不断的变革之中。近年来，为了巩固英国作为世界主要经济发达国家之一的地位，英国政府确定了进一步提高全体国民的知识和技能水平以及使教育更好地适应经济和社会发展需要的战略目标，并为此发布了一系列政策性文件。例如，2002年7月，英国教育和技能部发表了关于《21世纪的技能——发挥我们的潜力》白皮书，阐述了英国所面临的技能挑战和应付这些挑战的政策措施，明确了英国的技能战略目标——使企业具备支持其取得成功的必要人才，使个人具备适应就业和实现自我价值所需的必要资格和技能。2003年1月，英国教育和技能部发表《高等教育的未来》白皮书，确定了英国政府对高等教育的投入和改革战略——创造一个能保持世界领先水平的高等教育体制，帮助国家更好地应付日益明显的全球化挑战。目前，这个战略已发展成为一项改革计划，由教育和技能部及英格兰高等教育资金管理委员会（HEFCE）共同负责。2004年1月，英国国会下院通过政府提出的关于提高大学学费和贫困生助学金的《高等教育法案》改革草案。无论是法案的支持者还是反对者都认为，这是英国教育史上的一个重要转折点，市场原则第一次被应用到教育的条款中去。2004年7月，英国教育和技能部发表有关《儿童与学习者的五年战略》计划，这是一个有关英国在今后五年发展面向儿童和社会全体成员的终身学习战略计划。

（2）重视高等教育

教育投入被视作一种人才投资战略。目前，伦敦共有大学 28 所、高教教育学院 12 个，另外还有继续教育学院 54 所，总计在校学生约 70 万。这些大学或学院是伦敦人才学校教育的主要力量。在 1996 年对研究型大学的评估中，获得较高分数的研究单位的学生 2/3 来自伦敦以外的地方（包括国外及英国其他地区）。这些人毕业后有一部分直接在伦敦就业，成为伦敦发展的一支重要力量。

（3）大力发展继续教育

英国是最早提出继续教育完整概念和制定相关教育立法规定的国家，希望通过继续教育提高国家竞争力。英国政府通过了 1998 年《教育改革法案》和 1992 年《继续高等教育法案》，以保证教育经费的投入，并在 2001 年把主管继续教育工作的教育与科学部更名为教育与技能部，同时增添了终身学习和高等教育部。

（4）重视技能培训

2010 年 7 月，英国新政府出台了新的技能战略政策咨询报告《为了可持续增长的技能》，表示要打造英国新的技能体系，公布了政府为实施这一新战略而采取的财政投资计划。"为了可持续增长的技能战略"可视为英国新政府成立后，在大幅度削减财政支出的政策主线下，出台的新型人才战略。战略提出，要对国家的继续教育和技能体系进行根本性改革，提高人才的技能，促进整个国家经济实现可持续增长。改革的具体目标和措施是：一是把学徒制作为技能培训体系的核心，扩大针对成人的学徒培训项目，到 2014 年和 2015 年，每年都能有 20 多万名成年人接受学徒培训。为此，在 2011 年和 2012 年，政府将投入 6.05 亿英镑，2012 年和 2013 年将投入 6.48 亿英镑。二是为 19～24 岁的成年人开展水平 2 和水平 3 培训提供全额经费资助，在扩大学徒数量的基础上，提升学徒培训的层次和质量，在技师水平与高水平技能间以及高等教育间建立清晰的提升途径。三是开发更加灵活和广泛的职业资格体系，满足经济发展的需求。与行业共同开发资格和学分框架，使个体和雇主能够获得满足其特定需求的培训单元。四是为缺少读、写、算技能而又离开学校的个人重新学习基本技能课程提供全部经费资助。五是从 2013 年至 2014 年开始，为 24 岁及以上的学习者学习水平 3 及更高资格的课程提供政府贷款。六是启动总额 5000 万英镑的需求导向的增长和创新基金，支持产业界的雇主开展培训。七是帮助中小企业培训低技能的员工。八是帮助那些积极求职者通过参加适应劳动力市场需求的培训获得工作。

2. 对外人才战略

向其他国家或地区吸引优秀人才，引进与保留人才也是伦敦人才管理的重要环节之一。受市政府委托，伦敦开发署发起成立了 650 万英镑的技能培训基金，以帮助伦敦用人单位引进与挽留熟练的员工，以及帮助成立一个成效明显的并易于进入的学习市场。伦敦的人才引进方式十分多样。

（1）奉行全球化的人才观，对人才流动采取比较自由放任的宽松政策

据悉，英国每年有不少高科技人才受优厚报酬的吸引而流向美国，对此英国并不刻意限制，而是执行"来去自由"的政策。有关部门曾算过一笔细账：一个优秀的英国互联网人才，在美国一年可创造 1000 万美元的利润，但他（她）个人每年回到英国消费以及将部分资本注入伦敦金融界，最终能将 600 万美元花在英国。正是从这种指导思想出发，英国推行的人才政策有个明显特点，就是不限制人才的流动，而是在创造人才回流的宽松环境与创业条件上下工夫。例如，英国牛津大学的多数教授前往美国哈佛大学、耶鲁大学等高校供职，这些美国大学为他们提供的报酬有的甚至高出牛津大学一倍以上。这样一来，虽然牛津大学很难与财力雄厚的美国大学打"价格战"，但它们在适当提高教师待遇的同时，将重点放在科研环境和学术氛围等方面，并努力保持自己的特色。结果，最终有许多在美国大学任教的教授由于留恋牛津大学特殊的学术氛围与严谨学风，往往几年后又回到了牛津大学。

（2）针对不同类型人才制定不同的政策

学术型员工的引进考虑的主要因素是优秀的研究能力、教学质量以及吸引学生的程度。引进这类人才时要从全球范围内考虑，不局限于英国本土。对于这类员工，还可以提供更好的工作条件，如周期性休息日、配备研究助理以及工作之外的机会。对学术支撑类员工采用特定的招募程序，有时还可以辅之以心理测试等方法进行。通常以职业生涯规划为重要条件吸引人才。英国高等教育基金委员会（Higher Education Funding Council for England，HEFCE）制定了一项引进人才的专项计划。该计划规定高等教育部门的新员

工，若其专业在教育学、IT、工商管理、法律及临床医学范围，均可获得 Golden Hellos，第一年的标准为 4000 英镑，第二年为 3000 英镑，第三年为 2000 英镑。

(3) 伦敦津贴

伦敦额外开销制度成立于 1974 年，主要用于补偿伦敦更高的生活及工作支出。在 20 世纪 90 年代，这种补偿逐渐成为伦敦工资的一部分，并在不同行业采用不同的方法。起先发生在警察职业，2000 年，伦敦警察的补贴达到每年 6000 英镑。后来，医疗卫生系统、监狱服务系统、消防系统、邮政系统等公共系统都实行了不同的补贴体系。位于伦敦的收入数据服务公司（Incomes Data Services Ltd.，IDS）对伦敦 65% 的组织机构进行了一项调查，结果表明中央伦敦或内伦敦区的伦敦津贴中值为每年 3145 英镑，其中公共领域的津贴为 3167 英镑，金融服务业的津贴为 3535 英镑。目前，伦敦津贴已被计入伦敦雇员的工资。由于英国政府规定所有雇员的工资每年要按一定的比例增长以抵消通货膨胀的影响。所以，所有在伦敦工作的人员都拥有相对高的工资基数，每年工资增长的绝对值也比其他地区同级别的人员高。尽管伦敦津贴的形式发生了变化，但它依然是伦敦招募与保留人才方面的一项重要条款。

(4) 移民政策

英国政府规定：英联邦国家的技术人才，不需要办理工作签证就可以在英国工作两年。这种广揽人才的做法，已经从英联邦内的加拿大、澳大利亚等国家吸引了不少专业技术人才。而英国的信息产业，近年还向中国和印度人才敞开大门。这些外来人才的进入，在很大程度上填补并平衡了本地人才的流失。为了更多、更广泛地吸引外来人才，英国政府近年来已开始倡导"多元文化"及"多民族共存"的策略。英国还对外来移民的工作许可制度进行了调整，重点是放宽对外国技术移民的法律限制，估计今后每年从发展中国家中移民英国的技术移民可达 10 万人。

在不久前通过的科技白皮书中，英国政府规定今后将对高科技研究、基础研究和高等教育领域有突出贡献的人才实行倾斜政策，国家将拨出专款大幅度提高他们的工资待遇，其中由英国政府认定的几百名杰出人才的年薪将达到 10 万英镑以上。此外，政府对人才的定义也更加灵活，不再局限于获得硕士学位以上的人,而是覆盖面更为宽广(包括金融、科技、教育、信息、法律、医学等各个领域)。同时,判别人才的权力也下放到全英的著名跨国公司、科研机构等,它们将拥有自行签发工作许可证的特殊权力。只要大公司雇用的海外人员,英国一般都将他们视为人才并发给签证,而不再看其是否有硕士学位,因为英国政府深信这些大公司"不会雇用傻子"。

(三) 东京人才战略

1. 国内人才战略

从2001年起,日本全面施行21世纪"科学技术创造立国"战略,并提出培养优秀科技人才的基本方针;2002年以来,又推出一系列科技人才培养、吸引、使用的重要举措,从而形成了近年日本人才战略的框架。在这个过程中,科技人才培养是日本保持世界经济强国的关键。日本人才战略的具体内涵概括为以下几方面。

(1) 240万名科技人才开发综合推进计划

日本政府决定,从2002年6月开始实施大量培养科技人才国家战略,目标是到2006年,培养精通IT、环境、生物、纳米材料等尖端技术人才240万名,确保企业需求的具有实战能力的技术人才,从根本上改变大学现有教育体制。

(2) 21世纪卓越研究基地计划

从2002年开始,日本文部科学省每年选择50所大学的100多项重点科研项目进行资助,每个项目资助时间为5年,每年1亿到5亿日元不等。这一计划使日本大学的科研更具战略性,同时有助于快出人才。

(3) 科学技术人才培养综合计划

具体做法是:在2004年至2008年,建设具有国际竞争力的研究据点,对被选中的据点重点资助,集中优秀人才,扩充设备,研究者在多出成果以后更具知名度,形成良性循环。在经济方面对有潜力的博士生进行支援,为了使优秀的学生专心致志搞研究,实行生活费补贴制度。所有的人才培养计划都有一个标准,就是要多培养综合型人才。日本文部科学省科学技术学术审议会人才委员会2002年7月就人才培养问题做出决议,要大力培养知识面宽同时专业特长突出的"T"(横线代表知识面,纵线代表专长)形人才。

2. 对外人才战略

日本为了保持其经济大国的地位，在有效开发本国人力资源的基础上，还采取了一系列吸引外国优秀人才的制度和措施，如：日本政府实施了关于科技人员资格的国际相互认证制度、国际间的养老金相互补充制度、改善外国人子弟的教育环境以及创造外国科技人员家属在日本安心工作的环境等。日本政府法务省 2009 年决定，将在定居者较多的浜松市等关东和东海地区的三个城市，设置受理在日定居外国人咨询的一次性作业中心，为外国人提供一条龙服务窗口。以前，自治团体和入国管理局接受咨询，但因为经济低迷，外国人失业相继发生，这种实际状况促使法务省强化对外国人共生社会的支援体制。

特别是近几年来，伴随着日本国力的强盛和经济的不断发展，留日的外国人数不断增加。其中，不懂日语的孩子和难以适应日本风俗习惯的外国人也在增加，令人忧虑。以一次性作业中心来命名的新咨询中心，将为常驻入国管理局的退休职员和自治团体职员提供从临时居住手续、如何丢垃圾、如何与日本人接触等内容广泛的咨询。对于失业外国人，如果在留资格不被认可，除了再就职以外，还需要相关的法律咨询，新咨询设施也会为其配备医生、律师、劳动顾问等齐全的相应体制。

针对留学生就业方面，日本政府也放宽了规定。2004 年 6 月，日本最大的经济团体——经团联提议要促进外国劳动者在日本就业。按照现在的规定，外国人在日本留学如果毕业当年找不到工作就要回国，经团联建议，留学生即使找不到工作也可以再给两三年的签证。以上一系列的措施，都使得留日的外国人数日益增加。

在东京地区（见图 6-13），外国人数从 2001 年的 33.1 万人增加到了 2009 年的 41.8 万人，增长率达到了 26.3%。为满足外来人口的需求，最近几年东京实施了庞大的公寓建设计划和外国人社区建造计划。外籍人口对生活质量上的要求与当地人不同，东京各区政府都设有外国人专用咨询窗口，用英语、韩语、汉语进行咨询。特别是外国人服务中心"国际社区中心"，可用英语、韩语、汉语、越南语、西班牙语、葡萄牙语六种语言进行咨询。除此之外，还备有六种语言版本的咨询图书，包括从电、气设备到办理手机、紧急常识、应对灾难方法、购物、餐饮、旅游等在内生活所需的各种信息。在该中心还设有外国人学习日语、读书、开讨论会的场地。具体的外籍人社区，如东京的六本木，数十年来一直是受外国人欢迎的夜生活区。不同于东京其他娱乐区，它提供许多外国人容易进入的餐馆、酒吧和俱乐部，有甚者干脆只面向外国人，成为了专门的外国人社区。

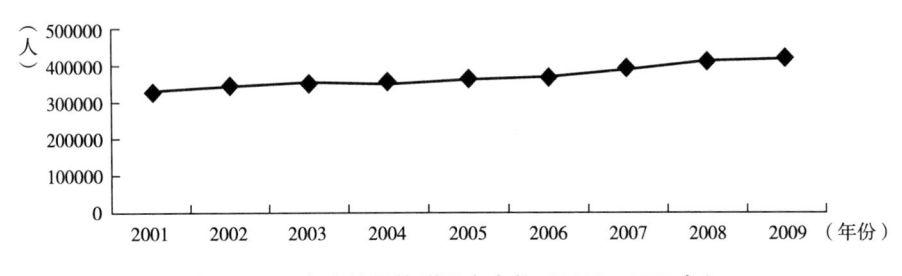

图 6-13 东京地区的外国人人数（2001~2009年）
资料来源：2001~2009年《东京统计年鉴》。

3. 人才使用机制

日本式管理被誉为日本战后经济高速增长的大功臣，其中最为人所熟知的，莫过于终身雇佣制、年功序列制及企业内工会，此三者又被称为日本企业的"三种神器"。

东京的大中企业，基本上都实行终身雇佣制。没有实行雇佣制的企业，一般也重视维持雇佣稳定，即使在经济处于萧条时，也不轻易解雇职工，而是在企业内部通过缩短工作时间、调整工资水平等方式维持就业，尽量照顾职工的生计。企业内出现结构性过剩人员时，一般通过扩大营业部门和开发新产品等措施来吸收剩余人员；对于不能胜任本职工作的职工，企业则通过内部职业培训提高其工作能力，将其安排至合适的工作岗位。

年功序列制度，主要表现在工资和晋升这两个方面。根据这种制度，新职工进入企业后，其工资待遇按照资历逐年平均上升，没有明显的差别。在以后的职业生涯中，职工的工资待遇也是随着工龄的增加而持续上升，这种资历工资制与终身雇佣制遥相呼应，有利于巩固长期雇佣制度和维持激励机制，一方面对企业经营产生积极作用，另一方面对稳定员工队伍、缓解劳资矛盾，增加员工对企业的向心力起着重要作用。从晋升方面来看，职工的职位提升除了与资历条件密切相关外，还与职工的业绩、能力、学历和适应性有关，它的差距会依各人能力和贡献的不同而逐渐显现。特别是白领职员到了40岁左右，往往围绕着获取部长、课长的职位而接受严格的选拔和激烈的竞争。年功序列制度是与对职工的长期培养、考察紧密联系的，因此，不会造成待遇上的平均主义和论资排辈现象。

企业内工会，是以企业为单位组织的工会，它使企业和员工结成紧密的共同体。在东京，企业工会成为企业的员工方面与企业的经营方面开展员工与雇主之间交涉的主要角色，它缓和了雇主与员工的矛盾，有利于企业实行家族式的经营管理。由于企业内工会是企业内所属的工会，它更多地考虑本企业的利益和前途，频繁地交流有关劳资协调的内容，因此，在东京实行企业内工会制度，劳资之间容易形成相互协调与合作关系，从而确保企业的生产。

日本传统企业强调命运共同体，强化彼此的连带感，所以每一个上班族忠于企业，有爱社精神，以工作为人生的第一顺位，从而形成了具有日本式特色的人事管理制度。但19世纪90年代之后，日本泡沫经济的泛滥决堤，日元走势攀高的打击，传统日本制胜的经营模式被画上了问号。

日本企业在19世纪80年代后半期至90年代前半期，大量雇佣新进人员。这群泡沫期入社族年轻时领低薪，到40岁左右当上主管后，薪资上升率迅速加大。然而日本企业在1990年泡沫经济瓦解之后，获利大幅衰退，无力继续用每年调薪的制度来养活这群在员工人口结构比例上较突出的泡沫期入社族。为此，日本企业要翻修"待得越久，领得越多"的年资制，导入美式人事制度，采取绩效制取代以往每年调薪的制度，即成果导向型的绩效管理模式。

日本企业虽然大幅改变了各种人事制度的运作，但都不是直接导入欧美的系统，而是充分考虑日本劳动市场的状况与劳动习惯之后，才在适当时机针对适合的对象，循序渐进式地导入最适合当时劳动环境的新人事制度。日本导入以职务叙薪的制度，也是阶段性的导入：基本上虽然以职务的差别为基准来制定薪资标准，但在设定各个职务间的薪资水准的差异时，也考虑到日本的就业意识形态，横向的人际关系意识。特别从"以年资叙薪"到"以职务叙薪"的制度变更上，花了相当长的时间，首先对员工彻底贯彻"职务"的概念，使员工了解，每年所设定的目标与对完成度的评估，将以"职务"为基准来进行。导入以职务叙薪初期，为了不影响薪资水准已相当高的中高阶层的员工，制度内还残留着大部分的年资因素。

日本导入美式人事制度，就是改以职务为基础，以成果表现叙薪，但日本巧妙融合职能资格制度与西方的成果主义。所谓的日式成果主义在于：此成果并非美式企业中的结果，日本企业也注重员工为达成果之具体的行动与过程，此成果是一个"总括的成果"。

4. 激励机制

日本针对人才培养秉持着"员工为主，公司为辅"的原则，企业的角色从"提供符合公司需求的教育训练"转变为"赋予员工提升职业生涯的规划"，目的是为激发员工自发性的改革意识。企业依据员工的能力，提供适当的培训方式和晋升渠道以发挥其才能和获得工作的成就感。企业需支持员工扮演辅助和排除障碍的角色，以建立起与员工之间的信赖关系，构建一个员工能够自发学习的学习型组织。

一直以来，日本企业对福利津贴制度都秉持"家族式"的构想，企业设计许多辅助的制度以支持员工"自摇篮至墓场"一切所需的帮助。但是随着日本劳资双方立场与观念的改变，以及因少子化、高龄化的加速而造成的劳动需求与供给的改变，日本企业调整福利津贴的比例，调升育婴津贴，充实育婴政策，目的为使员工能兼顾家庭与事业，借以留住优秀的人才。

在人力资源管理中，评估和激励是调动职员积极性的重要手段。在东京的企业中，除了评估职员的工作表现、业务水平和知识外，更重要的是评估其对企业的忠诚感、责任感、工作热情及合作精神。东京的单一民族思想和东京人崇尚"和为贵""忍为上"的理念使人们遵守纪律，有强烈的团队精神，忠诚于企业的"公司主义"意识，善于合作。如果一个职员不具备以上优良素质，即使工作能力强、专业技术熟练，也不被企业重视。激励是为了使职员的个人目标与企业经营的总体目标相一致而采用的一种措施，东京企业中的激励主要是一种精神上的表扬和鼓励，如开表彰会等。由于企业对职员的工作、生活等给予统筹考虑，并负有责任，因此职员在精神上、心理上的奖励比经济上的奖励更能激发职员的工作积极性和创造性。如果职员的经营业绩有突出表现，企业也会发"红利"进行奖励。

四 上海与纽约、伦敦和东京在人才战略方面的比较分析

（一）上海市的人才战略

1. 国内人才战略

在21世纪，上海已明确要建设成为社会主义现代化的国际大都市，并逐步成为国际经济、金融、贸易和航运中心。这一战略的定位，已经蕴含着上海人力资源开发的战略方向，就是要大力推进上海国际化的人才高地建设，使上海真正成为国际、国内人才集聚和辐射的重心。也就是说"构筑上海人才资源高地"，是上海21世纪人才发展的战略目标。

为了加快上海人才高地建设，增强上海人才优势，市委市政府领导在重点把握国际国内经济社会发展形势，特别是中央关于"人才强国战略"的基础上，提出了要站在人才国际化的平台上，加快建设上海国际人才高地。通过实行三个五年人才高地建设的滚动计划，到2015年左右，把上海建设成为与"一个龙头，四个中心"相适应的国际人才高地和国际、国内人才集散中心。

第一个五年（2001~2005年）：为上海国际人才高地打造基础。在这一阶段，上海要抓住我国"入世"先行城市的机遇，进一步推进人才柔性流动政策，加大吸引海内外高层次急需人才力度，提出"本土人才"国际化素质要求，营造符合国际惯例的人才开发机制环境，在全球范围内开发配置人才。

第二个五年（2006~2010年）：形成上海国际人才高地框架。在这一阶段，上海将加快人才国际化步伐，全力推进人才构成国际化、人才素质国际化和人才活动空间国际化，使上海人才国际竞争能力明显提高。

第三个五年（2011~2015年）：基本建成上海国际人才高地。在这一阶段，基本实现在全球范围内调整和配置上海人才资源，做到"四化"——素质国际化、配置市场化、手段信息化、管理法制化。初步成为国际、国内优秀人才集散中心。

为达到这个战略目标，上海于2005年启动并实施包括领军人才开发计划、公务员素质提升计划、人才培养改进计划等在内的七大计划。与此同时，上海还加速人才集聚工程，建立智力输出、合作培训、人才交流的区域

合作开发机制，广泛开展与全国各地的人才合作。上海将努力形成以长三角地区为基础，与中西部地区、东北地区、珠三角地区以及全国其他地区人才交流互动、协调发展的新格局。此外，为培养和集聚一支素质优良、结构合理、具有较强创新能力的科技人才队伍，上海实施了一系列人才培养计划。如：建立起由"青年科技启明星计划""曙光计划""上海市优秀学科带头人资助计划""顶尖人才支持计划""白玉兰科技人才基金""博士后基金"等构成的科技人才培养体系，为处于不同发展阶段的科技人才提供相应的支持和机遇。

为继续推动"四个中心"建设，培养大批上海打造国际大都市所需的高技能人才，上海市政府于2010年实施了以下举措。

（1）启动实施"首席技师千人计划"

2010年上海市人力资源社会保障局会同市委组织部、市总工会、市国资委联合下发了《关于在本市组织实施首席技师培养选拔千人计划的通知》，分别召开了在沪央企及本市国企"首席技师培养选拔千人计划"推进会。

（2）持续推进各类高技能人才项目

2010年上海市人力资源社会保障局会同市教委下发了《关于进一步推进校企合作培养高技能人才工作若干问题的通知》，分批召开了本市中职、高职学校校企合作工作推进会，并对所有校企合作学校的操作员开展了一轮业务培训。同时，深入推进企业内高技能人才培养和评价工作，探索在行业协会试点，已有快递行业协会、体能协会等行业协会参与。

（3）开展多层次的职业技能竞赛活动

2010年，上海市开展14个职业的市级一类竞赛工作，共1425人报名参赛。38家单位开展本单位内的市级二类竞赛活动，申报项目311个，共有1.92万人参加。同时，开展第四届全国数控技能大赛的选拔和集训组织工作。

（4）开展各项技能人才评选工作

2010年上海市开展了第六届上海市技术能手和上海市杰出技术能手的评选表彰工作。按照人力资源社会保障部有关工作要求，完成了中华技能大奖以及全国技术能手的评选工作，选拔推荐享受政府特殊津贴的高技能人才。

(5) 做好公共实训基地建设与管理工作

上海创业者公共实训基地建设已全面完成，基地内各实训项目也已陆续启动建设。上海船舶与港口机械制造公共实训基地 2010 上半年已完成《项目建议书》及《可研报告》的编制工作。

以上一系列计划及政策的实行，为上海市"四个中心"建设培养了大批人才，并取得了良好成果。2010 年底，在沪两院院士 165 人，占全国院士总量的 11%；中央千人计划人才 183 人，占全国引进总量的 16%；国家科技计划项目负责人 1260 人；中科院"百人计划"支持的杰出科学家 249 人；教育部"长江学者计划"支持的特聘教授 215 人；国家自然科学基金委员会"杰出青年基金"资助 285 人；上海市领军人才 580 人；全国宣传文化系统"四个一批"人才 25 人；国务院特殊津贴获得者 9700 人；中华技能大奖获得者 2 人；全国技术能手 10 人；上海市突出贡献技师 50 人；上海市杰出技术能手 40 人；上海市技术能手 389 人。

2. 对外人才战略

随着上海经济的不断发展，在沪外国常住人口不断增加。至 2010 年，在沪外国常住人口达到 16.2 万人（见图 6-14），比 2005 年增加了 6.2 万人，增幅高达 62%。

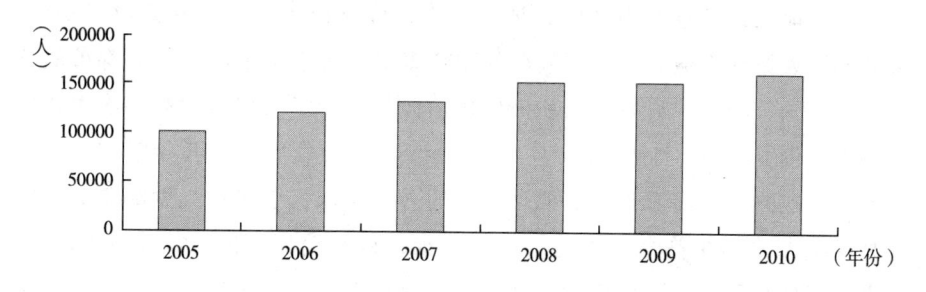

图 6-14 在沪外国常住人口（2005~2010 年）

资料来源：2006~2011 年《上海统计年鉴》。

随着外商驻沪办事机构、三资企业的不断增多，来沪外籍人员家属、子女人数也急剧增长。为满足外籍人员子女能受到良好教育的愿望，优化投资环境，1989 年以来，上海陆续开办了多所外籍人员子女学校，初步形成了为外籍人员子女提供教育服务的体系，解决了外国人子女在上海接受本国式教育或接受中国的文化教育的问题。1995年,在上海的国际学校只有5所,最多只能容纳600个小留学生;1998年,上海有15所国际学校,在校学生3300多人。至2010年,上海已有28所供外籍人员子女就读的国际学校,其中包括五所上海市重点学校设立的国际部,以及遍及上海各区的具有接受外国留学生资格的71所学校,提供从幼儿园到高中的教育。

在沪常住外国人数量增加,他们对宗教生活的需求也呈上升态势。为此,20世纪90年代初,一些在沪的外国信徒提出用本国语言进行礼拜。政府有关部门和宗教团体在现有法律法规的框架下,积极探索,逐步建立起一套行之有效的在沪外国人专场宗教活动的管理机制。例如,2004年,在沪国际礼拜堂的欧美基督教徒举行Alpha Program,对外国少年儿童进行宗教启蒙,并邀请部分国外赞助人和宗教教职人员参加。并且,随着在沪外国人数量的增多,类似活动也相继展开,如组织外国儿童开展夏令营、野营活动等,同时伴随一些信仰启蒙教育和讨论,这也是一些外籍人士培养儿童和青少年宗教价值观及信仰的重要途径之一。

为吸引外国高层次人才和资金,上海市出入境管理局针对外国人证件管理工作也进行了优化,从机构设置、人员编制、签证和居留证等出入境证件的种类与样式,到工作职能与业务等,都有了飞速发展和变化。通过健全和完善执法体系,理顺办理外国人证件工作,优化出入境口岸签证窗口功能,来沪外国人累计人数是改革开放前的100多倍,为推动上海国际大都市的建设,促进国家经济建设发挥了积极作用。此外,为了吸引海外高层次人才回国并来沪创业就业,上海实施了"千人计划",力争用5~10年时间,围绕国家重大战略和上海重点发展战略目标的人才需求,引进一批紧缺急需的海外高层次人才,在符合条件的企业、高校、科研院所、园区,建立20~30个市级海外高层次人才创新创业基地。上海市及用人单位还为引进人才一次性提供100万元的生活资助,力争以"落户、税收、薪酬"为抓手,三方面留住人才。

2010年,上海引进海外人才共9165人,其中留学人员3378人,外国专家5544人,港澳台专才243人;上海市留学人员总数超过9万余人;超额完成"三年引智行动计划",共引进了130余名处于国际前沿、具有全球影响力的科学家、技术专家、企业家等国际领军人才;顺利推进"雏鹰归巢计划",有345名优秀的海外高层次人才进入到"雏鹰归巢计划"人才库。2010年,实施第六期"上海市浦江人才计划",全年共资助234人(含团队),资助总额为4030万元。2010年共完成引进国外技术、管理人才项目176项,引进外国专家612人次,资助引智经费741万元。引智工作为大型客机研制、长江隧桥工程等国家与本市重点项目与重大工程建设,推动转变经济发展方式,以及船舶、汽车、机电、电子、通信、化工、生物医药、新能源、新材料等先进制造业发展和高新技术产业化,以及文化艺术、医疗卫生等社会事业蓬勃发展提供了有力的智力支持。2010年共完成本市出国(境)培训项目审批53个团组869人,形成了宾州大学、沃顿商学院高级经济管理培训班、美国斯坦福大学中小企业培训班等特色培训项目。

通过上述分析,我们可以看出上海政府为吸引外国人才从教育、文化、入境管理等方面实施了一系列的举措,使得在沪外国人数日益增加。从世界范围来看,现代化的国际大都市都是人才开放度很大、国际化程度很高的城市,但2010年在上海常住的外国人仅占上海总人口的0.8%,与国际大都市一般应达到的15%~20%的国际通行标准相差甚远。

(二)四大都市人才战略的比较分析

1. 共同点

(1)上海市高度重视人才计划,并出台各种政策以保障人才计划的实施

为了将上海建设成为社会主义现代化的国际大都市,并逐步成为国际经济、金融、贸易和航运中心,政府对人才战略非常重视,出台了各种政策以保障人才资源的供应。在国家"人才强国战略"的基础上,上海将"构筑上海人才资源高地"定位为上海21世纪人才发展的战略目标。为此,上海市实行三个"五年人才高地建设"的滚动计划,并实施包括"领军人才开发计划""公务员素质提升计划""人才培养改进计划"等在内的七大计划。

(2)上海市十分重视高科技人才的培养

纽约、伦敦和东京三个国际化大都市非常重视高科技人才的培养,尤其伦敦非常重视人才的技能培养。在这一方面,上海也做得非常好,如建立起由"青年科技启明星计划""曙光计划""上海市优秀学科带头人资助计划""顶尖人才支持计划""白玉兰科技人才基金""博士后基金"等构成的科技

人才培养体系，为处于不同发展阶段的科技人才提供相应的支持和机遇，同时启动实施"首席技师千人计划"，持续推进各类高技能人才项目等。

（3）在人才引进方面，上海市不论在签证方面还是在人才待遇方面，都给予了足够高的重视

为了吸引海外高层次人才回国并来沪创业就业，上海实施了"千人计划"，在符合条件的企业、高校、科研院所、园区，建立20~30个市级海外高层次人才创新创业基地。上海市及用人单位还为引进人才一次性提供100万元的生活资助，力争以"落户、税收、薪酬"为抓手，三方面留住人才。同时，上海市在海外人才的子女教育和宗教信仰方面都做得很好。

2. 不同点

同其他三个国际化大都市相比，上海在人才培养、人才吸引等很多方面还是有很多不足，这些差距都会对上海市人才高地计划的实现造成阻碍，并对"四个中心"计划造成影响。

（1）高等教育方面

纽约非常重视并扶持大学的发展，不断加大对大学的投资，高额的教育经费投入支持了教育部门的发展，从而也支持了国民受教育机会的扩大，同时美国对捐助教育机构的企业实行减免税收的政策，因此许多公司乐于向大学捐款。伦敦将教育投入视作是一种人才投资战略，伦敦拥有众多的大学和各种学院，这些大学或学院是伦敦人才学校教育的主要力量。东京实行各种人才培养计划和研究基地计划，根本上对教育进行改革，使日本大学的科研更具战略性。而上海的人才战略中，虽然明确要培养人才，但是对高等教育的投入仍然不够，对大学和各个研究机构的资助仍然有待提高，社会上也没有形成重视大学发展和企业捐助学校的风气。大学作为人才培养的首要基地，应当受到更多的重视。

（2）继续教育方面

美国高度重视继续教育等人才资源开发，专门颁布《成人教育法》，把继续教育看作是衡量一个国家科技水平的重要标志，为鼓励企业对员工开展继续教育与培训，联邦政府还在税收政策上予以优惠，允许各个公司把教育经费列入成本，免予征税。英国是最早提出继续教育完整概念和制定相关教育立法规定的国家，于1988年颁布《教育改革法案》和1992年颁布《继续

高等教育法案》。上海在继续教育方面并没有什么政策，对继续教育不够重视，应该在借鉴纽约、伦敦等城市的经验之上，找到适合上海发展所需要的继续教育政策。教育应该终身化，良好的继续教育能为城市发展提供源源不断的动力。

（3）教育体制方面

这是一个老生常谈的问题。尊重学生的个性发展和重视学生创造力的培养始终是美国人才资源开发模式中的鲜明特征之一。英国的高等教育始终具有自己的特色，精英式教育为英国提供了大量人才。我国的应试教育一直诟病颇多，上海的教育体制相比较而言虽然好一些，但是同国际化大都市相比，差距仍然很大。

（4）教师待遇方面

为了提高教育教学质量，吸引优秀的人才从教，美国联邦政府把公立学校教师纳入国家或者地方公务员系列，提高教师待遇，其待遇一般要高于国家或者地方公务员。我国教师的待遇有待加强，现在的年轻人愿意从事教师职业的人越来越少，而培养人才，需要有高水准的教师队伍。

（5）人才吸引政策有待提高

虽然上海市政府对海外人才给予了相当高的重视，但 2010 年在上海常住的外国人仅占上海总人口的 0.8%，仍与国际大都市一般应达到的 15% ~ 20% 的国际通行标准相差甚远。在防止人才流失和吸引海外人才方面，上海市仍有很长的路要走。

3. 上海市人才保障制度的建议

一个城市的人才战略是与整个城市的社会经济发展紧密交织在一起的，是整个城市发展战略的重要组成部分。通过对纽约、伦敦、东京这三个国际化大都市的人才战略研究，我们已经看到了上海在教育培训和人才待遇方面还有很多不足之处。基于四个城市的人才战略比较，并通过借鉴纽约、伦敦、东京三个大都市的人才保障的成功经验，结合上海社会经济发展实际情况与战略目标，本研究提出以下几点建议以供参考。

（1）教育方面

第一，投入增加的同时跟进教育管理的改善。上海为了打造国际大都市，近些年在教育上的投入迅速增加，据国家教育部预计，上海市在 2012

年的市区两级财政教育投入将达565亿元,与此同时在培养人才和人才引进方面上海市也出台了一系列有效政策,如在培养人才方面出台了"启明星计划""曙光计划""顶尖人才支持计划"等;在人才引进方面有"千人计划"等,这些政策对上海的科技、教育的发展起到了保障性作用。但是,伦敦、纽约、东京等国际大都市将教育投入放在人才投资战略的高度,与之相比,上海在软环境建设方面依然有一定的差距。如中国教育的官僚化、功利化现象严重阻碍"中国体制内的创新",因此,如何改善教育管理体制及机制,还学校一片净土,努力使得教育、科研机构真正成为"育人""创新"的温床,正是考验上海市政府的改革和创新能力。

第二,继续教育也是竞争力的源泉:作为国际大都市的纽约、东京、伦敦不仅重视大学教育的投入,在继续教育方面也非常地看重。如美国联邦政府要求所有雇主每年必须至少以其全员工资总额的1%用于雇员的教育与培训,并逐年递增;未达标的公司和机构,每年必须上缴其工资总额的1%作为国家技能开发资金。为鼓励企业对员工开展继续教育与培训,联邦政府还在税收政策上予以优惠,允许各个公司把教育经费列入成本,免予征税。美国对现职科技人员的"继续教育"也常抓不懈。据统计,美国100家最大的工业企业用于科技人员更新、拓宽和深化专业知识的经费每年增长25%。相比这些国际大都市,上海对继续教育不够重视,支持力度远远不够。因此,应该在借鉴纽约、伦敦等城市的经验之上,改变教育理念和观念,找到适合上海发展所需要的继续教育政策,使教育终身化。良好的继续教育能为城市发展提供源源不断的动力。

(2)人才待遇方面

第一,营造安心居住环境,享受"国宝"倾斜待遇。为了引进上海急需人才,上海市政府应该主动出击,应知"人才者,求之者愈出,置之则愈匮"。为了让海内外人才安心扎根于上海并干出一番事业,上海市政府要努力为人才提供一个能够安心生活并且无后顾之忧的环境,而对于有创业意向的应给予政策上的倾斜和支持:出台相关政策以解决海外留学人才在养老保险、子女教育、创业等方面的问题;对高新技术人才,提供专项高级人才公寓和配套服务;为创业者提供风险投资或专项资金支持,提供创业所需的高品质、低租金的经营场地;全面落实人才创业和项目孵化所需的一条龙服务和市区两级各项财税优惠政策。

第二，引进行业领军人才，实行"上海津贴"制度。为留住人才，纽约采用"用高薪留住人才、激励人才"的机制，而伦敦则采用"伦敦津贴"的方式挽留和吸引人才。因此，根据上海经济建设与社会发展战略的需求，成立命名为"上海津贴"的行业领军人才引进与激励的特殊津贴制度，实现突破常规制度大力引进高水平人才，以全球视野广纳人才，建立多样化的人才通道快速地吸引特殊需求人才。以后逐渐发展成为上海引进高素质、高层次、国际化人才的品牌战略制度。

第三，除了良好的人才待遇和完善的教育培养体系，完备的医疗卫生制度以及优越的生活环境对于人才的吸引也是必不可少的。因此，希望上海市政府能加强环境建设，打造一个适合发展、适宜生活的宜居城市，以便吸引更多的国内外人才来沪创业就业。

（3）医疗卫生方面

规范医疗服务市场，提高政府监管能力。作为一个拥有2300万人口的特大城市，上海人均医疗资源的占有率与全国其他许多地方相比要高出不少，但与伦敦、纽约、东京等国际大都市相比，差距非常明显。上海依然解决不了"看病难、看病贵"的问题。因此，从上海的现实情况出发，既要稳步推进改革，特别是增加医疗卫生投入，完善公立医院的补偿机制，也要注重强化政府监管手段，改进管理办法，规范医疗服务行为。

（4）生活环境方面

第一，降低交通出行成本，提高公共交通利用。经过多年的建设，目前，上海已经形成了一个功能比较齐全的道路交通网络，为广大市民的出行提供了便利。但是上海市私家车拥有量逐年增加，一是容易造成上班高峰时段路面严重拥堵，二是大量的尾气排放严重污染大气环境。因此，上海市政府应该抓紧落实"公交优先"战略：一方面应该在政策上加以扶持，完善公共交通补贴机制，进一步降低市民公共交通出行成本；另一方面，应加大外环交通基础设施建设，尤其是地铁站点，换乘枢纽的建设，进一步优化公交线路的设置。

第二，提供房屋租赁平台，规范房屋租赁市场。上海的房价高昂是让很多国内外人才对上海望而却步的主要原因之一。面对房价难以下调的现状，完善房屋租赁市场，提供房屋租赁平台的措施显得尤为重要。需要注意的是，像东京、纽约、伦敦等国际大都市，租房率高达50%左右。因此，作为正在建设成为国际大都市的上海，其房产市场的建设也应与国际性大都市的要求相适应。要转变观念，重新认识租赁市场发展的重要性；加快制定和完善房屋租赁市场的相关法律法规；规范运作，保障租赁市场运行的规范化、透明化。

第三，快餐文化日益风行，便利商店寻求转型。随着生活节奏的不断加快，人们的饮食生活也被深深地打上了时代的烙印。特别是在商圈附近工作的员工，午餐的就餐时间只有短短一个小时，对于快餐的需求尤为重要。据介绍，目前上海整个快餐业的需求量高达每天500多万餐，快捷、简单、美味和实惠的快餐需求日趋扩大，因此，对整个上海的快餐业和便利店而言，寻求转型是抢占这一市场的重中之重。而针对上海便利网点多、覆盖范围广的现状，"快餐生产+便利店"的运作模式值得借鉴。

第四，构建多元文化环境，容纳世界优秀人才。尽管近些年上海的经济已经走在了世界的前列，市场的运行机制较之我国其他地方更加公正、透明，但是法律制度的不完善依然严重制约着上海经济的发展。因此，上海市政府应该力求做到以下几点以吸引世界各地的人才，以体现上海海纳百川的城市精神风貌：制定一系列的法规与政策努力创建公平的竞争环境，营造更好的投资、创业与生活环境；注重多种文化融合的研究，并实施相应的政策与措施推进中西文化的融合；创造良好的多种文化语言环境来为国际人才服务；提倡与鼓励企业建立多元化、多价值观的人才体系；推进城市绿化建设，营造良好生活氛围。早在21世纪初，上海市政府就实行了"绿化建设与中心城区改造、郊区小城镇体系建设、产业结构调整、重大基础城市规划相结合"的绿化规划工作，争取到2002年左右，全市绿化覆盖率达到35%以上，以达到国际生态环境优质城市标准。通过近几年超常规的高速建设，上海的绿色回报已经逐步显现出来，城市热岛效应明显缓解，空气质量明显得到提升。至2010年上海的绿化覆盖率达到38.2%，但与世界级城市的绿化覆盖率相比差距明显，上海城市绿化发展依然面临严峻的挑战。因此要实施城乡一体化绿化格局；绿化建设融合历史文脉、文化、休闲和运动等，达到生态化、美化和文化的协调统一；合理分配城市绿地,公园绿地应达到一定比例。

参考文献

郭庆松,2009,《上海"四个中心"建设中的"人才短板"与人力资本积累》,《科学发展》第1期。

雷新军、春燕,2010,《东京产业结构变化及产业转型对上海的启示》,《上海经济研究》第10期。

王国平,2010,《上海"十二五"现代服务业形态及其结构变动——兼谈"四个中心"视野下上海现代服务业的发展路径》,《经济改革》第1期。

王静,2012,《上海"四个中心"建设呼唤更多人才——〈上海市引进人才申办本市常住户口试行办法〉解读(一)》,《华东科技》第10期。

王卫明、吴鹏森,2012,《上海"四个中心"建设中法治环境配套的重点与路径》,《上海政法学院学报》第1期。

肖林、马海倩,2010,《"十二五"时期加快建设上海国际经济金融、贸易、航运中心思路研究》,《科学发展》第3期。

Paterson, D. A. & Gardner, C. C. 2010. *Significant Industries——A Report to the Workforce Development System*. New York: The New York State Department of Labor.

Paterson, D. A. & Gardner, C. C. 2010. *The Decade in Review: New York State's Labor Markets, 2000-2010*. New York: The New York State Department of Labor.

(本章执笔:乌力吉图)

第七章 上海"四个中心"建设的制度支撑

完善的制度支撑系统是上海"四个中心"建设的必要前提条件,否则经济发展越快、产业规模越大,城市功能会越扭曲。本章基于城市经济学视角,从体制、机制、规制、税制、法制、所有制等层面,深入剖析制约上海"四个中心"建设的主要制度瓶颈,为上海"四个中心"建设寻找突破口。

一 上海"四个中心"建设制度支撑的理论溯源

(一)"增长极"的集聚和扩散效应

"增长极"开发模式选择高成长性的城市开发区或产业进行重点投资,借助"增长极"的正面效应,带动区域经济增长,促进城市体系分化。发挥"增长极"正面效应的中心城市通常具备制度环境宽松、分工和专业化的动态比较利益高、经济发展潜力大等优势,成为接受产业、资本、技术、贸易转移最多的地区。反过来,巨大的经济增量所产生的极化效应和扩散效应进一步推动分工和专业化快速发展,改进交易条件,拉动快速城市化,逐渐形成城市群(见图7-1)。缺乏制度支撑和产业配套的"增长极"可能沦为"飞地"或"孤岛",使非均衡发展模式加剧经济空间结构的扭曲。

从世界城市体系的产业布局来看,在经济全球化和区域经济一体化的双向冲击之下,城市产业呈现梯度转移、雁阵分布的演进态势。在全球层面,中心城市从产品生产制造和商品服务为"增长极"转向以知识和信息为"增长极",而生产制造则转向次级城市(见图7-2)。

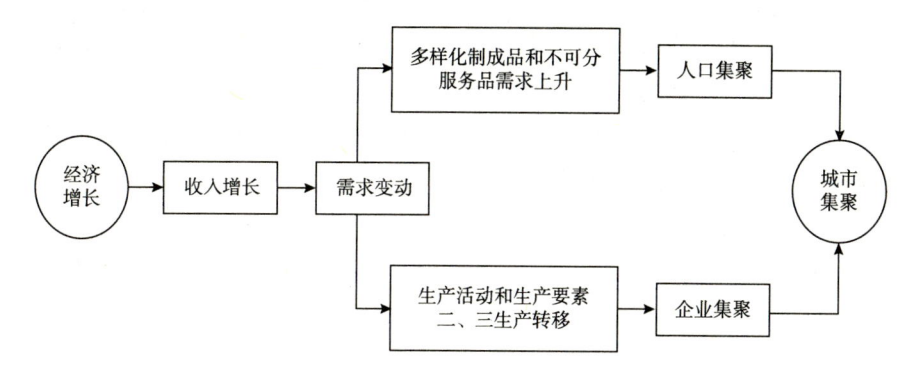

图 7-1 经济增长促进城市集聚的机制

资料来源：李金滟（2008）。

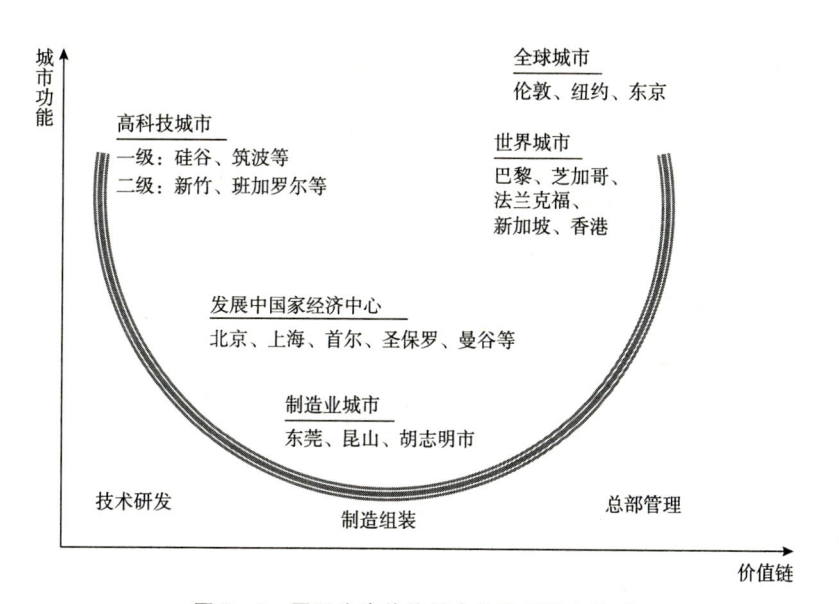

图 7-2 国际生产价值链中的世界城市体系

在国家层面，中国选择了以经济特区、沿海开放城市、国家级经济技术开发区、高新技术开发区为"窗口"特征的"点域式"带动发展模式，这种模式同时体现了以区域发展带动整体经济发展并参与国际竞争的国家经济发展战略。中国的经济发展呈现由南向北递次推进的总态势：从珠三角地区到长三角地区再到环渤海地区的开放开发，这三个地区也成为带动中国经济发展的三大"增长极"。

在城市层面,作为"增长极"的中央商务区(CBD)与郊区工业园区通过集聚和扩散效应建立起共生互补的功能联系:CBD 为郊区工业园区提供金融、信息、知识与技术等方面的支持和服务,而郊区工业园区在生产制造方面为 CBD 地区提供支持。

从单个城市产业结构变迁的动力机制来看,工业和服务业具有资源配置、交通枢纽、人口聚集等功能,往往布局在人口密集、资源充裕、交通便利的城市。伴随着生产要素在不同产业之间的流动、城市化分工和集聚经济的发展,工业不仅直接推动着城市化,而且通过产业连锁反应,间接推动了城市规模扩大和产业升级,一些城市从工业生产中心转变为第三产业中心。高度社会化、信息化的第三产业中心城市要求有更完备的市场服务体系,有更便捷的配套性服务行业,有更紧凑的区位规划和更宜居的环境系统(见图 7-3)。

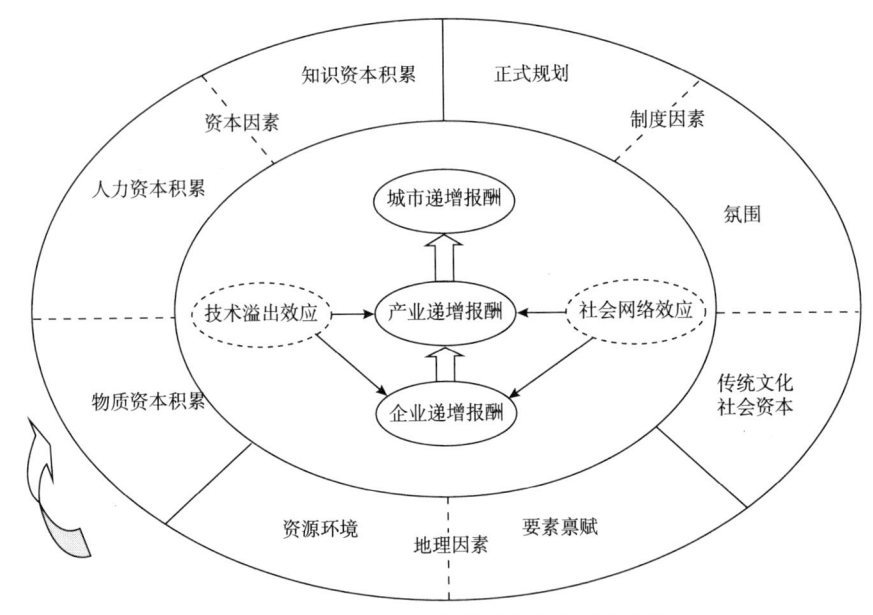

图 7-3 促进经济增长的城市空间组织系统

资料来源:李金滟(2008)。

(二)集群的集聚和扩散效应

从集群理论来看,中心城市集聚辐射力强、影响范围广的产业部门。金融保险、贸易等现代服务业功能倾向于向中心城市集中,带动城市群发展。

高端服务业集群效应具有协调和控制全球经济的中枢功能。随着全球生产网络在不同城市群间扩散，区域中心城市升级为国际中心城市，空间经济结构演化成多中心主导格局。如图7-4所示，横轴左侧表示生产网络价值生产环节，横轴右侧表示生产网络价值服务环节；纵轴表示商务成本，依据土地利用性质间的差异，随距离推移，将不同价值环节的商务成本投影到地理空间上，形成空间经济结构格局。

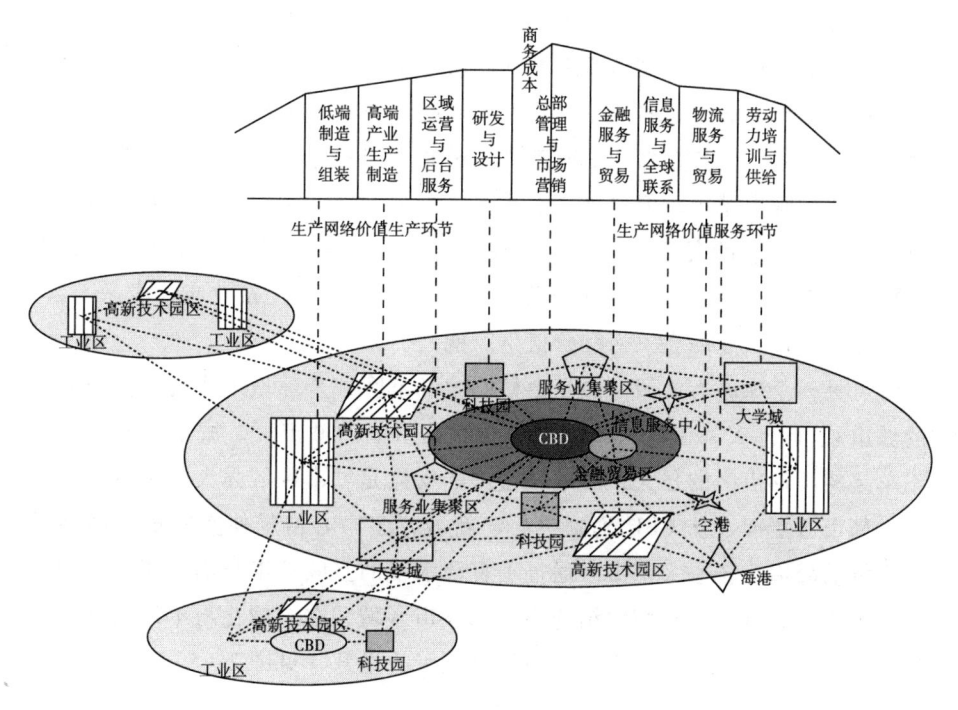

图7-4 全球生产网络中的区域空间组织和商务成本分布
资料来源：李健（2008）。

在图7-4中可以看到，商务成本受到距离衰减定律影响，使区域空间组织由内至外可分为中心城区、中心城市、大都市区、大都市区域四个圈层。其中，总部管理与市场营销类企业主要位于商务成本最高的中央商务区（CBD）；研发与设计类企业主要位于中心城区与城市副中心（Sub-CBD）连接处的科技园区；区域运营与后台服务再继续外移布局，空间形态以服务业集聚区或者城市副中心为主；技术密集型的高端产业生产制造环节以高新技术开发区的形式存在于交通便捷的近郊区；低技术、劳动力密集制造与组装环节因为对土地需求大及污染的问题，以工业区的形式存在于远郊区。

在大都市内部，金融服务与贸易位于中央商务区，多以金融贸易区的形式存在；信息服务与联系由于对空间需求不大，分布较为自由；物流服务与对外贸易多以空港、海港的形式存在远郊区，凭借信息、服务构成了全球生产网络中全球化与地方化互动的最根本支撑条件；人才服务、劳动力供给和培训学校等在空间上集聚形成大学城，由于对土地需求量大，而且需要配套基础设施的支持，大学城多跟新城共同布局于大都市的远郊区。

在大都市周边，一些具备一定发展基础的腹地城市成为核心城市产业转移的重点基地，尤其是那些对商务成本敏感、交易标准化的生产制造区更倾向于转移到腹地城市。但这种扩散是不均匀的，交通条件、信息通路以及地方彼此间的竞争都会影响扩散的路径。规模经济决定了制造业的扩散存在"乘数效应"，最终通过产品上下游之间的密切联系和集聚效应形成产业群，进而提升地方产业的竞争力和价值生产能力。

可见，全球城市区域一般是由核心大都市区（全球城市或具有全球职能的城市）、腹地大都市区与一系列大小城镇组成的城市群。城市区域的强大不单是核心都市区的强大，腹地城市群的支撑是城市区域强大的根本。在核心大都市区层面，从CBD到副中心、新城，多中心格局使空间成本曲线呈现交替的峰值。核心大都市区通过垂直和水平的空间分工与周边腹地区域内的大都市区、城市、小城镇结合成全球城市区域，在全球化与本地化互动中参与到全球竞争之中，并不断实现自身能级的提升（见图7-5）。

（三）集聚经济和集聚不经济

从市场效率的角度来看，人口和产业不断向大城市集中，可以产生巨大的城市集聚效应，进而带来运输成本（能源消耗）节约、土地高效利用、产业配套能力的增强、基础设施和公共服务设施的完善，以及技术、知识、信息传递、人力资本提升等诸多溢出效应。王小鲁和夏小林（1999）综合全国666个城市在1989年、1991年、1992年、1993年、1994年和1996年的数据，研究发现：城市规模和净集聚效应成典型的倒U形关系，规模在100万~400万人口的大城市，净规模收益最高，达到城市GDP的17%~19%；在

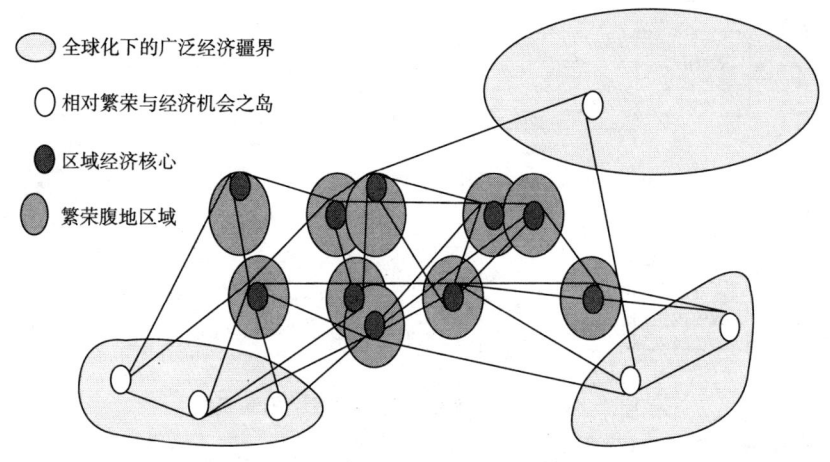

图例：
- 全球化下的广泛经济疆界
- 相对繁荣与经济机会之岛
- 区域经济核心
- 繁荣腹地区域

图7-5　经济全球化下的全球经济空间

资料来源：李健（2008）。

超过这个规模区间后逐渐递减，而规模小于10万人的城市没有净集聚效应（王小鲁、夏小林，1999）。Au和Henderson（2006）也发现了城市规模和净集聚效应间的这种倒U形关系，认为我国城市的最优人口规模应该在250万~380万人之间，如果将我国地级市的平均规模提高一倍，能够使其单位劳动力的实际产出增长20%~35%。

从新制度经济学的视角来看，厂商投资成本包括生产成本和交易成本。企业与市场间的交易活动所发生的费用构成企业的交易成本，包括与交易活动有关的存货管理费用、运输成本、信息成本、谈判成本、监督实施成本等。因此，城市集聚可以通过规模经济和范围经济等积极外部性，减少厂商与市场交易成本，提高投资和生产效率（见图7-6）。

图7-6和图7-7表明，通过市场机制和经济外部性促成城市集聚和经济增长的路径包括：生产和人口的集中，产生了信息溢出效应，减少了有关技术、供应者、购买者和市场条件方面的信息成本；生产和人口的集中，市场规模的扩大，使原本不值得贸易的中间品市场化生产成为可能，从而降低了中间投入品的生产与交易成本；生产和人口的集中，市场规模的扩大，区域出口商品制造商的投入品及其供应商实现了多样化，从而提高了效率；生产和人口的集中，减少了劳动市场上的信息成本，厂商与工人的匹配效率得以提高；由于买卖双方的地理接近性，减少了运输成本。

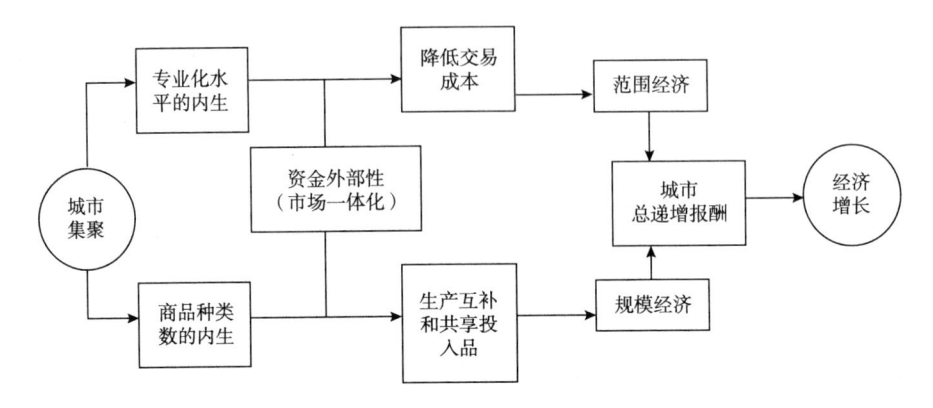

图 7-6　城市集聚促进经济增长的市场机制

资料来源：李金滟（2008）。

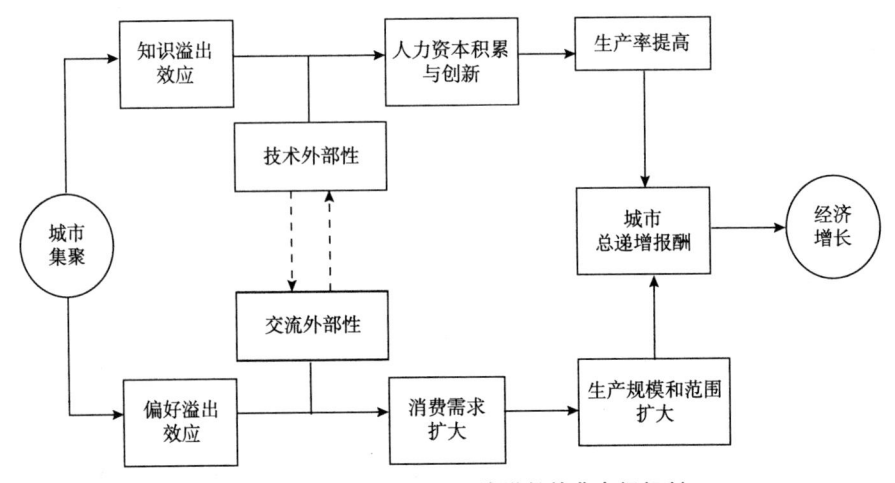

图 7-7　城市集聚促进经济增长的非市场机制

资料来源：李金滟（2008）。

尽管大城市提供了更高的生产效率，但大城市的居民却承受着更高的生活成本，如更高的房价、更长的通勤时间、噪声与环境污染等。Henderson（2002）研究指出，在美国和拉美国家，大城市的生活成本是小城市的两倍多。Rousseau（1995）发现巴黎的生活成本比法国其他地区高 89%～94%。Zheng（2001）研究发现，日本东京大都市区生产和人口聚集不经济主要表现为过高房价、过长通勤时间和低环境质量，而集聚经济主要源于公司总部、政府组织和金融产业的集中。

因此，要想减缓集聚不经济对资源环境造成的压力，不能单纯地从速度上进行限制，而是要从质量和结构上进行调整。例如，从人口的角度，在维持适度增长的同时，还要注意人口结构的优化、人口素质的提高以及人口的合理密度；从经济活动的角度，要从粗放式增长转为集约式增长，保证产业结构优化，实现经济从高速度发展向高质量发展转变，要避免牺牲环境的FDI竞赛，要改变地方政府在"GDP锦标赛"的晋升激励下"各自为政""自成一体"的城市结构和产业结构（见图7-8）。

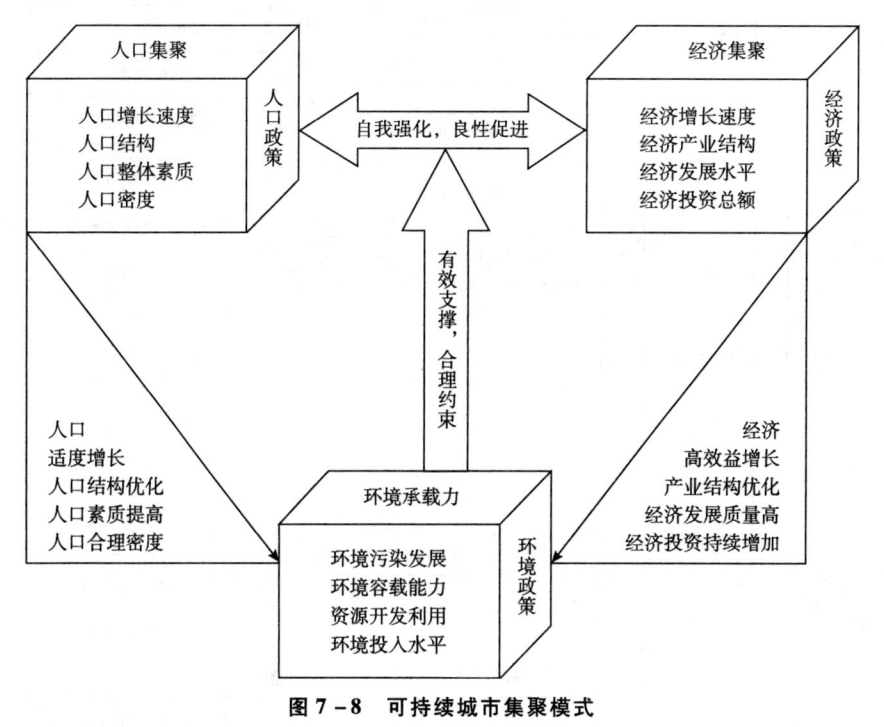

图7-8 可持续城市集聚模式

资料来源：李金滟（2008）。

二 上海"四个中心"建设的制度支撑的体系梳理

从制度变迁理论来看，上海"四个中心"建设通过"政府先导""先试先行"的点轴开发模式，在极化效应和扩散效应作用下，渐进向网络开发模式演化。强政府制度供给的路径依赖，导致政府功能缺位和越位，成为制约网络效应向高密度、高层次、高分化演进的瓶颈因素,亟须构建兼顾"宏观-中观-微观"、协调"政府-行业-企业"的多维多层制度支撑体系(见图7-9)。

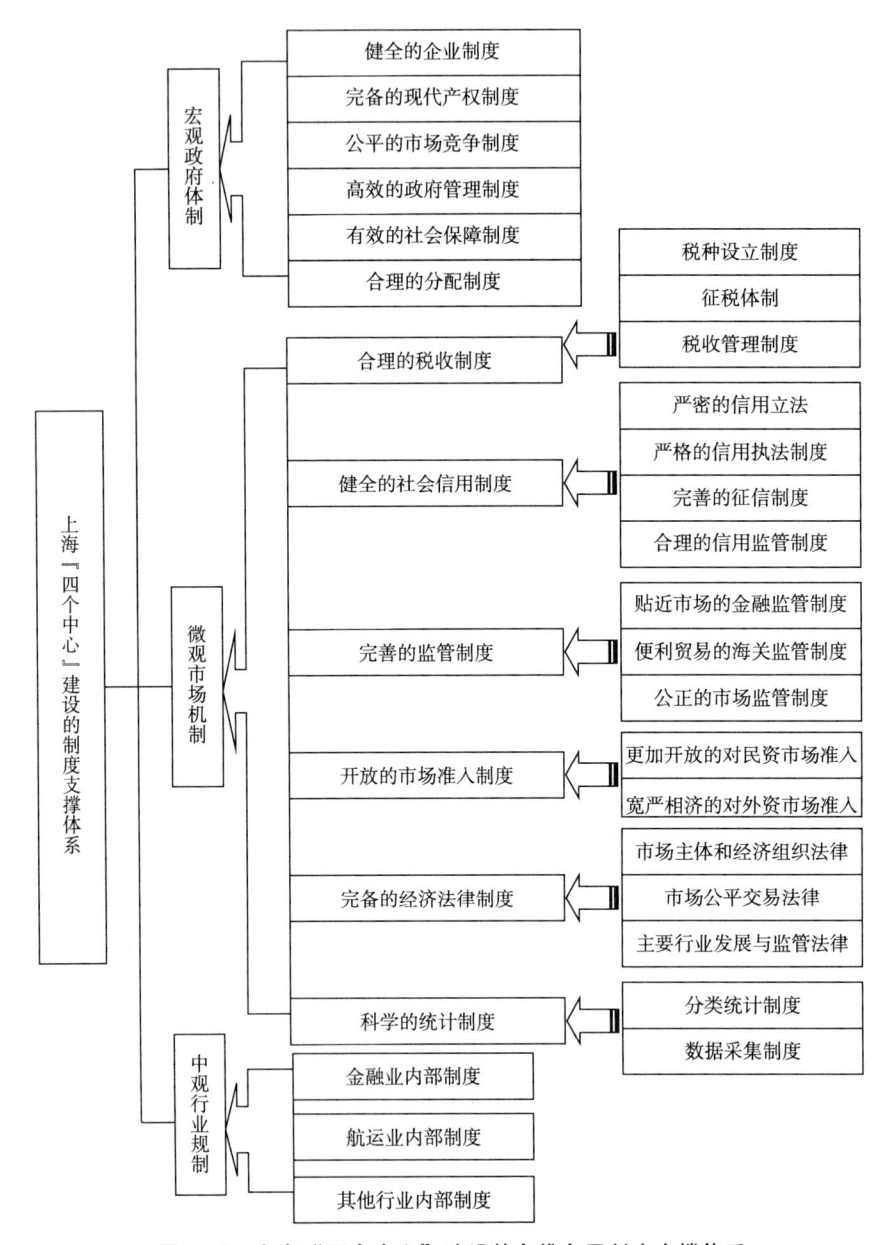

宏观政府体制
- 健全的企业制度
- 完备的现代产权制度
- 公平的市场竞争制度
- 高效的政府管理制度
- 有效的社会保障制度
- 合理的分配制度

微观市场机制
- 合理的税收制度
  - 税种设立制度
  - 征税体制
  - 税收管理制度
- 健全的社会信用制度
  - 严密的信用立法
  - 严格的信用执法制度
  - 完善的征信制度
  - 合理的信用监管制度
- 完善的监管制度
  - 贴近市场的金融监管制度
  - 便利贸易的海关监管制度
  - 公正的市场监管制度
- 开放的市场准入制度
  - 更加开放的对民资市场准入
  - 宽严相济的对外资市场准入
- 完备的经济法律制度
  - 市场主体和经济组织法律
  - 市场公平交易法律
  - 主要行业发展与监管法律
- 科学的统计制度
  - 分类统计制度
  - 数据采集制度

中观行业规制
- 金融业内部制度
- 航运业内部制度
- 其他行业内部制度

图7-9 上海"四个中心"建设的多维多层制度支撑体系

(一) 宏观层面：政府体制

1. 公共服务综合水平较高，内部结构存在短板

选取每万平方公里铁路营运里程（公里）、每万平方公里公路里程（公里）、每万平方公里邮路总长度（公里）、人均电力消耗量（千瓦时/每人）、人均日生活用水量（升）、人均医疗机构床位数（张/每千人）、普通中小学生均专任教师数（每40人）、人均基本医疗保险支出（元）、人均养老保险支出（元）、职业介绍机构个数（个）等 10 个指标作为衡量地区间基本公共服务差距的指标体系，以 2006 年 31 个省、自治区、直辖市的基本公共服务综合水平的得分及排名进行横向比较（张鸣鸣、夏杰长，2009），上海公共服务综合水平得分位居全国之首（见图 7 – 10）。

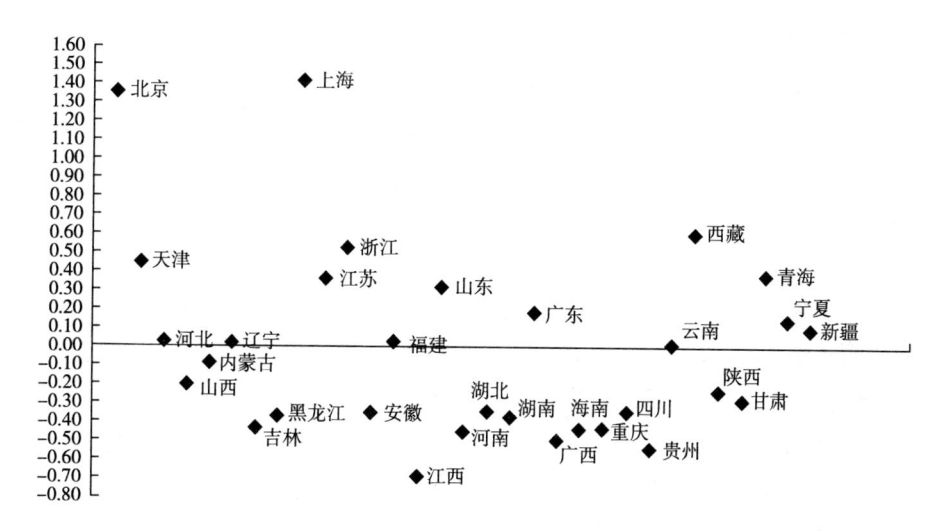

图 7 – 10 我国各地区公共服务综合水平得分

资料来源：张鸣鸣、夏杰长（2009）。

观察基本公共服务情况的散点图和折线图，和综合得分位列第二的北京相比，上海在社会保障、基础设施和就业方面优于北京，但在生活，尤其是教育方面明显落后于北京（见图 7 – 10）。和长三角地区的中心城市相比，上海在生活、就业、教育方面明显落后于江苏和浙江，在社会保障和基础设施方面，优势比较明显（见图 7 – 11）。

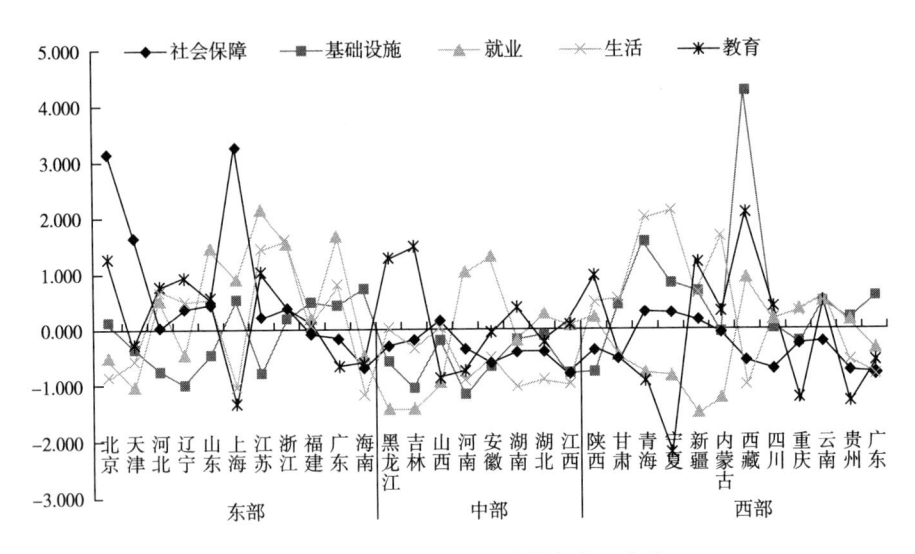

图 7-11 我国各地区公共服务水平分类

资料来源：张鸣鸣、夏杰长 (2009)。

可见，上海智力资源较丰富、商务环境较规范、城市开放度较高及"世博会"后续效应释放，为转型发展提供了坚实基础。国家进一步支持上海加快"四个中心"建设的重大政策，为上海拓展了新的发展空间。但是，上海发展仍面临不少瓶颈制约和突出问题，例如：资源环境约束趋紧，商务成本攀升；传统增长模式不可持续，创新创业活力不足，城乡区域发展协调性有待增强；常住人口总量增长较快，人口老龄化加快；基本公共服务和社会保障压力加大，收入分配差距较大；群体利益诉求日趋多样、协调难度增大，社会矛盾增加；体制机制瓶颈更加凸显，改革攻坚任务更加艰巨等。

2. 重视制定支持性政策，弱化了稳定性制度框架的构建

虽然政策本身就是制度体系的组成因子，但从严格定义的角度来看，在原本就缺乏公平性基础的环境下，制定的各种特殊性倾斜政策并不具有真正的"制度"意义，而是在原先不公平的基础上，再次划定某类特定对象，实行一些差别待遇或优惠措施，同时意味着对其他对象的排他性限制。

特殊政策往往政出多门，不具备坚实的法理基础，具有很大的随意性和变动性，不符合服务经济对契合现代市场经济运行机制的公平、稳定和完善的制度框架的要求。在我国渐进式改革开放的进程中，广泛存在制度环境不公平状况，如工业的全面市场化和开放伴随着服务业的相对封闭和市场化改革滞后等。针对不同领域、不同对象的特殊政策再次造成了政策体系内部的分割性、不平衡性和混乱性，削弱了制度框架的公平性和稳定性。

上海在发展服务经济的过程中，也存在这类问题。如在市场准入、税收政策、信用扶持、监督管理、土地使用等方面向外资企业倾斜、向国有大型企业倾斜、向制造业领域倾斜等，而本应作为服务经济最活跃主体的各类服务型企业、民营企业、中小企业则经常受到挤压和限制。近年来，上海陆续出台了一系列支持服务业发展的政策，对服务经济发展产生了重要的推进作用。但是，这些政策仍然建立在总体环境不公平的基础上，仍然延续了特殊政策倾斜性的结构特征和持续变动不稳定的特征，仍然在支持力度和范围上与制造业存在较大差距，这将在服务业领域内制造新的分割和不平衡，也将最终影响上海服务经济的发展进程。

3. 套用工业经济的制度体系，忽略服务经济的制度需求

服务经济中的生产组织更为分散化和多元化，对市场化体制和创新的自由度有着更高的要求。以往向工业制造业倾斜的政策体系构成了对服务业发展的歧视和阻碍。虽然政府出台了一系列扶持服务业的政策措施，由于沿用了发展工业经济的思路和政策框架，仍然利用支持工业发展的方法来支持服务业发展，忽略了服务业的分散化和多元化特征，不能满足服务业领域的发展需求。优惠性和阶段性的支持措施在支持某些行业加快发展的同时，又造成了行业发展制度环境的新差异和不均衡性，与服务经济对更高市场化程度和更高竞争自由度的要求存在冲突。

4. "强政府"体制难以打破，"有限政府"难以推进

某些服务行业在多数国家都实行国有垄断经营。如金融行业涉及国家的金融安全问题、电信产业涉及国家信息安全问题、文化传媒行业涉及意识形态问题等，这些行业因不允许或限制民间资本以及外资进入可能会延缓发展。

和其他产业相比，服务业是被管制最多的行业。政府规模过大的国家更倾向于对服务业加强管制，过度的管制可能会阻碍服务业的发展。

和私营部门相比，公共部门的利润动机往往较弱，服务外化的动力往往不足。在政府控制较多经济资源时，独立的外部服务业获得的市场空间可能较小，政府的公共支出甚至会介入到可以市场化的服务部门，挤出私营部门，可能会削弱服务业的发展。

和大型工业企业的税收贡献率相比，服务业企业一般规模较小，拉动经济增长的效果不强，政府征税也较为困难，使地方政府往往缺乏扶持积极性。因此，政府规模过大所造成的市场扭曲会更大，对服务业的制约作用会更明显（汪德华、张再金、白重恩，2007）。

上海发展服务经济也需摆脱强势政府的强势管理体制，强势政府对市场的越位现象较为严重。相较于工业行业而言，上海对服务行业发展的监管限制程度过高，部分高端服务行业审批权限集中度过高，且多头管理、政出多门。强势政府所形成的条块分割体制造成较为严重的地区封锁和地方保护，阻碍服务企业的跨地区经营扩张。

5. 政策变动频繁且缺乏及时衔接，制度规则没有充分与国际接轨

政策变动过于频繁，导致市场和企业无法很好适应，无法形成稳定的预期，产生信息不对称等诸多问题。

政策体系主要针对部分行业出台支持政策，无法及时反映产业发展趋势，因时间滞后，无法适应新兴产业发展的需求。

原有政策规定改变的同时，衔接政策迟迟不出，导致企业无所适从。

服务经济发展的相关规则制度与国际惯例仍有较大差距，未能实现充分接轨。

6. 扶持政策缺乏清晰的界定和细分，阻碍政策的有效落实

上海出台了一系列扶持服务业发展的政策措施，其中部分扶持政策过于笼统宽泛，缺乏对支持对象、支持条件的清晰界定和细分，导致实施操作困难，阻碍了政策的最终落实。部分扶持政策沦为一纸空文，难以有效推动相关服务业发展，也难以成为制度框架体系的有效因子。

（二）微观层面：市场机制

"四个中心"建设是上海突破机制瓶颈、实现城市转型和可持续发展的需要，是政府职能、法律和监管环境、人口和产业空间布局、交通运输体系、各种非政府组织、生活环境以及产业结构同时发生深刻变革、调整和转变的过程，是适应服务经济发展新趋势，加快内外环之间产业结构调整和转型升级，打造东西轴线、黄浦江和中环三条具有国际影响力的现代服务业集聚带的契机（见图7-12）。

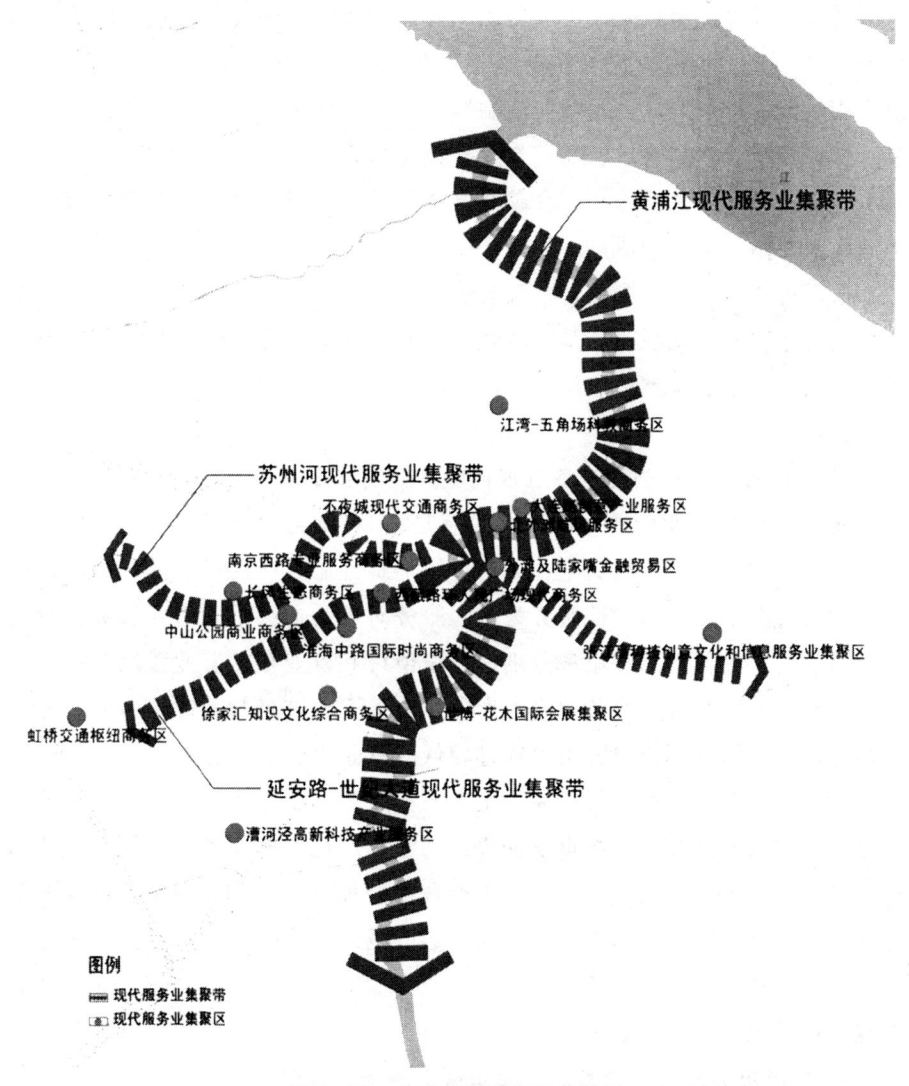

图7-12 上海现代服务业集聚区

资料来源：上海城市规划管理局（2007）。

从市场效率改进和服务经济发展的关系看，积极利用国家开展服务业综合改革试点契机，推进深层次改革，重点突破制约服务经济发展的管制、税制、体制和法制瓶颈，为服务经济发展创造更大的制度空间。加快建立有利于新兴产业和新型业态发展的监管及市场准入制度，探索建立法人主体资格与经营资格分离的企业登记管理制度，营造公平、透明的准入竞争环境。积极争取国家服务业税制改革在上海先行先试，继续完善营业税差额征收办法，从政策上进一步鼓励服务业从制造业分离、技术先进型服务业企业发展及重点行业服务贸易出口，建立与服务经济和新兴产业发展相适应的统计体系。推动相关地方立法，统一完善联合征信系统，建立严格的社会化信用奖惩制度，提高失信违约成本。

从现行税收制度与服务经济发展的关系看，对产品征收增值税，而对服务征收营业税的二元税收体系，伴随现代服务业的扩张，使税收制度与服务经济之间的关系由基本适应向不适应演变，现行税制对服务经济发展的制约作用逐步显现。

1. 现行服务业税制无法适应现代服务业发展要求

我国现行服务业所适用的营业税制是在20世纪80年代改革开放初期，从全额征收的产品税分离而来，面对传统消费性服务业而设立的。由于传统消费性服务业以生活消费性服务为主，服务对象为最终消费者，服务行业之间边界清晰，实行产品和服务分别征收增值税和营业税，营业税以营业收入全额征收，营业税规定服务业购入产品和服务不允许抵扣等制度与服务业之间虽有矛盾，但并不突出，可以通过较低的营业税税率来解决。

现代服务业以生产性服务业为主，服务对象主要是生产经营企业。消费性服务业在服务环节的一次重复征税，到了生产性服务业就变为服务环节和生产环节两次重复征税。另外，由于产业融合加深，服务业内部、不同的服务业之间，以及服务业与制造业之间的边界越来越模糊，但税制强令区分产品征收增值税、服务征收营业税，不同服务业务适用不同的税率，令服务业的税收征管无所适从、越来越难。

2. 现行服务业税收政策调整无法解决服务业税收问题

面对服务业营业税日益严重的重复征税问题，我国在1994年和2009年修订的营业税条例中，对于一部分行业和服务项目采取了差额征税办法。在2010

年实施的《浙江省营业税差额征税管理办法》中，截至2009年底，列入差额征收营业税的项目已多达49项。差额征税只能解决同质服务业务重复征税问题，如建筑施工业务的总包和分包之间抵扣，金融保险业务的初保和再保之间抵扣，对于异质业务重复征税的问题根本无法解决，如建筑施工和金融保险外购产品与服务的重复征税矛盾。对于产业融合化带来的产业边界模糊化问题，仅依据兼营和混合销售征税规定办法加以征税处理，无论是营业税征税范围还是营业税差额征税范围都陷入无法一一列举的困境，说明通过列举法的政策调整而不是制度变革来解决营业税重复征税的矛盾已变得越来越不可行。

为进一步解决货物和劳务税制中的重复征税问题，完善税收制度，支持现代服务业发展，从2012年1月1日起，上海市交通运输业和部分现代服务业等将率先开展试点，逐步将目前征收营业税的行业改为征收增值税。在现行增值税17%标准税率和13%低税率基础上，新增11%和6%两档低税率。试点期间，原归属试点地区的营业税收入，改征增值税后收入仍归属试点地区。试点行业原营业税优惠政策可以延续，并根据增值税特点调整。纳入改革试点的纳税人缴纳的增值税可按规定抵扣。条件成熟时可选择部分行业在全国范围进行试点。

(三) 中观层面：行业规制

行业规制，即各行业内部管理和运营的具体制度安排。

从上海国际金融中心（见图7-13）的制度需求变迁来看，建设初期，在政府的推动下，不断完善市场机制：在稳固上海作为国内金融中心的基础上，把"金融立市"提到战略高度，推出包括税收、土地、工商注册、外资人员的居住及子女入学等一揽子政策措施；在提高市场化程度、改善人才和城市基础设施条件的平台上，激励金融资源集聚；在人民币管制和资本项目没有开放的条件下，引导离岸金融业务的发展；在市场透明度和开放度优化的过程中，推动人民币向区域化、国际化货币发展；在市场机制强化的部门内，加强金融监管、防范金融风险。建设中期，实现向市场主导的区域性金融中心转变。政府的作用主要体现在提供宏观调控、政策引导、信息服务、法制建设、改善市场环境等方面。成熟时期，实现以市场机制为主导，政府公共服务功能健全，上海逐渐发展成为全球金融中心。

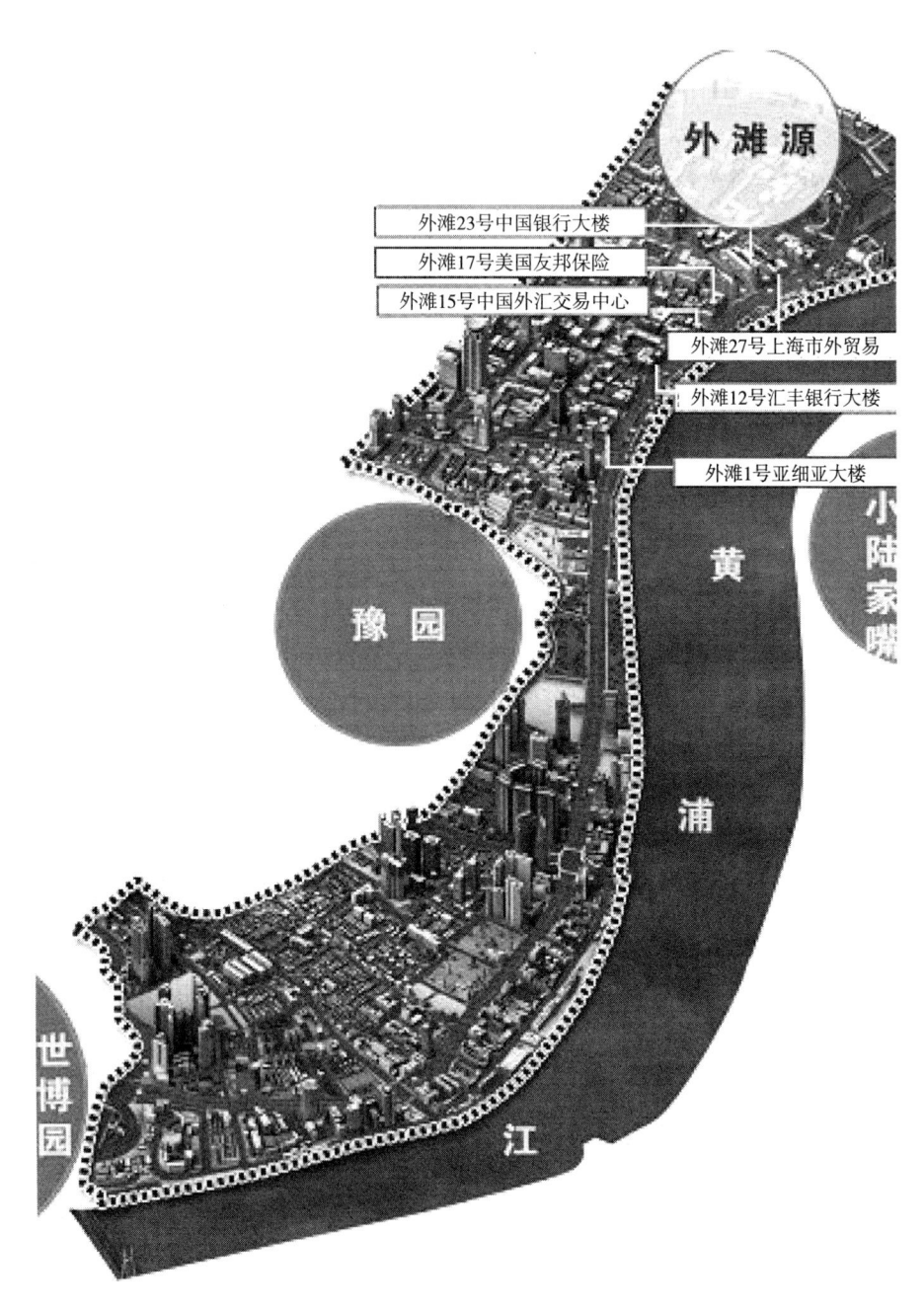

图 7-13　上海金融中心的区位格局

资料来源：黄武锋（2009）。

从上海国际航运中心（见图 7-14）的制度需求变迁来看，为加快上海国际航运中心建设、发挥江浙沪"一心两翼"的共同优势，发挥不同层次港口作用，防止无序竞争，1997 年由交通部和长三角两省一市所组成的上海组合港管理委员会及办公室成立。由于体制障碍等原因，上海组合港委员会及办公室的主要作用仅停留在信息沟通和课题调研上，在实质性利益协调方面难有作为。2006 年长三角 16 城市港航管理部门联合组成长三角港口管理部门合作联席会议，也是松散型的议事机构。2009 年 3 月，国务院出台"关于推进上海加快发展现代服务业和先进制造业，建设国际金融中心和国际航运中心"的意见，提出要探索建立国际航运发展综合试验区，但对综合试验区的规划范围、功能内涵还不够清晰（见表 7-1）。

表 7-1　上海国际航运中心建设的时点梳理

1995 年，党中央国务院做出建设上海国际航运中心的重大决策。
1996 年 5 月 10 日，成立上海国际航运中心上海地区领导小组，下设"国航办"。
1996 年 11 月 28 日，上海市政府和原交通部共同组建上海航运交易所。
2002 年 6 月，洋山深水港区一期工程开工建设。
2003 年 1 月 27 日，上海港管理体制改革，成立上海市港口管理局，撤销国航办的建制；由市港口局挂国航办的牌子。
2004 年，外高桥保税物流园区通过验收并运营。
2005 年，长三角率先开展区域"大通关"建设。
2005 年，上海港成为世界第一大货运港。
2005 年，洋山深水港区顺利开港，洋山保税港区同步封关运行，洋山保税港区也是我国第一个保税港区。
2005 年，上海高等级内河航道建设工程全面启动。
2006 年，长三角 16 城市港口管理部门建立协调合作机制。
2007 年，上海港集装箱吞吐量晋升世界第二。
2008 年，开展"加快上海国际航运中心建设"调研课题研究。

行业规制缺位和地方政府管理错位，既屏蔽了上海国际航运中心的极化效应和扩散效应，也削弱了长三角各港口的比较优势和国际竞争优势。具体表现为：一方面，内部不能形成合力。长三角各港口不能进行有效的制度合作，为了各自利益展开恶性竞争，浪费港口资源。另一方面，外部无法抵御威胁。东北亚枢纽港之间的竞争更趋激烈，国际船运公司所组成的航运联盟议价能力大大提高，金融危机对港口航运业影响不断加深。因此，要建设具

2008年长三角地区港口货物吞吐量

2008年，江浙沪共完成国内生产总值62700亿元，经济总量占全国比重提高到24%；共完成外贸出口总值9260.1亿美元，占全国比重为36%；水路货运量完成13亿吨，占全国比重为45%；水路货运量完成13亿吨，占全国比重为45%；水路货物周转量共完成23480亿吨公里，占全国总量的36.2%；港口完成货物吞吐量27亿吨，占全国总量比重为38%。

2008年，上海国际航运中心主体港口全年累计完成货物吞吐量5.8亿吨，继续保持世界第一。

在全国18个亿吨大港口中，长三角地区港口占6个，分别是上海港、宁波-舟山港、苏州港、南通港、南京港、连云港港。

图7-14　长三角地区港口区位和吞吐量

资料来源：汪蕊（2009）。

有竞争优势的国际航运中心，应对航运联盟和金融危机的挑战，长三角各港口必须进行制度合作。

第一，政府从港口竞争中退出来，确保港口运营的自主性。政府在长三角港口群合作中的作用是通过立法，营造宽松、规范、公平的市场环境。企业是市场竞争的主体，要进一步发挥市场机制和利益机制作用。借鉴欧洲海港组织的成功经验，成立长三角区域港口航运协会，充分发挥区域性行业协会"服务"与"自律"的作用，在港口规划与建设、港口监管、港口安全与环保、港口信息与培训等方面成立专门小组，推进运输费用、税费标准、通关手续、市场管理、行政执法、政策体系等的一体化。

第二，政府在港口资源的规划管理以及对港口市场秩序的监管上有所作为、依法行政。在执行国家批准的港口规划上，政府必须体现权威性。政府的作用主要体现在调控整合港口资源。区域性港口协会的功能在于协调自律港口市场。企业则跳出行政区划制约，作为市场主体进行自由竞争。

第三，企业是市场竞争的主体、资源配置的主体、港口制度合作的主体。只有通过港口企业的广泛合作，才能真正实现区域港口一体化。港口企业主要分为三种：各港的港务企业集团、国内大型跨地区投资港口业务的国资企业、外商专业码头投资商和船舶公司所属码头运营商。这三种企业中，各港务集团和国内大型国资企业受政府的影响更大。要以企业为主体、以资本为纽带、以项目为载体，建立跨行业、跨地区的港口经营新模式，鼓励长三角港口企业资本经营、异地投资、合作经营，兼并或组织企业联盟，鼓励地区之外的各类资本进入长三角港口的建设和经营。

三 上海"四个中心"建设制度支撑的现实困局

上海"四个中心"建设的制度支撑，总体目标在于：坚持市场主导、企业主体、创新驱动、重点突破、引领发展的原则，加快发展生产性服务业和生活性服务业，拓展新领域、发展新业态、培育新热点，增强城市辐射力和国际竞争力。目前，阻碍上海"四个中心"建设进程的现实困局主要源于法律法规、税收制度、市场准入、监管制度、信用管理等方面（见图7－15）。

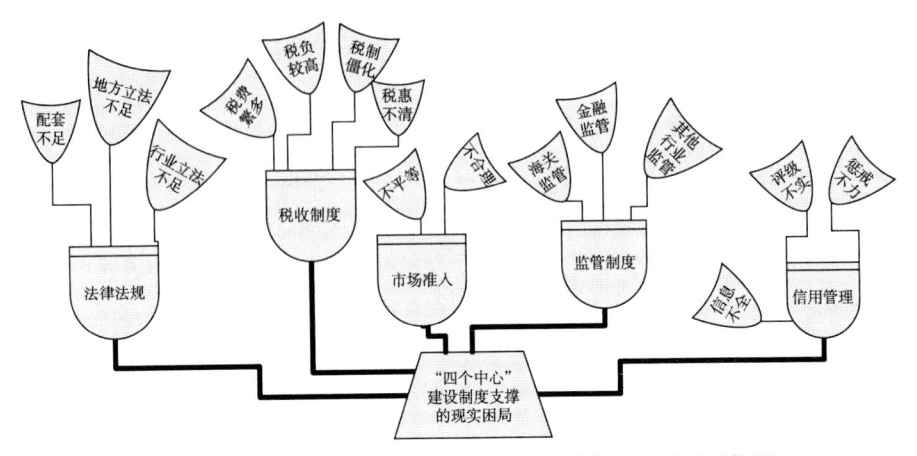

图 7-15 上海"四个中心"建设制度支撑的现实困局树状图

(一) 法律法规困局

1. 法律法规配套不足，属地管理对接有缝

在依托国家法律基础之上的地方配套法律法规体系方面，上海存在配套不足问题，造成属地管理的相对混乱和真空。例如在建设航运中心和金融中心领域，上海在航运服务及金融领域的配套法律法规缺失，特别是在金融征信、金融机构托管等方面法律法规缺失和不到位明显；在环境服务业领域，我国涉及环境服务业及其服务贸易的政策和法规内容分散、协调困难，上海也没有建立相应配套、上下统一的法规政策体系；在文化产业领域，至今没有发布地方性的文化产业扶持政策。

2. 综合性地方立法不足，等级偏低

上海的部门立法很多，但是市人大和市政府立法较少，综合性地方立法较少，且等级偏低，服务业综合立法和其他省市地区相比不够领先，这些都不利于服务经济的发展。在金融服务业、环境服务业、中介服务业、会展服务业等领域，大多只是出台了部分政策措施或规定，缺乏严格意义上的、具有综合性特征的法律、规章及条例。

3. 行业立法不足，政府部门驱动立法特征显著

在立法方面，上海仍然呈现典型的政府驱动、部门驱动特征，而不是现代服务经济中通行的行业驱动立法的特征，法规规章制定未能充分借助行业协会等多方中介组织的作用，导致法律体系内部不够协调统一，形成多头管制的怪象，制约服务经济发展。

（二）税收制度困局

1. 税费繁多，存在不合理征收现象

我国目前服务业涉及的税种主要有营业税、企业所得税、房地产税、契税、土地增值税、印花税、城市建设税、耕地占用税等。税费种类较为繁杂。

上海部分税费征收不仅没有体现服务经济发展阶段中应有的逐渐减轻征收负担的趋势，而且还存在不合理征收的现象。例如，上海市规定娱乐业的经营单位按营业收入的3%缴纳文化教育事业建设费，广告业经营单位按广告经营收入的4%（全国现行规定为3%）缴纳文化教育事业建设费。文化企业不仅没有专门的优惠扶持政策，在是否能参照其他服务企业享受优惠政策方面也很不明朗，其中的广告业管理费甚至高出国家的规定。

2. 税负较高，个人所得税对吸引人才缺乏竞争力

上海金融机构除缴纳25%所得税率外，还要按其主营收入全额缴纳营业税，并根据营业税额缴纳其他各种税费，导致税负占到其利润的60%左右，明显高于境外金融机构税负水平（境外国家或城市金融机构税负最低至18%，一般为30%，如香港金融机构总体税负不超过18%，新加坡为30%，英国为28%）。国内金融机构税负偏高，严重影响金融机构的运行效率和竞争力，也不利于营造理想的金融发展环境。

个人所得税是吸引服务经济高端人才的重要因素。上海在个人所得税方面的竞争优势相对低下。个人所得税起征点偏低，免税扣除不足。个人所得税边际税率偏高，边际税率达45%①。为合理避税，外籍高级管理人员选择

---

① 累进税率中的边际税率过高导致工作的边际收入减少时，人们就会以闲暇时间替代部分工作时间。我国目前实行的个人所得税工薪收入的最高边际税率是45%，从世界各国特别是发展中国家来看，采用这么高税率的国家和地区是非常少的，如香港个人所得税边际税率只有17%，印度为30%，韩国为36%，巴西为25%。国际上许多国家都在逐渐下调个税税率，从税率调整变动看，香港的个税税率是2%～15%，新加坡是2%～28%，加拿大是17%～29%，日本是10%～37%，美国是15%～39%，澳洲年收入两万澳元后征收50%个人所得税。从税率级数看，上海税率级数多而复杂，香港、新加坡则少而简单。

在中国居住不超过183天，外籍高级管理人员比重低，成为上海吸引国际跨国公司、发展总部型经济的瓶颈。

3. 税制僵化，阻碍跨区域发展、跨产业融合

税制缺乏灵活性，导致许多新兴行业门类、领域或业态无法在纳税体系中获得准确的定位，无法适用可能的待遇和优惠政策，甚至导致重复纳税和税负过重的问题。随着服务业领域的专业化分工越来越细，在企业提供的整个服务流程中，有许多服务环节越来越多被外包出去，交由更加专业的企业提供，而现行税制对不构成此类企业实际收入的代理收入（代理支付）通常不允许在相关税基中扣除，导致企业承受不应有的负担，阻碍产业融合。

上海的许多服务企业注册地、经营地、税管地并不一致，而在税收利益分成上，上海的各区之间、市级和区级之间都未建立起综合有效的分成机制，如金融机构的注册地、经营地不管在哪里，其税管全部集中到市税务部门，使得在浦东新区注册或经营的金融机构无法享受到新区的政策支持，阻碍了服务企业的跨区域发展。

4. 税惠不畅，扶持政策难以操作

服务业门类众多，新兴领域不断涌现，上海的具体税收优惠政策不能根据行业发展状况及时调整。例如，在现代物流业方面，上海一直处于政策扶持的相对空白状态；对中介服务的财税政策扶持力度明显不够；上海律师业的税收征收方式不统一、核定比例偏高；文化类企业没有相应的、明确的政策优惠，只有参照其他服务企业，不明确也不稳定。

不少扶持政策中提出的"逐年提高支持服务外包企业发展的资金比例""给予适当补贴""给予一定资金支持"等，概念模糊，政策不够细化，不确定性大，增加了实际操作的难度。

(三) 市场准入制度困局

1. 市场准入不平等

在银行、保险、电信、铁路、教育、卫生、新闻出版、广播电视、分销、物流、专业服务等行业领域，针对不同资本属性规定不同程度的准入限制。相当一部分行业已对外资开放，但是还没有完整的向民营经济开放的计划和措施。国有企业和民营企业在市场准入方面理论上是平等的，但在实际操作中还存在许多不平等的现象。例如，在金融领域，由于银行业对内资的准入门槛较高，导致民营资本长期以来难以进入银行业。还有最近出台的《中资商业银行行政许可实施办法》明确了股份制银行境外战略投资者进入的规定，但对国内民营资本作为战略投资者却没有具体规定，存在准入不平等现象。

2. 审批许可不合理

在审批权限方面，例如金融、航运、信息等高端服务行业的审批权限集中度过高（特别是金融审批和监管权过于集中在中央），属地监管、法人监管机制扭曲，多头管理、政出多门现象较为严重。

在机构准入方面，行业许可方面的限制远远大于工商登记，而且有些许可限制存在不合理现象。例如在金融及其中介服务领域，我国许多企业包括金融机构都实现公开上市，有些还是在境外上市，其中部分股权为外资持有，但为企业和金融机构进行信用评估的公司却不允许有外资股权。

（四）监管制度困局

1. 海关监管

上海的海关监管制度在通关效率、程序简化、制度创新等方面存在许多不足。

（1）无纸化通关改革有待深化，大通关制度有待提高

海关对适用无纸通关企业的审核条件仍较为严格，相关企业为享受此改革便利需要在硬件设施、管理制度等方面做较大投入，一定程度上影响了企业的参与热情。上海海关与其他海关之间的衔接存在问题，由于各口岸管理部门开发的信息系统标准不一、无法共享，有些部门并不认可电子单证。企业办理通关手续时，虽然目前已实现无纸报关，但相应的票据仍需要纸质文本，企业要带大量的文本前去海关办理相关手续。

大通关涉及海关、国检、港口、机场、税务、外管、银行、生产企业、运输企业、货主、代理等单位，是一个庞大而复杂的系统工程，需要各方面协同配合、统一步伐。上海需要进一步完善口岸工作联络协调机制，提高口岸系统整体效能。

（2）便利化制度创新不足，旅客进出境通关不便

海关在对进出口产品归类时，对于一些新产品难以确定类别，必须上报请

示,没有现场裁量权和直接决定权,延误了货物报关。海关对于港口中转业务存在较严格的监管。外高桥保税区的中转业务,由陆路进区进行拼箱中转等,操作上还比较方便,但由水路进区标箱不准拆拼,须"一事一议",其中的操作环节非常复杂,政策障碍较多,严重影响外高桥保税区中转业务的发展。

现行口岸通关有"四卡三单",即三家联检单位在口岸设立卫检、边检、海关、动植检4道卡,进出境旅客通关需要填报3份申报单证,涉及相同的申报事项所占比重达到50%以上。

2. 金融监管

国际上比较成熟的监管模式是混业经营、统一监管,或混业经营、"双峰式"监管等,而且出现逐步放松对金融服务业过多管制的趋势①。上海目前适用的金融监管制度,是建立在分业经营基础上的分业监管,并不适应金融业混业经营的发展趋势,也不符合上海建设国际金融中心、实现金融综合经营的要求。这导致一个金融机构同时受到多个主体的监管,产生监管重复或监管缺位,或者监管成本过高与规模不经济的诸多问题。监管体制缺乏灵活性,监管限制过于严格,对于新型金融衍生工具的不断出现,往往力不从心,难以适应。上海金融监管体制面临的主要问题在于以下几方面。

(1)分业监管模式不适应金融中心建设要求,监管权高度集中且限制较多

上海要建设国际金融中心,不能适应国际金融混业发展的趋势,各监管机构之间协调程度低下,使监管体系运作效率也同样低下。金融监管权特别是银行体系的监管权高度集中在中央政府,上海在金融领域监管的自主性严重不足,在一定程度上影响了上海国际金融中心的建设发展。

(2)适应金融自由化的安全制度建设滞后,制约金融创新

金融自由化与金融风险防范的制度平衡体系对于上海金融中心建设尤为

---

① 实行统一监管的国家,如英国,对于不同金融机构和金融业务,不论审慎监管还是业务监管,都由一个机构负责。英国将原先非常分散的金融监管职能集中到FSA(英国金融服务局),并颁布了《2000年金融服务和市场法》,取代了以前一系列金融法律、法规,统一了监管标准,大大提高了金融监管效率。而且,FSA采取以风险管理为核心的监管资源配置和量体裁衣式的监管风格,对提升英国金融市场的竞争力发挥了推动作用,成为伦敦金融中心最具竞争力的品牌。实行"双峰式"监管的国家,如澳大利亚和奥地利,一般设置两类监管机构,一类负责对所有金融机构进行审慎监管,控制系统性风险,另一类负责对不同金融业务进行监管。

重要，上海还未构建有效的风险防控体系，以及金融消费者的保护机制。金融创新能力受到了较大的制约。如上海部分保险公司创设的与股票市场挂钩的保险品种迟迟得不到批准，保监会始终以控制风险为由，不放行这一产品。在国外保险市场，这类品种的市场非常大，且发展迅速。

3. 部分行业领域监管缺位

在互联网、版权保护、教育培训、体育健身、文化娱乐等市场化经营中，各部门各管一摊，缺乏对口单位之间的信息共享、协调管理。

（五）信用管理制度困局

上海的社会信用管理制度建设虽已取得了一定的成效，但还未形成与上海"四个中心"建设相适应的社会信用高效管理制度。

1. 信息不全，采集难、共享难，统一完善的征信数据体系尚未形成

联合征信平台的成员单位间存在利益冲突，倾向于独立建设本部门的信用信息系统。各单位信息化系统建设程度存在差异，信用信息数据化的范围不均衡，数据质量的合规性参差不齐，提交和共享数据的难度大、积极性低、成本高。

联合征信平台与央行征信系统间没有找到长效的信息共享、交换机制，信用信息完整性差。原本由上海市政府与人民银行上海分行共同领导的联合征信系统也随着国家征信管理政策的变化而面临发展定位和发展模式的挑战。

2. 评级不实，信用评级制度尚未很好建立

上海信用服务机构发展不快，机构数量不多。在各个主要的业务分支领域都只有1~4家较大机构，它们绝大多数都是国内知名的征信机构、评级机构在上海开设的经营实体，而上海市本地的较大机构非常少。政府有关部门推进信用产品应用制度工作中，存在对社会信用体系、信用产品认识不统一、标准不统一，法律法规依据不足，制度流程不统一等问题。

由于专业信用服务机构发展较为缓慢，信用评级制度没有很好建立，因此，上海在资信评价服务体系方面仍比较落后，这直接影响到了上海国际金融中心建设和金融市场及服务的国际化发展。

3. 惩戒不力，信用惩戒机制尚不完善

有关政府部门、行业组织将信用惩戒机制简单理解为"黑名单"制度，建立了一系列失信行为的公告制度和行政性惩戒措施，在部门间开展"联合惩戒"，虽然起到了一定的威慑作用，但行政处罚和惩戒的法律依据不足。信用惩戒机制停留在行政性惩戒措施之上，没有建立有效的社会惩戒机制，即通过第三方信用服务机构提供的信用报告等服务，扩大征信信息的应用与传播，潜移默化地影响市场主体的行为。

参考文献

黄武锋，2009，《上海2020年基本建成"两个中心"》，《东方早报》3月26日第B02版。
李金滟，2008，《城市集聚：理论与证据》，华中科技大学博士论文。
李健，2008，《从全球生产网络到大都市区生产空间组织》，华东师范大学博士论文。
上海城市规划管理局，2007，《上海城市规划管理实践》，中国建筑工业出版社。
汪德华、张再金、白重恩，2007，《政府规模、法治水平与服务业发展》，《经济研究》第6期，第51~64页。
汪蕊，2009，《航运中心植入"一心两翼"CPU》，《东方早报》3月26日第B03版。
王小鲁、夏小林，1999，《优化城市规模、推动经济增长》，《经济研究》第9期，第22~29页。
张鸣鸣、夏杰长，2009，《中国省际间基本公共服务差距的实证分析与政策建议》，《经济研究参考》第38期，第30~38页。
Au & Henderson. 2006. "Are Chinese cities too small?", *Review of Economic Studies* 73（2）：549 – 576.
Henderson, V. 2002. "Urbanization in Developing Countries", *World Bank Research Observer*, Spring. 17：89 – 111.
Rousseau, M. P. 1995. "Les Parisiens Sont Surproductifs", *Etudes Fonciéres* 68：13 – 18.
Zheng, X. P. 2001. "Determinants of Agglomeration Economies and Diseconomies：Empirical Evidence from Tokyo", *Socio-economic Planning Sciences* 35：131 – 144.

（本章执笔：何　丰）

第八章 "四个中心"建设背景下上海地方政府的职能转变与政策供给

一 "四个中心"背景下"服务型政府"的构建

(一)"四个中心"背景下政府职能的转变

上海建设"四个中心",既是中央对上海的殷切希望,也是上海作为全国经济中心承担的义不容辞的崇高使命,更是上海实现产业结构转型升级的必然选择,而要顺利实现这一宏伟目标,不仅需要各种经济社会发展条件的长期积累,也需要政府职能的及时调整,为上海的这一"凌空飞跃"提供强劲动力。在这方面,上海市政府经过多年的实际和思考,把建设"服务型政府"作为政府职能改革的主要着力点,在 2012 年的政府工作报告中提出"坚持以人为本、执政为民,基本建成行政效率最高、行政透明度最高、行政收费最少和法治环境最好的行政区之一,努力在建设人民满意的服务型政府进程中走在前列"。也就是说,上海市政府把建设"服务型政府"作为实现"四个中心"的一个有力保障,同时也要在建设"服务型政府"方面为国内其他地方政府做出垂范。

所谓"服务型政府",强调公民本位和社会本位,是指政府行政形成以公民为中心的治理系统及政府在其中所扮演的角色的一套理念,包括服务于公民、追求公共利益、重视公民权利等,简单来讲就是为人民服务的政府(丁煌,2005)。

"服务型政府"的概念最早源于德国的行政法学家厄斯特·福斯多夫提

出的"服务行政"的概念，后来台湾学者陈新民在《共法学札记》一书以及其他相关文章中予以解释和引用，从而被大陆学术界逐渐熟悉并不断赋予新的阐述。20世纪90年代，美国公共行政学家罗伯特·B.登哈特与珍妮特·V.登哈特提出了新公共服务理论，强调"公民优先"，指出政府的主要作用是服务，政府的作用在于帮助表达公民的意愿和实现公众利益。公共利益是目标而非副产品，服务于公民、战略的思考、民主的行动等构成了新公共服务的理念。新公共服务的核心理念就在于政府存在的方式既非管制与发展，亦非管理与行政，而是服务。现有的服务型政府的概念正是受到新公共服务思潮的影响，强调作为服务角色的政府为公民提供均等的公共服务。

这些年来，上海市一直将"服务型政府"作为政府改革的目标，主要通过以下主要手段来加以推进：第一，通过将电子政务应用于行政审批，推进网上审批系统建设，希望以此来规范行政审批流程，减少审批环节，提高行政效率，杜绝审批过程中的权钱交易。第二，推动以财政支出结构的优化为核心的公共财政体系的建设，在现有的财政支出项目中不断增加用于教育、卫生、社会保障等民生项目方面的投入。2011年市级财政在这方面的支出共440.7亿元，占全年财政支出的比重为20.3%，但仍然远低于国外的比例。第三，通过完善规章制度，严格规范征收项目、收费标准、计费方式，减少行政性收费项目，减低企业和民众的各种生产生活成本。此外，还有政务公开和依法行政等内容。

（二）上海构建"服务型政府"面临的主要困境

上海市在"服务型政府"建设方面很多做法相对于国内其他省市来说，还是有很多创新之处，并且也走在其他城市的前列，这是毋庸置疑，也是值得肯定的。但是建立"四个中心"，其对手却绝不是国内这些城市，而是发达国家的几个国际都市，所以，在这方面绝不能故步自封、自我满足，要看到我们在服务型政府建设中面临的一些困境。

1. 政府行为模式以政府和官员为本位的现象仍然突出，距离以社会和公民为本位，即实现公共利益的最大化，还有很大差距

长期以来，中国地方政府在GDP的考核模式下，以经济发展为中心，追究GDP的增长和财政税收的增加。在这种思想指导下，政府热衷于大规

第八章 "四个中心"建设背景下上海地方政府的职能转变与政策供给

模的投资建设，上项目，搞工程。政府决策，国有企业出力，银行出资，这期间官员得到了提拔重用，国有企业赚取了垄断利润，银行更是坐收横财。这种发展型政府模式持续了很多年，当然，这种模式在国家发展初期有一定的合理性，但也造成了很多问题和后患，如经济结构严重失衡，过于依赖政府投资拉动，而民众的消费能力却迟迟不能提高。这些年来，上海在这方面也未能幸免。陈玲等人通过对上海、苏州等地海归创业政策案例调研后就得出，上海等地明显属于一种发展型政府形态，距离服务型政府还有一段较长的距离（陈玲、王晓丹、赵静，2010）。如上海的发展对基础建设的严重依赖，在"世博会"结束后GDP迅速下降到全国倒数，急于推动迪士尼项目的上马就是为了摆脱这种窘境。而这些年上海房地产业的畸形繁荣和房价的持续升高，也与地方政府和官员追求自身利益密不可分。这些项目的建设、房价的上涨，对于广大民众来说，除了银行还贷压力的增大，还能带来什么？此中谁获益最多？答案是显而易见的。如果这种决策思维模式仍然继续，政府对项目工程的投入仍然未能改变，政府真正应该为公民提供的公共产品和服务就会被推迟或短缺，"服务型政府"的建设也只能是一个遥远的目标。

2. 重视一站式服务和电子政务等技术操作层面的建设，忽视和回避制度体系的推进和完善

近些年，无论上海市政府还是其他地方的政府都存在一种倾向，认为强化一站式服务中心建设，推进电子政务就是建设服务型政府。其实，一站式服务和电子政务或者上海竭力推进的网上行政审批只是服务型政府建设一个技术手段和环节，相对于过去多头管理、门难进、脸难看、事难办，确实有了很大的进步，简化了流程，改进了作风，提高了质量，方便了民众，但这并不能代表这就是服务型政府。这种技术进步后面封闭式的官僚体系未能真正触动。现在这种技术手段的推进改变了过去行政审批过程中"拉关系、走后门"现象，符合政府规定条件一般都能通过正常程序办理完成，但不符合条件的通过"走后门"也能办成功，而且这过程中办事人员的机械僵化、死守教条问题，自由裁量权的滥用问题，等等，还比较突出。服务精神尚未得到真正体现，针对公众个体的不同需求未做出有效的应对，为公众提供个性化服务的内容更没有得到体现，而建设"四个中心"所需要的"服务型政府"就应该具备满足公众个性化需求的弹性机制。这些现象都反映了官僚系统的官本位体制没有改变,公务人员仍然以管理者的身份在从事行政行为,其为公众服务的意识还未形成,表现最明显的就是公务员考试热。如果公务员只是拿着一份稳定但并不高的薪水,没有特权,没有灰色收入,从事一份服务工作,甚至经常会受到公众的质疑和投诉,这样的公务员的职业特点就不会有公考热。此外,现有官僚体系中存在的权力过于集中,行政层级过多,规则过于僵化教条,公务人员的积极性、主动性难以发挥;考核晋升制度的滞后使得公民无法参与到公务员的考核晋升中来,使得这些技术层面的改革无法取得显著的进步,甚至更大程度上依赖政府主要官员的决心和重视程度。

3. 对政府部门和公务人员滥用权力谋取部门利益和私人利益的腐败行为缺少有效的解决机制

一直以来,政府的财政预算编制方面,没有严格根据事、权、财相一致的原则进行配置,主要是在前一年预算和决算的基础上根据管辖事务做适当添加,这样原来财政支出中用于过度公款吃喝、公款旅游、公车购置使用的问题仍然继续存在,其他办公中的大手大脚、铺张浪费的情况并没有切实有效的解决办法。而上海市政府在预算决算中行政管理经费条目的明晰化、公开化方面也没有大的突破。而很多政府机关通过巧列名目的乱收费、机关下面兴办实体等方式来设立"小金库",逃离财政体制的监管,为本部门集体和官员个人发放福利和其他腐败行为提供方便。这就使得公务员薪酬改革的初衷并未能真正实现。不同部门相同行政职级的公务人员同工同酬的目标未能达成,很多实权部门的工资外各种灰色收入并没被真正控制住。公务员个体的权钱交易行为更是缺乏严格的约束制度,尽管三令五申,但查出来的贪腐分子的情况表明这方面的问题并未得到有效的遏制。招投标形同虚设,招标的价格竟然比市场价格还高的问题;部分房地产涉及的土地审批问题的腐败;"静安大火"查出来的工程承包建设中的腐败,等等,其实质是政府和公务人员与民争利,这些都是建设服务型政府过程中必须解决的问题。这些问题不能有效解决,政府公务人员为民众服务的理念就无法真正树立,其行政行为的公共服务性更难以保障。而国外的纽约、伦敦、东京、新加坡、香港等城市在成为经济中心前,这个问题都已解决。

4. 未能从单纯的行政审批执行环节改革向行政行为的全过程转变

行政权力可分为决策权、执行权、监督权三部分，而目前服务型政府建设的重点内容之一的行政审批制度改革只是行政执行权的一部分。行政执行中的联动执法、协同执法和管辖权的明确等都在政府工作报告中得到体现，但执行权的自由裁量权的规范，执行权重视审批，轻视事后跟踪检查的问题，如饮食店的卫生状况特别是街头的油炸食品用油的重复使用问题等，都是执行部门工作的一个空白，也就是所谓很多应该管的事情没有执行到位。而在行政决策权方面，虽然这些年一直提倡公众参与、专家论证、集体讨论决定等内容，但实际上仍然以首长独断代替首长负责制，一把手说了算仍是决策的主要特点，特别是在人事任命上，几乎没有大的突破，公推公选、民主选举还只是陪衬和装饰，没能成为主要的决策方式。而重要公务人员的选拔任命这个问题涉及整个机关作风和政府职能的导向，只有把那些真正为民着想、有才能、有思想、敢作为的公务人员提拔到相应的职位上，才能引导鼓励更多的公务人员眼睛向下，服务于民，只有这样，服务型政府建设才能走上正常轨道。而现在干部的任用上的裙带关系、任人唯亲、跑官要官、买官卖官等问题仍然存在，这些问题如果没有突破性的制度改革，服务型政府建设就没有一支合格干部队伍来支撑，服务型政府建设只能是一句空话。而在这方面，上海应该走在全国的前列。还有重大决策问题的责任追究问题，现在还缺乏相应的评估追究机制，重大决策的失误缺少相应的责任人来承担责任。在监督权方面，行政机关的内部监督未能对行政决策和行政执行起到应有的监督作用，往往还是来自外部举报和上级纪检机关的调查，新闻媒体的监督作用发挥得不够，被限制过多。而这些都与我国现行的行政权力中决策权、执行权、监督权没有分离有很大关系。深圳市作为改革的先行者和探路先锋，最早提出实行行政三分制，但是执行情况并不得力。最近北京市做出决定，在全市开始推行决策权、执行权和监督权的相对分离，强化权力的制衡。作为要建立"四个中心"的上海市在政府改革中却仍然保持一贯的求稳作风，缺少突破性的举措，其结果只能是机会的丧失。

5. 对支撑政府转型和公民社会兴起的社会中介组织支持培育不够

近几年来，上海市各类社会中介组织虽然得到一定程度的发展，但总体发展不快。政府对这些组织的发展总持有戒备心理，宽容度不够，支持力度较低,例如设置强制挂靠等一些不必要的条件。中介组织总的来说存在下列一些问题:布局不合理,发展不平衡;条块分割,管理不顺;规章制度不完善,自律机制不健全;人员的素质参差不齐,职业道德欠缺。"服务型政府"要求不再以政府作为社会管理的唯一主体,而是多方参与的治理格局;政府主要的任务是作为科学的决策(掌舵),而不是执行(划桨),很多执行性的服务工作要转交给社会中介组织,这要求社会中介组织发育成熟,能够很好地承担政府转移的服务职能。同时,结构良好的社会中介组织是建立一个成熟的公民社会的必要条件。没有一个成熟的公民社会,政府的服务质量和服务水平也难以提高,政府、社会、公民就不能实现和谐共治。

(三) 国外"服务型政府"的经验和启示

自20世纪80年代中期以来,西方发达国家公共部门的管理发生了变化,传统的、僵化的、等级森严的官僚制组织形态受到质疑,弹性的、以市场为基础形式的公共管理逐渐出现,并逐渐在发达国家掀起了一波政府改革的浪潮。新公共管理对传统的官僚制进行了鞭挞和纠正,指出严格的照章办事、循规蹈矩导致的僵化保守,严重妨碍行政效率的提高。新公共管理主张,废除公共部门众多的冗余规章制度,简化行政审批流程;引入企业家精神,改变官僚机构内部过于沉闷、缺乏活力的环境,广泛引入其他监督主体以使政府能够得到来自外部的监督和指导;重组政府,减少行政层级,向下授权,建立扁平结构的政府。在重塑政府的基础上,罗伯特·B.登哈特指出了政府的目标是为公民服务,正是这种思想的指引导致了中国现阶段服务型政府理论的产生和实践的深入,而国外以公共服务为核心的新公共管理对发达国家的政府也产生实实在在的影响。

1. "行政就是服务,公众就是顾客"的公共服务理念深入公共部门

发达国家为了改善公共服务质量,改善公共部门形象,均强调以顾客为导向、以顾客为服务中心的理念,注意倾听公众对公共服务的各种要求。新加坡政府一直奉行顾客至上的公共服务理念。20世纪90年代,新加坡政府就提出了"公共服务21计划",要求公共服务部门以顾客需求为导向,对公众的需求及时做出反应,切实提供各种服务。此举旨在以符合公众要求、顾客至上的服务理念,向社会提供高质量、有礼貌、能反映民情的服务,创造有利于创新和改进的环境,提高公共服务效率。顾客至上的服务理念,要求新加坡政府部门在以下三个方面做好调整工作:在具体服务规则方面,公共服务部门注重提高服务效率,并及时向公众公开政府有关信息,接受公众监督,保证公开性和透明度;在管理方式方面,新加坡政府部门采取协商、解释、说明等方式与企业、公众之间进行亲切而有效的互动;在服务程序方面,新加坡政府注重便捷性、规范性和可操作性,一站式服务,为众多企业和广大民众到政府机构办事节省时间、提供方便,同时也极大提高了政府机构的办事效率。

美国纽约市政府也奉行以顾客服务为中心的理念。纽约市政府要求各部门制定"顾客服务标准",内容主要包括:确定政府部门服务的顾客对象;征询顾客的意见,了解他们所要求的服务标准以及顾客对现有服务的满意程度等。此外,纽约市政府还特别重视吸引公民的参与和对公共部门的监督(赵大生,2002)。

2. 通过严格科学的绩效管理监督政府服务职能的落实

政府绩效管理是20世纪80年代以来流行于国外发达国家政府改革的重要举措之一。实践证明,科学的政府绩效管理可以提高政府行政效率,强化政府责任,提高政府人员的服务意识,避免政府官员以个人政绩和私利来选择政府的服务职能。新加坡一度以高效能的政府闻名于世,多次被世界组织评为"最讲效率""最廉洁政府"。新加坡政府具有严格科学的绩效管理方式,可以概括为两层含义:第一层含义是组织绩效,注重政府管理的结果,反映整个新加坡执政党和政府的治理绩效,这也是新加坡政府合法性的经济和社会基础;第二层含义是以"结果为本"的绩效取向,主要指政府内部的管理。政府采用目标管理(MBO)等手段,围绕使命进行绩效管理,强化政府对议会和公众的责任;实行成本核算,加强财务控制,完善信息反馈,实行绩效预算。例如,在公务员工资制度上,打破了统一的薪酬体系,推行绩效工资和绩效花红。

英美等国外发达国家对政府的绩效管理经历了不断改进和完善的过程。英国从撒切尔政府开始,除了在中央政府内部积极推进绩效评估以外,还通过管理规范和行政指导等手段对地方政府推行政府绩效管理。在美国,历届美国总统都非常强调绩效管理,注重提高政府绩效。英美两国对政府绩效管理的方式体现在,通过法律、制度等形式来确保绩效评估的顺利实施。如,美国国会讨论通过的《政府绩效与结果法》、佛罗里达州颁布的《政府绩效与责任法》等，这些法律制度规定了各个政府机构必须制定战略规划、绩效计划以及绩效报告，强化了政府绩效管理责任。与美国略有不同的是，英国主要以制度规范的形式，使地方政府绩效评估成为行政改革方案的重要组成部分。此外，英美还建立了专门的绩效评估执行机构。如在英国的"下一步行动方案"中，建议成立专门的绩效评估执行机构，并使其从决策部门中分离出来，给予执行机构充分的灵活性和自主权。在美国，有"国家绩效评审委员会"，其宗旨是如何使政府工作得到广泛的审视，加强政府的绩效管理（邵旭东，2007）。

3. 廉洁高效的政府内部治理保证了政府机构和公务人员的公民本位

"服务型政府"强调公民本位，而对"服务型政府"制约最大的就是政府和官员本位，导致政府和官员本位的重要原因是公共权力可以为政府和官员带来私人收益。所以，廉洁高效的政府是建立"服务型政府"的前提条件。新加坡政府的廉洁高效，早已举世公认。新加坡政府的廉洁建立在严格的制度约束基础上，体现在严格的选拔和录用制度、严格的品德考核制度、严格的财产申报制度上，体现为有法必依、违法必究等方面。通过"制度保廉"增强了公共权力的透明化和决策过程的规范化，有效减少了公权力谋私的可能性，将产生腐败的因素遏制在萌芽状态。而廉洁又为政府的高效运转提供了前提保证，使得政府部门没有部门利益的考虑，从而为所有企业、公众和社会提供平等高效的公共服务。如果说新加坡对政府机构和公务人员廉洁高效的有效治理是源于三权分立体制下的议会和司法机构的有效监督，那么前英国政府控制下的香港，实行总督负责制，根本没有议会制度，一段时间香港的公共权力的腐败非常严重，但通过实行对总督直接负责的廉政公署的强力治理，香港的腐败问题得到有效的制约，这为香港今天国际经济、金融、航运等中心地位的形成奠定了重要的行政基础。所以，上海无论是建设服务型政府还是建立"四个中心"都要借鉴香港的反对公共权力腐败的成功经验，认真解决权力腐败问题。

4. 以提供更好的公共服务为目标的跨部门和跨区域的政府机构和职能的重新整合

长期以来，传统的官僚制理论告诉我们，行政权力的部门化有利于专业化服务水平的提高，但严格的专业分工基础上的部门化也严重削弱了政府部门的综合效能。所以，在新公共管理改革思潮影响下，管理者开始考虑如何实现打破部门的职能化分工带来的限制，并将其视为国家政府职能改革的一个目标。新加坡政府部门"一站式超市"模式的服务，为企业和公众提供了极大便利。例如，在新加坡，普通公众只需花极少的钱就可以注册公司。新加坡的国家公司商标注册局采取一站式服务，整个操作过程都在"一站式超市"里完成，让每个来办事的人按顺序对号入座，一目了然，减少了审批手续，提高了办事效率。这得益于新加坡行政职能机构的合理并置，例如国家公司商标注册局自身精简机构，下设提控署、为企业服务署、行政中心署、信息资料库、财务署、发展规划署这6个署，共有113名编制成员。"一站式超市"模式还体现在新加坡的"一站式"单级政府体制。在单级政府体制下，新加坡政府既是政策的制定者，又是执行者。这样，既能确保政令畅通，又使政策在执行过程中不至于"失真"，从而顺利达成既定目标（陈宝龙，2003）。此外，新加坡经济发展局还在海外设立了数十个分支机构，为外国投资者提供一站式服务，为海外投资者介绍新加坡的投资环境，帮助投资者取得工业用地及所需设施，使海外投资者能迅速在新加坡设立公司。新加坡政府这种贴心的、无缝隙的一站式服务，不仅获得国内企业和民众的信赖，而且赢得外资企业的芳心。实际上，国内一站式服务中心很大程度上是借鉴新加坡的成功经验。上海在这方面也取得了明显的成绩。近几年按照国务院部署进行大部制改革也是打破原有的部门职能分工，实现符合市场需要的政府重塑。

当然，为了实现公共利益的最大化，政府部门不能仅仅满足于本级政府内部权力整合和职能重组，还要进行跨行政区合作治理，又称为区域公共管理[①]。这几年，为了打破地区藩篱，国内学者纷纷建议地方政府进行这种协

[①] 区域公共管理在这里特指国家内部地方政府（经济区域内的省级政府）间跨行政区域的公共管理活动。而区域公共管理的治理模式，则是指由区域内的各级地方政府组织、非营利组织和市场主体所构成的区域公共问题的治理主体的组织形态，也包括这些主体在治理区域公共事务过程中所共同遵循的治理理念和相关制度设计。关于区域公共管理的定义与分类可以参见杨爱平、陈瑞莲《从"行政区行政"到"区域公共管理"》，《江西社会科学》2004年第11期。

作尝试。上海市可以借鉴美国的经验。实际上，美国为了打造纽约的国际航运中心的地位，就专门成立了跨州的行政机构——纽约新泽西港务局，整合纽约和新泽西两州的港区、码头、火车站、机场、汽车站、地下隧道等交通资源，实现跨区域和跨行业的综合管理，为航运企业的发展提供更便捷的服务。

5. 发达的社会中介服务业的培育和发展

广告、法律、会计、审计、税务、仲裁、咨询等中介服务业的发达，是发达国家经济发展的前提。各国家政府起初都高度重视这些中介服务业的培育，从相关机构设置上给予优惠条件，人才引进上给予特殊照顾和扶持，对高校相关专业人才的培养给予定向支持，这些都有效扶持了这些中介服务业的发展。并且这些国家还积极支持这些企业开展跨国业务，支持这些机构在海外设立分支机构，扩展这些企业的业务和影响力。普华永道、毕马威等几大会计师事务所和穆迪等评级机构对整个世界的经济都有着举足轻重的影响力。由于我国的司法体系薄弱，高效且公平的仲裁机构对上海来说更为重要，这也是国际经济中心、贸易中心、航运中心、金融中心建设中不可或缺的。世界各国都建立了相应的仲裁机构，注意仲裁规则和程序与国际通行规则的对接。新加坡国际仲裁中心（SIAC）是新加坡唯一的仲裁机构，受理新加坡国内仲裁和世界范围内的国际仲裁及海事仲裁事件。新加坡国际仲裁中心倡导通过采用公开透明的实务细则，有效地开展机构管理仲裁，方便当事人和仲裁庭充分了解相关信息。此外，新加坡的整个仲裁过程也是透明公开的。在仲裁程序、仲裁裁决以及裁决的执行、裁决的撤销、对仲裁的监督等方面，为在仲裁中心进行的仲裁提供了具体的操作流程，便于当事人了解整个仲裁过程。新加坡仲裁机构还有一套完善但又简单的收费系统，促进了仲裁机构处理案件的公平高效。新加坡国际仲裁中心在新加坡政府完善的服务和大力支持下迅速发展成为亚洲的国际仲裁中心之一（付绪兵，2008）。作为后起之秀，香港国际仲裁中心的建设近些年来也取得飞速发展，不仅满足了本地经济发展的需要，还为大陆和东南区其他地区提供相应的仲裁服务。

也正是由于这些国家和地区社会中介组织的发达和成熟，政府对自身职能的调整才能游刃有余，把很多原来政府承担的公共服务职能向社会转移，甚至包括很多原来认为必须由政府履行的职能。如美国就尝试把罪犯的监管职能承包给保安公司，政府部门只负责定期检查考核，这为政府节约了不小的行政成本，也取得了很好的社会效果。这也使政府能够集中财力和时间为社会提供更为丰富有效的公共服务。

6. 高度重视并切实推进电子政务的广泛应用，为公众提供各种及时有效的服务

长期以来，新加坡政府十分重视网络信息技术的发展与应用，并将先进的信息技术充分应用于政府信息传播平台的建设，以政府信息化带动整个社会信息化的发展。新加坡政府通过网络跟公众对话，听取多方意见，进行决策。新加坡政府开通了24小时开放的电子公民网站，该网站将政府机构所有能以电子方式提供的服务整合在一起，把不同政府部门的不同服务职能巧妙地联系在一起，使新加坡人民从出生到退休的每个阶段，都可以从网上获得来自政府不同部门的相应服务。另外，新加坡政府门户网站针对公众的不同需要设计了四大板块：政务信息板块、市民信息板块、企业信息板块、外国人板块。其中企业信息板块，主要向企业提供服务和咨询，包括网上服务、信息库、投资项目、相关政策、资金筹集等内容，企业可以通过这一入口快速获取商业信息，甚至企业和个人的诚信记录也可以在政府网站查询获得（夏宝君，2011）。美国的电子政府发展最早，克林顿时期就大力推进信息高速公路建设，并将各级政府的电子政府建设纳入国家战略。

对于发达国家和地区这些政府公共服务的成功经验，囿于国情因素上海市政府虽然有些不可能直接借鉴，但由于上海市建设"四个中心"面临激烈的国际竞争，如果在服务型政府建设方面没有非凡的勇气、突破性的举措，仍以一贯的政治上的求稳心态，等待中央政府主动的政治安排，是很难在短期内取得显著成效的。

二 "四个中心"背景下政府政策供给研究

"十二五"时期是上海"四个中心"建设的加速推进期，要充分发挥政策供给的主导推动作用与保障支持作用。

(一) 政策供给的总体思路

从总体上看,上海"四个中心"建设的政策供给应体现以下六个原则。

1. 政策供给的系统性

政策的制定首先要遵从系统性的原则。要避免公共政策的盲目性和不规范性,就需要使公共政策的制定程序系统化,使得政策能在严密规范的制度安排下产生。在制定"四个中心"建设政策时,考虑到利益主体的多元化和政策制定过程的复杂化,则必须使得公共政策制定的程序形成系统。

2. 政策供给的前瞻性

"四个中心"建设是一个长期发展的过程。根据以往经验来看,政策的制定往往滞后于形势的发展,因此政策制定要充分考虑到政治、经济、社会、文化等各方面的发展变化,使政策符合发展趋势,符合未来需求。在制定"四个中心"建设的相关政策时,需要对目前的现实建设情况、未来发展的可能趋势进行掌握、分析、研究和判断,对"四个中心"建设政策的执行过程中可能出现的问题进行前瞻性的研究,并做好相应的对策准备,这样政策才能够得到贯彻和执行,取得预期的效果。

3. 政策供给的科学性

科学性是现代公共政策的基本价值取向之一,也是制定"四个中心"建设政策时所必需遵行的一个基本原则。常规科学对于改善政策、制定宗旨的不适应是基本的规范所致,因此,要创造出改善政策制定所必需的科学投入要素,本质上要进行一场科学革命。在制定"四个中心"建设政策时,必须根据收集来的可靠的数字和事实,运用科学的方法进行精确的计量和计算,用数据和科学的结果来分析各种不同的政策方案的优劣,进而做出最佳的政策选择。

4. 政策供给的经济性

发展需要投入,"四个中心"建设伴随的必然是大量有形资源和无形资源的投入。投入必须要充足,这样才能保证建设的高速度,但是投入并非是越多越好。什么地方应该多投,什么地方应该少投,都需要经过仔细的预算制定,量体裁衣,做到好钢用在刀刃上,把成本收益做到最大化,使政策的投入能够达到最经济的水平,避免政策投入成为无底洞。"四个中心"建设的政策供给必须做到"精打细算"，集中优势资源，在保证高速发展的情况下避免不必要的浪费，真正做到政策供给的"多快好省"。

5. 政策供给的操作性

任何政策的制定都是为了能够实现某一社会或经济的发展目标，要将意识层面上的策略变为现实层面上的政策，进而实现政策预期的目标，可操作性就是一个不可忽略的重要因素。因此，在制定"四个中心"建设的政策时，必须保证政策的目标切实可行，工具选择得当，内容科学合理，使得政策的具体措施在"四个中心"的建设过程中能够较为容易地推行开来。

6. 政策供给的稳定性

政策从推行到真正达到目标，这一过程绝不会是一帆风顺的，其间必然会遇上各式的阻力和困难。保持政策的稳定性，是政策能够长期顺利推行的重要保证。"四个中心"的建设仍然处于发展的重要战略机遇时期，总体发展的基本面是好的，具备了不少进一步发展的有利条件，但在发展过程中长期问题和短期矛盾相互交织，结构性因素与周期性因素相互作用，外部挑战和内部困难相互叠加，在建设的发展和管理上将会存在不少困难和挑战，因此，保持政策供给的连续性和稳定性，不朝令夕改，将会成为"四个中心"建设成功的重要保障。

（二）政策供给的四个维度

"四个中心"的建设各有侧重，建设的情况也各不相同，政策的供给也应该根据不同的建设情况予以具体的应对，然而"四个中心"建设的政策供给在以下四个维度上有着共性的问题和解决思路。

1. 行业规范管理

"四个中心"的建设和发展，仅仅依靠自然发展的形式是不足够的，需要政府有意识的扶植和推动，然而目前政府在对金融、经济、贸易、航运等行业的管理上依然存在许多问题，制约了"四个中心"的发展。

（1）政府管理的专业度和灵活性不高。面对"四个中心"相关的各种行业，政府管理并没有一个专业的监管体系。以资本市场为例，我国虽然于2005年修正了《证券法》和《公司法》，但像国债、期货等资本市场依旧缺乏基本的法律规范，而已经建立的监管法律也存在效力层次低、内容完备度和协调度欠佳的问题，这些都使得投资主体的利益难以得到有效的保护，阻碍了投资的热情。除了在专业的体系方面有所欠缺，监管机构的法律地位普遍不高，导致在问题出现时产生多头管理、政出多门的情况。监管机构身份定位的尴尬直接导致了其在进行管理时缺乏灵活变通的能力，导致了管理的效能不足。

（2）政府控制领域过多，并且在管理制度上缺乏创新的欲望。由于我国改革开放为时尚短，市场经济体制的建立仍未完善，因此除第一产业外，对一些第二、第三产业，政府对于外资进入仍有较为严格的控制。国内外资本无法自由进出，使得市场无法国际化。并且政府在管理制度上较为保守，因循守旧，墨守成规，缺乏创新欲望，在面对新形势和新问题时不考虑情况的不同，往往遵循以往的途径解决，存在一定的路径依赖，在管理上存在一定的不合理性和低效。

（3）投资方和政府方面的沟通困难。行业的发展无法绕过政府，因此投资方和政府管理部门的沟通显得尤为重要。目前的情况却是投资方缺乏和政府有效沟通的平台，并且沟通程序复杂，沟通效率低下，导致投资方和政府管理部门的合作效率低下，阻碍了行业的发展。

面对以上问题，在制定"四个中心"建设的政策时，应当集思广益，寻求专家支持，以求使政策的制定更加专业和全面。而政府部门在进行管理的过程中，应当重服务、轻管理，以求完成从管理到服务的转变，并且酌情对一些非关键行业予以外资开放，使得资本的流通更为顺畅，并可以采取组织行业协会的方式，为政府部门和行业投资者建立一个直接高效的沟通平台。

2. 人力资源管理

人力资源的短缺是上海在建设"四个中心"的过程中必须解决的一大问题。目前，在"四个中心"建设的过程中，领军人才高度缺乏，金融专业人才、港航专业人才、外贸专业人才以及各行业的高级技工的数量都存在很大的不足。除了在人力培养过程中的职业度不高外，较大的文化差异和流动性壁垒导致国外人才引进困难，引进后行业对于人才的吸附力不强，这些都是目前"四个中心"建设中人才资源匮乏的原因。

对于人力资源短缺的问题，其核心解决思路是提高专业化人才的密度。在提升的过程当中，不仅要重视引进人才，更要积极主动地培养本土化的人才。在引进人才方面，可以为外界人才的入沪提供较有吸引力的物质条件，提高对外界人才的定向保障，并且在引进程序方面尽量简单高效化，减少人员的流动障碍。如同企业想留住人才一样，政府必须增加自身的魅力，进一步落实现有人才的引进和相关居住等方面的政策，优化人才的保障制度，增大人才吸引力度，尤其对于金融、航运等领域的紧缺人才要着力引进。在现有《上海市引进人才申办本市常住户口试行办法》和《留学回国人员来沪工作申办本市常住户口实施细则》等政策基础上，继续发挥"千人计划""曙光工程"的作用，建设上海国际人才高地，促进人才总量的上升。除了引进人才外，政府要更加重视人力资源的本土化积累。在"四个中心"建设的新一轮的发展中，政府应科学调整财政支出结构，将投资重心逐渐由物质资本向人力资本倾斜，根据经济发展状况，将财政收入超收部分更多地用于人力投资，确保人力资本投资稳定增长，不断促进上海国际人才高地的建设。争取在一定时期内，使人力资本投资的主体——教育投资水平由2010年的4.26%更上一个新的台阶，由发展中国家的水平向世界平均水平5%靠拢，并在最短的时间内赶超发达国家（6%以上）。同时，政府还应重视教育投资的社会力量，制定鼓励社会投资的政策，积极发挥政策的杠杆作用，推动人力资本投资的多元化、社会化。此外，在一些重点紧缺、技术性相对较强的领域，也可以通过开展政府主导的培训模式，建立一系列的人才培训考核认证体系，创造人才。政府应定位于产业引导者、推动者和服务者，通过不断努力和探索，在企业、院校、培训机构之间架起桥梁，为产业发展构筑丰厚的人才储备。

3. 资本运作管理

在资本运作方面，目前上海市政府对于资本的控制仍然较为严格，外资投资领域仍有限制，资本的自由流通程度还有待提高。另外，由于国家宏观经济政策，银行对中小企业的贷款额度减小，限制提高，导致中小企业在本地融资出现一定困难。此外，资本市场的诚信风险问题一直是限制资本市场进一步扩大、资本运作效率进一步提高的一个瓶颈问题。

解决资本运作问题，首先，可以采取建立资本特区的方式对资本控制进行试点性放松，对资本特区内境外资本的进入实行弹性化管理，给予一定的优厚政策并实施灵活的管理机制，活跃特区内的资本投资。其次，在解决本地贷款困难问题时，可以借助如金融租赁等操作灵活、风险缓释的融资渠道，拉动社会投资，活跃金融市场，优化企业融资结构，创新融资方式，努力吸附各方资本。最后，在面对中小企业因为信用程度不高导致借款和担保困难的情况时，应当建立全面的征信体系来解决问题。征信体系的全面建立，是提高资本市场诚信度、降低资本运行损耗的必要条件。一个包含政府、企业和个人的全面的征信体系，将会对"四个中心"建设中资本的运行起到极大的推动作用。

4. 外部环境管理

当下，上海市在各项配套政策措施的支持下，"四个中心"建设取得了积极成效，但是随着建设进程的深入推进，对外部环境，尤其是软环境的支持功能提出了更高要求。现有的外部环境由于多方面原因，尚未形成加速"四个中心"建设的有效合力：政府层面的管理体制落后，行政效率低下，弱化了政府的监管功能，使其难以发挥优化资源配置的功效；政策层面上的社会保障制度落后，政策易变度高，导致政策完整度不高，政策稳定性不够，无法以制度的形式规范和引导建设的发展；市场层面上，不断增长的通胀与汇率风险、高昂的物流成本、"国进民退"等现象，市场化运作的优势被埋没，带给进场主体一定的运行压力。

针对上述外部环境优化功能的缺失，政府应在着力挖掘覆盖面广、切层深的外部环境资源的基础上，辅以有效的环境改善措施，为"四个中心"建设营造良好的外部环境。具体来说，一是要创新政府管理制度，提高政府工作效率。上海市应该继续围绕小政府、大社会，逐步建立咨询服务式的政府管理体制；对所属企业按照市场经济的要求实行政企分开，改革行政审批制度，清理整顿审批的范围、程序，大幅度减少审批事项；同时，在明确政府部门权责划分、避免多头领导的基础上，扩大政府服务社会的范围，提高政府服务社会的水平，从而形成有力支持"四个中心"建设的服务监管主体。二是要完善相关政策法规，严肃执行过程。一方面深化落实现有法律规章，保障司法独立，以严格法律执行程序监督；另一方面根据市场化、法制化、国际化、创新化的要求，立足促进管制放松、体现公平正义、符合法制体系、降低交易成本和创新激励制度，开放与保护并重，加快完善法规政策进程，如企业反诉机制、减退税政策等，尤其是对于社会保障制度的健全应该始终作为后方建设第一步加快推动。另外，借助听证会、专家咨询会、政务公开等有效形式，加强政社互动，保证决策科学性。三是要做好国内国际两个市场的环境营运，充分发挥市场运作优势。加大对国际货币风险传导的监管和防范。通过加大与商务、税务以及海关部门协作力度，完善出口与收结汇的真实性及一致性审核标准，加大对热钱的监测力度，积极防范跨境资本流动风险，减低热钱冲击境内市场的风险。加速现代流通体系的构建，借鉴国际先进流通经营方式，提高流通范围国际化水平；借助连锁经营、第三方物流、电子商务等方式，提升流通方式的现代化；依托专业店、综合店、连锁店等形式，促进流通业态多元化；引进现代信息技术，转变产业运作方式，提高现代流通的信息化。优化国企、民企共存格局，提升国内市场活力。继续推进国企改革，深化"抓大放小""有退有进"原则的渗透力度，为民营经济释放一定发展空间；同时，逐步完善国企、民企公平竞争机制，促进国企、民企有序竞争，提升企业经营效率，以促进社会经济整体水平的提高，为"四个中心"建设提供有力的经济支持。

（三）构建国际经济中心的政策供给

近两年来，上海国际经济中心建设取得了重要的进展，经济实力和国际影响不断增强。要做到进一步的发展，必须做到以下几点。

1. 加快经济结构转型

促进经济转型，必须加快服务业发展、加快制造业升级、加快淘汰落后产能。上海市第三产业所占比率同发达国家相比仍有差距，要加快经济中心的建设步伐，就必须提升第三产业的占比，调整产业结构，从原来的第二、第三产业联合拉动向服务型经济的产业结构转变。

（1）对于资源性的产业，应当拉长其产业链条，发展替代产业，推进产业结构优化升级，实现资源型城市的产业转型。以传统工业为平台，以重大项目建设为支撑，通过资本运作，整合现有资源，实施大规模、集约化发展战略，使有限的资源创造出更大的增值部分，充分发挥第三产业附加值最高的优势（沈香、孙建丽，2010）。

（2）应当大力发展技术服务产业。同传统工业创新不同，技术服务业的附加值更高，更有利于企业乃至整个城市增强自身的经济核心竞争力。在

"四个中心"建设的背景下,应当加快推进"四个中心"建设相关的服务业发展。在金融服务领域加快推进非上市公司股份转让市场、信贷转让市场建设,全力推进跨境贸易人民币结算试点,开展金融机构综合经营、商业银行进入证交所债券市场等试点,抓紧推进市场基准利率机制、跨境支付清算体系、大宗商品期货市场等建设。航运服务领域要探索建立国际航运发展综合实验区,加快完善航运发展环境和政策支持体系,研究探索有利于洋山保税港区发展国际中转业务的航运支持政策,大力发展航运金融业务,支持开展船舶融资、航运保险等高端服务。贸易服务领域要依托国际贸易中心建设,深化行政审批制度、贸易管理制度和口岸通关模式改革,提高市场开放程度和贸易便利化水平,打造期货、产权、技术等多个交易平台,构建具有国际国内市场资源配置功能的市场体系,吸引国内外各类企业总部、贸易组织、促进机构和行业组织,打造供给贸易中心标志性和区域性的空间载体。[①]

(3) 要发挥政策效应,完善服务贸易促进体系。以市委、市政府《关于进一步促进服务业发展的若干意见》为指导,加强政府引导,强化政府服务,不仅要从宏观上对第三产业的发展路径做出规划,还要从微观政策上给予扶持,完善服务业政策措施,鼓励服务领域技术创新,为金融服务、旅游服务和运输、文化服务等企业扩大服务贸易提供便捷服务,加大"上海市服务贸易发展专项资金"的支持力度,推行服务业管理体制改革和机制创新等措施,突破服务业发展的制度约束,进一步释放服务业发展的潜力,加强服务贸易的战略和策略研究,充分利用国际市场对服务产品的需求,拉动经济发展,营造有利于服务业经济国际化发展的环境。

(4) 要积极培育发展战略性新兴产业,大力推进高新技术产业化。在进入后工业化发展阶段的背景下,上海必须高度重视知识的创新和集成以及高新技术产业的发展,在新能源、民航制造、先进装备、生物医药、电子信息制造、新能源汽车、海洋工程装备、新材料、软件和信息服务九大高新领域启动专项工程,通过推进高新技术产业化,带动传统制造业,淘汰落后产能,通过先进制造业走工业化和信息化的"两化融合"之路,带动现代服务

---

① 参看《2010～2011 年上海国际经济、金融、贸易、航运中心发展报告》。

业等新兴产业的成长。

2. 强化市场规则整合

市场规则是一个国家和地区市场竞争力与综合实力的重要构成部分。在国际经济中心的建设过程中，上海经济要想在更广泛的领域和更高的层次上参加国际市场竞争，首先要完成的就是构建一个全面而有效的市场规则，提高制度的国际竞争力，为经济中心的国际化打下制度上的基础。

所谓市场规则，通常指市场活动当事人共同遵守的行为准则和道德规范。它主要由三部分内容组成，一是政府根据市场运行特点和管理市场的需要，制定各项政策，并通过一定行政管理手段规范市场运行和交易者的行为；二是政府依靠法律手段，根据法定程序制定和颁布各种法律、法令、条例和规定，并相应形成各种制度和章程，用来调控市场运行和约束交易者的行为；三是市场参与者在长期市场活动中形成的价值观念、评价标准，以及约定俗成的传统习惯和道德规范（张明龙，1999）。

如果一个市场缺乏完善合理的规则，就会因为市场主体的信息不完全、信息不对称，出现一些投机或者是败德的市场行为，诸如回扣、行贿等非正常的竞争手段就会盛行。这些扭曲市场的行为和混乱的市场秩序会导致市场制度的基础遭到破坏，使得市场交易成本大增，市场的国际吸引力大大减低。在上海建设国际经济中心的背景下，市场规则的强化整合就显得尤为紧迫和必要。

强化市场规则整合，首先需要规范政府职能和政府行为。在市场经济当中，政府是不可缺失的，合理的政府行为是市场经济有序运行的重要保证，但政府也并非是万能的，政府的不当行为会造成市场规则失败，恶化市场秩序。因此，政府活动的范围必须受到规范的界定，政府应当做到依法行政，加强行政监督与行政管理。一些政府不应承担的市场功能应当交由各类行业协会、地方商会等市场中介组织解决。

其次，要建立适当的经济政策和完善的经济法规，对不同情况、不同对象制定不同的规范的、可操作的、稳定性较强的经济政策，及时消除市场经济运行过程中已经或者可能出现的反常态势，维持良好的市场经济秩序。对经济法规要随着市场情况的变化及时地做出灵活的修改，提高经济市场的运行效率。

再次，必须建立和完善社会信用体系。市场经济中，市场化的程度越高，客观上对社会信用体系的成熟程度要求就越高。因此，要发展国际经济中心，提升市场的资源配置作用，就必须建立完善的社会信用体系，综合运用法律和行政的手段，促进信用中介服务行业的市场化发展，建立以政府资信数据库、行业内资信数据库及征信机构资信数据库组成的社会信用数据库，建立并完善政府的信用监督与管理体系，强化企业内部的信用管理（刘根荣，2003）。

最后，必须强化监管力度，健全市场监管体制，通过行政监督、经济监督、法制监督、舆论监督和群众监督实现多层面、全方位的市场监督。建立统一并且具有权威的市场监管机构，避免政出多门和多头执法。

3. 提高区域经济协作

想要加快"四个中心"建设，加速使上海成为国际性的经济中心，就必须通过合作和交流，发挥上海作为中心城市的辐射能力，通过合作协同发展，提升上海的核心竞争力，实现国际经济中心建设的飞速发展。

加强区域经济协作，首先需要整合区域资源，增强上海的经济实力。从现有的国际经济中心来看，其GDP总量在所在国家、地区乃至全球要有相当大的比重。例如名列前四位的纽约、伦敦、东京和巴黎，其GDP的比重都占各自国家的20%以上。而2007年上海市GDP（12188.85亿元）仅占全国GDP（246619亿元）的4.9%，只有联合周边的江苏（25741.10亿元）和浙江（18638.36亿元），才能达到22.9%的水平。从人均GDP来看，国际经济中心城市的人均GDP都在3万美元以上。例如2006年伦敦、纽约、东京等城市的人均GDP分别为4万美元、5.6万美元、6.3万美元（李新民，2008）。由此可见，上海要想缩短和其他国际性金融中心的差距，就必须要整合区域资源，以此来增加城市的总体经济实力。上海处于长三角地区，这一特殊的区位使上海具有得天独厚的优势。上海与周边地区的产业存在很大互补性。上海拥有雄厚的科研力量以及较多的高素质人才，具有高层次的服务产业，是我国高新技术主要的研发基地，在技术上拥有巨大优势，而苏浙两省加工工业基础雄厚，已经形成了各具特色且有相当规模的产业群（陆立军、朱海就，2004）。此外，毗邻长三角的中部地区具有区位、劳动力和资源的比较优势；东北和西部地区有丰富的矿产和资源，这种产业结构和能级的差异为合作交流和优势互补奠定了基础。因此，需着力优化与周边地区的良性竞争、积极协作的关系，进一步加强与周边地区的联系，到更广阔的腹地空间集聚资源，通过与长三角、长江流域的协调合作，共同携手，互促互进，合理协作与分工，提高经济整合的集聚性，集中优势发展上海自身优势产业，加速与国际接轨，增强城市经济核心竞争力。

其次，在区域协作过程中，应当重视政府和政策的作用。区域经济协作要想取得好的成效，必须充分发挥政府的宏观调控职能，降低在一体化过程中对部分实力较弱、不具备完全竞争优势的城市造成的过度冲击。并且在必要情况下，参照欧洲经济一体化的经验，建立一个超越省、市的经济权威机构，并赋予其一定的行政权限。依靠这一机构的协调，减少生产要素流动的障碍，减轻不同地区对于税收和招商引资方面的政策差异，降低企业之间的恶性竞争，使各地区经济发展的各项政策相互协调、优化组合、逐步统一，实现真正意义上的区域经济协作。

（四）构建国际金融中心的政策供给

目前，上海国际金融中心的建设已经取得了初步成效，由证券市场、货币市场、外汇市场、保险市场和商品期货市场等组成的国际性金融市场体系已经基本形成，但同国际性金融中心相比，在资本市场总量和流动性等方面仍有一定差距。要进一步把上海建设成国际性金融中心，应当注意以下几点。

1. 促进资本自由流动

作为国际性金融中心，应当有大量的资本在此聚集和自由流动，资本的自由集散将为金融中心的建设打下坚实的基础。一个金融中心的成熟程度，某种程度上可以通过其资本流动的自由性来进行简单的判断，例如伦敦、纽约等重要的国际资本集散地，每天都有巨额的资本进入和流出。真正的国际金融中心一般会产生对全球经济和金融活动有重要影响的金融价格。比如，伦敦金融市场上产生的伦敦银行间同业拆借利率（LIBOR）、黄金价格和汇价，以及纽约金融市场产生的联邦基金利率和股票价格指数（如道琼斯股票价格指数）等，这些金融价格都是全球广泛使用的金融产品定价基准，影响着其他金融产品的价格和投资者的损益。通过这种方式，国际金融中心显著地影响着全球金融市场（姜波克，2003）。而这些所有的影响，都是通过资本在流通过程中的交易，通过资本的进出和再配置所带来的。因此，纵使上海建设国际金融中心的侧重面是多维度的，但是其中不能忽视的重要一点就是增加资本的流量，吸引大量资本在上海这个金融中心集散，并通过交易对资本重新配置。只有当资本能够自由集散，金融中心才能以此为基础发挥其凝聚作用，实现金融中心的国际化。

在促进资本自由流动方面，应该通过对现有体制的创新，为资本在上海的流通造就一个畅通的资金流通渠道，吸引更多资金来上海进行交易和集散。无论是国内与国外之间，还是国内地区间、行业间的资金流动限制，都会造成市场的分割与效率的损失。因此，首先需要扩大跨境人民币业务。通过扩大跨境人民币业务，能够有效地扩大人民币国际结算的便捷度，更好地吸引国外的投资资源。除了单纯地扩大结算网络，还应该积极推进跨境人民币业务的产品创新，发挥跨境人民币结算的学习效应，促进资本的流动。要实现人民币跨境流动的良性自我循环，一是应该扩大银行间债券市场的对外开放；二是向境外同业开放银行间的同业拆借市场，通过与境外银行的同业拆借，在市场上形成人民币短期的双向流动，提高境内外市场的活跃度；三是内地的基金或者证券公司可以在境外开展募集人民币资金进行境内投资的业务，通过这样的业务能够吸引更多境外资金的投资，促进资本市场的开放程度和国际化水平。此外，还可以通过境内外的联合监管，引导人民币资金在在岸和离岸市场之间合理流动，满足境内外机构真实的贸易和投资需求，提高人民币资金的跨境配置效率，为人民币的跨境双向流动提供载体和渠道。

上海目前的金融市场对外开放程度仍然不足。开放程度不足会导致金融渠道不畅通，其结果就是大量金融资源闲置、投融资成本偏高、金融效率较低，所以应当稳步推进金融市场的对外开放，积极配合国家金融管理部门逐步扩大境外投资者参与上海金融市场的比例和规模，积极研究境外人民币资金投资境内金融市场的有效途径；研究扩大上海证券市场 QFII 的投资规模，探索在上海期货市场建立 QFII 制度；扩大国际开发机构在银行间市场发行人民币债券的规模，支持有人民币长期资金需求的在沪外资法人银行发行人民币债券；稳步推进符合条件的境外企业试点在境内发行人民币债券；积极支持上海证券交易所国际版建设,适时启动符合条件的境外企业在上海证券交易所上市,推进红筹企业在上海证券市场发行 A 股。[1]

应当适当放宽对外汇的管制。自由开放的经济体制,主要包括自由开放的经济政策与宽松的外汇管制。自由开放的经济政策,容易加强与世界各国的经济金融往来,进行各种形式的经济金融合作,而宽松的外汇管制甚或取消外汇管制,更充分保证国际资金的自由出入,容易形成国际资金的集散地,进而形成国际金融中心。

2. 拓展资本市场容量

每一种市场都有其最低规模与最适规模,纵使该市场未能达到最适规模的程度,亦须达到最低规模,从而有较低或最低的成本负担,否则该市场将不易成立或维持生存。纵观世界主要金融中心的发展历程可以发现,资本市场在金融中心的萌芽、发展与最终形成过程中发挥着关键性作用,资本市场的发展是迅速提升金融中心地位的利器。新加坡、法兰克福和香港的经验都在一定程度上验证了资本市场容量的发展对金融中心建设的重要作用。新加坡 1984 年开始建设期货市场,上市了国际化的期货品种,吸引到一大批国际机构的参与。1999 年 SIMEX 的期货与期权成交量为 2586 万手,在全球衍生产品交易所中排名第 13 位,被《ASSET》杂志评为 1999 年度亚洲最佳的金融衍生产品交易所。香港联合证券交易所吸引了大批国外和内地公司挂牌上市,它在 1986 年推出的香港恒生指数期货,交易额曾创全球第二的纪录,这些都大大地提升了香港的国际金融中心的地位。法兰克福在和瑞士金融期货期权交易所联合组建欧洲交易所后,其在国际金融市场上的地位呈现后来居上之势,并对英国伦敦国际金融中心的地位产生重大的影响(黄解宇、李畅、徐子庆,2006)。资本市场在促进上海金融中心的形成过程中,同样发挥了积极的作用,然而不可否认的是,同世界各主要国际金融中心相比,上海的资本市场仍存在市场容量的广度和深度不足的问题,无法最大化地起到推动上海金融中心发展的功能。

解决上海资本市场容量不足,主要在于对金融产品进行创新以及对金融

---

[1] 国务院《关于推进上海加快发展现代服务业和先进制造业 建设国际金融中心和国际航运中心的意见》,国发〔2009〕19 号。

业务进行发展。一是要着力开发金融衍生产品。开发新的金融衍生产品，是满足实体经济融资需求最直接的途径和手段。也是满足金融市场供需双方之间资源流动的重要途径，因此，在国家金融管理部门的支持下，可以发展股指期货、利率衍生产品、人民币衍生产品、国债期货、外汇期货、外汇期权、黄金 ETF 等金融衍生产品。二是加快债券市场的发展。证券市场是由债券市场和股票市场共同构建而成，但同发达国家债券市场地位较高的情况不同，我国债券市场的发展远远滞后于股票市场，所以应当积极配合国家金融管理部门扩大企业债的发行规模，放宽上海企业债的发行主体限制，并可以开展项目收益债券试点，丰富债券种类，推进外币债券和其他债券种类的创新和发展。三是鼓励证券公司通过并购重组和业务创新做优做强，培育具有国际竞争力的境内券商，组建银行、证券、保险、信托协同发展的金融控股集团。积极推进 QDII 发展，为 QDII 做好准备；加强中外证券经营机构的合资合作，争取外资独资证券机构试点；鼓励上海证券经营机构开展境外业务（胡经生，2004）。四是支持机构投资者扩大金融市场投资业务，积极配合国家金融管理部门，建立合格投资者制度，逐步扩大社保基金、保险资产、企业年金、信托计划等各类机构投资者投资金融市场的比例和规模。五是提升相关的非金融中心活动的强度。不论是本国政府主导或跨国公司自愿参与，运输中心、产销中心、研发中心、利润中心、保险中心或仓储中心等，都会引发金融市场服务的需求，而这些需求有助于扩大金融市场的规模。

3. 提高金融市场效率

与资源配置效率在传统经济范式的核心地位类似，金融效率是金融发展的关键。改革开放以来，中国金融发展呈现"高增长，低效率"的特点，因此，在建设上海国际金融中心的过程中，金融市场效率的提高就成为了一个必须解决的问题。

金融市场效率的提高，需要一个合理的金融市场体系。优化金融市场体系，一是应当建立金融市场协调机制，促进金融市场结构的调整。协调投资市场，形成国内、国际投资者共同参与，国际化程度较高，交易、定价和信息功能齐备的多层次金融市场结构；协调融资方式，扩大金融市场直接融资比例，切实转变直接融资与间接融资结构失衡的现状；协调股票和债券市场，使股票和债券市场齐头并进；做到金融市场的层次分明，秩序井然，协调统一。二是要改善金融市场结构的基础性条件，积极推进证券交易所国际版、信贷转让市场、票据市场、非上市公司股权转让市场、再保险市场建设，在信托登记中心基础上探索信托受益权转让市场。三是要借助科技的进步，建立完善的金融交易系统。随着金融中心的发展，金融市场交易规模的持续增加，发达的金融交易系统在合理的金融市场体系中将会变得不可或缺，因此电子交易、先进的信息处理系统以及便捷的数据系统在金融市场中的运用、市场交易系统的互联互通，将会缩短各种金融工具的交易时间和成本，扩大金融交易的规模，提高交易的效率。四是对金融市场结构进行优化和调整。利用金融市场开放的机遇，时刻关注国际环境和国际潮流，紧跟当今国际金融市场复杂化和多层化的趋势，优化结构与世界同步，满足国际金融市场的变化要求，融入世界金融环境，提升上海金融市场在国际金融市场中的影响和地位。五是要建立完善的金融周边服务业。金融市场的交易效率，除了金融服务业本身，如果没有其他相关的服务业相互配合，终究无法达到一个很高的水平，因此必须规范发展金融周边服务，加快发展信用评级、资产评估、融资担保、投资咨询、会计审计、法律服务等金融服务机构，促进上海金融中心功能体系的完整和发达，提高金融市场的运行质量和运行效率。

4. 增强政府导向功能

金融产业的聚集和形成一般依靠市场自发和政府推动两种形式，如果上海想在短期内快速发展成为国际性金融中心，必须依靠政府对其进行推动。

（1）要完善政府的监管职能。随着金融市场的不断发展，金融交易会变得愈加的复杂和频繁，政府必须不断完善金融监管制度，以便能更好地维护金融市场秩序。政府监管从传统意义上一般从监管广度、监管深度以及监管频度三个角度进行考察。目前上海市金融监管采用的是正向清单方式，即"不允许的都是禁止的"，然而在纽约、伦敦等城市发展国际金融中心时，其并非采取一味的管制，其在监管上采取的是负向清单，即"不禁止的都是允许的"。负向监管模式更有利于金融创新，有利于金融市场的活跃与发展。因此，建议首先在上海市设立"国家级综合改革试验区"，按照中央"先行先试"的政策，在所在地各金融市场上先期推出负向清单的监管方式，鼓励交易创新，使一流的金融机构和人才在试验区有"用武之地"，能找到金融创新的"试验田"。其次，在监管的过程中应当注意营造稳定环境，保护交易自由。美国近年上市业务和基金业务的流失主要是因为政府出台了一系列严厉的监管政策后带来的巨额监管成本。因此，在培育市场的过程中，应吸取纽约的教训，在考虑市场参与者预期的前提下，仔细测算政策的收益和成本，谨慎出台任何一项市场政策；尽量以监管微调的方式，保护市场的平稳运行，防止业务和人才流失。

（2）政府应当建立健全金融法规体系。一个地区想要建成国际金融中心，其相关的金融法规政策必须要跟上金融产业的发展，使金融法规体系为金融产业发展提供有力保障。然而现实情况是，我国的金融法律制度建设仍远未完善，关于金融产业的法律仅有《证券法》《保险法》《银行业监督管理法》《证券公司管理条例》等。立法上的诸多漏洞，成为上海走上一个新的台阶、成为国际金融中心的一个瓶颈问题，因此需要通过金融立法，保护金融市场的正常运行。2007年上海人大的1号议案便是《尽快制定上海金融中心特别法》，内容是提议为上海国际金融中心建设提供特殊立法保障，使上海在全国金融环境中，享受到一些行政特权。上海想要成为国际金融中心，走向国际市场，要在立法上予以保障，使得上海能够借助更多的社会资源，能够拥有更多的自由发展空间，为其国际金融中心的建设提供更好的基础设施保障和战略规划研究，为其迈向国际市场保驾护航。

（3）要优化金融法治环境。积极支持在沪金融管理部门依法履行职能，加强地方执法部门与金融监管部门之间的协作交流，支持上海市各级法院完善金融诉讼案件审理机制，建立金融专业法庭。协助构建金融审判领域专家资讯库。支持上海金融仲裁院参照国际惯例完善金融仲裁规则，提高化解金融纠纷的能力和水平，加强上海金融仲裁机构与金融机构之间的沟通交流（沈玉良，2010）。

（五）构建国际贸易中心的政策供给

1. 提高市场开放程度

贸易市场的开放程度与经济增长存在显著的正相关关系。中国自改革开放以来，30年的开放性发展促使中国成为经济发展较快的经济体之一。上海市作为中国改革开放的前沿和窗口、最大的经济中心城市，应该继续发挥开放的优势,在构建国际贸易中心背景下,立足对内开放和对外开放两个层面,通过降低市场准入门槛、简化程序,推动贸易要素无障碍流动,吸引中外贸易主体聚集,提高市场开放程度。

(1) 简化程序,合理放松管制。吸引更多的国内外商贸企业和跨国公司的营运中心进入上海,是推动上海国际贸易中心建设的重要条件。而这些贸易主体能否进入市场,除了经营成本、交通条件、商务氛围等环境因素,很重要的就是在政策方面的优惠条件(沙海林,2010)。一方面,充分发挥上海综合保税区内特殊政策的支撑作用,如上海外高桥保税区"保证货物可以在保税区与境外之间自由出入,免征关税和进口环节税,免验许可证件,免于常规的海关监管手续(国家禁止进出口和特殊规定的货物除外)",提高保税区内的贸易开放水平;另一方面,在非保税区内,探索相关贸易政策方面进一步放松管制的余地,通过深化行政审批制度改革,减少审批事项,简化审批手续,降低市场准入门槛。

(2) 内外贸对接联动,夯实开放基础。内外贸不能实现一体化经营,就很难实现国内外市场网络的有效衔接,商贸流通企业的竞争力就必然下降,这对上海国际贸易中心的建设势必造成不利影响(晁钢令,2010)。在上海市国际贸易中心建设进入"整体推进、再上台阶"的关键阶段中,势必要把握好两者的和谐互动:一是推动国有商贸企业集团进行资源重组,通过国有企业内部资源整合,或通过吸纳外部资源的方式,弥补其贸易功能的缺失,使其形成支撑上海国际贸易中心建设的骨干力量,提升国内企业"走出去"的竞争力;二是借助探索外贸产品内销订货会等贸易推进形式,通过与外贸企业的"一对一"交易形式,帮助外贸企业开拓国内市场,推动内外贸一体化发展,实现国内外市场的有效衔接,进而奠定深化开放的基础。

(3) 促进贸易载体多元化,助推开放进程。与传统贸易不同,现代贸易的发展特别注重吸引各类载体,因此只有以开放的心态引进贸易载体,才能够吸引大量贸易企业和商品。一是发展壮大各类市场,尤其是构建国内外知名的大市场,吸引各类贸易主体参与,并通过高质量的交易回报,坚定贸易主体对上海贸易市场发展的决心和信心;二是创造各种商机,发挥上海企业与国际接轨的先发性优势,通过对各类会计、设计、咨询、投资银行、审计、评估等服务贸易机构的完善,吸引贸易企业的入驻;三是鼓励创新,如网购、城市配送、连锁经营等不断为上海贸易市场注入活力。各类载体的引入，在一定程度上将刺激贸易的发展，进而有助于贸易集散地的形成，为深化市场开放力度提供原始积累。

2. 加强交易平台建设

上海要建设国际贸易中心，主要体现为对世界生产、消费提供支持性功能的平台，连接国际国内生产的交易平台，为这些功能发挥形成各种服务提供商的集聚。总的来说，应该形成两大交易平台：一是依托上海已有的资源或传统优势所形成的某些专业产品的中心交易市场；二是主要以信息发布、网络交易为主，并实行会员制运作模式的现货或期货交易所。这将构成国际贸易中心的基础平台。[①]

（1）应该充分利用上海现有的优势资源，着力培育和扶植一批高水准的专业产品中心交易市场。从国外一些贸易中心的情况来看，其并非在各种产品贸易方面都处于中心地位，但必然会在某一些产品的贸易中处于领先或中心的地位。所以，上海在国际贸易中心的建设过程中也必须在某些标志性产品的核心交易平台上下工夫，即形成一定规模的专业产品中心交易市场。所谓中心交易市场，不仅表现为交易量的庞大和辐射区域的广泛，还应当具有一定的创新引导和价格示范的功能。从上海目前的情况来看，至少在钢材、黄金珠宝、汽车、时装以及医疗设备等专业产品方面有可能形成这样的中心交易市场。从政策层面讲，政府应当积极对相关优势产品进行规划与扶植，其中包括选择合适的地点建设高水准的标志性中心交易市场，并给予一定的政策倾斜。

（2）多层次搭建以信息发布和网络交易为主的会员制式现货或期货交易所。现代贸易的发展离不开对信息的及时跟踪以及在此基础上建立起来的现代交易形式。因而，加强交易平台的建设，一方面要建设国家级会展设施平台、海外营销平台，及时发布重要贸易信息；另一方面，要积极创建集技术进出口交易咨询、交流展示、产权交易、成果转化、综合服务于一体的技术进出口交易平台，并且同步构建大宗商品交易平台，加强生产要素期货市场

[①] 国务院《关于推进上海加快发展现代服务业和先进制造业 建设国际金融中心和国际航运中心的意见》，国发〔2009〕19号。

和辐射全国的批发市场体系建设，形成国内外大宗商品的定价中心和交易中心，编制和发布上海价格指数。在此过程中，通过优化电子商务环境，以虚拟平台和网络技术促进商业业态与商业模式的创新，打造集专业电子商务平台、专业电子贸易平台、公共服务平台和网上购物天堂为一体的网上国际贸易中心，以营造实虚有效结合的贸易市场。

3. 优化后勤服务配套

贸易中心的建设是一个系统性工程，各项配套措施必须及时跟进。在当前上海贸易发展基础上，应着力从以下几个方面进行有效配合。

（1）进一步完善制度构建，加强对推进贸易便利化、扩大贸易开放性等方面的政策研究，借助政策聚焦与保障，精细贸易市场管理，提高贸易运行的科学性。

（2）加强基础设施建设，大力提高网络通信、会展、物流等设施水平，同时对于各类贸易企业的办公场所、通信设施、生活设施以及其他配套设施，应尽可能做到配套齐全、层次多样、价格低廉，从硬件上保障落沪企业的基本需求。

（3）加快政府职能转变，对政府管理机构的功能设置进行必要调整，以适应上海国际贸易中心建设的需要。当前，政府对于形成国际贸易中心各主要功能系统在管理上仍存在职能分散、权责不清的问题。因而，首先应从机构设置上入手，将对贸易各环节的管理纳入商务委员会的职能范畴，并对内部管理机构进行适当的调整；在商务委员会内部也要打破内外贸系统分立的传统格局，而根据各功能系统的要求来实施管理职能的调整。同时，也要做好相关业务部门的协调工作，各相关机构必须围绕加快国际贸易中心建设的战略目标，加强在相关管理工作方面的沟通与协调，提高办事效能。

（4）优化商务布局，按照国际商务区空间扩散化、功能综合化、形态多样化的演变趋势，通过资源整合、空间布局，在进一步优化已有成熟商务区能级的同时，积极发展商务设施和商务项目的增量；进一步发挥浦东三港三区优势，使之成为我国重要的进出口平台；规划建设虹桥商务区，使之成为国家开展重大会展和商务活动的枢纽区，同时加快发展与新城建设相配套的商务空间，最终形成上海整个面的商务布局规划（陆立军、朱海就，2004）。

（5）积极发展流通业。流通业作为市场贸易的基本要素，在商品流通和资本周转中起到重要作用。当前形势下,应该压缩个体商户在全部流通主体中所占比重,形成集中化程度较高的规模流通企业,同时改善流通方式,引入现代流通手段,促进第三方流通的普及程度。

(6)进一步优化人才环境,建立贸易紧缺人才培养机制,建立多层次、多渠道的教育培训和人才市场体系,形成国内外贸易专业人才的吸引机制,并在实际聘用过程中,注重人才创造性的发挥,形成能者居上的良好竞争局面。

(六)构建国际航运中心的政策供给

金融中心的建设与航运中心的发展程度相辅相依。1995年,国务院做出建设上海国际航运中心的重大的决策。启运港退税试点的积极推动,以及洋山保税港区航运企业营业税免征政策的深化落实,都是对加大上海国际航运中心建设政策扶持力度的体现。随着洋山深水港一期、二期、三期投入,上海港已基本完成由河口港向海港的转变。同时,良好的经济环境为上海航运事业的发展起了极大的推动作用。作为上海港的经济腹地,长江流域经济发达,且资源丰富。数据显示,2010年长三角地区GDP达69871.97亿元,平均增长为12.6%,经济总量占全国比重达到17.6%。该区域经济持续平稳的增长,为上海航运业提供了有力的支撑。

经过16年的发展,上海航运业取得了不菲的成绩。至2010年,上海港货物吞吐量连续六年保持世界第一,集装箱吞吐量首次跃居世界第一。不仅如此,在"十一五"期间,上海口岸进出口货物总额累计达到36462亿美元,占全国进出口货物总额的30%以上。

尽管上海港在多方优越条件的支持下迅猛稳健的发展,但是相对国际公认的航运中心还存在本质上的差距。总体上看,上海航运中心在港口硬件条件、吞吐规模、排列名次,以及发展速度上都取得可观的成效,但不可忽视的是,在软件建设、航运服务、国际地位,还有环境建设上依然差强人意。以船舶融资为例,当前,全球船舶贷款规模约3000亿美元,全球船舶租赁交易规模约700亿美元,航运股权及债券融资规模约150亿美元。资料显示,伦敦、汉堡、纽约三巨头占据着大量的全球船舶贷款、融资业务。相较之下,上海在相关领域涉足较浅,在全球的市场份额不足1%;此外,在港口集疏运体系建设上也有失均衡。海陆运输相互衔接性的不足，严重制约着上海航运业的经济发展。

由此观之，上海国际航运中心的建设任重道远。为打造成熟的上海国际航运中心以及完善上海航运业的运行机制，2009年3月，国务院正式颁布《关于推进上海加快发展现代服务业和先进制造业建设国际金融中心和国际航运中心的意见》，对上海航运业进行系统的规划和全面部署。预计到2020年，上海将基本建成具有全球航运资源配置能力的国际航运中心。为有效促进该方针的落实，客观上要求上海航运业从以下四个方面进行改革和完善。

1. 完善航运服务体系

以目前市场规模和市场发展现状论，上海已是中国首屈一指的航运中心和金融中心，但在金融市场的飞速发展下，航运服务的现状明显不能满足于金融市场的前进的步伐。巨大的市场需求，要求上海市全力建设航运服务事业，已经成为推动上海航运中心发展的首要关卡。

（1）结合《上海市"十二五"规划与发展》的方针政策，发展船舶交易、船舶管理、船舶检验、船舶供应、船员服务、船运经纪、船运咨询，以及将落实法律和仲裁等各类上游航运服务放在首位。目前来看，上海航运服务依然主要集中在附加值较低的业务上，如船代、货代等，无法有效适应和满足国际贸易以及长三角港口经济的发展。国际航运服务业的供不应求，在航运融资、海事保险、海损清算、航运交易一类的高端服务业上缺乏尤甚，甚至几乎完全空白。上海市在建设国际航运中心的过程中，完善现代航运服务体系、优化航运服务产业链同样迫在眉睫，这就要求须积极加快推进国际航运发展综合试验区的建设。完善国际航运的政治制度，优化审批流程，加强政策配套，对大幅提升国际航运服务等级和品质有着至关重要的作用。

（2）提升现有国际航运服务水准，进一步营造高质量的服务环境，并创建服务功能特色。上海港地理位置优越，应创新观念，加强与周边港口的协作，提倡资源共享，合作互赢。利用资源优势，由港区为航运企业提供物流运输、进出口贸易、财务管理等一系列服务，增强内在的服务动力，优化航运的服务环境。目前，金融机构审批程序上，过程冗杂，审核时间过长，对航运业的发展造成了严重的制约，迫切需要改善。例如，在外资出入境、海上保险、出口退税、国际结算、银行担保、国际信贷、资金汇兑等方面简化相关手续，提高服务效率，优化业务流程，为航运市场提供快捷优质的服务。

（3）吸取国际成熟航运中心的发展经验，广泛招纳国内外高端航运人才，加强对海运业人才、航运金融人才的培养。目前，上海航运从业人员主要集中在传统航运辅助服务业上，譬如港口服务业、代理服务业和货运服务业等。大多数从业人员的知识含量存在局限性，在高级航海技术方面，例如船舶管理、航运金融于保险海事法律、航运信息分析、航运经纪、海事安全与海事技术服务等领域，知识、技术含量较高的复合型人才严重不足。

为此，对航运人才进行开放式的培养，并增强航运人员到发达航运中心的学习和考察机会，提高航运从业的资格认证，都成为提升航运服务人员专业素养的重要举措。此外，在加速航运人才的引进制度方面，应采取通过人才奖励的措施，吸引海外高端航运人才汇集，优化人才的发展环境。

2. 提高陆海物流协作

当前，以上海港为中心的综合集疏运系统处于严重失衡的状态。上海港在修建通往洋山深水港的东海大桥之初，便不可避免地推动发展公路运输，却未能形成较为发达的铁路网络。就目前来看，在上海集装箱运输方面，公路承担的运量在65%以上，而铁路的运量不足1%，海铁联运的比例依然低于0.5%。铁路运输供给的不足无疑增加了公路运输的压力，因此更加需要陆海物流的相互分担和协作。但即便长三角地区经济联系密切，港口众多，但与水路运输的联动依然缺乏，同时江海运输无法直达的形势也大大增加了中转成本。资料显示，上海港85%的进出口货物来源于长三角地区，该区域依然长期采取由公路运至海港的运输途径。伴随上海港货源逐步由长三角地区向长江中上游中西部地区转移，以公路为主的集疏运系统呈现超负荷的局面，并迫切需要向水路运输转移来缓解压力。

（1）要求实现"水水中转"的主要集散方式。对于国际大港来说，"水水中转"是主要的运输集散方式。鹿特丹、安特卫普等港口"水水中转"的比例都在50%以上。对上海港来说，长江流域被誉为其生命线。为确保上海航运中心枢纽的稳步发展，有必要大力发挥水路运输，提高内河航道等级,实现江海联运。

(2)要求大力发展"海铁联运"。发展"海铁联运",是上海国际航运中心建设的关键所在,也是必经之路。我国的内贸吞吐量增长高于外贸,对于内陆腹地而言铁路运输较公路运输更加经济合理。提高铁路运输的效率,有助于优化海铁联运的发展。

3. 加快航运金融发展

世界的航运金融服务中心正逐步向亚洲转移,大力发展航运金融已经成为各个方面的共识。具体来说,航运金融是指航运企业运作过程中发生的融资、保险、货币保管、兑换、结算、融通等经济活动,从而产生的一系列相关业务。要打破上海航运金融市场综合实力不强的瓶颈,必须加速打造健康的航运金融环境。为促进上海航运金融中心的建设,需主要从船舶融资、航运保险和航运衍生产品三方面入手。

(1)提高船舶融资的税收优惠政策。船舶融资在航运金融业务中占据最重要的地位。航运企业在购置昂贵的船舶时,离不开金融机构的融资支持。据统计,全球航运融资市场70%的份额,来自于银行贷款含融资租赁。国内在船舶融资的税收制度方面还有待修缮。目前,国内金融租赁公司必须按照全额租金5%缴纳业务营业税,此举导致船舶融资租赁成本远远高于同类银行贷款。英国、新加坡、香港等航运发达地区,在船舶融资业务的发展上各具税收优惠,以降低或者减免税收来鼓励扶持多元化的航运融资。上海市在建设国际航运中心的过程中,需重视积极筹划建立专业的航运金融平台,增扩金融租赁部门;需要积极参考和借鉴国际经验,以洋山港作为示范港口,建立国际化的船舶融资方式。

(2)加强船运保险,开展相关配套服务。国际航运必须具备保险的支持,作为航运中心重要组成的港口、船舶、物流等都对保险,尤其是海上保险有巨大的需求。据了解,英国、日本、德国、美国等几个国家占据了全球海上保险市场60%的份额,仅伦敦一个城市就占全球市场份额的23%。不仅如此,全球67%的船东保赔协会保费都集中在伦敦。而国内目前的船运保险发展程度依然相形见绌,在与航运业密切相关的海上保险业务的发展还相对滞后。2008年,航运保险市场的保费增长仅5%。上海市虽年均出口货物数额大,不过出口货物在本地的投保率也不到10%。调查显示,对于上海航运保险市场的发展来说，保险业务主要集中在市场准入要求低的货运险业务，大多数保险公司缺少对技术性要求高的业务参与，例如承运人责任险、码头责任险、船舶险等业务。不能有效涵盖大量风险，限制了上海国际航运中心建设水平的提高。对于建设上海国际航运中心来说，发展航运保险是构筑上海航运中心不可或缺的风险管理方案，需要积极促进上海航运中心保险业的发展，并且有效开展海上保险的相关配套服务。

（3）扩大航运金融规模，鼓励金融机构创新。相对于国外活跃的融资方式，国内船舶融资的市场规则烦琐且缺乏灵活性，特别是国内金融机构的规模有限。据统计，上海市仅交通银行、工商银行、中国银行等少数银行开展船舶融资业务。换言之，除了政策性的银行外，上海其他银行在船舶融资、船运保险、物流金融等方面缺乏经验。其市场份额小，融资市场几乎被以巴黎银行为首的外国银行垄断。另外，从2009年上海船舶融资情况来看，多数银行主要经营一般贷款，如船舶制造，针对上游船舶制造企业的融资规模大、服务类型相对丰富，而针对中下游航运类客户所提供的服务有限，还具有很大的发展空间。

4. 促进国际海事合作

在经济全球化以及国际贸易竞争愈演愈烈的当下，衡量国际航运中心现代化的指标除了港口硬件、船队规模等方面外，其综合资源的配置功能被视作一项新的要素。世界各航运发达国家相续将提升国际海运竞争力作为重要的举措。这对上海国际航运中心的建设提出了新的要求。上海发展成为集商品、资本、技术、信息、法律等要素为一体的国际航运中心还需长远的规划。

（1）相关机关对海事仲裁的重视度不够。海事仲裁的发展，不单只依靠中国海事仲裁委员会推广海事仲裁，同时也还需要发挥主管航运的国家机关、行业协会对其的宣传作用；并提升从业人员法律素养、加强航海业务实践，积极维护本国利益。

（2）要增加国际海事合作，借鉴国际经验。完善国际航运信息网，在交流过程中提升上海航运业在海事服务上的水平。积极推进其在海事咨询、海事检验、海上保险、保赔保险等方面的海事法律服务，以此加速完成上海国际航运中心的建设。

三 浦东模式：先试先行的改革高地

浦东背倚黄浦江、面向太平洋，呈现对外开放的姿态：一边，陆家嘴金融贸易区凭江远眺；另一边，蜿蜒百余公里的海岸线，外高桥港、浦东国际机场和洋山深水港三大国际港口全部囊括其中，可谓资源禀赋，得天独厚。因为这份独特的优势，以及改革开放的独特魅力，浦东在金融、贸易和航运领域的"引力"，日益令人瞩目。

开发开放之初，浦东金融、基础设施、高新技术"三个先行"，高起点吸引外资，在国际上成为中国日益改革开放的象征；20世纪90年代末，浦东开始实施"聚焦张江"战略，更加注重以科技创新提升产业竞争力，为建设创新型国家探索新路；今天，浦东高起点谋划未来，在我国加快经济转型、结构调整的历史进程中又发挥了新的引领示范作用。在《上海市国民经济和社会发展第十二个五年规划纲要》中，"建设创新开放的浦东"被单独列为一章，并明确指出，浦东发展的目标是争创国家改革示范区，建设"四个中心"核心功能区，打造战略性新兴产业主导区。

具体而言，作为"四个中心"建设先试先行的改革高地，浦东模式是指：围绕形成服务经济为主的产业结构，深化服务业发展制度创新；围绕实现创新驱动的发展模式，深化科技体制机制创新；围绕促进经济社会协调发展，深化城乡及社会管理创新；以及围绕建设高效透明的服务型政府，深化行政管理体制创新。

（一）历史使命：深化改革的战略价值

1992年2月4日，杨尚昆在新春联欢会上发表讲话，要求上海在短时期内恢复和发挥世界金融、贸易中心的地位。杨尚昆提出："思想更解放一点，胆子更大一点，使浦东开发、上海建设上新台阶。"在那之后，陆家嘴金融贸易区、金桥出口加工区、外高桥保税区、张江高科技园区等多功能的国家级开发区相继启动运行。浦东在"先行先试"的进程中逐渐走向改革的深水区，一系列新政落户更是成为浦东产业升级、功能拓展的动力之源，带来了在接下来的一段时期内浦东发展的"加速跑"——2005年，浦东成为全国首个综合配套改革试点区域；2009 年，国务院又提出加快推进上海国际金融和国际航运中心建设的战略，浦东成为承载国家战略的核心功能区；2011 年，浦东新区更是成为上海建设"四个中心"的前沿阵地。

国际金融中心建设方面，以陆家嘴为核心，浦东金融业近年来获得了长足发展，金融市场覆盖外汇、货币、债券、股权、黄金、商品期货和金融期货，已经初步形成了比较完善的金融市场体系。截至 2010 年末，浦东拥有各类监管类金融机构 649 家，比"十五"期末增加了 80%，上海金融机构中，每 10 家就有 8 家在浦东；股权投资企业、融资担保公司、小额贷款公司等各类非监管类金融机构达 503 家，比"十五"期末的 94 家增加了 4 倍多；同时，机构能级不断提升，一批国际知名金融机构和新型金融机构相继落户浦东，如引进了 5 家全球排名前 10 位的 PE 机构，引进了 18 家外资法人银行，其总资产逾 1 万亿元，在全国四分天下得其三（孙小静，2011）。2010 年，浦东金融业实现增加值 826 亿元，比 2005 年增长 231%，在全市占比高达 43%（姜樑，2011）。金融业对浦东乃至上海经济增长的贡献度正在不断提升，其核心支柱产业地位进一步巩固。

与金融业相比，浦东的国际航运中心建设方面虽起步较晚，但颇有后来居上的态势：浦东有 100 多公里的海岸线，布局了洋山、外高桥、浦东机场三个海港和空港，与三个港口配套的还有三个保税区，是全国海关特殊监管区域类型最丰富、功能最完善的区域。2010 年上海港集装箱吞吐量完成 2905 万标箱，在货物吞吐量连续五年全球排名第一之后，集装箱吞吐量也跃居世界之首。这一成就中，九成是浦东新区的贡献。同时，浦东国际机场货邮吞吐量的排名也持续保持在全球第三。

此外，浦东新区还集聚了大量航运及相关服务企业，涉及港口码头、船代货代、仓储物流、船舶运输、船舶交易、船舶保险、融资租赁、信息咨询、科教研究等航运产业链的各个主要环节，目前已经基本形成了功能相对完整，具有一定的相互配套能力的产业体系。而海港、空港、铁路、内河、公路"五龙会聚"的现代化多式联运网络体系，有效保障了港口货物的快速集散，这使浦东新区的口岸服务能力已经辐射到了长三角地区和长江流域的经济腹地。

在外高桥保税区，医疗器械、酒类等十大专业贸易平台正发展得风生水起。前不久，这里又建立了全国领先的空运货物服务中心，开始打造国家级进口贸易服务基地。同时，全国首个"国家进口贸易促进创新示范区"在上海外高桥保税区挂牌成立。上海综合保税区（2009 年，外高桥保税区与浦东机场综合保税区以及洋山保税港区在行政管理上合并为上海综合保税区）进一步向与国际通行规则接轨的自由贸易园区转型发展。

经过 20 余年的开发开放，浦东经济运行环境的市场化、国际化步伐进一步加快，浦东已经成为国内跨国公司地区总部集聚度最高的地区之一。目前，浦东经认定的跨国公司地区总部达 167 家，注册资本超过 80 亿美元，营业收入超过 1000 亿元。"跨国企业对浦东的青睐，不仅是因为它们看好中国的长期发展，同时也因为浦东的国际化程度和与国际接轨的水平。"上海综合保税区管委会副主任简大年如是说。

从根本而言，与 20 世纪 80 年代南方沿海特区的开发开放不同，浦东在探索改革试验区发展的道路上走的是一条新路，即浦东的对外开放要针对远洋、欧美地区，面向全世界，在改革开放进程中起到示范和引领作用，推动社会主义市场经济体系的确立。进一步而言，浦东模式具有多方面的价值毋庸置疑，但作为国家战略，其最重要的价值是对改革开放战略的坚持与延续，以及对中国其他区域的示范和带动作用。

首先，浦东模式的直接作用在于其对全国范围内的改革进程与经济体系建立的示范和带动作用。浦东立足国家发展大局，把自身发展与国家层面的改革要求结合起来，在完善我国社会主义市场经济体制中先行先试，为其他区域发展提供示范。具体体现在：一是服务大局，按照中央确定的方向、任务和部署，勇于革除落后的体制机制障碍，着力攻克全国面临的难点和问题，在完善新体制方面积累经验，为全国其他地区深化改革、扩大开放提供舞台和经验；二是立足自身，把浦东开发以来，中央推出的一系列改革战略与方针，与上海及浦东的自身发展紧密结合起来，在行政管理体制改革、经济增长方式转变、自主创新体系建设、城乡统筹发展、社会管理体制改革，以及提高对外开放水平等方面不断取得新突破，持续为提高我国城市国际竞争力提供制度保障和示范样本。

其次，浦东模式的区域价值在于，从根本上推动长三角地区经济的快速转型。大量经济数据可以证明，由于浦东新区的开发开放，长三角地区的开放速度大大加快了,经济转型也大大提速了,对长三角各地经济建设也产生了明显的激励和带动作用。具体体现在,在浦东开发与快速发展的带动下,在集聚经济发展资源方面,长三角区域内各地区的目标开始有条件从国内更多地转向国外;在开发手段上,长三角大多数地区开始尝试通过建立新区甚至保税区的方式,以增量来带动存量盘活;在运行机制上,长三角地区各经济体开始从注重市场因素、发挥市场能动性向探索市场经济体制转变,同时普遍产生了改革政府职能的动议;在产业布局上,长三角经济区开始从产业同构的块块经济向产业集群共扼竞争的集群经济转变等。

再次,浦东模式的最根本和最原始的全局性价值在于,其以20余年的坚持不懈和飞跃式发展,证明了浦东是我国改革开放发展战略的坚定笃行者与倡导者。一方面,实施开发开放以来,浦东坚持全方位、宽领域、多层次地扩大开放,把对外开放从加工制造领域扩展到金融等服务贸易领域,使外资成为推进上海"四个中心"建设的重要外力;另一方面,浦东坚持把开发与开放、引资与引智、引进来与走出去结合起来,在城市规划设计、要素市场建设、开发区管理营运等方面大胆借鉴国际经验,引进海外智力支持,不断提高外商投资中的技术、人才含量。在"走出去"方面,一批在浦东创业的企业已经在国际资本市场成功上市。此外,浦东还坚持在开放中深化改革、以改革促进开放,不断改进政府管理经济的方式方法,努力适应国际通行规则。

很难相信,如今外向型、多功能、现代化的浦东,20多年前还是一片农田。开发开放至今,浦东地区生产总值增长了78倍,财政总收入增长了170倍。20多年来,"敢为天下先"的浦东已经成为中国改革创新的最佳试验田与战略高地,以及经济结构调整和现代化建设的先行区。站在承前启后的新起点上,浦东要打破资源环境约束,实现更长时期、更高水平、更好质量的发展,关键在于创新驱动、转型发展。浦东要以加快转变经济发展方式、进一步提升国际竞争力为主线,以综合配套改革试点为动力,努力建设科学发展先行区、"四个中心"核心区、综合改革试验区,以及开放和谐生态区。

(二) 推动结构调整:"四个中心"的现实抓手

浦东综合配套改革试点,是国家新一轮改革开放的重大战略部署,是中央交给上海的一项重要任务。"十二五"是上海经济发展转型的关键期,也是浦东实现二次创业、二次跨越的重要时期。真正实现上海"四个中心"建设的主战场和核心功能区的地位,并在国际金融、航运、贸易等中心城市中提升自己的话语权,浦东还有很多路要走。正如国务院批准的浦东综合配套改革试点方案目标任务所言,在众多议题中,"着力转变政府职能、着力转变经济运行方式、着力改变城乡二元经济与社会结构"成为上海"四个中心"建设和浦东新区"先试先行"的根本要求。

1. 推进区级机构与管理体制改革

积极探索构建特大型城区的行政管理体制。2009 年"两区合并"之后,新区政府对原浦东、南汇两区的战略要素、空间资源进行重新统筹布局,同时开展区级层面的机构改革。浦东新区政府设置 19 个职能部门,每万人行政编制数为 4.9 人,不到全市平均数的 1/2,坚持了"小政府"的格局,其中职能部门重在强化职责,街镇推进管理重心下移和财权事权下沉,整合资源、统筹发展;同时按照"区内事区内办"原则,调整优化了开发区管理体制,建立了"7+1"的开发区管理格局,进一步凸显了开发导向。

接下来一段时期的任务是,进一步深化行政管理体制改革,坚持区级政府轻型化、面向基层扁平化,"上面简政、下面强镇",努力构建特大城区高效的行政管理体制。同时,根据两区合并后的生产力布局,调整优化开发区管理体制,进一步提高行政效能。此外,不断健全区级政府公共财政体系,着力优化支出结构,加强支出管理,继续加大保障性住房、教育、卫生、交通等公共领域的投入,扩大财政支出绩效评价实施范围。进一步完善公共财政预算和财政转移支付机制,提升基本公共服务的均衡保障水平。着眼于降低群众的生产生活成本,尽可能减少行政性收费等。

2. 持续推进政务公开与依法行政

在持续推进政务公开方面,主要是指在新的改革时期,新区政府务必坚持方便群众知情、便于群众监督的原则,依法、及时、准确、全面地公开群众普遍关心的政府信息。进一步推进政府部门可以公开的经济社会发展数据、各类基础政务数据对社会开放。积极运用政府微博等新媒体,更好地回应社会关切。继续深化新区政府的审计公开,推进政府公共权力、公共资源、公共服务的公开透明。扩大食品生产销售、规划、房屋征收与补偿、环保等行政审批结果的公开范围。建立健全行政执法情况通报制度，定期公布相关的监督检查和执法总体情况，探索行政执法自由裁量权公开。畅通政府公开渠道，让各项公开结果更好地接受群众监督。

与此同时，率先落实《上海市依法行政"十二五"规划》，依法合规破解制约转型发展的制度性、政策性瓶颈，严格依法履行和行使新区政府职能。完善行政执法协调协作机制，推行联动执法、协同执法和指定管辖、协议管辖，严格执法、文明执法、公正执法，率先在增强执法合力上实现突破。先行制定规范重大行政决策的政府规章，明确重大行政决策事项范围，落实公众参与、专家论证、风险评估、合法性审查和集体讨论决定等必经程序，率先实行重大行政决策草案社会公布和后评估制度，促进科学民主决策，自觉接受来自公众的监督。

3. 深化行政审批改革及电子政务建设

行政效率集中体现政府服务质量。两区合并后，新区政府通过压缩时限、精减环节、优化流程等方式对83.9%的审批事项进行调整，行政审批事项已从724项减至263项。在市场准入方面，新区政府推动内资企业设立工商、质监、税务"三联动"登记改革，企业设立平均办理时间已由11个工作日缩短为4.5个工作日。目前，为迎合上海"四个中心"建设大局，承担起浦东新区"先试先行"的"排头兵"使命，当务之急是加快运用信息技术提升审批效率。全面推进网上审批系统建设，规范标准，公开程序和环节，增强网上政务大厅功能，加快行政审批事项网上办理。

具体来说，在基本建设项目审批改革方面，进一步强化技术审核与行政审批相分离的改革；在审批事项管理方面，继续探索行政审批事项标准化、信息化和扁平化管理，并在张江园区等先行试点；在审批事项内容方面，完善企业市场准入、建设项目审批、行政事业性收费等重点领域，尤其重点优化简化产业园区和规划工业区块的项目审批流程，引导工业项目向园区和规划工业区块集中，促进产业园区转型升级。率先探索推进审批标准化、信息化，使权力运行更加公开、透明、高效。

此外，加快电子政务建设，全面开展绩效评估，强化信息资源开发利用，促进资源共享和业务协同。依托电子政务平台，完成新区政务公开和政务服务试点工作。率先探索建立统一的市民服务热线，提高为民服务水平。

4. 探索建立城乡统筹一体化发展机制

浦东有 66 万亩耕地，其中基本农田保护区 50 万亩；浦东农村地区常住人口 150 万，其中户籍农民 34 万；浦东有户籍人口 270 多万，外来人口 220 多万，是一个典型的城乡二元结构地区。在新的改革进程与历史时期中，浦东下一步改革的目标，既要解决本地城乡之间的二元结构，又要解决浦东作为一个新城区因大量城市移民所产生的新二元结构；既要加快城市化步伐，又要促进社会主义新农村建设。因此改革的重点之一必然是探索建立促进城乡统筹发展的体制机制，进一步提高城乡统筹发展水平，加强社会管理创新，不断提高群众的幸福感和满意度。

对农村地区而言，新区政府"十二五"期间要实施"两个计划"：一是"村庄改造计划"，不搞大拆大建，重点是优化农村生产力布局，超前规划和改善环境与基础设施，全面完成惠及 20 多万农户的村庄改造任务，打造具有乡村田园风光和江南水乡特色的新农村。二是"农民增收计划"，主要是探索建立农民增收长效机制，通过"补人头、补田头、补村头"，增加农民转移性收入，带动工资性收入、经营性收入和财产性收入的增长（姜樑，2011）。三是加快推进农业科技创新，促进都市高效生态农业发展。推进辖区内国家级现代农业示范区建设，率先实施现代种植业重大项目建设，提高农业生产机械化水平。依托特大城市综合优势，加大工业反哺农业、城市支持农村力度，强化科技兴农，完善强农、惠农、富农政策，合力促进农民较快增收，全面提升新区农村发展水平，持续推进新区社会主义新农村建设。

对于外来人口而言，"十二五"期间新区政府工作的重点在于加强对外来人口的服务和管理，逐步解决来沪务工人员及其同住子女在教育培训、法律维权、住房、文化生活等方面的实际问题，使其社会保障、公共产品等方面逐步与市民待遇相衔接，让他们更好地融入上海这个城市。

此外，还应持续推进公共服务均等化，实行城乡义务教育全区统筹、教育管理体制二元并轨，在拨款标准、硬件配备水平、信息平台、教师培训与发展机会上实现"四个统一"。推进城郊卫生一体化管理，将镇卫生院资产由镇级管理全部划归区级管理，促进城乡医疗卫生事业的同步发展。推动新型农村合作医疗工作，实现筹资、补偿、管理层面的全区统一，切实提高农村地区居民的医疗保障水平。

5. 完善高层次人才培养与发展环境

发展之本、兴业之道，人才是头等大事。国际竞争，归根结底是人才的竞争。浦东新区要建设"四个中心"核心功能区，首先就得建立人才高地。目前，浦东国际金融研究交流中心已和哈佛商学院、宾夕法尼亚大学沃顿商学院、哥伦比亚大学商学院和教育学院等国际知名教育机构达成合作意向，开设金融高端培训课程；同时我国首个真正意义上中美合办的大学——上海纽约大学已在陆家嘴奠基，这是我国首个中外合作并拥有独立法人地位的国际化大学，未来将以"世界一流"为目标，积极构建国际化的人才培养发展环境，重点培养金融人才。

下一步，浦东重点考虑在人才支持和保障两个方面进行突破。人才支持政策方面，主要是对接、落实国家和上海市的"千人计划"，推出浦东"百人计划"，大力推进国家级高层次人才创新创业基地和浦东国际人才创新试验区建设，落实"1116"引才计划[①]。启动技能大师工作室建设，落实首席技师培养资助政策，推进高技能人才队伍建设。进一步发挥好高层次科技型领军人才作用，力争在股权激励、住房保障等方面率先进行突破。目前，浦东新区已设立了高层次人才服务中心，为高层次人才提供医疗、保险、子女入学等方面的综合配套政策资助。人才保障方面，主要是加快推进人才公寓建设，探索完善人才住房保障政策，率先试行出入境便利政策，着力营造符合国际惯例的通行环境。

6. 大力培育社会组织与社会参与

浦东新区要深化社会领域改革，坚持"小政府、大社会"，加强社会组织培育，支持社会组织参与公共产品和公共服务的提供，推进形成政府与社会"共建共治"的新格局。具体来说包括：开展行业协会登记改革试点，突破行业协会设立"一业一地一会"的制约，探索建立长三角区域行业协会；加强枢纽型社会组织建设，早日实现街镇社会组织服务中心或服务社的全覆盖；完善培育服务机制，推动社会组织的发育与集聚，进一步实现公众专业化、嵌入式地参与社会治理与公共服务。

---

① 即在5年内集聚100名以上中央"千人计划"人才、100名以上上海"千人计划"人才、100名以上浦东"百人计划"人才和600名以上金融、航运、战略性新兴产业和高新技术产业领域的创新创业人才。

(三) 根本要求：地方政府的职能转变

产业结构优化调整，是推动城市特别是现代城市演进发展的重要动力。特大型城市能否成功转型发展，关键取决于能不能推进产业结构战略性调整，实现城市经济结构的新跨越。浦东开发21年来，其探索市场经济体制建设不是自然的过程，而是转型的过程。因此，在深化改革过程中，浦东新区必须始终把产业结构调整作为转型发展的主攻方向，围绕建设"四个中心"的国家战略，以推进金融、航运和贸易中心建设来增强经济中心的功能，加快构建与经济中心城市相适应的现代产业体系，实现政府和市场功能的有效结合，建设现代市场经济体制。具体来说，就是如何按照上海"四个中心"建设的根本要求，通过金融、航运、贸易等诸多方面的政策先行与制度创新，实现多领域的调整与优化，使浦东真正成为"四个中心"建设的示范与模板。

1. 聚焦陆家嘴国际金融城建设

在上海的"四个中心"建设中，浦东的陆家嘴金融贸易区直接对口金融中心建设。开发开放之初，这里成为全国唯一的以金融贸易区命名的国家开发区。如今，陆家嘴已成为我国门类最齐全、要素最集中、数量最丰富的金融机构聚集区。"十二五"时期是加快推进上海国际金融中心建设的关键时期，也是可以大有作为的重要战略机遇期：一是世界经济金融格局在复苏中加快调整，中国在国际经济金融体系中的地位不断提升，为上海国际金融中心建设提供了有利的国际环境；二是我国经济持续较快发展，为上海国际金融中心建设提供了坚实的经济基础；三是我国经济、金融改革开放不断深化，为上海国际金融中心建设提供了广阔的发展空间；四是人民币跨境使用进程加快和人民币国际地位的提高，为上海国际金融中心建设提供了新的重要动力；五是全球金融市场竞争日趋激烈，金融风险防范面临新的要求。

根据国家发改委2012年1月末发布的《"十二五"时期上海国际金融中心建设规划》，到2015年基本确立上海的全球性人民币产品创新、交易、定价和清算中心地位。为此，浦东须加快上海国际金融中心核心功能区建设，推动陆家嘴金融城深度开发和扩容，深化与外滩金融集聚带的联动发展，加快建立全国性金融资讯信息服务平台，使其成为全国金融机构、金融人才、金融资金集聚的核心地区和金融生态环境优良、金融创新先行的地区。具体的政策举措包括以下几方面。

第一，金融管理体制的创新。借鉴国内外经验，对陆家嘴金融城的管理体制进行设计，核心是充分发挥市场主体的作用，做到业界自治与政府管理的良性互动。目前，较为切实可行的是在陆家嘴金融城引入一套与国际接轨的"业界自治"管理体制，将关系到陆家嘴金融城发展、涉及金融机构的事务决策权交给金融机构，使金融主体（企业）真正成为业界自治的主体。

第二，金融机构总量的集聚。陆家嘴金融核心功能区的建设，本质主线是提升国际竞争力，其最关键的具体表现形式之一即为大型国有金融机构总部和跨国金融机构中国区功能性总部在沪集聚实现突破。根据目前的规划，"十二五"期间，陆家嘴金融城集聚的中外金融机构数量将从目前的684家增加到900家，新增77.5万平方米商务楼宇，力争引进美国银行法人行、摩根士丹利中国总部等机构，同时吸引建设银行、农业银行、中国银行、民生银行等全国性商业银行的上海第二总部落户浦东。这些举措的现实指向都是以建设与人民币国际地位相适应的上海国际金融中心的核心功能区为目标，加速机构和资本集聚，以求不断深化金融产品和服务创新，进而逐步完善现代金融市场体系建设。

第三，金融创新与市场体系建设。根据国家的总体部署，积极配合国家金融管理部门，以人民币跨境业务扩大为契机，继续推动金融产品和功能创新，在2015年将上海建设成为人民币的国际投融资平台，为此新区政府需要进一步出台人民币跨境结算的相关配套政策，优选外国上市公司在上海证券交易所发行人民币公司债券、可转换债券和普通股股票，同时允许将筹集金额兑换外币出境使用等（肖本华，2011）。此外，继续拓展金融市场的规模和功能，稳步推进保险交易所等市场组织的建设。支持上海证交所早日推出国际板，早日实现上海股权托管交易中心开业，并成为统一监管的全国性场外交易市场的重要组成部分，争取上海保险交易所落户浦东，支持全国性信托登记中心落地浦东，并为建立信托收益权转让市场做好准备。同时在金融对外开放、外汇管理体制改革方面加强探索，其中最核心的是主动全面地服务好人民币国际化。

第四，金融城软环境与金融文化的建设。在这方面，新区政府的可为举措主要包括：完善陆家嘴金融城楼宇商业配套环境，通过政府财政扶持、企业合作等多渠道手段，更好地满足陆家嘴地区白领人群的消费需求，同时尽早实现整个陆家嘴金融城免费无线 WIFI 的全覆盖；提高金融城的元素和品牌建设，通过媒体合作、商业或公益宣传等方式，逐渐形成强烈的金融城元素体系和品牌影响力；完善提升金融城的文化建设，通过民间合作、商业合作等模式，日益丰富金融城的文化设施与文化生活，为金融城的发展融入更多的文化元素与现实支撑。

当然，聚焦"十二五"期间上海金融中心的建设，对于上海和浦东而言，重中之重和现实焦点必然是人民币的国际化。作为主权货币，人民币各项业务的拓展和升级对于上海，正如美元于纽约、英镑于伦敦一样，是其作为国际金融中心的重要基础。目前，上海大宗商品定价和结算仍以美元为主，一方面企业走账程序更为烦琐，另一方面也让企业承担了汇兑损失。上海成为人民币清算中心后，可为企业提供更多便利，进口时企业不用再去外汇管理局审批支付美金。然而，正如业界人士所言，国际客户对于人民币的接受程度是决定人民币国际化进程的重要因素。因此，"十二五"期间，上海应在加强统一的金融市场管理前提下，逐渐放松行政管制，日益丰富人民币产品种类，提升国际市场对人民币的信心，进而不断提高其对于人民币的接受程序。

金融是虚拟经济，其发展必须结合国家的、上海的、浦东的发展战略转型。在制造业发展阶段，主要的金融服务是信贷驱动支持，而当前我国经济增长方式正面临调整，金融发展如不应时实现转型，必将失去发展的对象。因此，未来金融业发展路径不仅需要往下走，为内需拉动服务；也要往上走，促进整个制造业升级；还要往外走，提高在全球产业链中的位置，获得更大的话语权。陆家嘴金融城是上海建设国际金融中心的核心载体，正是在上述意义上，"十二五"期间，浦东金融核心区建设的主题是金融功能建设，不仅要着眼于金融增加值、税收等发展指标，而是应站在国家战略的高度，加快突破体制机制约束，全面拓展金融中心功能。

2. 优化"三港"航运的联动发展

与金融中心建设比翼齐飞的是同为国家战略的航运中心建设。"十二五"

时期,上海航运领域的重点是以到 2020 年基本建成具有全球航运资源配置能力的国际航运中心为目标,围绕外高桥保税区、浦东机场综合保税区以及洋山保税港区的联动效应,大力发展航运金融、航运保险等高端航运服务业,推动上海综合保税区向自由贸易园区转型,提升航运资源配置能力和水平。

(1) 大力发展航运金融。航运金融是连接上海国际航运中心与国际金融中心建设的纽带,是在全球化背景下建设国际航运中心的核心环节,也是上海推进"四个中心"共同建设发展的工作重点。但由于税收政策、保险体系完善程度以及融资渠道宽广导致的资金规模差距,目前,国内主要航运公司的绝大部分船舶融资和资金结算都通过境外金融机构进行。因此,在"十二五"期间,浦东应争取在航运金融方面的广阔作为,这其中的首要举措就是拓展融资租赁业务。金融中心建设和航运中心建设是相互依赖和促进的。目前,融资难是浦东企业普遍存在的问题,由于受抵押制度限制,从银行贷款购买设备融资难度极大,融资业务的拓展屡遭限制。因此,建议借鉴国外的税务优惠政策,尝试性地试点 SPC(私营公司/特殊目的公司),探讨境外租金分期核销外汇的可行性,加快建立船舶融资的法律制度体系,尽快制定出台法律的实施细则,促进浦东船舶租赁业务的快速发展(林兰,2010)。

自 2010 年试点以来,上海综合保税区融资租赁的业务范围已从融资型租赁拓展到经营型租赁,并率先探索建立与国际惯例相衔接的单船单机 SPV(Special Purpose Venture)制度[①],经营品种也由民航干线飞机和支线飞机、化学品船舶,拓展到直升机、散货船舶、飞机发动机等项目;目前已储备了 30 余艘船舶、10 余架飞机以及地铁机车、石油钻采装备、飞机发动机等大型设备的租赁项目,市场前景十分广阔(唐玮婕,2011)。

此外,除推进常规船舶融资租赁业发展外,新区政府还可以考虑推进船舶产业基金,借此吸收国内富余资金有效投入航运市场,并通过基金管理的结构设计,实现船舶所有人和经营人的分离,依托资本市场巨大的财富效应满足航运市场的成长性需求。具体可以借鉴德国的 KG 模式,即由许多合伙人共同出资成立一家船舶有限责任公司,用所获资金订造新船,再租给航运

---

① 即融资租赁公司购买飞机或船舶,以融资租赁方式租给境内的公司使用。

公司获利。也可借鉴新加坡的海运信托基金模式,即鼓励在本地通过信托基金募集资金造船,通过长期船舶租赁锁定租金获利(林兰,2010)。

(2)优化航运服务业空间布局,打造航运功能集聚区。仔细观察浦东新区发展布局,不难发现,外高桥保税区、浦东机场综合保税区以及洋山保税港区几乎是在一条直线上的,这个得天独厚的地理优势是上海建设国际航运中心和国际贸易中心的重要载体。2009年,上述三个港区在行政管理上合并为上海综合保税区。"十二五"期间,新区应基于不同区域的比较优势,推动"三港""三区"的联动发展更加密切。以建立具有较强航运资源配置功能的国际航运发展综合试验区为目标,加大功能性政策突破力度,加快集聚航运主体,拓展高端服务功能。深化完善"三港""三区"管理体制,形成功能集聚又互动发展的航运服务业空间布局。具体而言,应着力打造陆家嘴航运金融和船舶总部基地,发挥外高桥的物流中转功能,拓展临港新城港口运输与服务功能,在张江或金桥建设国际航运科技园区,形成具有区域特色的航运文化。

(3)加强制度创新,营造公平、高效的航运服务业发展软环境。浦东新区在完善国际航运中心核心功能区硬件设施的同时,应特别注重发展软环境的建设,优化政府服务,健全法律体系。具体而言,就是要通过借鉴国际上公认的港口道行规则与服务标准,建立公开化、国际化、规范化的港口法制环境;建立港口公共安全制度,保障港口公共安全。同时,利用市人大授权浦东享有一定立法权的优势,争取国家有关部门的支持,在符合上位法的条件下,制定相应的法律规范,先行先试。

3. 积极构建贸易中心核心功能区

按照"十二五"规划"建设国际贸易核心功能区,在思想观念上要有重大转变,在发展思路上要有重大创新,在空间布局上要有重大调整,在政策措施上要有重大举措"的要求,浦东建设国际贸易核心功能区的基本思路是:坚持陆、海、空三大优势资源"三位一体"协调发展的方针,遵循要素统筹配置、产业统筹规划、设施统筹建设、生态环境统筹整治的"四个统筹"的建设宗旨,按照"优势互补、产业配套、组团架构、特色发展"的规划思路,妥善处理好浦东国际贸易核心功能区建设与国际金融中心、国际航运中心等核心功能区建设的关系,浦东发展与上海中心市区、虹桥商务区、长三角内陆腹地发展的关系，努力实现"十二五"规划"培育七大核心功能，建设一条长江岸线国际贸易带，打造三个特色功能园区，完成十项建设任务"的发展目标。

加快推进浦东国际贸易中心核心功能区发展是一项系统工程，需要在时空上点、线、面的整体联动，其规划建设重点包括：积极探索建立自由贸易港区。以建立自由贸易港区为突破口，全面提升浦东的对外开放水平，使之成为国际贸易产业发展的区域载体；加强国内区域合作，全方位构建长江流域商贸走廊，进一步做大做强浦东进出口贸易和服务；做大做强"现代商品交易市场""国际会展市场""产权技术交易市场"三大现代商品交易市场，努力将其打造成为东亚最大的商品、会展和技术交易市场，为上海发展国际商务提供宽厚的平台；学习借鉴纽约、东京、香港的商品交易及其服务、资本市场建设、转口贸易服务营运发展的有益经验，加强改善"商贸法规实施环境、商务交易信用履行环境、管理和服务技术创新支持环境、国际商务复合人才成长培养环境"四大商务环境建设，及时制定出台完善措施。具体而言，包括以下建设任务。

（1）加快培育以现代服务业为主的产业结构体系。目前，浦东的金融保险、物流航运、信息与会展等与国际贸易发展密切相关的服务业已经初具规模。由2010年的数据来看，浦东地区第三产业的产值比重和第三产业从业人员比例均已经接近60%。预计2020年，作为国际贸易中心的核心功能区，现代服务业所占比重将会达到80%以上，逐步形成以现代服务业为主体，以先进制造和高新技术为支撑的产业发展体系。

（2）进一步完善制度环境与政策安排，加强信息基础设计现代化水平。随着国际贸易中心城市间竞争的日趋激烈，政策的透明度和灵活性、法制的健全和规范程度、政府的工作效率和管理水平，甚至城市的文化特色等这些正式和非正式的制度安排，都将成为吸引国际贸易商的关键性因素。随着上海"四个中心"建设的进一步落实，浦东新区作为上海国际贸易中心的核心功能区，应进一步加强贸易制度和环境建设，提高贸易便利化程度；继续发挥先行先试的综合配套改革功能，通过建立自由贸易区，使自由贸易政策安排完全达到国际贸易中心核心功能区的要求；此外，加快浦东新区与贸易相关的信息基础设施建设，做好国际贸易中心核心功能区的整体功能设计和科学规划，完善各功能区的商业配套服务等。

（3）进一步加快国际贸易要素的空间集聚效应。着重引入五类机构：第一类是国际贸易总部机构，争取吸引贸易经营和贸易服务集团等重量级国际机构在浦东发展；第二类是新型国际贸易组织和机构，密切关注国内外贸易组织和机构的设立情况，特别注意吸引跨地区的国际贸易组织，及时把新设的国际贸易机构吸引过来；第三类是台湾国际贸易机构；第四类是外资电子商务和网络运营公司；第五类是知名贸易中介配套服务机构（雷仲敏、叶焕民，2011）。

（4）加快功能转换步伐，全方位提升核心功能区的功能水平。一是沿功能链演进路径，由国内转口带动国际转口阶段，逐步过渡至国际转口带动国内转口阶段；二是沿产业链演进路径，形成转口贸易—国际中转、水水中转—离岸金融—离岸服务—离岸生产制造的城市和区域产业链；三是沿市场链演进路径，逐步在国内市场、国际市场、转口国（地）市场三种价格形成的过程中，完成转口贸易的市场定价中心功能，实现带动国际市场商品的集散功能，成为国际市场（供给）—上海转口贸易市场—国际市场（需求）的重要链接点；四是沿贸易价值链演进路径，遵循空间价值—时间价值—信息价值—综合价值的发展层次，按照转口贸易产业价值增长的路径延伸，培育和促成转口贸易功能的形成（刘艳、姚荣东，2007）。

（5）探索构建依托国际贸易促进长三角区域经济社会发展的机制体系。加强与长三角地区制造业和各类服务业的产业联动，通过构建不同类型的国内贸易组织，组建不同产业链的产学研商产业联盟，推动国内一批有潜力的科工贸企业在浦东国际贸易核心功能区这一国际贸易平台参与国际竞争，走向国际舞台。探索国际贸易与科技、国际贸易与制造业、国际贸易与其他服务业联动发展的有效途径，争取集聚产业资本，积极推动金融、航运与国际贸易的联动发展（雷仲敏、叶焕民，2011）。

4. 打造高端制造业中心：聚焦张江与临港

目前，不少业界人士与专家学者认为，上海建设"四个中心"中的经济中心从狭义方面的理解就是高端制造业中心。最有力的证据莫过于，根据"十二五"规划，到2015年，浦东新区战略性新兴产业增加值占全市比重将达50%左右，而高端制造业发展具体的落脚点正是浦东的张江高科技园区和临港产业区。

2011年1月19日，国务院批准张江创建国家自主创新示范区，而在上海"十二五"规划的"聚焦张江"战略中，张江的目标是成为国际一流的自主创新示范区和新兴科技城。除推动生物医药、集成电路、软件等国家级产业基地发展外，在具体运作中还将完善政府引导资金、国企创投基金运作模式，以促进创业投资集聚发展。下一步，浦东考虑的重点应在人才支持和金融支持两个方面进行突破。人才支持政策方面，主要是对接、落实国家和上海市"千人计划"，推出浦东"百人计划"，有关方案正在设计和细化之中；金融支持政策方面，着力解决中小型科技企业的融资难问题，扩大知识产权质押融资规模，支持张江科技型中小企业上市，进一步推进创业风险投资引导基金、知识产权质押融资、科技投贷联动、国资创投机制改革等试点，加快形成多层次的科技投融资体系。

临港产业区的定位是高端装备制造和创新基地。"十二五"期间，临港产业区将迎来新能源设备、大型船用关键件、汽车整车及零部件、海洋工程装备、大型物流及工程机械等装备制造业的集群发展。同时，临港民用航空产业基地建设也将加快启动，以大飞机项目带动的配套产业将形成航空产业集群。

5. 打造智慧创新城市的示范区

（1）率先积极推进智慧城市建设，使信息化更好地惠及市民服务发展。智慧城市是以数字化、网络化、智能化为主要特征，以智慧运行、智慧管理、智慧产业、智慧生活为重要内容建设的城市发展新模式，不仅是实现城市现代化的必然要求，更是上海建设"四个中心"战略的重要使命。在这一使命践行的过程中，浦东新区当仁不让地成为最佳的示范田与排头兵。

具体来说，一方面是加大新区信息基础设施的建设力度，不断提升网络信息服务水平和业务承载能力。继续推进基础网络的提升改造，加快建设城市光纤宽带网络，率先实现地区内城镇的全覆盖，同时继续推进公共场所无线局域网的建设。另一方面是率先推进信息技术在经济社会发展中的渗透应用，提升信息化应用效能和信息产业发展能级。推动城市信息安全应急平台的建设，逐步健全城市信息安全保障体系。推动食品安全监管和信息服务平台、建设市场管理信息平台、智能化消防数字平台、智能交通发展等重点项目建设。此外，在深化既有的陆家嘴金融城、浦东软件园等7个"智慧园区"首批试点项目的同时，进一步深化试点内容，不断扩大试点范围，扎实推进"智慧浦东"建设，率先打造智慧城市建设的先导区和示范区。

（2）激发全社会的创造活力，着力提升城市管理的创新能力。创新精神是城市活力所在、希望所在，早已融化在浦东人的血脉之中。敢为人先、勇立潮头的创新创业人才，理应在这里拥有更大的发展空间、赢得更多的信任宽容、获得更好的扶持帮助，使浦东成为各类人才创新创业发展的福地。

首先，要继续把推进科技创新放在重要位置。以张江扩区为契机，充分发挥张江国家自主创新示范区的支撑带动作用，集聚创新要素与资源。完善张江国家自主创新示范区建设的政府规章，规范和落实先行先试政策。进一步优化园区内项目、资金、服务平台等资源配置，全面推进股权激励、财税等改革试点，力争实现政策全覆盖。推动张江示范区进入代办股份转让系统扩大试点。完善张江管理体制，简化环节、规范标准，加强和改进张江管委会的服务协调功能，对各分园区充分下放审批权。

其次，要加强以企业为主体的技术创新体系建设，全面完成国家技术创新工程试点任务。鼓励企业建立研发机构和研发队伍，加大新区政府性资金和政策对企业技术创新的支持力度，继续深化知识产权质押融资试点，完善银行直接质押为主以及政府担保贷款为辅的"一主一辅"工作格局，争取尽快、彻底解决科技型中小企业融资难题。继续引导高校、科研院所与企业之间的合作，加强综合团队研究开发的能量与活力。建立健全新区产业应用技术体系，深化应用型科研院所的改革发展，鼓励有条件的高校、科研院所建立技术转移机构，促进科技成果产业化。

6. 国际中心城市的公共服务理念

"四个中心"战略的根本要义是要将上海建成现代化的国际中心城市，因此新区政府在城市公共服务理念方面，应更加注重以人为本、坚持民生优先导向，不断提高城市管理科学化水平，化解民生难题，确保市民安居乐业，使改革发展成果更好地惠及全体市民。具体的政策落点包括以下几方面。

（1）新区政府应坚持制度建设先行，率先制定和试点部分城市安全管理法规规章和政策。继续深入推进城市运行安全和生产安全重点工作，建立健全安全管理工作考核问责制，积极配合全市开展轨道交通运营安全第三方评估并及时整改薄弱环节，加快危险化学品生产储存企业的布局调整，加强消防领域尤其是居民住宅消防安全工作，强化陆家嘴等密集地区高层电梯运行、玻璃幕墙、地下空间等安全管理。进一步完善应急管理机制，提高应急处置能力。广泛开展城市公共安全宣传教育，同时进一步加强食品安全管理，推进食品生产经营企业诚信体系建设，健全食品安全追溯体系。

（2）延续世博管理成效，继续加强和改进"后世博"期间浦东地区城市常态化管理，开展道路洁净工程建设，加强乱设摊综合治理，加快创建辖区内示范性林荫道，推进违法建筑拆除工作，将生活垃圾分类减量试点逐步向政府机关、大型企事业单位、学校、集贸市场等拓展，加强街道城管执法队伍建设。

（3）加快世博会地区后续开发利用。早在"世博"筹备期间，舆论对世博会偌大场地的后续利用便十分关注。根据目前的规划方案，"十二五"期间新区政府的主要任务是推进 A 片区地下工程和总部集聚区项目建设，加快 B 片区央企总部、世博国际酒店群等项目建设，完成"世博"轴综合改造工程，利用世博会场馆改建成中华艺术宫、上海当代艺术博物馆，同时以此为契机进一步完善浦东新区文化发展的硬件建设，与东方艺术中心、浦东新区图书馆等文化坐标一起，使新区文化基础设施得以质的提升。

（4）强化迪士尼辐射作用。"十二五"期间，浦东在服务业方面的作为不可不提到的另一个主题，即在建的迪士尼项目。据浦东新区副区长戴海波在人代会上透露，规划中的上海国际度假区的面积为20平方公里，与虹桥商务区、世博后续开发区一样，都是上海市"十二五"规划优化市域空间布局的重要部署。其中，正在进行前期施工的迪士尼项目将占整个度假区的1/3左右，规模应是香港迪士尼的 2~3 倍大。因此，加快上海迪士尼项目及配套设施建设，编制和实施国际旅游度假区发展规划，有序推进度假区核心区项目开发，对于上海这座未来的国际中心城市产生的积极效应，势必是多维和持续的。

（5）深化文化体制改革，敢为文化大繁荣的排头兵。现代化国际大都市应当是国际国内文化交流交融的重要枢纽，是先进文化发展创新的核心平台。在充分认识上海在全国文化建设大局中的地位和责任，切实提高建设国际文化大都市的自觉和自信，坚持不懈地把社会主义核心价值体系融入上海改革开放和现代化建设全过程的同时，更要深刻认识到浦东在这一历史进程中的独特功能与价值。坚持政府主导，贴近市民需求，率先推进公共文化服务体系建设。扶持和培育各类群众文化团队，积极发展富有地域特色的民族、民俗、民间文化，广泛开展多种形式、适合不同人群的群众文化活动，提高群众的参与度。深化扩大开放，用好市场机制，大力发展文化创意产业。

根据规划，"十二五"期间，浦东发展的目标是争创国家改革示范区，建设"四个中心"核心功能区，打造战略性新兴产业主导区。按照设定的目标，2015年浦东金融业增加值占全市比重提高到50%左右，服务贸易进出口总额占全市比重达到50%左右，航运业增加值比2010年翻一番。

"转型才能出功能"，作为上海建设"四个中心"的核心功能区，浦东正以更大力度先行先试，发挥金融、航运、贸易等要素汇集、各类机构齐聚的区域优势，努力把握阶段性重点，把突破"转型发展、功能建设"的难点、瓶颈作为当前改革的重中之重，秉承"先试先行"的改革使命，努力实现政府职能转变与政策支持的双管齐下，推动上海"四个中心"建设飞跃性的发展。

可以说，改革是浦东的生命之源，没有改革开放就没有浦东新区。如今，历经21年开发开放的浦东新区，已经成为吸引更多企业落户的"磁场"——从基础性开发走向功能性开发。扩容后的新浦东正在成为上海建设"四个中心"的主战场和核心区，在加速前进的途中求索新的突破。

参考文献

晁钢令，2010，《上海加快推进国际贸易中心建设的战略思考》，《科学发展》第3期。

陈宝龙，2003，《政府管理与企业发展刍议——新加坡政府处理与企业关系的若干启示》，《苏州科技学院学报》第2期。

陈玲、王晓丹、赵静，2010，《发展型政府：地方政府转型的过渡态——基于沪、苏、锡的海归创业政策案例调研》,《公共管理学报》第3期。

陈奇星,2006,《比较与创新:国际大都市政府管理体制研究》,上海人民出版社。

丁煌,2005,《当代西方公共行政理论的新发展》,《广东行政学院学报》第16期。

付绪兵,2008,《新加坡仲裁制度研究——新加坡仲裁机构》,《天府新论》第2期。

胡经生,2004,《上海资本市场发展与国际金融中心建设》,《新金融》第8期。

黄解宇、李畅、徐子庆,2006,《上海国际金融中心建设困境的突破口:资本市场的创新与发展》,《亚太经济》第1期。

姜波克,2003,《上海国际金融中心建设的基本思路》,《新金融》第7期。

姜樑,2011,《浦东将成上海"四个中心"的核心功能区》,新华网,http://www.cq.xinhuanet.com/2011/2011-07/08/content_23193917_3.htm。

雷仲敏、叶焕民,2011,《浦东建设上海国际贸易中心核心功能区的探讨》,《青岛科技大学学报(社会科学版)》第1期。

李新民,2008,《上海外资总部经济发展现状和对策》,《国际市场》第1期。

林兰,2010,《上海浦东新区国际航运中心核心功能区建设比较研究》,《上海经济研究》第3期。

刘根荣,2003,《完善市场规则,优化市场秩序》,《价格月刊》第5期。

刘艳、姚荣东,2011,《外贸进一步发展的短期和长期战略探索》,《商场现代化》第4期。

陆立军、朱海就,2004,《长三角"四个中心"和上海大都市圈建设研究》,《经济地理》第6期。

沙海林,2010,《完善现代流通体系,加快上海国际贸易中心建设》,《科学发展》第12期。

上海市发展和改革委员会、上海市发展改革研究院,2011,《2010~2011年上海国际经济、金融、贸易、航运中心发展报告》,格致出版社。

邵旭东,2007,《论英美政府绩效管理的实践与启示》,《华中师范大学》第12期。

沈香、孙建丽,2010,《上海经济转型的实质与策略》,《党政论坛》第6期。

沈玉良,2010,《贸易方式、贸易功能与上海国际贸易中心的基本形态》,《科学发展》第12期。

孙小静,2011,《面向太平洋打造主战场——浦东大力推进"四个中心"核心功能区建设》,《人民日报》4月18日第13版。

唐玮婕,2011,《浦东提升全球资源配置能力,推进上海"四个中心"建设》,《文汇报》4月18日第4版。

夏宝君,2011,《新加坡政府网络信息传播平台建设的策略与启示》,《东南亚研究》第

3 期。

肖本华，2011，《政府引导下的国际金融中心建设：亚洲金融危机后的新加坡经验及其对上海的启示》，《华东经济管理》第 1 期。

张明龙，1999，《重视市场规则，健全市场规则体系》，《江苏商论》第 6 期。

赵大生，2002，《新加坡政府的公共管理理念及其特点》，《政治与法律》第 8 期。

(本章执笔：李 晨 赵 蕾 卢正刚)

附表　各经济体数据

上海(2007年)

表1　上海19部门增加值比重、劳动报酬比重、产出比重

	增加值比重	劳动报酬比重	产出比重
第一产业	0.0054	0.0111	0.0029
第二产业	0.4736	0.3958	0.6564
第三产业	0.521	0.5931	0.3407
批发零售	0.0552	0.0569	0.0612
旅馆和餐饮	0.0266	0.02	0.013
交通运输及仓储	0.0179	0.0291	0.012
电信与邮政	0.091	0.0601	0.0379
金融保险	0.0147	0.0143	0.0155
房地产	0.0931	0.0608	0.0496
租赁	0.0601	0.0202	0.0304
计算机及其相关活动	0.0022	0.0015	0.0014
研究与开发	0.0427	0.082	0.0451
公共管理	0.0051	0.0116	0.0044
教育	0.0213	0.0432	0.0167
卫生及社会工作	0.0112	0.0175	0.0064
商务服务	0.0065	0.0098	0.0062

续表

	增加值比重	劳动报酬比重	产出比重
旅游	0.0299	0.0669	0.0118
综合技术服务	0.014	0.0314	0.0104
其他社会服务业	0.0083	0.0124	0.0054
文化、体育和娱乐业	0.0212	0.0552	0.0134

表2 上海19部门直接消耗系数

	第一产业	第二产业	第三产业
第一产业	0.017	0.0032	0.0021
第二产业	0.3249	0.6356	0.203
第三产业	0.1381	0.158	0.3642
批发零售	0.0866	0.0354	0.0317
旅馆和餐饮	0	0.0017	0.0109
交通运输及仓储	0.0317	0.0249	0.0645
电信与邮政	0.0014	0.0022	0.0312
金融保险	0.0071	0.0201	0.0625
房地产	0.0008	0.0023	0.0223
租赁	0.0002	0.001	0.0203
计算机及其相关活动	0.0006	0.0355	0.0385
研究与开发	0.0053	0.0067	0.0105
公共管理	0	0	0.0005
教育	0.0001	0.0002	0.0013
卫生及社会工作	0	0.0002	0.0004
商务服务	0.0015	0.0257	0.0575
旅游	0	0.0007	0.0026
综合技术服务	0.0019	0.0009	0.0023
其他社会服务业	0.0002	0.0003	0.0011
文化、体育和娱乐业	0.0008	0.0003	0.0063

表 3　上海 19 部门完全消耗系数

	第一产业	第二产业	第三产业
第一产业	0.0212	0.0106	0.0062
第二产业	1.1228	2.1265	0.9687
第三产业	0.5148	0.822	0.8609
批发零售	0.1496	0.1385	0.0912
旅馆和餐饮	0.0063	0.0135	0.022
交通运输及仓储	0.0973	0.1283	0.1408
电信与邮政	0.0222	0.0482	0.0722
金融保险	0.0709	0.1225	0.1454
房地产	0.0111	0.021	0.0433
租赁	0.011	0.0205	0.0412
计算机及其相关活动	0.0616	0.146	0.1092
研究与开发	0.0177	0.0296	0.0242
公共管理	0.0002	0.0004	0.001
教育	0.001	0.0021	0.0028
卫生及社会工作	0.0002	0.0006	0.0006
商务服务	0.0572	0.1373	0.1448
旅游	0.001	0.0028	0.0041
综合技术服务	0.0035	0.0036	0.0041
其他社会服务业	0.0008	0.0015	0.0022
文化、体育和娱乐业	0.0032	0.0056	0.0117

表 4　上海 19 部门影响力系数、感应度系数、资本化系数和消费结构系数

	影响力系数	感应度系数	资本化系数	消费结构系数
第一产业	0.8838	0.0903	0.221	0.0976
第二产业	1.5765	10.7482	0.9065	0.4881
第三产业	0.9729	0.4801	0.8426	0.4143
批发零售	0.4634	0.9514	0.9072	0.0341
旅馆和餐饮	1.3427	0.2423	0.4902	0.0485

续表

	影响力系数	感应度系数	资本化系数	消费结构系数
交通运输及仓储	1.333	1.165	0.9308	0.0277
电信与邮政	0.7151	0.6875	0.946	0.0067
金融保险	0.7346	1.2543	0.8961	0.0389
房地产	0.75	0.4503	0.53	0.0784
租赁	0.8598	0.3092	0.9915	0.0006
计算机及其相关活动	0.9496	1.0832	0.9977	0.0008
研究与开发	1.1792	0.2719	1	0
公共管理	1.0053	0.0069	1注	0
教育	0.5037	0.0297	0.1351	0.0358
卫生及社会工作	1.2389	0.0075	0.0476	0.0442
商务服务	1.2561	1.32	1	0
旅游	1.0769	0.1431	0.3972	0.0198
综合技术服务	0.8998	0.0979	0.382	0.0218
其他社会服务业	1.2751	0.0295	0.1498	0.031
文化、体育和娱乐业	0.9564	0.1119	0.466	0.0258

注：上海市投入-产出表公共管理产出未划分出居民消费部分。

澳大利亚（2004年）

表5 澳大利亚16部门增加值比重、劳动报酬比重、产出比重

	增加值比重	劳动报酬比重	产出比重
第一产业	0.0326	0.0141	0.0276
第二产业	0.2677	0.224	0.3581
第三产业	0.6996	0.7619	0.6143
批发零售贸易与修理	0.1171	0.1425	0.1185
旅馆和餐饮	0.0236	0.0286	0.0282
交通运输及仓储	0.0503	0.0502	0.0583
电信与邮政	0.0291	0.0183	0.0276

续表

	增加值比重	劳动报酬比重	产出比重
金融保险	0.0769	0.0734	0.0584
房地产	0.1251	0.0239	0.0919
机器设备租赁	0	0	0
计算机及其相关活动	0.0304	0.0442	0.0274
研究与开发	0	0	0
其他商务活动	0.0584	0.0816	0.0604
公共管理及国防、社会安全	0.0419	0.0676	0.0392
教育	0.0467	0.0806	0.0287
卫生及社会工作	0.0635	0.099	0.0391
其他团体、社会和私人服务等	0.0366	0.0519	0.0368

表6　澳大利亚16部门直接消耗系数

	第一产业	第二产业	第三产业
第一产业	0.1342	0.0324	0.0032
第二产业	0.1556	0.4107	0.1171
第三产业	0.1422	0.1987	0.326
批发零售贸易与修理	0.0549	0.0484	0.0404
旅馆和餐饮	0.0038	0.0058	0.0099
交通运输及仓储	0.0301	0.0355	0.034
电信与邮政	0.0051	0.0076	0.0238
金融保险	0.0248	0.0198	0.0504
房地产	0.0054	0.017	0.051
机器设备租赁	0	0	0
计算机及其相关活动	0.004	0.0168	0.0231
研究与开发	0	0	0
其他商务活动	0.0109	0.0406	0.0658
公共管理及国防、社会安全	0.0005	0.0026	0.0057
教育	0.0003	0.0016	0.0039
卫生及社会工作	0.0014	0.0005	0.001
其他团体、社会和私人服务等	0.0009	0.0024	0.0169

附表 各经济体数据

表7 澳大利亚16部门完全消耗系数

	第一产业	第二产业	第三产业
第一产业	0.1706	0.0702	0.017
第二产业	0.3838	0.8281	0.3095
第三产业	0.3812	0.5884	0.6083
批发零售贸易与修理	0.0999	0.1177	0.0799
旅馆和餐饮	0.0112	0.0187	0.0197
交通运输及仓储	0.0651	0.0908	0.066
电信与邮政	0.0187	0.0291	0.0407
金融保险	0.0606	0.0704	0.0966
房地产	0.0332	0.0641	0.0906
机器设备租赁	0	0	0
计算机及其相关活动	0.0214	0.05	0.0472
研究与开发	0	0	0
其他商务活动	0.0562	0.1184	0.121
公共管理及国防、社会安全	0.0036	0.0082	0.0098
教育	0.0024	0.0056	0.0071
卫生及社会工作	0.0021	0.0014	0.0016
其他团体、社会和私人服务等	0.007	0.0139	0.0283

表8 澳大利亚16部门影响力系数、感应度系数、资本化系数和消费结构系数

	影响力系数	感应度系数	资本化系数	消费结构系数
第一产业	1.0987	0.5409	0.827	0.0131
第二产业	1.7461	6.0163	0.775	0.236
第三产业	0.9397	0.6745	0.5716	0.7509
批发零售贸易与修理	1.3155	1.405	0.441	0.2014
旅馆和餐饮	1.4942	0.3187	0.3022	0.0697
交通运输及仓储	1.4531	1.0606	0.7476	0.0423
电信与邮政	1.2465	0.6251	0.6933	0.0282
金融保险	0.7604	1.3888	0.6658	0.0707
房地产	0.7464	1.2201	0.4282	0.1825

续表

	影响力系数	感应度系数	资本化系数	消费结构系数
机器设备租赁	0	0	NaN	0
计算机及其相关活动	1.1616	0.7999	0.997	0.0002
研究与开发	0	0	NaN	0
其他商务活动	1.2639	1.822	0.9542	0.0097
公共管理及国防、社会安全	1.2594	0.1662	0.8749	0.0023
教育	0.5721	0.1203	0.2444	0.0335
卫生及社会工作	0.5706	0.0307	0.0637	0.0462
其他团体、社会和私人服务等	1.3117	0.4855	0.3903	0.0643

奥地利（2005年）

表9 奥地利16部门增加值比重、劳动报酬比重、产出比重

	增加值比重	劳动报酬比重	产出比重
第一产业	0.0162	0.0046	0.0174
第二产业	0.2948	0.2941	0.4051
第三产业	0.689	0.7013	0.5775
批发零售贸易与修理	0.1289	0.1296	0.1107
旅馆和餐饮	0.0457	0.0412	0.0366
交通运输及仓储	0.0439	0.0575	0.0547
电信与邮政	0.0201	0.0149	0.0219
金融保险	0.0534	0.0536	0.0477
房地产	0.096	0.0097	0.0693
机器设备租赁	0.0131	0.0024	0.0091
计算机及其相关活动	0.0142	0.0155	0.0138
研究与开发	0.0016	0.0028	0.0015
其他商务活动	0.0617	0.0651	0.0586
公共管理及国防、社会安全	0.0586	0.0908	0.043
教育	0.0529	0.0872	0.031
卫生及社会工作	0.0576	0.087	0.0444
其他团体、社会和私人服务等	0.0412	0.0441	0.0349

附表 各经济体数据

表10 奥地利16部门直接消耗系数

	第一产业	第二产业	第三产业
第一产业	0.2584	0.0213	0.0019
第二产业	0.1845	0.4501	0.1145
第三产业	0.0913	0.166	0.28
批发零售贸易与修理	0.0329	0.0526	0.0268
旅馆和餐饮	0.0024	0.0033	0.0121
交通运输及仓储	0.0058	0.0311	0.0324
电信与邮政	0.0037	0.004	0.022
金融保险	0.0141	0.015	0.0403
房地产	0.0021	0.0087	0.0374
机器设备租赁	0.0054	0.0043	0.009
计算机及其相关活动	0.0002	0.002	0.0094
研究与开发	0.0002	0.0018	0.0006
其他商务活动	0.0093	0.0342	0.0639
公共管理及国防、社会安全	0.0005	0.0009	0.0025
教育	0.0006	0.0008	0.002
卫生及社会工作	0.0134	0.0002	0.0018
其他团体、社会和私人服务等	0.0008	0.0071	0.02

表11 奥地利16部门完全消耗系数

	第一产业	第二产业	第三产业
第一产业	0.3638	0.0564	0.0123
第二产业	0.5191	0.9368	0.3087
第三产业	0.312	0.4952	0.5004
批发零售贸易与修理	0.0814	0.1181	0.0556
旅馆和餐饮	0.0094	0.0154	0.02
交通运输及仓储	0.0364	0.0848	0.0594
电信与邮政	0.0157	0.0204	0.0405
金融保险	0.043	0.0527	0.0704

续表

	第一产业	第二产业	第三产业
房地产	0.0181	0.0339	0.0562
机器设备租赁	0.0133	0.0145	0.0156
计算机及其相关活动	0.0038	0.0082	0.0161
研究与开发	0.0014	0.004	0.0015
其他商务活动	0.057	0.1127	0.122
公共管理及国防、社会安全	0.0019	0.0031	0.0041
教育	0.0016	0.0022	0.0028
卫生及社会工作	0.0187	0.0012	0.0022
其他团体、社会和私人服务等	0.0103	0.0238	0.0341

表12 奥地利16部门影响力系数、感应度系数、资本化系数和消费结构系数

	影响力系数	感应度系数	资本化系数	消费结构系数
第一产业	1.3533	0.6672	0.7402	0.0189
第二产业	1.6856	6.4144	0.7856	0.2592
第三产业	0.9258	0.637	0.5466	0.7219
批发零售贸易与修理	0.9878	1.0713	0.4345	0.1833
旅馆和餐饮	0.9099	0.3035	0.2269	0.1075
交通运输及仓储	1.4048	0.9024	0.6389	0.067
电信与邮政	1.313	0.8322	0.669	0.0269
金融保险	0.9046	1.1494	0.6844	0.0515
房地产	0.7554	0.8796	0.3646	0.1653
机器设备租赁	0.6222	0.3415	0.7985	0.0067
计算机及其相关活动	1.1161	0.5031	0.972	0.0007
研究与开发	1.1391	0.0949	0.978	0.0001
其他商务活动	1.1005	2.1053	0.9517	0.0097
公共管理及国防、社会安全	0.6616	0.0789	0.7048	0.0029
教育	0.3404	0.0598	0.3356	0.0109
卫生及社会工作	0.7819	0.0559	0.1083	0.0419
其他团体、社会和私人服务等	0.9238	0.5407	0.5349	0.0474

比利时（2005 年）

表 13 比利时 16 部门增加值比重、劳动报酬比重、产出比重

	增加值比重	劳动报酬比重	产出比重
第一产业	0.0083	0.0035	0.0103
第二产业	0.2408	0.2528	0.3868
第三产业	0.7509	0.7437	0.6029
批发零售贸易与修理	0.1314	0.1248	0.1199
旅馆和餐饮	0.0161	0.0156	0.0179
交通运输及仓储	0.0571	0.0589	0.0703
电信与邮政	0.0272	0.0237	0.0218
金融保险	0.059	0.0564	0.0504
房地产	0.0954	0.0051	0.0559
机器设备租赁	0.0079	0.0024	0.0072
计算机及其相关活动	0.0147	0.0177	0.0117
研究与开发	0.0027	0.0038	0.0027
其他商务活动	0.1047	0.088	0.0974
公共管理及国防、社会安全	0.0731	0.1196	0.0427
教育	0.0654	0.1081	0.0316
卫生及社会工作	0.0695	0.0895	0.0488
其他团体、社会和私人服务等	0.0269	0.03	0.0246

表 14 比利时 16 部门直接消耗系数

	第一产业	第二产业	第三产业
第一产业	0.0464	0.0212	0.0023
第二产业	0.3337	0.5218	0.0957
第三产业	0.2167	0.1869	0.3496
批发零售贸易与修理	0.1044	0.0618	0.0248
旅馆和餐饮	0.0003	0.0042	0.0108
交通运输及仓储	0.0138	0.0315	0.0685
电信与邮政	0.0002	0.0042	0.0198

续表

	第一产业	第二产业	第三产业
金融保险	0.0337	0.0142	0.0442
房地产	0.0001	0.0058	0.021
机器设备租赁	0.003	0.0038	0.0073
计算机及其相关活动	0.0002	0.0029	0.0111
研究与开发	0	0.0041	0.0013
其他商务活动	0.0142	0.0452	0.1144
公共管理及国防、社会安全	0.0007	0.0017	0.0032
教育	0	0.001	0.0015
卫生及社会工作	0.0351	0.0007	0.0071
其他团体、社会和私人服务等	0.0112	0.0058	0.0148

表15 比利时16部门完全消耗系数

	第一产业	第二产业	第三产业
第一产业	0.0701	0.0525	0.0111
第二产业	0.8832	1.2772	0.3361
第三产业	0.675	0.7636	0.7293
批发零售贸易与修理	0.1847	0.1669	0.0644
旅馆和餐饮	0.0124	0.0197	0.0217
交通运输及仓储	0.1023	0.1484	0.1447
电信与邮政	0.0178	0.0257	0.0382
金融保险	0.0837	0.0681	0.0879
房地产	0.0186	0.0281	0.0357
机器设备租赁	0.0126	0.0161	0.0154
计算机及其相关活动	0.0113	0.0157	0.0205
研究与开发	0.0045	0.0108	0.0038
其他商务活动	0.1509	0.2244	0.2507
公共管理及国防、社会安全	0.0047	0.0067	0.0065
教育	0.0019	0.0035	0.003
卫生及社会工作	0.0417	0.0041	0.0086
其他团体、社会和私人服务等	0.0279	0.0255	0.0282

表16 比利时16部门影响力系数、感应度系数、资本化系数和消费结构系数

	影响力系数	感应度系数	资本化系数	消费结构系数
第一产业	1.4196	0.2422	0.7185	0.0186
第二产业	1.8251	6.0684	0.8188	0.2744
第三产业	0.9111	0.6921	0.6556	0.7069
批发零售贸易与修理	1.1337	1.1266	0.5027	0.1863
旅馆和餐饮	1.3588	0.2762	0.3979	0.0579
交通运输及仓储	1.4299	1.5339	0.8735	0.0366
电信与邮政	0.9147	0.6217	0.6688	0.0317
金融保险	0.8657	1.1779	0.6837	0.0709
房地产	0.5069	0.4887	0.2741	0.1858
机器设备租赁	1.0203	0.2258	0.741	0.0097
计算机及其相关活动	0.9058	0.33	0.9882	0.0004
研究与开发	1.0831	0.1118	0.9974	0
其他商务活动	1.0593	3.0515	0.9662	0.0143
公共管理及国防、社会安全	0.4699	0.0945	0.4961	0.0125
教育	0.2109	0.0621	0.497	0.0061
卫生及社会工作	0.7506	0.1362	0.2966	0.0548
其他团体、社会和私人服务等	1.0456	0.4525	0.5721	0.0397

巴西（2005年）

表17 巴西16部门增加值比重、劳动报酬比重、产出比重

	增加值比重	劳动报酬比重	产出比重
第一产业	0.0571	0.0526	0.0514
第二产业	0.2927	0.2517	0.4547
第三产业	0.6502	0.6957	0.4939
批发零售贸易与修理	0.1214	0.1113	0.0845
旅馆和餐饮	0.0163	0.0142	0.0184
交通运输及仓储	0.0496	0.0451	0.0478
电信与邮政	0.0397	0.0262	0.037

续表

	增加值比重	劳动报酬比重	产出比重
金融保险	0.0705	0.0589	0.0526
房地产	0.0901	0.0052	0.0465
机器设备租赁	0	0	0
计算机及其相关活动	0	0	0
研究与开发	0	0	0
其他商务活动	0.0459	0.0517	0.0369
公共管理及国防、社会安全	0.0997	0.1828	0.0779
教育	0.0448	0.0873	0.0304
卫生及社会工作	0.0356	0.0569	0.0329
其他团体、社会和私人服务等	0.0365	0.0561	0.0289

表18 巴西16部门直接消耗系数

	第一产业	第二产业	第三产业
第一产业	0.0869	0.0642	0.0017
第二产业	0.2629	0.4422	0.1125
第三产业	0.0754	0.1451	0.2098
批发零售贸易与修理	0.037	0.0437	0.0256
旅馆和餐饮	0.0001	0.0015	0.006
交通运输及仓储	0.0205	0.0349	0.0249
电信与邮政	0.0027	0.0119	0.0462
金融保险	0.0117	0.0189	0.0386
房地产	0.0008	0.006	0.0129
机器设备租赁	0	0	0
计算机及其相关活动	0	0	0
研究与开发	0	0	0
其他商务活动	0	0.0224	0.0461
公共管理及国防、社会安全	0.0007	0.0022	0.0025
教育	0.0001	0.0003	0.0013
卫生及社会工作	0.0002	0.0004	0.0007
其他团体、社会和私人服务等	0.0016	0.0029	0.0051

表19 巴西16部门完全消耗系数

	第一产业	第二产业	第三产业
第一产业	0.1362	0.1365	0.0216
第二产业	0.5828	0.9384	0.2767
第三产业	0.2189	0.3771	0.3338
批发零售贸易与修理	0.0743	0.1013	0.0477
旅馆和餐饮	0.0017	0.0042	0.0075
交通运输及仓储	0.0525	0.0846	0.0445
电信与邮政	0.0198	0.044	0.0758
金融保险	0.0319	0.0509	0.0562
房地产	0.0074	0.0168	0.0193
机器设备租赁	0	0	0
计算机及其相关活动	0	0	0
研究与开发	0	0	0
其他商务活动	0.0229	0.0601	0.0681
公共管理及国防、社会安全	0.0027	0.0055	0.0041
教育	0.0004	0.0008	0.0017
卫生及社会工作	0.0006	0.001	0.001
其他团体、社会和私人服务等	0.0047	0.0079	0.0078

表20 巴西16部门影响力系数、感应度系数、资本化系数和消费结构系数

	影响力系数	感应度系数	资本化系数	消费结构系数
第一产业	1.5267	0.9094	0.7756	0.0336
第二产业	2.3637	8.121	0.736	0.3266
第三产业	0.865	0.4978	0.4774	0.6398
批发零售贸易与修理	0.8228	1.2482	0.4576	0.1373
旅馆和餐饮	1.7688	0.151	0.201	0.0485
交通运输及仓储	1.6024	1.0332	0.6427	0.0548
电信与邮政	1.3633	1.5123	0.7414	0.0333
金融保险	0.9063	0.9775	0.5364	0.0824
房地产	0.1848	0.3851	0.1869	0.1336

续表

	影响力系数	感应度系数	资本化系数	消费结构系数
机器设备租赁	0	0	NaN	0
计算机及其相关活动	0	0	NaN	0
研究与开发	0	0	NaN	0
其他商务活动	1.1049	1.3542	0.9174	0.01
公共管理及国防、社会安全	1.0028	0.0891	0.654	0.0041
教育	0.8134	0.0312	0.0779	0.0298
卫生及社会工作	1.4199	0.0202	0.0346	0.048
其他团体、社会和私人服务等	1.1202	0.1676	0.1873	0.0579

加拿大（2005年）

表21 加拿大16部门增加值比重、劳动报酬比重、产出比重

	增加值比重	劳动报酬比重	产出比重
第一产业	0.0181	0.0123	0.0234
第二产业	0.3257	0.2775	0.4255
第三产业	0.6562	0.7102	0.5511
批发零售贸易与修理	0.1155	0.1421	0.0975
旅馆和餐饮	0.0219	0.0302	0.0232
交通运输及仓储	0.0381	0.0418	0.0395
电信与邮政	0.0051	0.008	0.0045
金融保险	0.0719	0.078	0.0673
房地产	0.1014	0.0055	0.0666
机器设备租赁	0.008	0.0056	0.0065
计算机及其相关活动	0.0216	0.0309	0.0195
研究与开发	0	0	0
其他商务活动	0.0458	0.059	0.0362
公共管理及国防、社会安全	0.0766	0.1108	0.0773
教育	0.0466	0.0774	0.0307
卫生及社会工作	0.0485	0.0595	0.0352
其他团体、社会和私人服务等	0.0552	0.0614	0.0472

表22　加拿大16部门直接消耗系数

	第一产业	第二产业	第三产业
第一产业	0.1995	0.0319	0.0017
第二产业	0.2779	0.4195	0.1091
第三产业	0.1931	0.1485	0.2671
批发零售贸易与修理	0.0683	0.0456	0.0307
旅馆和餐饮	0.0012	0.0026	0.0088
交通运输及仓储	0.0317	0.0205	0.0255
电信与邮政	0.0002	0.0012	0.0063
金融保险	0.0409	0.0205	0.0533
房地产	0.0027	0.0022	0.0181
机器设备租赁	0.0067	0.0051	0.0065
计算机及其相关活动	0.0105	0.0097	0.0193
研究与开发	0	0	0
其他商务活动	0.0182	0.0296	0.0368
公共管理及国防、社会安全	0.0044	0.0033	0.0099
教育	0.0002	0.0006	0.003
卫生及社会工作	0.0004	0.0003	0.0208
其他团体、社会和私人服务等	0.0077	0.0073	0.0281

表23　加拿大16部门完全消耗系数

	第一产业	第二产业	第三产业
第一产业	0.2778	0.0736	0.0137
第二产业	0.6996	0.8296	0.2724
第三产业	0.5016	0.4057	0.4346
批发零售贸易与修理	0.1351	0.1017	0.0583
旅馆和餐饮	0.0087	0.009	0.0137
交通运输及仓储	0.0742	0.0548	0.0452
电信与邮政	0.0051	0.0054	0.0098
金融保险	0.1011	0.066	0.0869
房地产	0.0155	0.013	0.0275

续表

	第一产业	第二产业	第三产业
机器设备租赁	0.0164	0.0133	0.0116
计算机及其相关活动	0.0332	0.0293	0.0333
研究与开发	0	0	0
其他商务活动	0.0661	0.0736	0.063
公共管理及国防、社会安全	0.0117	0.0094	0.014
教育	0.0018	0.002	0.0041
卫生及社会工作	0.0028	0.0022	0.0238
其他团体、社会和私人服务等	0.0298	0.0259	0.0434

表24 加拿大16部门影响力系数、感应度系数、资本化系数和消费结构系数

	影响力系数	感应度系数	资本化系数	消费结构系数
第一产业	1.9331	0.7087	0.8591	0.0116
第二产业	1.7107	6.8345	0.7715	0.2675
第三产业	0.8826	0.6041	0.5235	0.7209
批发零售贸易与修理	0.9243	1.4134	0.4422	0.1762
旅馆和餐饮	1.3043	0.2401	0.245	0.0677
交通运输及仓储	1.3349	1.0926	0.7496	0.029
电信与邮政	1.0179	0.1792	0.9135	0.0014
金融保险	1.0254	1.5121	0.6175	0.0891
房地产	0.5467	0.5049	0.1649	0.2045
机器设备租赁	0.8556	0.2657	0.8343	0.0043
计算机及其相关活动	1.068	0.6801	0.9403	0.0035
研究与开发	0	0	NaN	0
其他商务活动	0.8303	1.2396	0.9473	0.0068
公共管理及国防、社会安全	1.1625	0.2315	0.6654	0.0129
教育	0.5398	0.0659	0.2772	0.0182
卫生及社会工作	0.7655	0.2671	0.5916	0.0295
其他团体、社会和私人服务等	0.981	0.7644	0.4716	0.0776

瑞士（2001 年）

表 25　瑞士 16 部门增加值比重、劳动报酬比重、产出比重

	增加值比重	劳动报酬比重	产出比重
第一产业	0.0131	0.0081	0.0163
第二产业	0.2565	0.2848	0.377
第三产业	0.7303	0.707	0.6067
批发零售贸易与修理	0.1321	0.1353	0.1033
旅馆和餐饮	0.0273	0.0324	0.0277
交通运输及仓储	0.0332	0.0348	0.0405
电信与邮政	0.0248	0.0248	0.0243
金融保险	0.1304	0.1137	0.121
房地产	0.0883	0.0318	0.0536
机器设备租赁	0	0	0
计算机及其相关活动	0.0193	0.0245	0.017
研究与开发	0.004	0.0037	0.0052
其他商务活动	0.0761	0.0889	0.0647
公共管理及国防、社会安全	0.0723	0.0597	0.0522
教育	0.0425	0.0585	0.0296
卫生及社会工作	0.0572	0.0772	0.0428
其他团体、社会和私人服务等	0.0228	0.0218	0.0247

表 26　瑞士 16 部门直接消耗系数

	第一产业	第二产业	第三产业
第一产业	0.1923	0.0267	0.0023
第二产业	0.199	0.42	0.0971
第三产业	0.1709	0.2098	0.2794
批发零售贸易与修理	0.0683	0.0511	0.0268
旅馆和餐饮	0.0011	0.0024	0.0043
交通运输及仓储	0.0142	0.0303	0.025
电信与邮政	0.0044	0.0063	0.0213

续表

	第一产业	第二产业	第三产业
金融保险	0.0473	0.0584	0.0792
房地产	0.001	0.0034	0.0145
机器设备租赁	0	0	0
计算机及其相关活动	0.0003	0.0037	0.0124
研究与开发	0.0003	0.0059	0.0018
其他商务活动	0.0115	0.035	0.0664
公共管理及国防、社会安全	0.0018	0.0083	0.0092
教育	0.0006	0.0016	0.0015
卫生及社会工作	0.0198	0.0004	0.0013
其他团体、社会和私人服务等	0.0003	0.0029	0.0158

表27 瑞士16部门完全消耗系数

	第一产业	第二产业	第三产业
第一产业	0.2556	0.0615	0.0116
第二产业	0.5029	0.835	0.2442
第三产业	0.468	0.5915	0.4979
批发零售贸易与修理	0.1257	0.1155	0.0522
旅馆和餐饮	0.0048	0.0077	0.0073
交通运输及仓储	0.0496	0.0791	0.0463
电信与邮政	0.0196	0.026	0.0381
金融保险	0.1355	0.1698	0.144
房地产	0.0099	0.015	0.0224
机器设备租赁	0	0	0
计算机及其相关活动	0.0076	0.015	0.0214
研究与开发	0.004	0.0123	0.004
其他商务活动	0.0674	0.1127	0.1175
公共管理及国防、社会安全	0.0097	0.02	0.0153
教育	0.0021	0.0036	0.0024
卫生及社会工作	0.0255	0.0023	0.0019
其他团体、社会和私人服务等	0.0065	0.0125	0.0249

表28 瑞士16部门影响力系数、感应度系数、资本化系数和消费结构系数

	影响力系数	感应度系数	资本化系数	消费结构系数
第一产业	1.4761	0.592	0.7573	0.0157
第二产业	1.7909	5.9701	0.7561	0.2377
第三产业	0.9095	0.6741	0.5295	0.7466
批发零售贸易与修理	0.8663	1.1883	0.4612	0.1432
旅馆和餐饮	1.2986	0.148	0.1277	0.081
交通运输及仓储	1.4162	0.9114	0.7123	0.0362
电信与邮政	1.1831	0.791	0.6348	0.0295
金融保险	0.9216	2.2899	0.6779	0.1125
房地产	0.3783	0.4205	0.1879	0.1456
机器设备租赁	0	0	NaN	0
计算机及其相关活动	0.9328	0.5605	0.9354	0.0021
研究与开发	1.3658	0.1683	0.9994	0
其他商务活动	0.9618	1.9872	0.9411	0.0112
公共管理及国防、社会安全	0.7322	0.3532	0.4086	0.0424
教育	0.6734	0.049	0.2978	0.0119
卫生及社会工作	0.7753	0.066	0.0379	0.107
其他团体、社会和私人服务等	1.2278	0.5047	0.5978	0.024

中国（2005年）

表29 中国16部门增加值比重、劳动报酬比重、产出比重

	增加值比重	劳动报酬比重	产出比重
第一产业	0.1239	0.2688	0.072
第二产业	0.4857	0.3729	0.6565
第三产业	0.3904	0.3583	0.2715
批发零售贸易与修理	0.0681	0.0424	0.0396
旅馆和餐饮	0.022	0.015	0.0228
交通运输及仓储	0.0568	0.0339	0.0449
电信与邮政	0.0273	0.014	0.0192

续表

	增加值比重	劳动报酬比重	产出比重
金融保险	0.0339	0.0321	0.0188
房地产	0.0431	0.0112	0.0185
机器设备租赁	0	0	0
计算机及其相关活动	0	0	0
研究与开发	0.0023	0.0034	0.0021
其他商务活动	0.0235	0.0231	0.0259
公共管理及国防、社会安全	0.0375	0.0779	0.0237
教育	0.0311	0.0568	0.0172
卫生及社会工作	0.0162	0.0251	0.0176
其他团体、社会和私人服务等	0.0286	0.0235	0.0213

表30 中国16部门直接消耗系数

	第一产业	第二产业	第三产业
第一产业	0.1568	0.0516	0.0169
第二产业	0.1872	0.5738	0.2882
第三产业	0.0695	0.1226	0.2051
批发零售贸易与修理	0.0187	0.0289	0.0154
旅馆和餐饮	0.0032	0.0095	0.0331
交通运输及仓储	0.0213	0.0334	0.0427
电信与邮政	0.0019	0.0128	0.0217
金融保险	0.0105	0.0096	0.0255
房地产	0.0002	0.001	0.0112
机器设备租赁	0	0	0
计算机及其相关活动	0	0	0
研究与开发	0.0002	0.0006	0.0015
其他商务活动	0.0086	0.0167	0.03
公共管理及国防、社会安全	0	0	0
教育	0.0007	0.001	0.0033
卫生及社会工作	0.0006	0.0022	0.0031
其他团体、社会和私人服务等	0.0036	0.0068	0.0176

表31 中国16部门完全消耗系数

	第一产业	第二产业	第三产业
第一产业	0.2328	0.1775	0.0943
第二产业	0.6887	1.7341	1.0181
第三产业	0.2188	0.4443	0.4286
批发零售贸易与修理	0.0464	0.0896	0.0538
旅馆和餐饮	0.0168	0.0392	0.0552
交通运输及仓储	0.0617	0.1194	0.1006
电信与邮政	0.0159	0.0449	0.0443
金融保险	0.0265	0.0413	0.0491
房地产	0.0032	0.007	0.0165
机器设备租赁	0	0	0
计算机及其相关活动	0	0	0
研究与开发	0.0009	0.0021	0.0026
其他商务活动	0.0298	0.0626	0.0622
公共管理及国防、社会安全	0	0	0
教育	0.0022	0.0042	0.0057
卫生及社会工作	0.0027	0.007	0.0063
其他团体、社会和私人服务等	0.0128	0.0269	0.0322

表32 中国16部门影响力系数、感应度系数、资本化系数和消费结构系数

	影响力系数	感应度系数	资本化系数	消费结构系数
第一产业	0.8223	1.1085	0.7231	0.1464
第二产业	1.6987	10.7243	0.9027	0.3875
第三产业	0.9628	0.2977	0.6993	0.4661
批发零售贸易与修理	0.885	0.5789	0.7916	0.0496
旅馆和餐饮	1.4125	0.5258	0.6596	0.0612
交通运输及仓储	1.2434	0.9415	0.8724	0.0393
电信与邮政	1.174	0.4368	0.7933	0.0289
金融保险	0.7586	0.4442	0.6885	0.0486
房地产	0.4244	0.1475	0.2735	0.0758
机器设备租赁	0	0	NaN	0

续表

	影响力系数	感应度系数	资本化系数	消费结构系数
计算机及其相关活动	0	0	NaN	0
研究与开发	1.4235	0.0512	1	0
其他商务活动	1.5262	0.5962	0.9205	0.0131
公共管理及国防、社会安全	0.9678	0	NaN	0
教育	0.8645	0.0562	0.2244	0.0432
卫生及社会工作	1.5965	0.0791	0.2295	0.0597
其他团体、社会和私人服务等	1.2025	0.3098	0.6103	0.0467

德国（2005年）

表33　德国16部门增加值比重、劳动报酬比重、产出比重

	增加值比重	劳动报酬比重	产出比重
第一产业	0.0088	0.007	0.0107
第二产业	0.2896	0.3394	0.4232
第三产业	0.7016	0.6536	0.5661
批发零售贸易与修理	0.1034	0.1238	0.0875
旅馆和餐饮	0.0162	0.0195	0.0156
交通运输及仓储	0.0369	0.042	0.0465
电信与邮政	0.0201	0.0128	0.0214
金融保险	0.05	0.0485	0.0566
房地产	0.1196	0.0096	0.0767
机器设备租赁	0.0188	0.0021	0.0122
计算机及其相关活动	0.0156	0.0193	0.0115
研究与开发	0.0036	0.0053	0.0041
其他商务活动	0.0893	0.079	0.0696
公共管理及国防、社会安全	0.06	0.0902	0.0441
教育	0.0452	0.0723	0.0289
卫生及社会工作	0.0722	0.0841	0.0513
其他团体、社会和私人服务等	0.0508	0.0449	0.0401

表 34　德国 16 部门直接消耗系数

	第一产业	第二产业	第三产业
第一产业	0.0472	0.0184	0.0013
第二产业	0.2732	0.4368	0.0701
第三产业	0.24	0.1953	0.292
批发零售贸易与修理	0.056	0.0393	0.0163
旅馆和餐饮	0.0006	0.0016	0.0029
交通运输及仓储	0.0072	0.023	0.0425
电信与邮政	0.0024	0.0061	0.0196
金融保险	0.0294	0.0128	0.0569
房地产	0.0071	0.0184	0.0317
机器设备租赁	0.0485	0.0107	0.011
计算机及其相关活动	0.0002	0.0034	0.0092
研究与开发	0	0.0028	0.0014
其他商务活动	0.0637	0.0614	0.0643
公共管理及国防、社会安全	0.0034	0.0055	0.003
教育	0.0012	0.0016	0.0074
卫生及社会工作	0.0102	0.0002	0.0024
其他团体、社会和私人服务等	0.0101	0.0085	0.0231

表 35　德国 16 部门完全消耗系数

	第一产业	第二产业	第三产业
第一产业	0.0608	0.0361	0.0052
第二产业	0.5654	0.8526	0.1786
第三产业	0.5407	0.5548	0.5083
批发零售贸易与修理	0.0892	0.083	0.0296
旅馆和餐饮	0.003	0.0047	0.0049
交通运输及仓储	0.0433	0.0744	0.0736
电信与邮政	0.0152	0.0226	0.0339
金融保险	0.0721	0.0547	0.1017

续表

	第一产业	第二产业	第三产业
房地产	0.0348	0.052	0.0496
机器设备租赁	0.0713	0.0305	0.0205
计算机及其相关活动	0.0062	0.0118	0.0161
研究与开发	0.0018	0.0057	0.0022
其他商务活动	0.1521	0.1671	0.1209
公共管理及国防、社会安全	0.0079	0.0117	0.0052
教育	0.0037	0.0054	0.0099
卫生及社会工作	0.0113	0.0008	0.0027
其他团体、社会和私人服务等	0.0287	0.0305	0.0375

表36　德国16部门影响力系数、感应度系数、资本化系数和消费结构系数

	影响力系数	感应度系数	资本化系数	消费结构系数
第一产业	1.4986	0.2265	0.6926	0.0144
第二产业	1.854	5.22	0.7206	0.3171
第三产业	0.9034	0.7538	0.574	0.6685
批发零售贸易与修理	0.9878	0.7653	0.3689	0.1629
旅馆和餐饮	1.2047	0.0917	0.1441	0.05
交通运输及仓储	1.5503	1.2902	0.7875	0.0329
电信与邮政	1.3017	0.8222	0.6292	0.0291
金融保险	1.2683	1.6655	0.6541	0.0722
房地产	0.5336	0.9232	0.3344	0.1847
机器设备租赁	0.4463	0.6479	0.9296	0.0031
计算机及其相关活动	0.7051	0.5607	0.9665	0.0008
研究与开发	1.2081	0.1182	0.997	0
其他商务活动	0.7913	2.3679	0.9645	0.0083
公共管理及国防、社会安全	0.7258	0.1254	0.7927	0.0038
教育	0.4566	0.4017	0.6285	0.0104
卫生及社会工作	0.6738	0.0571	0.1049	0.0476
其他团体、社会和私人服务等	0.7941	0.7165	0.4905	0.0627

西班牙（2005 年）

表 37　西班牙 16 部门增加值比重、劳动报酬比重、产出比重

	增加值比重	劳动报酬比重	产出比重
第一产业	0.032	0.0125	0.0245
第二产业	0.2969	0.3144	0.4602
第三产业	0.6711	0.6731	0.5153
批发零售贸易与修理	0.1071	0.1072	0.0883
旅馆和餐饮	0.0749	0.0597	0.0584
交通运输及仓储	0.0457	0.042	0.0524
电信与邮政	0.0234	0.0129	0.0226
金融保险	0.0463	0.0439	0.0341
房地产	0.0902	0.0129	0.057
机器设备租赁	0.0064	0.0041	0.0056
计算机及其相关活动	0.0132	0.0147	0.0096
研究与开发	0.0006	0.0005	0.0005
其他商务活动	0.0543	0.0708	0.0448
公共管理及国防、社会安全	0.0596	0.0871	0.0398
教育	0.0478	0.0771	0.0256
卫生及社会工作	0.0552	0.0851	0.0395
其他团体、社会和私人服务等	0.0462	0.0551	0.0371

表 38　西班牙 16 部门直接消耗系数

	第一产业	第二产业	第三产业
第一产业	0.0585	0.0311	0.004
第二产业	0.2586	0.5231	0.1385
第三产业	0.0977	0.1473	0.24
批发零售贸易与修理	0.0538	0.0337	0.026
旅馆和餐饮	0.0005	0.0018	0.0075
交通运输及仓储	0.0142	0.0325	0.0406
电信与邮政	0.0015	0.0073	0.0236

续表

	第一产业	第二产业	第三产业
金融保险	0.0133	0.0107	0.0321
房地产	0.0002	0.0079	0.0268
机器设备租赁	0.0009	0.0053	0.0042
计算机及其相关活动	0.0005	0.0015	0.0063
研究与开发	0	0.0009	0.0004
其他商务活动	0.0026	0.0369	0.0446
公共管理及国防、社会安全	0.0013	0.0028	0.0031
教育	0.0006	0.0015	0.0012
卫生及社会工作	0.0061	0.0007	0.0056
其他团体、社会和私人服务等	0.0022	0.0039	0.0181

表39　西班牙16部门完全消耗系数

	第一产业	第二产业	第三产业
第一产业	0.0851	0.0767	0.0194
第二产业	0.6696	1.2822	0.4229
第三产业	0.293	0.4916	0.4294
批发零售贸易与修理	0.0893	0.0943	0.0513
旅馆和餐饮	0.0047	0.0097	0.0127
交通运输及仓储	0.0581	0.1113	0.0802
电信与邮政	0.0141	0.0321	0.0419
金融保险	0.0332	0.0427	0.0553
房地产	0.0152	0.0316	0.0404
机器设备租赁	0.0064	0.0157	0.0092
计算机及其相关活动	0.0034	0.007	0.0108
研究与开发	0.0007	0.0022	0.001
其他商务活动	0.0432	0.1092	0.0813
公共管理及国防、社会安全	0.0043	0.0083	0.0059
教育	0.0021	0.004	0.0024
卫生及社会工作	0.0083	0.0036	0.0074
其他团体、社会和私人服务等	0.0101	0.0199	0.0297

表40 西班牙16部门影响力系数、感应度系数、资本化系数和消费结构系数

	影响力系数	感应度系数	资本化系数	消费结构系数
第一产业	1.1374	0.4435	0.7526	0.0211
第二产业	2.0089	8.2524	0.8136	0.2627
第三产业	0.9181	0.5217	0.4935	0.7162
批发零售贸易与修理	1.0352	0.9239	0.4004	0.1631
旅馆和餐饮	1.0571	0.192	0.0802	0.1937
交通运输及仓储	1.4506	1.1978	0.7717	0.0386
电信与邮政	1.2858	0.7965	0.699	0.0241
金融保险	0.7247	0.8752	0.6312	0.0458
房地产	0.6183	0.6302	0.3529	0.1151
机器设备租赁	1.0804	0.1784	0.7753	0.0048
计算机及其相关活动	0.8372	0.3129	0.9401	0.0009
研究与开发	0.8232	0.0216	0.9999	0
其他商务活动	1.1023	1.4107	0.9489	0.0078
公共管理及国防、社会安全	0.7061	0.1033	0.7961	0.0027
教育	0.3139	0.0474	0.1926	0.0197
卫生及社会工作	0.8218	0.1262	0.2614	0.0344
其他团体、社会和私人服务等	0.9972	0.488	0.3796	0.0656

芬兰（2005年）

表41 芬兰16部门增加值比重、劳动报酬比重、产出比重

	增加值比重	劳动报酬比重	产出比重
第一产业	0.0277	0.0115	0.0258
第二产业	0.3247	0.3086	0.4515
第三产业	0.6475	0.6799	0.5228
批发零售贸易与修理	0.1038	0.111	0.0918
旅馆和餐饮	0.0166	0.0208	0.018
交通运输及仓储	0.0643	0.0521	0.0645
电信与邮政	0.0222	0.0191	0.0265

续表

	增加值比重	劳动报酬比重	产出比重
金融保险	0.0248	0.0244	0.0206
房地产	0.1119	0.0142	0.0758
机器设备租赁	0.0035	0.0017	0.0032
计算机及其相关活动	0.0212	0.027	0.0171
研究与开发	0.0054	0.0098	0.0041
其他商务活动	0.0493	0.0625	0.0394
公共管理及国防、社会安全	0.0507	0.079	0.0421
教育	0.0494	0.0792	0.0312
卫生及社会工作	0.0869	0.1353	0.0569
其他团体、社会和私人服务等	0.0374	0.0439	0.0315

表42　芬兰16部门直接消耗系数

	第一产业	第二产业	第三产业
第一产业	0.2323	0.0361	0.0019
第二产业	0.1765	0.4509	0.1241
第三产业	0.1088	0.1842	0.2878
批发零售贸易与修理	0.0583	0.0467	0.0376
旅馆和餐饮	0.0019	0.0021	0.0121
交通运输及仓储	0.0054	0.0347	0.0532
电信与邮政	0.0037	0.008	0.0339
金融保险	0.0146	0.0086	0.0162
房地产	0.0027	0.0094	0.025
机器设备租赁	0.005	0.0016	0.0058
计算机及其相关活动	0.0013	0.0062	0.0165
研究与开发	0	0.0113	0.0018
其他商务活动	0.0069	0.0458	0.0484
公共管理及国防、社会安全	0.0038	0.006	0.0096
教育	0.0004	0.0007	0.0047
卫生及社会工作	0.003	0.0001	0.0064
其他团体、社会和私人服务等	0.0018	0.003	0.0164

附表 各经济体数据

表43 芬兰16部门完全消耗系数

	第一产业	第二产业	第三产业
第一产业	0.3268	0.0936	0.0204
第二产业	0.5052	0.9782	0.3586
第三产业	0.3598	0.5633	0.5327
批发零售贸易与修理	0.1172	0.1218	0.0775
旅馆和餐饮	0.0078	0.0105	0.0185
交通运输及仓储	0.0495	0.1089	0.1007
电信与邮政	0.0247	0.04	0.0623
金融保险	0.03	0.0266	0.0276
房地产	0.018	0.0329	0.0405
机器设备租赁	0.01	0.008	0.0103
计算机及其相关活动	0.0124	0.0236	0.0308
研究与开发	0.0063	0.0238	0.0067
其他商务活动	0.055	0.1287	0.0987
公共管理及国防、社会安全	0.0126	0.019	0.018
教育	0.0023	0.0037	0.0072
卫生及社会工作	0.0047	0.0014	0.0077
其他团体、社会和私人服务等	0.0093	0.0145	0.0263

表44 芬兰16部门影响力系数、感应度系数、资本化系数和消费结构系数

	影响力系数	感应度系数	资本化系数	消费结构系数
第一产业	1.2001	0.7316	0.8461	0.0197
第二产业	1.6465	6.5759	0.8431	0.2369
第三产业	0.9395	0.6209	0.5973	0.7433
批发零售贸易与修理	1.0509	1.4159	0.5056	0.1926
旅馆和餐饮	1.2797	0.2909	0.3645	0.0598
交通运输及仓储	1.1603	1.3668	0.8045	0.0494
电信与邮政	1.3942	1.0737	0.7923	0.0262
金融保险	0.8319	0.4496	0.6118	0.0376
房地产	0.7119	0.6353	0.2352	0.2636
机器设备租赁	1.1136	0.1592	0.8997	0.002

续表

	影响力系数	感应度系数	资本化系数	消费结构系数
计算机及其相关活动	0.9469	0.578	0.9866	0.0007
研究与开发	0.7681	0.1534	0.9855	0.0004
其他商务活动	0.9419	1.6319	0.9775	0.005
公共管理及国防、社会安全	0.8688	0.2961	0.8612	0.0059
教育	0.5519	0.1169	0.7182	0.0051
卫生及社会工作	0.6034	0.1019	0.2629	0.0454
其他团体、社会和私人服务等	0.9298	0.4229	0.4853	0.0495

法国（2005年）

表45 法国16部门增加值比重、劳动报酬比重、产出比重

	增加值比重	劳动报酬比重	产出比重
第一产业	0.0228	0.0095	0.0254
第二产业	0.2068	0.2193	0.3467
第三产业	0.7703	0.7712	0.628
批发零售贸易与修理	0.1044	0.118	0.1002
旅馆和餐饮	0.0237	0.0266	0.0241
交通运输及仓储	0.0433	0.0478	0.0454
电信与邮政	0.0212	0.0191	0.0209
金融保险	0.0486	0.0512	0.0502
房地产	0.1364	0.013	0.084
机器设备租赁	0.0079	0.003	0.0076
计算机及其相关活动	0.0243	0.0306	0.0193
研究与开发	0.009	0.0154	0.0109
其他商务活动	0.0954	0.1165	0.0881
公共管理及国防、社会安全	0.0764	0.1043	0.0532
教育	0.0544	0.0837	0.0327
卫生及社会工作	0.0843	0.0989	0.0555
其他团体、社会和私人服务等	0.041	0.0431	0.0359

表46　法国16部门直接消耗系数

	第一产业	第二产业	第三产业
第一产业	0.1799	0.0336	0.0019
第二产业	0.2244	0.4359	0.0813
第三产业	0.1437	0.2207	0.2912
批发零售贸易与修理	0.0611	0.0575	0.0234
旅馆和餐饮	0.0004	0.0029	0.0089
交通运输及仓储	0.0143	0.0233	0.0326
电信与邮政	0.0005	0.0034	0.0199
金融保险	0.0303	0.0193	0.0454
房地产	0.0003	0.0049	0.0272
机器设备租赁	0.0092	0.0071	0.0065
计算机及其相关活动	0.0001	0.0072	0.0127
研究与开发	0.0033	0.0163	0.0031
其他商务活动	0.0167	0.0656	0.0865
公共管理及国防、社会安全	0.0011	0.0026	0.0035
教育	0.002	0.0031	0.004
卫生及社会工作	0.0034	0.0013	0.0035
其他团体、社会和私人服务等	0.0011	0.0063	0.0141

表47　法国16部门完全消耗系数

	第一产业	第二产业	第三产业
第一产业	0.2427	0.0788	0.012
第二产业	0.5608	0.9026	0.219
第三产业	0.4816	0.6787	0.5308
批发零售贸易与修理	0.1204	0.1315	0.0479
旅馆和餐饮	0.0068	0.0121	0.0141
交通运输及仓储	0.0513	0.0736	0.0571
电信与邮政	0.0143	0.023	0.0361
金融保险	0.082	0.0781	0.084

续表

	第一产业	第二产业	第三产业
房地产	0.0168	0.0281	0.0422
机器设备租赁	0.0216	0.0218	0.0133
计算机及其相关活动	0.0127	0.0251	0.0241
研究与开发	0.0149	0.0348	0.0084
其他商务活动	0.1135	0.2089	0.1627
公共管理及国防、社会安全	0.0045	0.0076	0.0061
教育	0.0065	0.0092	0.0071
卫生及社会工作	0.0059	0.004	0.0049
其他团体、社会和私人服务等	0.0104	0.021	0.0229

表48 法国16部门影响力系数、感应度系数、资本化系数和消费结构系数

	影响力系数	感应度系数	资本化系数	消费结构系数
第一产业	1.4283	0.5854	0.7214	0.0243
第二产业	1.8451	5.5033	0.7099	0.3065
第三产业	0.909	0.708	0.5865	0.6692
批发零售贸易与修理	1.0358	1.0655	0.4361	0.1688
旅馆和餐饮	1.2176	0.2476	0.2748	0.0627
交通运输及仓储	1.162	1.0065	0.7443	0.0358
电信与邮政	1.1088	0.7271	0.6663	0.0247
金融保险	1.0703	1.4483	0.727	0.0487
房地产	0.3765	0.6394	0.2535	0.1996
机器设备租赁	1.0112	0.4359	0.8934	0.0029
计算机及其相关活动	0.7954	0.464	0.9656	0.0013
研究与开发	1.403	0.2763	0.9955	0.0001
其他商务活动	0.972	2.866	0.9675	0.0094
公共管理及国防、社会安全	0.6558	0.1109	0.6769	0.0054
教育	0.4168	0.1269	0.5653	0.0101
卫生及社会工作	0.5591	0.0849	0.1896	0.0419
其他团体、社会和私人服务等	0.9423	0.4121	0.409	0.0575

英国（2005 年）

表 49　英国 16 部门增加值比重、劳动报酬比重、产出比重

	增加值比重	劳动报酬比重	产出比重
第一产业	0.0067	0.0052	0.0089
第二产业	0.2347	0.2164	0.3125
第三产业	0.7585	0.7784	0.6786
批发零售贸易与修理	0.1162	0.1215	0.1086
旅馆和餐饮	0.0295	0.0323	0.0313
交通运输及仓储	0.045	0.0525	0.0546
电信与邮政	0.0275	0.028	0.0253
金融保险	0.0712	0.0654	0.0718
房地产	0.0924	0.0169	0.0607
机器设备租赁	0.0104	0.0086	0.0089
计算机及其相关活动	0.0302	0.0355	0.024
研究与开发	0.0042	0.0057	0.0034
其他商务活动	0.0957	0.0966	0.0811
公共管理及国防、社会安全	0.0538	0.0765	0.0547
教育	0.0589	0.0894	0.041
卫生及社会工作	0.0716	0.0962	0.0662
其他团体、社会和私人服务等	0.0519	0.0533	0.0467

表 50　英国 16 部门直接消耗系数

	第一产业	第二产业	第三产业
第一产业	0.0872	0.0127	0.0014
第二产业	0.2396	0.4135	0.0887
第三产业	0.2474	0.1773	0.3308
批发零售贸易与修理	0.1005	0.0597	0.0271
旅馆和餐饮	0.002	0.0019	0.0053
交通运输及仓储	0.0112	0.0208	0.0481
电信与邮政	0.0112	0.005	0.0228

续表

	第一产业	第二产业	第三产业
金融保险	0.044	0.0218	0.0383
房地产	0.0143	0.009	0.0165
机器设备租赁	0.0033	0.0108	0.005
计算机及其相关活动	0.0014	0.0054	0.0199
研究与开发	0.0011	0.0016	0.0031
其他商务活动	0.0372	0.0312	0.0883
公共管理及国防、社会安全	0.0006	0.0015	0.0062
教育	0.0003	0.0012	0.0116
卫生及社会工作	0.0083	0.0012	0.0167
其他团体、社会和私人服务等	0.0121	0.0062	0.0221

表 51　英国 16 部门完全消耗系数

	第一产业	第二产业	第三产业
第一产业	0.1034	0.0252	0.0051
第二产业	0.5234	0.7779	0.2243
第三产业	0.57	0.5031	0.5784
批发零售贸易与修理	0.1555	0.1209	0.0535
旅馆和餐饮	0.0064	0.0062	0.0084
交通运输及仓储	0.0599	0.0724	0.0865
电信与邮政	0.0306	0.0218	0.0391
金融保险	0.0836	0.0594	0.0636
房地产	0.033	0.0265	0.0264
机器设备租赁	0.0124	0.0228	0.011
计算机及其相关活动	0.0169	0.0208	0.0344
研究与开发	0.0033	0.004	0.0051
其他商务活动	0.1189	0.1126	0.1647
公共管理及国防、社会安全	0.0055	0.0065	0.0115
教育	0.0049	0.0058	0.0173
卫生及社会工作	0.0126	0.0036	0.0211
其他团体、社会和私人服务等	0.0266	0.0199	0.0358

表 52 英国 16 部门影响力系数、感应度系数、资本化系数和消费结构系数

	影响力系数	感应度系数	资本化系数	消费结构系数
第一产业	1.5267	0.9094	0.7756	0.0336
第二产业	2.3637	8.121	0.736	0.3266
第三产业	0.865	0.4978	0.4774	0.6398
批发零售贸易与修理	0.8228	1.2482	0.4576	0.1373
旅馆和餐饮	1.7688	0.151	0.201	0.0485
交通运输及仓储	1.6024	1.0332	0.6427	0.0548
电信与邮政	1.3633	1.5123	0.7414	0.0333
金融保险	0.9063	0.9775	0.5364	0.0824
房地产	0.1848	0.3851	0.1869	0.1336
机器设备租赁	0	0	NaN	0
计算机及其相关活动	0	0	NaN	0
研究与开发	0	0	NaN	0
其他商务活动	1.1049	1.3542	0.9174	0.01
公共管理及国防、社会安全	1.0028	0.0891	0.654	0.0041
教育	0.8134	0.0312	0.0779	0.0298
卫生及社会工作	1.4199	0.0202	0.0346	0.048
其他团体、社会和私人服务等	1.1202	0.1676	0.1873	0.0579

印度（2003 年）

表 53 印度 16 部门增加值比重、劳动报酬比重、产出比重

	增加值比重	劳动报酬比重	产出比重
第一产业	0.2143	0.112	0.1513
第二产业	0.2573	0.3186	0.4737
第三产业	0.5285	0.5693	0.375
批发零售贸易与修理	0.1432	0.0542	0.0854
旅馆和餐饮	0.0133	0.01	0.0201
交通运输及仓储	0.0642	0.0693	0.0823
电信与邮政	0.0176	0.0191	0.0112

续表

	增加值比重	劳动报酬比重	产出比重
金融保险	0.0635	0.0644	0.0411
房地产	0.0007	0.0004	0.0005
机器设备租赁	0.0007	0.0013	0.0004
计算机及其相关活动	0.0219	0.0413	0.0151
研究与开发	0	0	0
其他商务活动	0.0086	0.0163	0.0086
公共管理及国防、社会安全	0.0613	0.1656	0.0305
教育	0.0382	0.0598	0.0212
卫生及社会工作	0.0179	0.0279	0.0142
其他团体、社会和私人服务等	0.0773	0.0399	0.0444

表54　印度16部门直接消耗系数

	第一产业	第二产业	第三产业
第一产业	0.1952	0.0575	0.0182
第二产业	0.089	0.4548	0.1361
第三产业	0.0707	0.1698	0.1297
批发零售贸易与修理	0.0401	0.0645	0.0186
旅馆和餐饮	0.0001	0.0001	0.0114
交通运输及仓储	0.0227	0.0494	0.0295
电信与邮政	0.0004	0.007	0.0117
金融保险	0.0058	0.0374	0.0334
房地产	0	0	0.0004
机器设备租赁	0.0004	0.0001	0.0005
计算机及其相关活动	0.0001	0.0017	0.0028
研究与开发	0	0	0
其他商务活动	0.0001	0.0032	0.0139
公共管理及国防、社会安全	0	0	0
教育	0	0	0.0004
卫生及社会工作	0	0	0.0009
其他团体、社会和私人服务等	0.0011	0.0064	0.0062

表55　印度16部门完全消耗系数

	第一产业	第二产业	第三产业
第一产业	0.2616	0.1443	0.0514
第二产业	0.2484	0.9685	0.3208
第三产业	0.1548	0.4078	0.2261
批发零售贸易与修理	0.0695	0.1401	0.0461
旅馆和餐饮	0.0019	0.0051	0.0145
交通运输及仓储	0.0471	0.1154	0.0537
电信与邮政	0.0045	0.0206	0.018
金融保险	0.0239	0.0947	0.0563
房地产	0	0.0001	0.0006
机器设备租赁	0.0007	0.0004	0.0007
计算机及其相关活动	0.0006	0.0038	0.0037
研究与开发	0	0	0
其他商务活动	0.0028	0.0123	0.0208
公共管理及国防、社会安全	0	0	0
教育	0	0.0001	0.0005
卫生及社会工作	0.0001	0.0002	0.001
其他团体、社会和私人服务等	0.0037	0.0149	0.0101

表56　印度16部门影响力系数、感应度系数、资本化系数和消费结构系数

	影响力系数	感应度系数	资本化系数	消费结构系数
第一产业	1.1186	1.8907	0.4303	0.2601
第二产业	2.5582	7.8346	0.7605	0.2723
第三产业	0.8802	0.4482	0.4801	0.4676
批发零售贸易与修理	0.5413	1.1931	0.5738	0.1001
旅馆和餐饮	2.0951	0.4288	0.2379	0.0429
交通运输及仓储	2.129	1.1567	0.529	0.1043
电信与邮政	0.8967	0.4929	0.7456	0.0082
金融保险	0.702	1.1859	0.7811	0.0269
房地产	0.8032	0.2993	0.279	0.0011
机器设备租赁	0.4813	0.334	0.8783	0.0001

续表

	影响力系数	感应度系数	资本化系数	消费结构系数
计算机及其相关活动	0.872	0.1338	0.9983	0
研究与开发	0	0	NaN	0
其他商务活动	1.6282	0.7212	0.8847	0.0027
公共管理及国防、社会安全	0	0	NaN	0
教育	0.354	0.0173	0.0117	0.0422
卫生及社会工作	1.3579	0.0292	0.0271	0.0358
其他团体、社会和私人服务等	0.4626	0.2827	0.1415	0.1033

爱尔兰（2005年）

表57 爱尔兰16部门增加值比重、劳动报酬比重、产出比重

	增加值比重	劳动报酬比重	产出比重
第一产业	0.0191	0.008	0.0222
第二产业	0.3449	0.3086	0.4565
第三产业	0.636	0.6833	0.5212
批发零售贸易与修理	0.1081	0.1054	0.0622
旅馆和餐饮	0.0233	0.0329	0.0294
交通运输及仓储	0.0329	0.0393	0.0376
电信与邮政	0.0198	0.0228	0.0207
金融保险	0.1013	0.0728	0.0966
房地产	0.0753	0.0051	0.0444
机器设备租赁	0.0195	0.0037	0.0139
计算机及其相关活动	0.0257	0.0236	0.04
研究与开发	0.001	0.0016	0.0012
其他商务活动	0.0539	0.0594	0.0514
公共管理及国防、社会安全	0.0435	0.0735	0.0329
教育	0.0419	0.0894	0.0245
卫生及社会工作	0.0676	0.1227	0.0474
其他团体、社会和私人服务等	0.0222	0.0311	0.019

表58　爱尔兰16部门直接消耗系数

	第一产业	第二产业	第三产业
第一产业	0.221	0.0299	0.0023
第二产业	0.2897	0.3318	0.0827
第三产业	0.1307	0.3047	0.3677
批发零售贸易与修理	0.041	0.0597	0.0164
旅馆和餐饮	0.0061	0.0048	0.0136
交通运输及仓储	0.0052	0.0125	0.0296
电信与邮政	0.0046	0.0031	0.0256
金融保险	0.0406	0.0191	0.1087
房地产	0.0019	0.0047	0.014
机器设备租赁	0.0016	0.004	0.0077
计算机及其相关活动	0.0014	0.009	0.0279
研究与开发	0.0001	0.0232	0.003
其他商务活动	0.0045	0.1579	0.086
公共管理及国防、社会安全	0.0062	0.002	0.0026
教育	0.0001	0.0006	0.0037
卫生及社会工作	0.0129	0.0008	0.0164
其他团体、社会和私人服务等	0.0046	0.0033	0.0125

表59　爱尔兰16部门完全消耗系数

	第一产业	第二产业	第三产业
第一产业	0.3089	0.0632	0.0121
第二产业	0.6275	0.6094	0.2051
第三产业	0.6183	0.8795	0.787
批发零售贸易与修理	0.0994	0.1114	0.0411
旅馆和餐饮	0.0194	0.0216	0.0256
交通运输及仓储	0.0333	0.0494	0.0563
电信与邮政	0.0262	0.031	0.0556
金融保险	0.1419	0.1132	0.2307

续表

	第一产业	第二产业	第三产业
房地产	0.0137	0.0195	0.0229
机器设备租赁	0.0084	0.0122	0.0141
计算机及其相关活动	0.0242	0.0437	0.0541
研究与开发	0.0174	0.0432	0.011
其他商务活动	0.1852	0.4052	0.2227
公共管理及国防、社会安全	0.011	0.0064	0.005
教育	0.0022	0.0043	0.0055
卫生及社会工作	0.0216	0.0035	0.0209
其他团体、社会和私人服务等	0.0143	0.015	0.0215

表60　爱尔兰16部门影响力系数、感应度系数、资本化系数和消费结构系数

	影响力系数	感应度系数	资本化系数	消费结构系数
第一产业	1.4102	0.5226	0.8508	0.0191
第二产业	1.4079	4.1512	0.8412	0.2095
第三产业	0.9416	0.809	0.7048	0.7714
批发零售贸易与修理	0.4773	0.7821	0.5418	0.1716
旅馆和餐饮	1.3447	0.3763	0.3238	0.1083
交通运输及仓储	1.2072	0.8426	0.6048	0.0767
电信与邮政	1.22	0.8782	0.6946	0.036
金融保险	1.0331	2.3905	0.8068	0.0876
房地产	0.5116	0.3371	0.2203	0.185
机器设备租赁	0.7133	0.2868	0.8299	0.0066
计算机及其相关活动	1.441	0.8277	0.9892	0.0011
研究与开发	1.2507	0.2642	1	0
其他商务活动	1.0624	3.4588	0.9922	0.0051
公共管理及国防、社会安全	0.7535	0.0815	0.9139	0.0012
教育	0.4979	0.1446	0.5094	0.0117
卫生及社会工作	0.7065	0.244	0.6023	0.0336
其他团体、社会和私人服务等	0.9627	0.4118	0.4896	0.0467

意大利（2005 年）

表 61　意大利 16 部门增加值比重、劳动报酬比重、产出比重

	增加值比重	劳动报酬比重	产出比重
第一产业	0.022	0.015	0.017
第二产业	0.2687	0.304	0.4099
第三产业	0.7093	0.681	0.5731
批发零售贸易与修理	0.1178	0.0917	0.1294
旅馆和餐饮	0.0376	0.0395	0.0358
交通运输及仓储	0.0531	0.0579	0.0622
电信与邮政	0.0231	0.0165	0.0197
金融保险	0.0482	0.0544	0.0398
房地产	0.1294	0.0028	0.067
机器设备租赁	0.0032	0.0015	0.0032
计算机及其相关活动	0.0164	0.0213	0.0155
研究与开发	0.0058	0.0093	0.0042
其他商务活动	0.0659	0.0538	0.0567
公共管理及国防、社会安全	0.0651	0.106	0.0421
教育	0.0486	0.0907	0.0263
卫生及社会工作	0.0575	0.0848	0.0405
其他团体、社会和私人服务等	0.0378	0.0507	0.0309

表 62　意大利 16 部门直接消耗系数

	第一产业	第二产业	第三产业
第一产业	0.1123	0.0252	0.0046
第二产业	0.1783	0.4509	0.1177
第三产业	0.1021	0.2123	0.2921
批发零售贸易与修理	0.035	0.0725	0.0431
旅馆和餐饮	0.0016	0.007	0.0098
交通运输及仓储	0.0327	0.0405	0.0434
电信与邮政	0.0012	0.0072	0.018

续表

	第一产业	第二产业	第三产业
金融保险	0.0184	0.0155	0.0385
房地产	0.0015	0.0105	0.0306
机器设备租赁	0.0002	0.0027	0.0037
计算机及其相关活动	0.0007	0.0064	0.0164
研究与开发	0.0003	0.0026	0.0021
其他商务活动	0.0063	0.037	0.0632
公共管理及国防、社会安全	0.0002	0.0003	0.0002
教育	0	0.0011	0.0029
卫生及社会工作	0.0007	0.0002	0.0047
其他团体、社会和私人服务等	0.0033	0.0089	0.0155

表63 意大利16部门完全消耗系数

	第一产业	第二产业	第三产业
第一产业	0.1406	0.0595	0.0166
第二产业	0.4463	0.9937	0.3342
第三产业	0.3314	0.6637	0.5516
批发零售贸易与修理	0.0895	0.1806	0.091
旅馆和餐饮	0.009	0.0222	0.0185
交通运输及仓储	0.0783	0.1244	0.0873
电信与邮政	0.0121	0.0294	0.0329
金融保险	0.0462	0.0616	0.0734
房地产	0.0164	0.0415	0.0499
机器设备租赁	0.003	0.0086	0.007
计算机及其相关活动	0.0111	0.0279	0.033
研究与开发	0.0023	0.0071	0.0046
其他商务活动	0.0488	0.1278	0.1176
公共管理及国防、社会安全	0.0004	0.0008	0.0004
教育	0.0013	0.0039	0.0047
卫生及社会工作	0.0011	0.0007	0.0052
其他团体、社会和私人服务等	0.012	0.0271	0.026

表64 意大利16部门影响力系数、感应度系数、资本化系数和消费结构系数

	影响力系数	感应度系数	资本化系数	消费结构系数
第一产业	0.992	0.4414	0.7907	0.0144
第二产业	1.8547	6.4506	0.7668	0.284
第三产业	0.9395	0.6506	0.5717	0.7017
批发零售贸易与修理	1.3504	1.5609	0.4859	0.2129
旅馆和餐饮	1.295	0.2889	0.2335	0.1026
交通运输及仓储	1.4526	1.4032	0.7201	0.0598
电信及邮政	1.1153	0.533	0.6716	0.0238
金融保险	0.8416	1.1665	0.718	0.0413
房地产	0.2433	0.8136	0.3416	0.1542
机器设备租赁	1.2636	0.1296	0.9565	0.0005
计算机及其相关活动	1.1713	0.6535	0.9444	0.0026
研究与开发	0.8569	0.1392	0.9922	0.0001
其他商务活动	1.0374	1.7986	0.9406	0.0119
公共管理及国防、社会安全	0.612	0.0087	0.4546	0.0011
教育	0.2245	0.0941	0.3736	0.0129
卫生及社会工作	0.7424	0.0827	0.2971	0.0241
其他团体、社会和私人服务等	0.9469	0.4355	0.4588	0.0541

日本（2005年）

表65 日本16部门增加值比重、劳动报酬比重、产出比重

	增加值比重	劳动报酬比重	产出比重
第一产业	0.0138	0.0038	0.0137
第二产业	0.2806	0.2772	0.4299
第三产业	0.7056	0.719	0.5564
批发零售贸易与修理	0.1431	0.1744	0.1088
旅馆和餐饮	0.0323	0.036	0.0353
交通运输及仓储	0.0476	0.0567	0.0428
电信与邮政	0.0241	0.0186	0.0212

续表

	增加值比重	劳动报酬比重	产出比重
金融保险	0.0528	0.0463	0.0408
房地产	0.1235	0.0084	0.0752
机器设备租赁	0.014	0.0044	0.0123
计算机及其相关活动	0.0246	0.029	0.0206
研究与开发	0.0186	0.0295	0.015
其他商务活动	0.0427	0.0496	0.0362
公共管理及国防、社会安全	0.0346	0.0626	0.0295
教育	0.035	0.0623	0.0216
卫生及社会工作	0.0626	0.0942	0.0533
其他团体、社会和私人服务等	0.0502	0.0471	0.0438

表66　日本16部门直接消耗系数

	第一产业	第二产业	第三产业
第一产业	0.1164	0.02	0.0026
第二产业	0.2133	0.452	0.1063
第三产业	0.135	0.181	0.217
批发零售贸易与修理	0.0579	0.0551	0.0283
旅馆和餐饮	0	0	0
交通运输及仓储	0.0278	0.0256	0.0218
电信与邮政	0.0006	0.0044	0.0191
金融保险	0.0323	0.0134	0.0405
房地产	0.0005	0.0034	0.0152
机器设备租赁	0.0054	0.0123	0.0107
计算机及其相关活动	0.0024	0.0062	0.0132
研究与开发	0.0009	0.029	0.0016
其他商务活动	0.0014	0.0222	0.0422
公共管理及国防、社会安全	0	0	0.0012
教育	0	0.0003	0.0004
卫生及社会工作	0	0	0.0016
其他团体、社会和私人服务等	0.0057	0.0092	0.0212

表67 日本16部门完全消耗系数

	第一产业	第二产业	第三产业
第一产业	0.143	0.0438	0.0088
第二产业	0.4953	0.9215	0.2515
第三产业	0.3277	0.4725	0.3567
批发零售贸易与修理	0.1009	0.1192	0.0494
旅馆和餐饮	0	0	0
交通运输及仓储	0.0547	0.0631	0.0368
电信与邮政	0.0105	0.0214	0.0318
金融保险	0.0618	0.0515	0.0627
房地产	0.0087	0.0157	0.0221
机器设备租赁	0.0166	0.0302	0.0189
计算机及其相关活动	0.0112	0.0197	0.0209
研究与开发	0.0161	0.0567	0.0098
其他商务活动	0.0295	0.0665	0.0686
公共管理及国防、社会安全	0.0003	0.0004	0.0017
教育	0.0003	0.0008	0.0008
卫生及社会工作	0	0	0.0016
其他团体、社会和私人服务等	0.0172	0.0274	0.0317

表68 日本16部门影响力系数、感应度系数、资本化系数和消费结构系数

	影响力系数	感应度系数	资本化系数	消费结构系数
第一产业	1.3411	0.4401	0.7572	0.0121
第二产业	1.9961	7.0977	0.7751	0.2395
第三产业	0.9045	0.6044	0.463	0.7484
批发零售贸易与修理	0.7536	1.2769	0.4443	0.162
旅馆和餐饮	1.4441	0	0	0.1125
交通运输及仓储	1.0669	0.8779	0.6009	0.0502
电信与邮政	0.962	0.741	0.5899	0.0281
金融保险	0.7501	1.4116	0.706	0.0385
房地产	0.3283	0.4628	0.1321	0.21
机器设备租赁	0.9991	0.4839	0.9333	0.0026

续表

	影响力系数	感应度系数	资本化系数	消费结构系数
计算机及其相关活动	0.8848	0.492	0.8924	0.0039
研究与开发	0.9361	0.3109	1	0
其他商务活动	0.971	1.6018	0.9847	0.0017
公共管理及国防、社会安全	1.0528	0.032	0.421	0.0029
教育	0.3961	0.0219	0.0607	0.0185
卫生及社会工作	1.0727	0.0233	0.0743	0.035
其他团体、社会和私人服务等	1.0454	0.7262	0.3816	0.0825

韩国（2005年）

表69　韩国16部门增加值比重、劳动报酬比重、产出比重

	增加值比重	劳动报酬比重	产出比重
第一产业	0.0292	0.0068	0.0208
第二产业	0.3968	0.3854	0.5673
第三产业	0.574	0.6078	0.4119
批发零售贸易与修理	0.0743	0.0692	0.0514
旅馆和餐饮	0.0267	0.0274	0.0274
交通运输及仓储	0.0396	0.0455	0.0381
电信与邮政	0.0248	0.0169	0.0205
金融保险	0.0649	0.0539	0.0426
房地产	0.0921	0.0137	0.0505
机器设备租赁	0.0204	0.0282	0.0121
计算机及其相关活动	0.0349	0.0463	0.0264
研究与开发	0.0169	0.0285	0.01
其他商务活动	0	0	0
公共管理及国防、社会安全	0.0557	0.0861	0.0333
教育	0.0546	0.0987	0.0279
卫生及社会工作	0.0335	0.0527	0.0247
其他团体、社会和私人服务等	0.0356	0.0408	0.047

表70 韩国16部门直接消耗系数

	第一产业	第二产业	第三产业
第一产业	0.0664	0.0229	0.0062
第二产业	0.2622	0.5687	0.1503
第三产业	0.0917	0.1204	0.2697
批发零售贸易与修理	0.0262	0.0296	0.0215
旅馆和餐饮	0	0	0.0245
交通运输及仓储	0.0095	0.0179	0.031
电信与邮政	0.004	0.003	0.0232
金融保险	0.0166	0.0111	0.0501
房地产	0.0033	0.003	0.0281
机器设备租赁	0.003	0.0062	0.0182
计算机及其相关活动	0.0037	0.0218	0.0193
研究与开发	0.0002	0.0135	0.0034
其他商务活动	0	0	0
公共管理及国防、社会安全	0.0014	0	0.0015
教育	0.0001	0.0006	0.001
卫生及社会工作	0.0038	0.0006	0.0015
其他团体、社会和私人服务等	0.0199	0.0131	0.0464

表71 韩国16部门完全消耗系数

	第一产业	第二产业	第三产业
第一产业	0.091	0.0631	0.0235
第二产业	0.7559	1.5051	0.5323
第三产业	0.2804	0.4456	0.4861
批发零售贸易与修理	0.0573	0.0848	0.0494
旅馆和餐饮	0.0097	0.0124	0.0405
交通运输及仓储	0.0358	0.0656	0.0578
电信与邮政	0.0148	0.0202	0.0392
金融保险	0.0412	0.0486	0.0856
房地产	0.0155	0.0226	0.0447

续表

	第一产业	第二产业	第三产业
机器设备租赁	0.0143	0.0263	0.0322
计算机及其相关活动	0.0272	0.0661	0.0425
研究与开发	0.0115	0.0361	0.0125
其他商务活动	0	0	0
公共管理及国防、社会安全	0.0021	0.001	0.0024
教育	0.0009	0.002	0.0018
卫生及社会工作	0.0049	0.0022	0.0024
其他团体、社会和私人服务等	0.0452	0.0577	0.0751

表72 韩国16部门影响力系数、感应度系数、资本化系数和消费结构系数

	影响力系数	感应度系数	资本化系数	消费结构系数
第一产业	1.0993	0.4443	0.7253	0.0285
第二产业	1.9639	8.8871	0.8557	0.2922
第三产业	0.9241	0.4763	0.5425	0.6793
批发零售贸易与修理	0.8859	0.7697	0.5883	0.0814
旅馆和餐饮	1.5279	0.4442	0.3558	0.0811
交通运输及仓储	1.4504	0.7615	0.7225	0.0395
电信与邮政	1.0771	0.5807	0.5436	0.0422
金融保险	0.7044	1.0005	0.6305	0.0711
房地产	0.5628	0.5877	0.3096	0.1321
机器设备租赁	0.6919	0.4632	0.892	0.006
计算机及其相关活动	1.0973	0.6408	0.9445	0.0053
研究与开发	0.7788	0.2294	1	0
其他商务活动	0	0	NaN	0
公共管理及国防、社会安全	0.7986	0.0292	0.6936	0.0012
教育	0.4867	0.0247	0.0436	0.0739
卫生及社会工作	1.1231	0.0394	0.0748	0.0577
其他团体、社会和私人服务等	1.7517	1.0975	0.577	0.0879

荷兰（2005年）

表73 荷兰16部门增加值比重、劳动报酬比重、产出比重

	增加值比重	劳动报酬比重	产出比重
第一产业	0.0209	0.0117	0.0247
第二产业	0.2417	0.2173	0.3655
第三产业	0.7374	0.771	0.6098
批发零售贸易与修理	0.1298	0.1319	0.1076
旅馆和餐饮	0.0186	0.0167	0.0173
交通运输及仓储	0.0455	0.0501	0.0494
电信与邮政	0.0272	0.0162	0.0253
金融保险	0.0769	0.0652	0.0662
房地产	0.0743	0.0131	0.0575
机器设备租赁	0.0098	0.0032	0.0083
计算机及其相关活动	0.0194	0.026	0.0161
研究与开发	0.0044	0.0074	0.004
其他商务活动	0.0909	0.1252	0.0785
公共管理及国防、社会安全	0.0713	0.0919	0.0587
教育	0.0438	0.0694	0.0264
卫生及社会工作	0.0877	0.1183	0.0565
其他团体、社会和私人服务等	0.0379	0.0365	0.0381

表74 荷兰16部门直接消耗系数

	第一产业	第二产业	第三产业
第一产业	0.158	0.035	0.002
第二产业	0.2655	0.4783	0.0938
第三产业	0.162	0.1712	0.312
批发零售贸易与修理	0.0364	0.0469	0.0273
旅馆和餐饮	0.0008	0.0046	0.011
交通运输及仓储	0.0146	0.0134	0.0217
电信与邮政	0.008	0.0041	0.0217

续表

	第一产业	第二产业	第三产业
金融保险	0.0252	0.0165	0.0629
房地产	0.0036	0.0053	0.0234
机器设备租赁	0.0053	0.0072	0.0084
计算机及其相关活动	0.001	0.0058	0.0128
研究与开发	0.0003	0.0081	0.0029
其他商务活动	0.0387	0.0493	0.0819
公共管理及国防、社会安全	0.0012	0.0013	0.0073
教育	0.0005	0.0008	0.0008
卫生及社会工作	0.0121	0.0008	0.0046
其他团体、社会和私人服务等	0.0142	0.0072	0.0254

表75 荷兰16部门完全消耗系数

	第一产业	第二产业	第三产业
第一产业	0.2175	0.0864	0.0148
第二产业	0.6982	1.0533	0.2744
第三产业	0.491	0.5692	0.5651
批发零售贸易与修理	0.0922	0.1177	0.055
旅馆和餐饮	0.01	0.0165	0.0181
交通运输及仓储	0.0377	0.0408	0.0356
电信与邮政	0.0246	0.0216	0.0385
金融保险	0.0797	0.0763	0.1184
房地产	0.0178	0.023	0.0358
机器设备租赁	0.0166	0.0214	0.0162
计算机及其相关活动	0.0117	0.0203	0.0235
研究与开发	0.0086	0.0238	0.0076
其他商务活动	0.1355	0.1687	0.1578
公共管理及国防、社会安全	0.0042	0.0049	0.0099
教育	0.0017	0.0026	0.0016
卫生及社会工作	0.0167	0.0039	0.0062
其他团体、社会和私人服务等	0.0338	0.0277	0.0409

表76 荷兰16部门影响力系数、感应度系数、资本化系数和消费结构系数

	影响力系数	感应度系数	资本化系数	消费结构系数
第一产业	1.4734	0.5465	0.8576	0.0131
第二产业	1.7899	5.9152	0.8175	0.2356
第三产业	0.9098	0.6813	0.602	0.7512
批发零售贸易与修理	0.929	1.1094	0.4439	0.1921
旅馆和餐饮	1.1371	0.2949	0.3987	0.0562
交通运输及仓储	1.2583	0.5485	0.6366	0.0467
电信与邮政	1.0496	0.667	0.6077	0.0426
金融保险	0.8344	1.6553	0.6639	0.1009
房地产	0.804	0.5047	0.3073	0.1624
机器设备租赁	0.8753	0.2928	0.9303	0.0026
计算机及其相关活动	0.8572	0.4514	0.9712	0.0013
研究与开发	1.0809	0.5443	1	0
其他商务活动	0.9608	2.4946	0.9546	0.0145
公共管理及国防、社会安全	0.861	0.1658	0.6287	0.0129
教育	0.4283	0.0629	0.4629	0.0041
卫生及社会工作	0.5439	0.1005	0.1924	0.0629
其他团体、社会和私人服务等	1.1171	0.6462	0.6106	0.0521

挪威（2005年）

表77 挪威16部门增加值比重、劳动报酬比重、产出比重

	增加值比重	劳动报酬比重	产出比重
第一产业	0.0153	0.0075	0.0182
第二产业	0.4287	0.2469	0.4328
第三产业	0.556	0.7456	0.549
批发零售贸易与修理	0.0814	0.1296	0.0851
旅馆和餐饮	0.0129	0.0212	0.0147
交通运输及仓储	0.0587	0.0681	0.0885
电信与邮政	0.0184	0.0187	0.0227

续表

	增加值比重	劳动报酬比重	产出比重
金融保险	0.0395	0.0338	0.0349
房地产	0.0683	0.0133	0.0659
机器设备租赁	0.0031	0.0025	0.0041
计算机及其相关活动	0.0163	0.0244	0.0148
研究与开发	0.0032	0.0073	0.0037
其他商务活动	0.0486	0.073	0.0488
公共管理及国防、社会安全	0.0439	0.0743	0.0419
教育	0.0441	0.0856	0.0319
卫生及社会工作	0.0861	0.1586	0.0614
其他团体、社会和私人服务等	0.0314	0.0351	0.0306

表78 挪威16部门直接消耗系数

	第一产业	第二产业	第三产业
第一产业	0.0708	0.0259	0.0013
第二产业	0.3525	0.2917	0.1217
第三产业	0.1065	0.1396	0.2984
批发零售贸易与修理	0.0424	0.0403	0.0303
旅馆和餐饮	0.0006	0.0063	0.013
交通运输及仓储	0.013	0.0194	0.065
电信与邮政	0.0068	0.009	0.0224
金融保险	0.0129	0.0117	0.0362
房地产	0.0001	0.0064	0.0322
机器设备租赁	0.0011	0.0043	0.0022
计算机及其相关活动	0.0016	0.0064	0.0175
研究与开发	0.0002	0.0018	0.0037
其他商务活动	0.0161	0.0235	0.0565
公共管理及国防、社会安全	0.0005	0.0044	0.0033
教育	0.0001	0.0009	0.0016
卫生及社会工作	0.0105	0.0004	0.0005
其他团体、社会和私人服务等	0.0006	0.0048	0.0142

表79 挪威16部门完全消耗系数

	第一产业	第二产业	第三产业
第一产业	0.0933	0.0421	0.0094
第二产业	0.5959	0.4894	0.262
第三产业	0.3024	0.3251	0.5227
批发零售贸易与修理	0.0809	0.0732	0.0586
旅馆和餐饮	0.0088	0.0141	0.022
交通运输及仓储	0.0453	0.0508	0.1119
电信与邮政	0.0217	0.0232	0.0408
金融保险	0.0324	0.0302	0.0613
房地产	0.0151	0.0215	0.0501
机器设备租赁	0.0047	0.0075	0.0049
计算机及其相关活动	0.0124	0.0171	0.0312
研究与开发	0.0025	0.0041	0.0064
其他商务活动	0.0534	0.0605	0.1028
公共管理及国防、社会安全	0.0042	0.0077	0.006
教育	0.0011	0.0017	0.0024
卫生及社会工作	0.0118	0.0012	0.0009
其他团体、社会和私人服务等	0.0081	0.0123	0.0234

表80 挪威16部门影响力系数、感应度系数、资本化系数和消费结构系数

	影响力系数	感应度系数	资本化系数	消费结构系数
第一产业	1.2214	0.3401	0.8121	0.0147
第二产业	1.0552	5.7839	0.7964	0.2444
第三产业	0.9802	0.7054	0.5939	0.741
批发零售贸易与修理	1.0664	1.2549	0.5083	0.1617
旅馆和餐饮	1.0479	0.4307	0.2765	0.1237
交通运输及仓储	1.5609	1.4182	0.7329	0.0773
电信与邮政	1.3115	0.8935	0.7292	0.029
金融保险	0.7483	1.1439	0.7108	0.0491
房地产	0.8557	0.8977	0.3692	0.1675
机器设备租赁	1.3127	0.125	0.8567	0.0025

续表

	影响力系数	感应度系数	资本化系数	消费结构系数
计算机及其相关活动	0.9034	0.686	0.9891	0.0007
研究与开发	1.1835	0.1377	0.9957	0.0001
其他商务活动	1.0273	2.2336	0.9631	0.0076
公共管理及国防、社会安全	0.8738	0.1147	0.6619	0.0091
教育	0.4766	0.0458	0.3516	0.0111
卫生及社会工作	0.4484	0.0309	0.0655	0.0427
其他团体、社会和私人服务等	0.907	0.4633	0.4454	0.059

葡萄牙（2005 年）

表 81 葡萄牙 16 部门增加值比重、劳动报酬比重、产出比重

	增加值比重	劳动报酬比重	产出比重
第一产业	0.0284	0.011	0.0269
第二产业	0.2453	0.2528	0.4019
第三产业	0.7263	0.7362	0.5712
批发零售贸易与修理	0.1304	0.1431	0.1127
旅馆和餐饮	0.044	0.0361	0.0425
交通运输及仓储	0.038	0.0465	0.0417
电信与邮政	0.0309	0.0175	0.0286
金融保险	0.0661	0.0483	0.0474
房地产	0.0779	0.0039	0.0486
机器设备租赁	0.0056	0.0022	0.0046
计算机及其相关活动	0.0094	0.0099	0.0079
研究与开发	0.0036	0.0021	0.0023
其他商务活动	0.052	0.0508	0.0521
公共管理及国防、社会安全	0.0954	0.1354	0.0593
教育	0.0722	0.117	0.0387
卫生及社会工作	0.0665	0.0837	0.0533
其他团体、社会和私人服务等	0.0341	0.0398	0.0317

表 82　葡萄牙 16 部门直接消耗系数

	第一产业	第二产业	第三产业
第一产业	0.129	0.0423	0.005
第二产业	0.2247	0.533	0.107
第三产业	0.1243	0.129	0.2706
批发零售贸易与修理	0.0522	0.0449	0.0349
旅馆和餐饮	0.0032	0.0046	0.0118
交通运输及仓储	0.0107	0.0149	0.0297
电信与邮政	0.0019	0.0037	0.0279
金融保险	0.0263	0.0223	0.0407
房地产	0.0007	0.003	0.0131
机器设备租赁	0.01	0.0006	0.0058
计算机及其相关活动	0.0007	0.001	0.0065
研究与开发	0.0005	0.0011	0.0015
其他商务活动	0.0115	0.0255	0.0671
公共管理及国防、社会安全	0.002	0.0039	0.0082
教育	0.0003	0.0014	0.002
卫生及社会工作	0.0033	0.0005	0.0083
其他团体、社会和私人服务等	0.0011	0.0018	0.0131

表 83　葡萄牙 16 部门完全消耗系数

	第一产业	第二产业	第三产业
第一产业	0.1804	0.1132	0.0241
第二产业	0.6405	1.2954	0.3412
第三产业	0.3415	0.4652	0.48
批发零售贸易与修理	0.1041	0.1265	0.069
旅馆和餐饮	0.0113	0.0173	0.0194
交通运输及仓储	0.0347	0.0529	0.0502
电信与邮政	0.0148	0.0235	0.0499
金融保险	0.0618	0.0759	0.0714

续表

	第一产业	第二产业	第三产业
房地产	0.0085	0.0142	0.0205
机器设备租赁	0.0147	0.0053	0.0086
计算机及其相关活动	0.0049	0.0066	0.0115
研究与开发	0.0019	0.0035	0.0029
其他商务活动	0.0626	0.1077	0.126
公共管理及国防、社会安全	0.0087	0.0146	0.0152
教育	0.002	0.0042	0.0035
卫生及社会工作	0.0048	0.0019	0.0096
其他团体、社会和私人服务等	0.0068	0.011	0.0225

表84　葡萄牙16部门影响力系数、感应度系数、资本化系数和消费结构系数

	影响力系数	感应度系数	资本化系数	消费结构系数
第一产业	1.2753	0.6626	0.7494	0.0254
第二产业	2.0559	7.0552	0.7517	0.3025
第三产业	0.9049	0.5916	0.5039	0.6721
批发零售贸易与修理	1.0914	1.3379	0.4017	0.191
旅馆和餐饮	1.3563	0.33	0.205	0.1096
交通运输及仓储	1.2915	0.7641	0.7063	0.0315
电信与邮政	1.1869	0.8917	0.6277	0.0337
金融保险	0.6737	1.2538	0.6783	0.0508
房地产	0.5362	0.3267	0.207	0.1085
机器设备租赁	0.8848	0.1529	0.8063	0.003
计算机及其相关活动	1.0042	0.2522	0.9646	0.0005
研究与开发	0.5928	0.0626	0.995	0
其他商务活动	1.2232	2.0978	0.9349	0.0111
公共管理及国防、社会安全	0.5312	0.2568	0.7774	0.0058
教育	0.2836	0.0581	0.2601	0.0156
卫生及社会工作	0.9353	0.122	0.214	0.0601
其他团体、社会和私人服务等	1.0777	0.3756	0.3442	0.0509

俄罗斯（2000年）

表85 俄罗斯16部门增加值比重、劳动报酬比重、产出比重

	增加值比重	劳动报酬比重	产出比重
第一产业	0.0669	0.036	0.0641
第二产业	0.3827	0.3936	0.4826
第三产业	0.5504	0.5703	0.4533
批发零售贸易与修理	0.3055	0.0702	0.2136
旅馆和餐饮	0	0	0
交通运输及仓储	0.0896	0.1211	0.0779
电信与邮政	0	0	0
金融保险	0.0611	0.1617	0.0685
房地产	0	0	0
机器设备租赁	0	0	0
计算机及其相关活动	0	0	0
研究与开发	0.0125	0.0326	0.0147
其他商务活动	0.006	0.011	0.0049
公共管理及国防、社会安全	0	0	0
教育	0	0	0
卫生及社会工作	0.0486	0.1244	0.0467
其他团体、社会和私人服务等	0.0272	0.0494	0.0269

表86 俄罗斯16部门直接消耗系数

	第一产业	第二产业	第三产业
第一产业	0.2206	0.0359	0.0072
第二产业	0.1709	0.4005	0.1657
第三产业	0.0663	0.1367	0.1795
批发零售贸易与修理	0.0378	0.0767	0.068
旅馆和餐饮	0	0	0
交通运输及仓储	0.0209	0.0362	0.0617
电信与邮政	0	0	0

续表

	第一产业	第二产业	第三产业
金融保险	0.0057	0.0081	0.0131
房地产	0	0	0
机器设备租赁	0	0	0
计算机及其相关活动	0	0	0
研究与开发	0.0001	0.0082	0.0147
其他商务活动	0.0004	0.0021	0.0073
公共管理及国防、社会安全	0	0	0
教育	0	0	0
卫生及社会工作	0	0.0003	0.0014
其他团体、社会和私人服务等	0.0012	0.0052	0.0131

表87 俄罗斯16部门完全消耗系数

	第一产业	第二产业	第三产业
第一产业	0.3031	0.0831	0.0275
第二产业	0.4143	0.7674	0.3633
第三产业	0.1741	0.3018	0.2829
批发零售贸易与修理	0.0939	0.1605	0.1177
旅馆和餐饮	0	0	0
交通运输及仓储	0.0538	0.0852	0.0922
电信与邮政	0	0	0
金融保险	0.0129	0.0182	0.0196
房地产	0	0	0
机器设备租赁	0	0	0
计算机及其相关活动	0	0	0
研究与开发	0.0055	0.0197	0.0239
其他商务活动	0.0027	0.0059	0.0101
公共管理及国防、社会安全	0	0	0
教育	0	0	0
卫生及社会工作	0.0003	0.0007	0.0017
其他团体、社会和私人服务等	0.0051	0.0117	0.0177

表88 俄罗斯16部门影响力系数、感应度系数、资本化系数和消费结构系数

	影响力系数	感应度系数	资本化系数	消费结构系数
第一产业	1.8497	1.2489	0.5394	0.1243
第二产业	2.3906	9.2708	0.7515	0.3872
第三产业	0.84	0.3914	0.5653	0.4885
批发零售贸易与修理	0.9825	2.2553	0.5214	0.2705
旅馆和餐饮	0	0	NaN	0
交通运输及仓储	1.5299	1.4049	0.7369	0.07
电信与邮政	0	0	NaN	0
金融保险	1.9788	0.3685	0.6791	0.0202
房地产	0	0	NaN	0
机器设备租赁	0	0	NaN	0
计算机及其相关活动	0	0	NaN	0
研究与开发	2.2178	0.8455	1	0
其他商务活动	1.5223	0.2057	0.8474	0.0033
公共管理及国防、社会安全	0	0	NaN	0
教育	0	0	NaN	0
卫生及社会工作	1.7071	0.0338	0.0712	0.0434
其他团体、社会和私人服务等	1.8213	0.3665	0.3055	0.0811

瑞典（2005年）

表89 瑞典16部门增加值比重、劳动报酬比重、产出比重

	增加值比重	劳动报酬比重	产出比重
第一产业	0.011	0.0103	0.0121
第二产业	0.2767	0.2679	0.3869
第三产业	0.7123	0.7218	0.6011
批发零售贸易与修理	0.112	0.1222	0.0829
旅馆和餐饮	0.0148	0.0176	0.0162
交通运输及仓储	0.0556	0.0483	0.0768
电信与邮政	0.0199	0.0174	0.0228

续表

	增加值比重	劳动报酬比重	产出比重
金融保险	0.0446	0.033	0.0309
房地产	0.0957	0.0153	0.0828
机器设备租赁	0.006	0.0028	0.0047
计算机及其相关活动	0.0309	0.034	0.0271
研究与开发	0.0778	0.0861	0.0665
其他商务活动	0	0	0
公共管理及国防、社会安全	0.0486	0.0616	0.0441
教育	0.0563	0.0795	0.0385
卫生及社会工作	0.1095	0.156	0.0706
其他团体、社会和私人服务等	0.0406	0.0477	0.0373

表90　瑞典16部门直接消耗系数

	第一产业	第二产业	第三产业
第一产业	0.1053	0.0239	0.0024
第二产业	0.2763	0.4069	0.1213
第三产业	0.1447	0.2225	0.282
批发零售贸易与修理	0.0532	0.0388	0.018
旅馆和餐饮	0.0013	0.0029	0.0072
交通运输及仓储	0.0162	0.0485	0.0629
电信与邮政	0.0066	0.0087	0.0196
金融保险	0.0232	0.0133	0.0196
房地产	0.0028	0.0104	0.0474
机器设备租赁	0.0018	0.0027	0.0042
计算机及其相关活动	0.0033	0.0125	0.0166
研究与开发	0.0223	0.0696	0.0536
其他商务活动	0	0	0
公共管理及国防、社会安全	0.0046	0.0051	0.0098
教育	0.0008	0.0016	0.0035
卫生及社会工作	0.0062	0.0015	0.0029
其他团体、社会和私人服务等	0.0025	0.0069	0.0166

表91 瑞典16部门完全消耗系数

	第一产业	第二产业	第三产业
第一产业	0.1352	0.0506	0.0127
第二产业	0.6164	0.8387	0.3241
第三产业	0.4425	0.6273	0.5361
批发零售贸易与修理	0.0928	0.0871	0.0424
旅馆和餐饮	0.0071	0.0112	0.0129
交通运输及仓储	0.0875	0.1533	0.1314
电信与邮政	0.0224	0.03	0.0358
金融保险	0.0433	0.037	0.0361
房地产	0.0266	0.0421	0.0709
机器设备租赁	0.0062	0.0091	0.0086
计算机及其相关活动	0.0208	0.0374	0.0323
研究与开发	0.0982	0.1731	0.1109
其他商务活动	0	0	0
公共管理及国防、社会安全	0.0114	0.0139	0.0153
教育	0.0032	0.0049	0.0057
卫生及社会工作	0.0089	0.0044	0.0046
其他团体、社会和私人服务等	0.0141	0.0238	0.0293

表92 瑞典16部门影响力系数、感应度系数、资本化系数和消费结构系数

	影响力系数	感应度系数	资本化系数	消费结构系数
第一产业	1.3468	0.4035	0.8006	0.0139
第二产业	1.7105	6.4509	0.7909	0.2869
第三产业	0.9245	0.6533	0.6307	0.6993
批发零售贸易与修理	0.872	0.8574	0.4512	0.1497
旅馆和餐饮	1.3041	0.2219	0.3386	0.0493
交通运输及仓储	1.5572	1.8827	0.8387	0.0507
电信与邮政	1.3889	0.7131	0.6753	0.0339
金融保险	0.6199	0.6065	0.6165	0.0497
房地产	0.9689	1.1868	0.3996	0.227
机器设备租赁	0.9373	0.1398	0.6745	0.0081

续表

	影响力系数	感应度系数	资本化系数	消费结构系数
计算机及其相关活动	1.0548	0.6084	0.9651	0.0025
研究与开发	1.0404	2.0028	0.9655	0.0098
其他商务活动	0	0	NaN	0
公共管理及国防、社会安全	0.9609	0.2578	0.6702	0.0181
教育	0.6437	0.0975	0.6398	0.0071
卫生及社会工作	0.5697	0.0813	0.1944	0.0462
其他团体、社会和私人服务等	1.0249	0.4896	0.5556	0.0471

美国（2005年）

表93 美国16部门增加值比重、劳动报酬比重、产出比重

	增加值比重	劳动报酬比重	产出比重
第一产业	0.0107	0.0057	0.0137
第二产业	0.2168	0.2057	0.3003
第三产业	0.7725	0.7886	0.6859
批发零售贸易与修理	0.1245	0.1219	0.101
旅馆和餐饮	0.0269	0.0302	0.0273
交通运输及仓储	0.0294	0.0327	0.0307
电信与邮政	0.025	0.0149	0.0301
金融保险	0.0797	0.0781	0.0743
房地产	0.115	0.0107	0.089
机器设备租赁	0.0089	0.0039	0.011
计算机及其相关活动	0.0158	0.0215	0.0138
研究与开发	0.0439	0.0505	0.0412
其他商务活动	0.0335	0.0416	0.0267
公共管理及国防、社会安全	0.1263	0.1921	0.1118
教育	0.0091	0.0146	0.0083
卫生及社会工作	0.0689	0.0961	0.0595
其他团体、社会和私人服务等	0.0657	0.0799	0.0613

表 94　美国 16 部门直接消耗系数

	第一产业	第二产业	第三产业
第一产业	0.2257	0.0255	0.0014
第二产业	0.1915	0.3655	0.0956
第三产业	0.1625	0.2151	0.2914
批发零售贸易与修理	0.0367	0.0596	0.0175
旅馆和餐饮	0.0007	0.0031	0.007
交通运输及仓储	0.0224	0.0276	0.0163
电信与邮政	0.0034	0.0073	0.0256
金融保险	0.0156	0.0165	0.0532
房地产	0.0485	0.0052	0.0383
机器设备租赁	0.0023	0.0087	0.006
计算机及其相关活动	0.0006	0.005	0.009
研究与开发	0.0092	0.0334	0.039
其他商务活动	0.0017	0.0264	0.0191
公共管理及国防、社会安全	0.0114	0.0047	0.0107
教育	0.0001	0.0007	0.0018
卫生及社会工作	0	0.0002	0.0017
其他团体、社会和私人服务等	0.0099	0.0166	0.0461

表 95　美国 16 部门完全消耗系数

	第一产业	第二产业	第三产业
第一产业	0.3071	0.0555	0.0098
第二产业	0.4539	0.6613	0.215
第三产业	0.4436	0.5359	0.506
批发零售贸易与修理	0.083	0.1107	0.0389
旅馆和餐饮	0.0052	0.0091	0.0113
交通运输及仓储	0.0518	0.0594	0.0309
电信与邮政	0.0188	0.0285	0.0462
金融保险	0.0541	0.0564	0.0936
房地产	0.0821	0.0317	0.0588

续表

	第一产业	第二产业	第三产业
机器设备租赁	0.0098	0.0186	0.0116
计算机及其相关活动	0.0067	0.0136	0.0147
研究与开发	0.0449	0.0813	0.0691
其他商务活动	0.0234	0.0563	0.0342
公共管理及国防、社会安全	0.0213	0.0137	0.0168
教育	0.0009	0.0018	0.0026
卫生及社会工作	0.0003	0.0004	0.002
其他团体、社会和私人服务等	0.0414	0.0544	0.0756

表96　美国16部门影响力系数、感应度系数、资本化系数和消费结构系数

	影响力系数	感应度系数	资本化系数	消费结构系数
第一产业	1.4454	0.6067	0.8348	0.0061
第二产业	1.5032	5.0072	0.6914	0.21
第三产业	0.9322	0.7419	0.4736	0.7838
批发零售贸易与修理	0.733	0.9103	0.3364	0.1587
旅馆和餐饮	1.111	0.2268	0.2123	0.0567
交通运输及仓储	1.0654	0.7243	0.7328	0.0191
电信与邮政	1.2751	1.0453	0.6888	0.0237
金融保险	0.871	1.6486	0.5742	0.0817
房地产	0.6838	1.2354	0.3505	0.1397
机器设备租赁	1.211	0.2728	0.7685	0.0054
计算机及其相关活动	0.8449	0.2876	0.8643	0.0032
研究与开发	0.9396	1.4279	0.9387	0.0064
其他商务活动	0.7114	0.6532	0.849	0.0099
公共管理及国防、社会安全	0.9083	0.3343	0.3465	0.0445
教育	0.8963	0.0512	0.1764	0.0179
卫生及社会工作	0.8486	0.0234	0.0209	0.1538
其他团体、社会和私人服务等	0.9522	1.5449	0.6055	0.0633

南非（2005 年）

表 97　南非 16 部门增加值比重、劳动报酬比重、产出比重

	增加值比重	劳动报酬比重	产出比重
第一产业	0.0275	0.0178	0.0272
第二产业	0.3071	0.2783	0.4434
第三产业	0.6654	0.7039	0.5294
批发零售贸易与修理	0.1298	0.1245	0.103
旅馆和餐饮	0.0102	0.0082	0.011
交通运输及仓储	0.0559	0.0504	0.057
电信与邮政	0.0405	0.0237	0.0398
金融保险	0.1028	0.0841	0.0762
房地产	0.0703	0.0071	0.0475
机器设备租赁	0	0	0
计算机及其相关活动	0	0	0
研究与开发	0	0	0
其他商务活动	0.0414	0.0547	0.0404
公共管理及国防、社会安全	0.1532	0.2677	0.1036
教育	0	0	0
卫生及社会工作	0.0242	0.0237	0.0235
其他团体、社会和私人服务等	0.0372	0.0597	0.0274

表 98　南非 16 部门直接消耗系数

	第一产业	第二产业	第三产业
第一产业	0.0335	0.029	0.0011
第二产业	0.2975	0.4465	0.1341
第三产业	0.1954	0.1917	0.3021
批发零售贸易与修理	0.0685	0.0641	0.0377
旅馆和餐饮	0.0005	0.0015	0.003
交通运输及仓储	0.0794	0.0466	0.0242
电信与邮政	0.0004	0.0047	0.0527

续表

	第一产业	第二产业	第三产业
金融保险	0.0267	0.013	0.0819
房地产	0.0003	0.0099	0.0311
机器设备租赁	0	0	0
计算机及其相关活动	0	0	0
研究与开发	0	0	0
其他商务活动	0.0011	0.0325	0.0452
公共管理及国防、社会安全	0	0	0.0159
教育	0	0	0
卫生及社会工作	0.0126	0.0001	0.0042
其他团体、社会和私人服务等	0.0058	0.0193	0.0063

表99 南非16部门完全消耗系数

	第一产业	第二产业	第三产业
第一产业	0.0558	0.0598	0.0125
第二产业	0.6966	0.9818	0.3693
第三产业	0.5067	0.5873	0.5708
批发零售贸易与修理	0.1385	0.1561	0.0843
旅馆和餐饮	0.0036	0.0054	0.0051
交通运输及仓储	0.1296	0.1142	0.0578
电信与邮政	0.032	0.0466	0.0973
金融保险	0.092	0.0852	0.1508
房地产	0.0252	0.0414	0.0526
机器设备租赁	0	0	0
计算机及其相关活动	0	0	0
研究与开发	0	0	0
其他商务活动	0.0475	0.0925	0.0819
公共管理及国防、社会安全	0.0004	0.0002	0.0175
教育	0	0	0
卫生及社会工作	0.0146	0.0026	0.0062
其他团体、社会和私人服务等	0.0234	0.0432	0.0173

表100 南非16部门影响力系数、感应度系数、资本化系数和消费结构系数

	影响力系数	感应度系数	资本化系数	消费结构系数
第一产业	1.5372	0.3389	0.5507	0.0401
第二产业	1.9886	7.1456	0.696	0.4154
第三产业	0.891	0.6083	0.612	0.5445
批发零售贸易与修理	1.1481	1.53	0.5745	0.1277
旅馆和餐饮	1.5657	0.0802	0.2076	0.0295
交通运输及仓储	1.51	1.0353	0.6822	0.057
电信与邮政	1.4859	1.3832	0.7693	0.0309
金融保险	0.9466	1.881	0.693	0.0758
房地产	0.9365	0.8179	0.4587	0.0845
机器设备租赁	0	0	NaN	0
计算机及其相关活动	0	0	NaN	0
研究与开发	0	0	NaN	0
其他商务活动	1.403	1.2523	0.926	0.0105
公共管理及国防、社会安全	0.9444	0.1291	0.9494	0.0015
教育	0	0	NaN	0
卫生及社会工作	1.4441	0.0875	0.1088	0.073
其他团体、社会和私人服务等	1.0899	0.3194	0.433	0.0542

图书在版编目(CIP)数据

从制造到服务：上海"四个中心"建设与"上海服务"/聂永有等著.
—北京：社会科学文献出版社，2013.5
（都市社会发展系列）
ISBN 978-7-5097-4274-7

Ⅰ.①从… Ⅱ.①聂… Ⅲ.①服务业-经济发展-研究-上海市 Ⅳ.①F719

中国版本图书馆 CIP 数据核字（2013）第 022940 号

·都市社会发展系列·

从制造到服务
——上海"四个中心"建设与"上海服务"

著　者 / 聂永有　陈秋玲　殷　凤 等

出　版　人 / 谢寿光
出　版　者 / 社会科学文献出版社
地　　　址 / 北京市西城区北三环中路甲29号院3号楼华龙大厦
邮政编码 / 100029

责任部门 / 社会政法分社（010）59367156　　责任编辑 / 杨　轩　秦静花
电子信箱 / shekebu@ ssap. cn　　　　　　　　责任校对 / 王　平
项目统筹 / 童根兴　　　　　　　　　　　　　责任印制 / 岳　阳
经　　　销 / 社会科学文献出版社市场营销中心（010）59367081　59367089
读者服务 / 读者服务中心（010）59367028

印　　　装 / 北京季蜂印刷有限公司
开　　　本 / 787mm×1092mm　1/16　　　　　印　张 / 26
版　　　次 / 2013年5月第1版　　　　　　　　字　数 / 426千字
印　　　次 / 2013年5月第1次印刷
书　　　号 / ISBN 978-7-5097-4274-7
定　　　价 / 79.00元

本书如有破损、缺页、装订错误，请与本社读者服务中心联系更换
▲ 版权所有　翻印必究